U0856317

2023

中国住户调查年鉴

CHINA YEARBOOK OF HOUSEHOLD SURVEY

国家统计局住户调查司　编

COMPILED BY

Department of Household Surveys

National Bureau of Statistics of China

中国统计出版社

China Statistics Press

图书在版编目（CIP）数据

中国住户调查年鉴 . 2023 / 国家统计局住户调查司编著 . -- 北京 : 中国统计出版社 , 2023.10
ISBN 978-7-5230-0318-3

I. ①中 … II. ①国 … III. ①居民家庭收支调查一中国一 2023 一年鉴 IV. ① F126.2-54

中国国家版本馆 CIP 数据核字 (2023) 第 203586 号

中国住户调查年鉴 2023

作　　者 / 国家统计局住户调查司
责任编辑 / 冯燕玲　杜珞维
出版发行 / 中国统计出版社有限公司
通信地址 / 北京市丰台区西三环南路甲 6 号　邮政编码 /100073
发行电话 / 邮购（010）63376909　书店（010）68783171
网　　址 / http://www.zgtjcbs.com/
印　　刷 / 河北鑫兆源印刷有限公司
经　　销 / 新华书店
开　　本 / 880×1230 毫米　1/16
字　　数 / 688 千字
印　　张 / 21.75
版　　别 / 2023 年 10 月第 1 版
版　　次 / 2023 年 10 月第 1 次印刷
定　　价 / 248.00 元

《中国住户调查年鉴2023》

编 者 说 明

一、《中国住户调查年鉴 2023》是一本全面反映中国城乡居民收支、生产和生活状况的资料性年鉴。该年鉴收录了历年全国及分城乡居民收支与生活状况主要数据，以及分地区、按收入五等份分组和按 4 个经济区域分组的住户收支与生活状况主要数据，还包括脱贫县农村住户监测调查主要数据、农民工监测调查主要数据和农村住户固定资产投资情况等其他住户调查数据。

二、全书内容分为如下部分，即：综述；(一) 全国及分城乡居民收支与生活状况主要数据；(二)分地区居民收支与生活状况主要数据；(三)住户调查其他数据；附录。

三、本年鉴数据一般保留一位小数，部分数据合计由于单位取舍不同而产生的计算误差均未作调整。

四、本年鉴各表中对全表的注解均在表上方，对表中部分指标的注解则在表下方。带续表的资料中对部分指标的注解则在最后一张续表的下方。

五、本年鉴的符号使用说明："空格"表示该统计指标数据不详或无该项统计；"#"表示其中的主要项；"*"表示本表下有注解。

编　者

2023 年 9 月

目录

2022年全国住户调查主要结果综述

第一部分　全国及分城乡居民收支与生活状况主要数据

一、2018-2022年全国居民收支与生活状况主要数据

二、2018-2022年全国城镇居民收支与生活状况主要数据

三、2018-2022年全国农村居民收支与生活状况主要数据

附录

2022年全国住户调查主要结果综述

2022 年全国住户收支与生活状况调查主要结果

2022 年，在以习近平同志为核心的党中央坚强领导下，各地区各部门认真贯彻落实党中央、国务院决策部署，坚持稳中求进工作总基调，高效统筹疫情防控和经济社会发展，有效应对内外部挑战，国民经济顶住压力持续发展，经济总量再上新台阶，就业物价总体稳定，人民生活持续改善。据国家统计局对全国 31 个省（自治区、直辖市）16 万户居民家庭开展的住户收支与生活状况调查，2022 年全国居民人均可支配收入实际增长 2.9%，与经济增长基本同步，城乡和地区间居民收入相对差距进一步缩小。受疫情影响，居民人均消费支出实际下降 0.2%。

一、2022 年全国居民人均可支配收入实际增长 2.9%

2022 年，全国居民人均可支配收入 36883 元，比 2021 年名义增长 5.0%，扣除价格因素，实际增长 2.9%。分城乡看，城镇居民人均可支配收入 49283 元，名义增长 3.9%，扣除价格因素，实际增长 1.9%；农村居民人均可支配收入 20133 元，名义增长 6.3%，扣除价格因素，实际增长 4.2%。全国居民人均可支配收入增长的主要情况如下：

（一）人均工资性收入 20590 元，增长[①]4.9%

2022 年，城镇居民人均工资性收入 29578 元，增长 3.9%，增速比上年回落 4.1 个百分点，城镇居民人均工资性收入占人均可支配收入的比重为 60.0%，比上年下降 0.1 个百分点；对城镇居民增收的贡献率为 58.6%，比上年下降 0.1 个百分点。

2022 年，农村居民人均工资性收入 8449 元，增长 6.2%，增速比上年回落 7.9 个百分点。农村居民人均工资性收入占人均可支配收入的比重为 42.0%，与上年比重相同；对农村居民增收的贡献率为 40.9%，比上年下降 13.8 个百分点。

（二）人均经营净收入 6175 元，增长 4.8%

2022 年，城镇居民人均经营净收入 5584 元，增长 3.8%，增速比上年回落 10.4 个百分点。城镇居民人均经营净收入占人均可支配收入的比重为 11.3%，比上年下降 0.1 个百分点；对城镇居民增收的贡献率为 10.8%，比上年下降 8.0 个百分点，对城镇居民增收的贡献率下降较多。

2022 年，农村居民人均经营净收入 6972 元，增长 6.2%，增速比上年回落 1.8 个百分点。主要是农业生产经营受疫情因素影响相对较小，粮食产量再获丰收，生猪、禽蛋、水果等部分农牧产品价格上涨，有力支撑了农村居民经营净收入持续增长。农村居民人均第一产业经营净收入 4567 元，增长 6.4%；人均二产和三产经营净收入分别增长 7.8%和 5.2%。农村居民人均经营净收入占人均可支配收入的比重为 34.6%，比上年下降 0.1 个百分点；对农村居民增收的贡献率为 33.7%，比上年提高 6.5 个百分点。

（三）人均财产净收入 3227 元，增长 4.9%

2022 年，城镇居民人均财产净收入 5238 元，增长 3.7%，增速比上年回落 5.5 个百分点。其中，人均红利收入和出租房屋净收入分别增长 9.9%和 4.3%，带动人均财产净收入实现持续增长。城镇居民人均财产净收入占人均可支配收入的比重为 10.6%，比上年下降 0.1 个百分点；对城镇居民增收的贡献率为 10.0%，比上年下降 1.9 个百分点。

2022 年，农村居民人均财产净收入 509 元，增长 8.4%，增速比上年回落 3.7 个百分点。其中，近年来各地土地流转继续有序推进，部分地区流转价格稳中有增，农村居民人均转让承包土地经营权租金净收入增长 11.3%。农村居民人均财产净收入占人均可支配收入的比重为 2.5%，与上年比重相同；对农村居民增收的贡献率为 3.3%，比上年提高 0.5 个百分点。

（四）人均转移净收入 6892 元，增长 5.5%

2022 年，城镇居民人均转移净收入 8882 元，增长 4.5%，增速比上年回落 0.2 个百分点。其中，各地继续上调企业和机关事业单位退休人员基本

[①] 以下如无特殊说明，均为名义增长。

养老金水平，同时领取人数进一步增加，城镇居民人均养老金或离退休金增长 6.4%，有力带动城镇居民人均转移净收入实现较快增长。城镇居民人均转移净收入占人均可支配收入的比重为 18.0%，比上年提高 0.1 个百分点；对城镇居民增收的贡献率为 20.6%，比上年提高 9.9 个百分点。

2022 年，农村居民人均转移净收入 4203 元，增长 6.8%，增速比上年回落 0.7 个百分点。居民基础养老金标准提高，领取人数持续扩大，农村居民人均养老金或离退休金收入增长 8.5%。疫情影响下各地持续加大困难群体帮扶救助力度，农村居民人均最低生活保障费增长 8.2%，对农村居民转移净收入增长发挥了重要作用。农村居民人均转移净收入占人均可支配收入的比重为 20.9%，比上年提高 0.1 个百分点；对农村居民增收的贡献率为 22.1%，比上年提高 6.8 个百分点。

二、2022 年居民收入分配状况

（一）居民收入基尼系数略有上升

2022 年全国居民人均可支配收入基尼系数为 0.467，比上年上升 0.001。党的十八大以来，全国居民人均可支配收入基尼系数累计下降 0.007，总体呈下降态势。

（二）城乡收入相对差距缩小

2022 年，农村居民人均可支配收入 20133 元，比 2021 年名义增长 6.3%，扣除价格因素，实际增长 4.2%；城镇居民人均可支配收入 49283 元，比 2021 年名义增长 3.9%，扣除价格因素，实际增长 1.9%。农村居民名义增速和实际增速分别快于城镇居民 2.4 和 2.3 个百分点，城乡居民人均可支配收入之比（以农村居民收入为 1）为 2.45，比 2021 年下降 0.05。党的十八大以来城乡居民人均可支配收入之比持续保持下降态势，累计下降 0.43。

（三）地区间居民收入相对差距缩小

分区域看，东部地区[②]居民人均可支配收入 47027 元，增长 4.5%；中部地区居民人均可支配收入 31434 元，增长 6.0%；西部地区居民人均可支配收入 29267 元，增长 5.3%；东北地区居民人均可支配收入 31405 元，增长 2.9%。中部和西部地区居民收入较快增长，增速分别快于居民人均可支配收入 1.0 和 0.3 个百分点。东部和东北地区居民收入增长较慢，增速分别慢于居民人均可支配收入 0.5 和 2.1 个百分点。以西部地区为 1，东部与西部地区居民人均可支配收入之比由 2021 年的 1.618 缩小至 1.607，下降 0.011。

（四）中间偏上和中间收入组居民收入增长较快

按人均可支配收入从低到高进行五等份分组，全国居民低收入、中间偏下、中间、中间偏上和高收入组居民收入分别增长 3.2%、4. 6%、5.3%、5.4% 和 5.0%。其中，中间偏上和中间收入组居民收入增长相对较快，增速分别快于居民人均可支配收入 0.4 和 0.3 个百分点；高收入组居民收入增速与居民人均可支配收入相同；中间偏下和低收入组居民收入增长较慢，增速分别慢于居民人均可支配收入 0.4 和 1.8 个百分点。

（五）全国居民收入中位数增速慢于平均数增速

2022 年，全国居民人均可支配收入中位数为 31370 元，增长 4.7%，慢于全国居民收入平均数增速 0.3 个百分点。2022 年全国居民人均可支配收入中位数水平为全国居民收入平均数的 85.1%，比上年下降 0.2 个百分点。

三、2022 年全国居民人均消费支出实际下降 0. 2%

2022 年，全国居民人均消费支出 24538 元，名义增长 1.8%，扣除价格因素，实际下降 0.2%。受疫情严重冲击影响，居民人均消费支出增速回落较多，名义增速和实际增速分别比上年回落 11.8 和 12.8 个百分点。分城乡看，城镇居民人均消费支出 30391 元，名义增长 0.3%，实际下降 1.7%；农村居民人均消费支出 16632 元，名义增长 4.5%，实际增长 2.5%，实际增速快于城镇居民 4.2 个百分点。

（一）食品烟酒支出增长 4. 2%

2022 年，全国居民人均食品烟酒支出 7481 元，增长 4.2%，增速快于居民人均消费支出 2.4 个百

[②] 东部地区：北京、天津、河北、上海、江苏、浙江、福建、山东、广东、海南；
中部地区：山西、安徽、江西、河南、湖北、湖南；
西部地区：内蒙古、广西、重庆、四川、贵州、云南、西藏、陕西、甘肃、青海、宁夏、新疆；
东北地区：辽宁、吉林、黑龙江。

分点，基本民生持续得到有力保障。全国居民恩格尔系数为30.5%，比上年上升0.7个百分点，高于2019年2.3个百分点。分城乡看，城镇居民人均食品烟酒支出8958元，增长3.2%；农村居民人均食品烟酒支出5485元，增长5.5%。

（二）衣着支出下降3.8%

2022年，全国居民人均衣着支出1365元，下降3.8%。主要是消费场景和条件受疫情影响较大，部分购物场所正常经营受限，居民外出减少，居家时长增加，导致衣着支出下降。分城乡看，城镇居民人均衣着支出1735元，下降5.8%；农村居民人均衣着支出864元，增长0.5%。

（三）居住支出增长4.3%

2022年，全国居民人均居住支出5882元，增长4.3%。其中，人均住房维修及管理、水电燃料及其他支出分别增长7.6%和5.3%。分城乡看，城镇居民人均居住支出7644元，增长3.2%；农村居民人均居住支出3503元，增长5.7%。

（四）生活用品及服务增长0.6%

2022年，全国居民人均生活用品及服务支出1432元，增长0.6%。其中，人均个人用品、家用纺织品、家具及室内装饰品、家庭服务支出分别下降3.0%、2.9%、1.8%和1.8%；受居民居家时间延长影响，人均家用器具支出增长8.4%。分城乡看，城镇居民人均生活用品及服务支出1800元，下降1.1%；农村居民人均生活用品及服务支出934元，增长3.7%。

（五）交通通信支出增长1.2%

2022年，全国居民人均交通通信支出3195元，增长1.2%。受人员出行减少影响，人均交通费、交通工具使用及维修支出分别下降15.9%和6.6%。受汽柴油价格上升影响，人均交通工具用燃料支出增长11.8%。分城乡看，城镇居民人均交通通信支出3909元，下降0.6%；农村居民人均交通通信支出2230元，增长4.6%。

（六）教育文化娱乐支出下降5.0%

2022年，全国居民人均教育文化娱乐支出2469元，下降5.0%。疫情对文化旅游、体育休闲、教育培训等服务消费冲击较大，导致人均教育和文化娱乐支出分别下降3.8%和8.5%。分城乡看，城镇居民人均教育文化娱乐支出3050元，下降8.2%；农村居民人均教育文化娱乐支出1683元，增长2.3%。

（七）医疗保健支出增长0.2%

2022年，全国居民人均医疗保健支出2120元，增长0.2%。其中，人均医疗器具及药品支出增长1.7%，人均医疗服务支出下降0.3%。分城乡看，城镇居民人均医疗保健支出2481元，下降1.6%；农村居民人均医疗保健支出1632元，增长3.3%。

（八）其他用品及服务支出增长4.6%

2022年，全国居民人均其他用品及服务支出595元，增长4.6%。其中，人均首饰及手表购买支出增长14.3%；人员流动和外出旅游受疫情影响较大，导致人均旅馆住宿费支出下降20.4%。分城乡看，城镇居民人均其他用品及服务支出814元，增长3.5%；农村居民人均其他用品及服务支出300元，增长5.9%。

2022 年脱贫县农村居民收支调查主要结果

2022 年，各地区各部门继续深入贯彻落实党中央决策部署，接续推进巩固拓展脱贫攻坚成果同乡村振兴有效衔接，加大脱贫地区劳动力稳岗就业力度，落实产业帮扶政策，脱贫县农村居民人均可支配收入和消费支出均实现稳定增长，收入增速继续快于全国农村增速。

一、脱贫县农村居民收入增长继续快于全国农村

2022 年，脱贫县农村居民人均可支配收入 15111 元，比上年名义增长 7.5%，扣除价格因素影响，实际增长 5.4%，名义增速和实际增速均比全国农村快 1.2 个百分点。分项看，工资、经营两项收入稳定增长，转移收入较快增长。人均工资性收入 5511 元，增长 7.4%，对收入增长的贡献率最大，为 36.0%；人均经营净收入 5118 元，增长 6.8%，对收入增长的贡献率为 30.8%；人均转移净收入 4256 元，增长 8.3%，对收入增长的贡献率为 30.9%。从收入结构看，工资性收入仍是脱贫县农村居民第一收入来源，2022 年脱贫县农村居民工资性收入占可支配收入的比重为 36.5%。

二、八大类消费支出全面增长

2022 年，脱贫县农村居民人均消费支出 12851 元，比上年名义增长 4.4%，扣除价格因素影响，实际增长 2.3%。分项看，八大类消费支出全面增长。其中，人均交通通信消费支出较快增长，增速为 9.9%；人均居住、生活用品及服务、教育文化娱乐、其他用品及服务消费支出稳定增长，增速分别为 4.8%、5.0%、4.5%、7.8%；人均食品烟酒、衣着、医疗保健消费支出缓慢增长，增速分别为 2.8%、1.8%、3.0%。

2022 年农民工监测调查主要结果

一、农民工规模、分布及流向

（一）农民工总量继续增长，本地农民工增速快于外出农民工

2022 年全国农民工总量 29562 万人，比上年增加 311 万人，增长 1.1%。其中，本地农民工 12372 万人，比上年增加 293 万人，增长 2.4%；外出农民工 17190 万人，比上年增加 18 万人，增长 0.1%。年末在城镇居住的进城农民工 13256 万人。

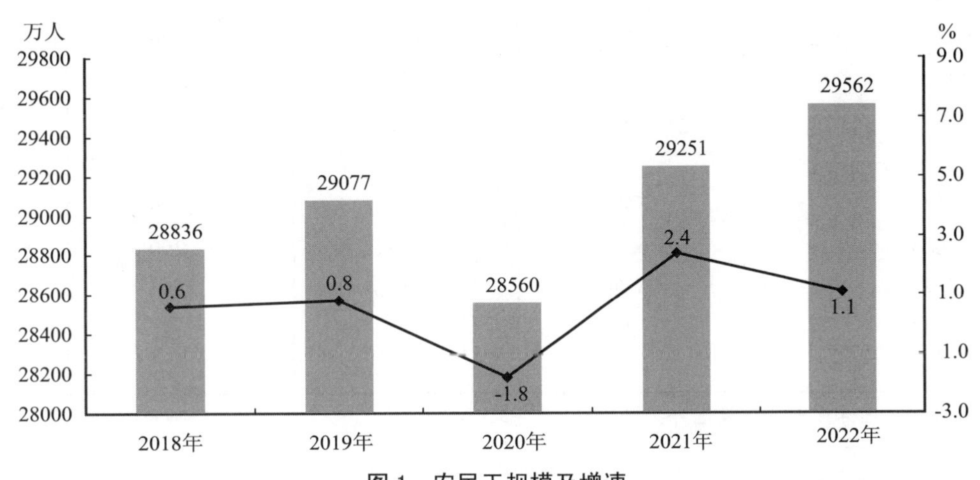

图 1　农民工规模及增速

在外出农民工中，跨省流动 7061 万人，比上年减少 69 万人，下降 1.0%；省内流动 10129 万人，比上年增加 87 万人，增长 0.9%。从输出地看，中部地区跨省流动农民工占外出农民工的比重为 55.6%，西部地区为 47.5%，东北地区为 31.4%，东部地区为 15.0%。

表 1　2022 年外出农民工地区分布及构成

单位：万人、%

按输出地分	规模			构成		
	外出农民工	跨省流动	省内流动	外出农民工	跨省流动	省内流动
合　计	**17190**	**7061**	**10129**	**100.0**	**41.1**	**58.9**
东部地区	4687	703	3984	100.0	15.0	85.0
中部地区	6310	3511	2799	100.0	55.6	44.4
西部地区	5588	2657	2931	100.0	47.5	52.5
东北地区	605	190	415	100.0	31.4	68.6

（二）东部、中部和西部地区农民工人数有所增长

从输出地看，除东北地区农民工人数减少外，其他三个地区均有所增长。其中，东部地区农民工 10403 万人，比上年增加 121 万人，增长 1.2%；中部地区 9852 万人，比上年增加 126 万人，增长 1.3%；西部地区 8351 万人，比上年增加 103 万人，增长 1.2%；东北地区 956 万人，比上年减少 39 万

人，下降3.9%。

（三）在中西部地区就业的农民工人数增长较快

从输入地看，流向中部和西部地区的农民工人数增长较快，流向东北地区的农民工减少。其中，在东部地区就业的农民工15447万人，比上年增加9万人，增长0.1%；在中部地区6771万人，比上年增加200万人，增长3.0%；在西部地区6436万人，比上年增加156万人，增长2.5%；在东北地区843万人，比上年减少51万人，下降5.7%。

表2　农民工输出和输入地区分布

单位：万人、%

地　区	2021年	2022年	增量	增速
按输出地分：				
东部地区	10282	10403	121	1.2
中部地区	9726	9852	126	1.3
西部地区	8248	8351	103	1.2
东北地区	995	956	-39	-3.9
按输入地分：				
在东部地区	15438	15447	9	0.1
在中部地区	6571	6771	200	3.0
在西部地区	6280	6436	156	2.5
在东北地区	894	843	-51	-5.7
在其他地区	68	65	-3	-4.4

注：其他地区指中国港澳台地区及国外。

二、农民工基本特征

（一）女性农民工占比有所上升

在全部农民工中，男性占63.4%，女性占36.6%。女性占比比上年提高0.7个百分点。其中，外出农民工中女性占31.1%，本地农民工中女性占41.7%，分别比上年提高0.9和0.7个百分点。

在全部农民工中，未婚的占17.4%，有配偶的占79.6%，丧偶或离婚的占3.0%。有配偶的占比比上年下降0.6个百分点。其中，外出农民工有配偶的占67.0%，比上年下降0.7个百分点；本地农民工有配偶的占91.2%，比上年下降0.4个百分点。

（二）农民工平均年龄持续提高

农民工平均年龄42.3岁，比上年提高0.6岁。从年龄结构看，40岁及以下农民工所占比重为47.0%，比上年下降1.2个百分点；41—50岁农民工所占比重为23.8%，比上年下降0.7个百分点；50岁以上农民工所占比重为29.2%，比上年提高1.9个百分点。从农民工的就业地看，本地农民工平均年龄46.8岁，比上年提高0.8岁，其中50岁以上所占比重为41.0%，比上年提高2.8个百分点；外出农民工平均年龄为37.4岁，比上年提高0.6岁，其中50岁以上所占比重为16.4%，比上年提高1.2个百分点。

表3　农民工年龄构成

单位：%

年龄组	2018年	2019年	2020年	2021年	2022年
16-20岁	2.4	2.0	1.6	1.6	1.3
21-30岁	25.2	23.1	21.1	19.6	18.5
31-40岁	24.5	25.5	26.7	27.0	27.2
41-50岁	25.5	24.8	24.2	24.5	23.8
50岁以上	22.4	24.6	26.4	27.3	29.2

（三）大专及以上学历农民工占比不断提高

在全部农民工中，未上过学的占 0.7%，小学文化程度占 13.4%，初中文化程度占 55.2%，高中文化程度占 17.0%，大专及以上占 13.7%。大专及以上文化程度农民工所占比重比上年提高 1.1 个百分点。在外出农民工中，大专及以上文化程度的占 18.7%，比上年提高 1.6 个百分点；在本地农民工中，大专及以上文化程度的占 9.1%，比上年提高 0.6 个百分点。

三、农民工就业和收入状况

（一）半数以上农民工在第三产业就业

分产业看，99.5%的农民工从事二、三产业。其中，从事第三产业的农民工比重为 51.7%，比上年提高 0.8 个百分点；从事第二产业的农民工比重为 47.8%，比上年下降 0.8 个百分点。

从农民工的六个主要就业行业看，从事制造业的农民工比重为 27.4%，比上年提高 0.3 个百分点；从事建筑业的比重为 17.7%，比上年下降 1.3 个百分点；从事批发和零售业的比重为 12.5%，比上年提高 0.4 个百分点；从事交通运输仓储和邮政业的比重为 6.8%，比上年下降 0.1 个百分点；从事住宿餐饮业的比重为 6.1%，比上年下降 0.3 个百分点；从事居民服务修理和其他服务业的比重为 11.9%，比上年提高 0.1 个百分点。

表 4　农民工就业行业分布情况

单位：%、百分点

行　业	2021 年	2022 年	增加
第一产业	0.5	0.5	0.0
第二产业	48.6	47.8	-0.8
其中：制造业	27.1	27.4	0.3
建筑业	19.0	17.7	-1.3
第三产业	50.9	51.7	0.8
其中：批发和零售业	12.1	12.5	0.4
交通运输仓储和邮政业	6.9	6.8	-0.1
住宿餐饮业	6.4	6.1	-0.3
居民服务修理和其他服务业	11.8	11.9	0.1

（二）农民工月均收入平稳增长

农民工月均收入 4615 元，比上年增加 183 元，增长 4.1%。其中，外出农民工月均收入 5240 元，比上年增加 227 元，增长 4.5%；本地农民工月均收入 4026 元，比上年增加 148 元，增长 3.8%。外出农民工月均收入增速比本地农民工快 0.7 个百分点。

分区域看，东部地区农民工收入增速快于其他地区。在东部地区就业的农民工月均收入 5001 元，比上年增加 214 元，增长 4.5%；在中部地区就业的农民工月均收入 4386 元，比上年增加 181 元，增长 4.3%；在西部地区就业的农民工月均收入 4238 元，比上年增加 160 元，增长 3.9%；在东北地区就业的农民工月均收入 3848 元，比上年增加 35 元，增长 0.9%。

分行业看，六大行业收入均保持增长。从事制造业农民工月均收入 4694 元，比上年增加 186 元，增长 4.1%；从事建筑业农民工月均收入 5358 元，比上年增加 217 元，增长 4.2%；从事批发和零售业农民工月均收入 3979 元，比上年增加 183 元，增长 4.8%；从事交通运输仓储和邮政业农民工月均收入 5301 元，比上年增加 150 元，增长 2.9%；从事住宿餐饮业农民工月均收入 3824 元，比上年增加 186 元，增长 5.1%；从事居民服务修理和其他服务业农民工月均收入 3874 元，比上年增加 164 元，增长 4.4%。

表 5　分行业农民工月均收入及增速

单位：元、%

行　业	2021 年	2022 年	增速
合　计	**4432**	**4615**	**4.1**
制造业	4508	4694	4.1
建筑业	5141	5358	4.2
批发和零售业	3796	3979	4.8
交通运输仓储和邮政业	5151	5301	2.9
住宿餐饮业	3638	3824	5.1
居民服务修理和其他服务业	3710	3874	4.4

四、进城农民工基本状况

（一）人均居住面积不断增加

2022 年进城农民工人均居住面积 22.6 平方米，比上年增加 0.9 平方米。分城市规模看，不同人口规模的城市农民工人均居住面积均有增加。其中，50 万人以下的城市农民工人均居住面积 27.5 平方米，比上年增加 2.0 平方米；500 万人以上的城市农民工人均居住面积为 17.6 平方米，比上年增加 0.6 平方米。

（二）随迁儿童教育状况持续改善

3-5 岁随迁儿童入园率有所提高。进城农民工 3-5 岁随迁儿童入园率（含学前班）为 91.1%，比上年提高 2.9 个百分点。入园儿童中，69.7%在公办幼儿园或普惠性民办幼儿园。

义务教育阶段随迁儿童在校率不断提高。义务教育年龄段随迁儿童的在校率为 99.8%，比上年提高 0.2 个百分点。其中，小学年龄段随迁儿童 88.3%在公办学校就读；初中年龄段随迁儿童 87.8%在公办学校就读。

（三）社会融合程度不断加强

进城农民工对所在城市的归属感和适应度不断增强。进城农民工中，45.7%认为自己是所居住城市的“本地人”，比上年提高 4.2 个百分点。从进城农民工对本地生活的适应情况看，85.2%表示对本地生活非常适应和比较适应，比上年提高 2.2 个百分点。

进城农民工参加所在社区、工会组织的活动更加积极。在进城农民工中，34.9%参加过所在社区组织的活动，比上年提高 4.5 个百分点，其中，5.8%经常参加，29.1%偶尔参加。加入工会组织的进城农民工占已就业进城农民工的比重为 16.1%，比上年提高 1.6 个百分点。在已加入工会的农民工中，参加过工会活动的占 82.0%。

全国及分城乡居民收支与生活状况主要数据

一、2018-2022年全国居民收支与生活状况主要数据

1-1-1　全国居民家庭基本情况

指　　标	单 位	2018年	2019年	2020年	2021年	2022年
一、基本情况						
户均常住人口	人/户	3.1	3.0	3.0	3.1	3.0
户均常住从业人口	人/户	1.7	1.6	1.6	1.6	1.6
平均每户家庭从业人口比重	%	54.0	53.1	51.3	52.8	51.7
平均每一从业人口负担人数(包括从业者本人)	人	1.9	1.9	1.9	1.9	1.9
二、户主文化程度						
(一)未上过学	%	2.3	2.1	2.1	1.6	1.6
(二)小学	%	20.5	20.2	20.0	17.8	17.5
(三)初中	%	40.9	41.3	41.4	43.6	43.6
(四)高中	%	18.3	18.5	18.6	19.2	19.3
(五)大学专科	%	10.0	9.9	9.9	9.9	10.1
(六)大学本科及以上	%	8.1	7.9	7.9	7.9	7.9
三、常住从业人员就业类型						
(一)雇主	%	1.0	0.8	0.6	0.7	0.7
(二)公职人员	%	2.5	2.5	2.1	1.8	1.8
(三)事业单位人员	%	6.0	6.0	5.4	5.2	5.3
(四)国有企业雇员	%	4.1	4.0	3.6	3.3	3.3
(五)其他雇员	%	46.9	49.2	51.4	52.9	53.1
(六)农业自营	%	29.4	27.4	26.3	25.2	24.9
(七)非农自营	%	9.9	10.2	10.6	10.9	10.9
四、常住从业人员从事主要行业						
(一)第一产业	%	30.8	29.1	28.3	27.0	26.8
(二)第二产业	%	22.5	22.8	23.0	24.2	24.2
(三)第三产业	%	46.7	48.2	48.7	48.8	49.1
五、居民收入与支出情况						
居民人均可支配收入	元	28228.0	30732.8	32188.8	35128.1	36883.3
居民人均可支配收入中位数	元	24336.4	26523.2	27540.5	29974.9	31370.0
居民人均现金可支配收入	元	26291.4	28612.1	29918.7	32382.7	34179.7
现金可支配收入占可支配收入比重	%	93.1	93.1	92.9	92.2	92.7
居民人均消费支出	元	19853.1	21558.9	21209.9	24100.1	24538.2
居民人均现金消费支出	元	16174.8	17526.0	16994.7	19410.7	19783.5
现金消费支出占消费支出比重	%	81.5	81.3	80.1	80.5	80.6

1-1-2 全国居民可支配收入及构成

指 标	2018年	2019年	2020年	2021年	2022年
可支配收入 （元/人）	**28228.0**	**30732.8**	**32188.8**	**35128.1**	**36883.3**
一、工资性收入	15829.0	17186.2	17917.4	19629.4	20590.3
二、经营净收入	4852.4	5247.3	5306.8	5892.7	6174.5
(一)第一产业经营净收入	1797.7	1891.9	1982.0	2173.2	2281.5
1.农业	1327.7	1382.0	1434.3	1612.7	1709.2
2.林业	94.4	98.8	89.1	114.6	103.7
3.牧业	298.7	335.0	366.2	345.7	359.7
4.渔业	76.9	76.0	92.3	100.2	108.9
(二)第二产业经营净收入	503.9	573.4	571.1	644.8	676.4
(三)第三产业经营净收入	2550.9	2782.1	2753.7	3074.7	3216.6
三、财产净收入	2378.5	2619.1	2791.5	3075.5	3226.5
四、转移净收入	5168.1	5680.3	6173.2	6530.5	6891.9
(一)转移性收入	6693.4	7322.7	7867.2	8463.1	8984.8
(二)转移性支出	1525.4	1642.4	1694.0	1932.6	2092.9
可支配收入构成 （%）	**100.0**	**100.0**	**100.0**	**100.0**	**100.0**
一、工资性收入	56.1	55.9	55.7	55.9	55.8
二、经营净收入	17.2	17.1	16.5	16.8	16.7
(一)第一产业经营净收入	6.4	6.2	6.2	6.2	6.2
1.农业	4.7	4.5	4.5	4.6	4.6
2.林业	0.3	0.3	0.3	0.3	0.3
3.牧业	1.1	1.1	1.1	1.0	1.0
4.渔业	0.3	0.2	0.3	0.3	0.3
(二)第二产业经营净收入	1.8	1.9	1.8	1.8	1.8
(三)第三产业经营净收入	9.0	9.1	8.6	8.8	8.7
三、财产净收入	8.4	8.5	8.7	8.8	8.7
四、转移净收入	18.3	18.5	19.2	18.6	18.7
(一)转移性收入	23.7	23.8	24.4	24.1	24.4
(二)转移性支出	5.4	5.3	5.3	5.5	5.7

1-1-3 全国居民现金可支配收入及构成

指　标	2018年	2019年	2020年	2021年	2022年
现金可支配收入 （元/人）	**26291.4**	**28612.1**	**29918.7**	**32382.7**	**34179.7**
一、现金工资性收入	15746.4	17096.9	17817.6	19493.2	20449.3
二、现金经营净收入	4880.3	5269.7	5307.1	5664.5	6044.9
(一)第一产业经营净收入	1531.6	1622.0	1727.3	1665.8	1915.3
1.农业	1060.7	1119.9	1189.8	1112.6	1326.9
2.林业	66.4	68.9	65.4	65.4	70.4
3.牧业	326.0	353.4	377.5	384.5	407.1
4.渔业	78.5	79.8	94.6	103.3	110.9
(二)第二产业经营净收入	582.5	644.6	634.8	729.8	740.1
(三)第三产业经营净收入	2766.1	3003.1	2945.0	3268.9	3389.4
三、现金财产净收入	877.8	1001.5	1067.5	1246.5	1334.2
四、现金转移净收入	4786.9	5244.0	5726.4	5978.5	6351.3
(一)现金转移性收入	6312.3	6886.4	7420.5	7911.1	8444.2
(二)现金转移性支出	1525.4	1642.4	1694.0	1932.6	2092.8
现金可支配收入构成 （%）	**100.0**	**100.0**	**100.0**	**100.0**	**100.0**
一、现金工资性收入	59.9	59.8	59.6	60.2	59.8
二、现金经营净收入	18.6	18.4	17.7	17.5	17.7
(一)第一产业经营净收入	5.8	5.7	5.8	5.1	5.6
1.农业	4.0	3.9	4.0	3.4	3.9
2.林业	0.3	0.2	0.2	0.2	0.2
3.牧业	1.2	1.2	1.3	1.2	1.2
4.渔业	0.3	0.3	0.3	0.3	0.3
(二)第二产业经营净收入	2.2	2.3	2.1	2.3	2.2
(三)第三产业经营净收入	10.5	10.5	9.8	10.1	9.9
三、现金财产净收入	3.3	3.5	3.6	3.8	3.9
四、现金转移净收入	18.2	18.3	19.1	18.5	18.6
(一)现金转移性收入	24.0	24.1	24.8	24.4	24.7
(二)现金转移性支出	5.8	5.7	5.7	6.0	6.1

1-1-4 全国居民按收入五等份分组的人均可支配收入

单位：元

组　　别	2018年	2019年	2020年	2021年	2022年
20%低收入组家庭人均可支配收入	6440.5	7380.4	7868.8	8332.8	8601.1
20%中间偏下收入组家庭人均可支配收入	14360.5	15777.0	16442.7	18445.5	19302.7
20%中间收入组家庭人均可支配收入	23188.9	25034.7	26248.9	29053.3	30598.3
20%中间偏上收入组家庭人均可支配收入	36471.4	39230.5	41171.7	44948.9	47397.4
20%高收入组家庭人均可支配收入	70639.5	76400.7	80293.8	85835.8	90116.3

注：全国居民按收入五等份分组是指将所有调查户按人均可支配收入水平从低到高顺序排列，平均分为五个等份，处于最低20%的收入群体为低收入组，依此类推依次为中间偏下收入组、中间收入组、中间偏上收入组、高收入组。本表数据为不同分组家庭的人均可支配收入。表1-2-4、1-3-4与此相同。

1-1-5 全国居民按东、中、西部及东北地区分组的人均可支配收入

单位：元

组　　别	2018年	2019年	2020年	2021年	2022年
东部地区	36298.2	39438.9	41239.7	44980.3	47026.7
中部地区	23798.3	26025.3	27152.4	29650.0	31433.7
西部地区	21935.8	23986.1	25416.0	27798.4	29267.4
东北地区	25543.2	27370.6	28266.2	30517.7	31405.0

1-1-6 全国居民消费支出

单位：元/人

指　　标	2018年	2019年	2020年	2021年	2022年
消费支出	**19853.1**	**21558.9**	**21209.9**	**24100.1**	**24538.2**
#服务性消费支出	8780.8	9886.0	9037.3	10644.5	10590.0
(一)食品烟酒	5631.1	6084.2	6397.3	7178.1	7481.0
1.食品	3761.1	3964.9	4519.7	4727.2	4917.1
2.烟酒	559.8	600.2	598.3	703.9	787.1
3.饮料	117.2	131.6	133.0	165.1	190.1
4.饮食服务	1192.9	1387.5	1146.3	1582.0	1586.7
(二)衣着	1288.9	1338.1	1238.4	1418.7	1364.6
1.衣类	1038.6	1076.0	993.0	1140.4	1091.8
2.鞋类	250.3	262.2	245.4	278.2	272.8
(三)居住	4646.6	5054.8	5215.3	5641.1	5882.0
1.租赁房房租	223.3	236.4	218.1	208.7	215.9
2.住房维修及管理	587.2	691.6	686.5	772.8	831.6
3.水、电、燃料及其他	845.1	870.1	906.0	979.3	1031.2
4.自有住房折算租金	2991.0	3256.7	3404.7	3680.3	3803.3
(四)生活用品及服务	1222.7	1280.9	1259.5	1423.2	1431.8
1.家具及室内装饰品	206.6	220.8	205.9	236.2	231.8
2.家用器具	320.1	327.3	309.4	350.1	379.5
3.家用纺织品	97.2	101.8	95.4	112.6	109.4
4.家庭日用杂品	293.8	292.8	305.5	323.8	321.7
5.个人护理用品	232.9	266.9	276.0	325.1	315.4
6.家庭服务	72.1	71.2	67.3	75.4	74.1
(五)交通通信	2675.4	2861.6	2761.8	3155.6	3194.8
1.交通	1971.6	2178.1	2028.5	2378.6	2415.8
2.通信	703.8	683.5	733.4	777.0	779.0
(六)教育文化娱乐	2225.7	2513.1	2032.2	2598.9	2468.7
1.教育	1398.3	1664.5	1463.2	1953.2	1878.0
2.文化和娱乐	827.4	848.6	569.0	645.7	590.6
(七)医疗保健	1685.2	1902.3	1843.1	2115.1	2119.9
1.医疗器具及药品	524.7	512.0	531.3	556.3	565.9
2.医疗服务	1160.5	1390.3	1311.8	1558.9	1554.0
(八)其他用品及服务	477.5	524.0	462.2	569.4	595.4
1.其他用品	244.9	265.5	223.9	281.9	303.8
2.其他服务	232.6	258.4	238.3	287.5	291.6

1-1-7　全国居民消费支出构成

单位：%

指　　标	2018年	2019年	2020年	2021年	2022年
消费支出构成	**100.0**	**100.0**	**100.0**	**100.0**	**100.0**
#服务性消费支出	44.2	45.9	42.6	44.2	43.2
(一)食品烟酒	28.4	28.2	30.2	29.8	30.5
1.食品	18.9	18.4	21.3	19.6	20.0
2.烟酒	2.8	2.8	2.8	2.9	3.2
3.饮料	0.6	0.6	0.6	0.7	0.8
4.饮食服务	6.0	6.4	5.4	6.6	6.5
(二)衣着	6.5	6.2	5.8	5.9	5.6
1.衣类	5.2	5.0	4.7	4.7	4.4
2.鞋类	1.3	1.2	1.2	1.2	1.1
(三)居住	23.4	23.4	24.6	23.4	24.0
1.租赁房房租	1.1	1.1	1.0	0.9	0.9
2.住房维修及管理	3.0	3.2	3.2	3.2	3.4
3.水、电、燃料及其他	4.3	4.0	4.3	4.1	4.2
4.自有住房折算租金	15.1	15.1	16.1	15.3	15.5
(四)生活用品及服务	6.2	5.9	5.9	5.9	5.8
1.家具及室内装饰品	1.0	1.0	1.0	1.0	0.9
2.家用器具	1.6	1.5	1.5	1.5	1.5
3.家用纺织品	0.5	0.5	0.4	0.5	0.4
4.家庭日用杂品	1.5	1.4	1.4	1.3	1.3
5.个人护理用品	1.2	1.2	1.3	1.3	1.3
6.家庭服务	0.4	0.3	0.3	0.3	0.3
(五)交通通信	13.5	13.3	13.0	13.1	13.0
1.交通	9.9	10.1	9.6	9.9	9.8
2.通信	3.5	3.2	3.5	3.2	3.2
(六)教育文化娱乐	11.2	11.7	9.6	10.8	10.1
1.教育	7.0	7.7	6.9	8.1	7.7
2.文化和娱乐	4.2	3.9	2.7	2.7	2.4
(七)医疗保健	8.5	8.8	8.7	8.8	8.6
1.医疗器具及药品	2.6	2.4	2.5	2.3	2.3
2.医疗服务	5.8	6.4	6.2	6.5	6.3
(八)其他用品及服务	2.4	2.4	2.2	2.4	2.4
1.其他用品	1.2	1.2	1.1	1.2	1.2
2.其他服务	1.2	1.2	1.1	1.2	1.2

1-1-8 全国居民现金消费支出

单位：元/人

指 标	2018年	2019年	2020年	2021年	2022年
现金消费支出	**16174.8**	**17526.0**	**16994.7**	**19410.7**	**19783.5**
(一)食品烟酒	5366.2	5798.1	6068.0	6783.4	7097.7
1.食品	3540.8	3729.9	4251.4	4423.5	4630.2
2.烟酒	559.8	600.2	598.2	703.8	787.1
3.饮料	117.0	131.2	132.5	164.3	188.8
4.饮食服务	1148.6	1336.7	1086.0	1491.8	1491.6
(二)衣着	1288.3	1337.6	1237.9	1417.9	1364.1
1.衣类	1038.0	1075.4	992.5	1139.7	1091.3
2.鞋类	250.3	262.2	245.4	278.2	272.8
(三)居住	1615.1	1755.7	1774.3	1899.7	2034.1
1.租赁房房租	223.3	236.4	218.1	208.7	215.9
2.住房维修及管理	587.2	691.6	686.5	772.8	831.5
3.水、电、燃料及其他	804.6	827.8	869.7	918.3	986.6
(四)生活用品及服务	1211.0	1266.9	1245.8	1410.5	1421.1
1.家具及室内装饰品	205.9	220.4	205.3	235.8	231.2
2.家用器具	320.1	327.3	309.4	350.1	379.4
3.家用纺织品	97.2	101.8	95.4	112.6	109.4
4.家庭日用杂品	282.9	279.3	292.5	311.5	311.6
5.个人护理用品	232.9	266.9	276.0	325.1	315.4
6.家庭服务	72.1	71.2	67.3	75.4	74.1
(五)交通通信	2669.1	2857.4	2758.2	3150.4	3190.8
1.交通	1965.3	2173.9	2024.9	2373.5	2411.9
2.通信	703.8	683.5	733.4	777.0	779.0
(六)教育文化娱乐	2224.1	2511.7	2031.5	2597.8	2468.0
1.教育	1398.3	1664.5	1463.1	1953.2	1878.0
2.文化和娱乐	825.9	847.2	568.4	644.6	590.0
(七)医疗保健	1332.6	1482.4	1426.0	1597.3	1635.4
1.医疗器具及药品	523.8	511.6	529.6	543.3	561.7
2.医疗服务	808.8	970.7	896.3	1054.0	1073.7
(八)其他用品及服务	468.4	516.2	452.9	553.6	572.4
1.其他用品	242.3	263.3	221.7	278.6	301.4
2.其他服务	226.0	252.9	231.2	275.0	271.0

1-1-9　全国居民现金消费支出构成

单位：%

指　　标	2018年	2019年	2020年	2021年	2022年
现金消费支出构成	**100.0**	**100.0**	**100.0**	**100.0**	**100.0**
(一)食品烟酒	33.2	33.1	35.7	34.9	35.9
1.食品	21.9	21.3	25.0	22.8	23.4
2.烟酒	3.5	3.4	3.5	3.6	4.0
3.饮料	0.7	0.7	0.8	0.8	1.0
4.饮食服务	7.1	7.6	6.4	7.7	7.5
(二)衣着	8.0	7.6	7.3	7.3	6.9
1.衣类	6.4	6.1	5.8	5.9	5.5
2.鞋类	1.5	1.5	1.4	1.4	1.4
(三)居住	10.0	10.0	10.4	9.8	10.3
1.租赁房房租	1.4	1.3	1.3	1.1	1.1
2.住房维修及管理	3.6	3.9	4.0	4.0	4.2
3.水、电、燃料及其他	5.0	4.7	5.1	4.7	5.0
(四)生活用品及服务	7.5	7.2	7.3	7.3	7.2
1.家具及室内装饰品	1.3	1.3	1.2	1.2	1.2
2.家用器具	2.0	1.9	1.8	1.8	1.9
3.家用纺织品	0.6	0.6	0.6	0.6	0.6
4.家庭日用杂品	1.7	1.6	1.7	1.6	1.6
5.个人护理用品	1.4	1.5	1.6	1.7	1.6
6.家庭服务	0.4	0.4	0.4	0.4	0.4
(五)交通通信	16.5	16.3	16.2	16.2	16.1
1.交通	12.2	12.4	11.9	12.2	12.2
2.通信	4.4	3.9	4.3	4.0	3.9
(六)教育文化娱乐	13.8	14.3	12.0	13.4	12.5
1.教育	8.6	9.5	8.6	10.1	9.5
2.文化和娱乐	5.1	4.8	3.3	3.3	3.0
(七)医疗保健	8.2	8.5	8.4	8.2	8.3
1.医疗器具及药品	3.2	2.9	3.1	2.8	2.8
2.医疗服务	5.0	5.5	5.3	5.4	5.4
(八)其他用品及服务	2.9	2.9	2.7	2.9	2.9
1.其他用品	1.5	1.5	1.3	1.4	1.5
2.其他服务	1.4	1.4	1.4	1.4	1.4

1-1-10　全国居民主要食品消费量

单位：公斤/人

指　标	2018年	2019年	2020年	2021年	2022年
一、粮食(原粮)	127.2	130.1	141.2	144.6	136.8
(一)谷物	116.3	117.9	128.1	131.4	123.7
(二)薯类	2.6	2.9	3.1	2.9	2.7
(三)豆类	8.3	9.3	10.0	10.3	10.3
二、食用油	9.6	9.5	10.4	10.8	10.0
#食用植物油	8.9	8.9	9.8	10.1	9.4
三、蔬菜及食用菌	96.1	98.6	103.7	109.8	108.2
#鲜菜	93.0	95.2	100.2	106.2	104.8
四、肉类	29.5	26.9	24.8	32.9	34.6
#猪肉	22.8	20.3	18.2	25.2	26.9
牛肉	2.0	2.2	2.3	2.5	2.5
羊肉	1.3	1.2	1.2	1.4	1.4
五、禽类	9.0	10.8	12.7	12.3	11.7
六、水产品	11.4	13.6	13.9	14.2	13.9
七、蛋类	9.7	10.7	12.8	13.2	13.5
八、奶类	12.2	12.5	13.0	14.4	12.4
九、干鲜瓜果类	52.1	56.4	56.3	61.0	
#鲜瓜果	47.4	51.4	51.3	55.5	54.7
坚果类	3.5	3.8	3.7	4.1	
十、食糖	1.3	1.3	1.3	1.3	1.2

注：①根据《住户收支与生活状况调查方案》，薯类食品在计算原粮消费量时，按照5:1对鲜薯进行了折算。表1-2-10和1-3-10与此相同。②根据2021年11月新修订的《住户收支与生活状况调查方案》，2022年起不再发布“干鲜瓜果类”指标数据，改为发布“居民家庭人均鲜瓜果消费量”。表1-2-10和1-3-10与此相同。

1-1-11　全国居民年末主要耐用消费品拥有量

单位：平均每百户

指　标	单　位	2018年	2019年	2020年	2021年	2022年
家用汽车	辆	33.0	35.3	37.1	41.8	43.5
摩托车	辆	35.7	34.2	33.1	31.5	30.8
电动助力车	辆	59.2	63.9	66.7	73.8	75.5
洗衣机	台	93.8	96.0	96.7	98.7	99.0
电冰箱(柜)	台	98.8	100.9	101.8	103.9	104.2
微波炉	台	39.2	40.1	41.0	41.5	42.2
彩色电视机	台	119.3	120.6	120.8	118.7	118.9
空调	台	109.3	115.6	117.7	131.2	133.9
热水器	台	85.0	86.9	90.4	89.6	89.9
排油烟机	台	56.4	59.3	60.9	63.1	64.6
移动电话	部	249.1	253.2	253.8	259.1	259.4
计算机	台	53.4	53.2	54.2	47.0	47.5
照相机	台	12.6	12.2	12.1	8.1	8.3

二、2018-2022年全国城镇居民收支与生活状况主要数据

1-2-1　城镇居民家庭基本情况

指　　标	单 位	2018年	2019年	2020年	2021年	2022年
一、基本情况						
户均常住人口	人/户	3.0	3.0	3.0	3.0	3.0
户均常住从业人口	人/户	1.5	1.5	1.4	1.5	1.5
平均每户家庭从业人口比重	%	50.8	50.3	48.5	50.0	48.9
平均每一从业人口负担人数(包括从业者本人)	人	2.0	2.0	2.1	2.0	2.0
二、户主文化程度						
(一)未上过学	%	1.1	1.1	1.1	0.8	0.8
(二)小学	%	11.3	11.1	11.1	9.7	9.6
(三)初中	%	33.8	34.4	34.3	35.7	35.5
(四)高中	%	23.6	23.8	24.0	24.6	24.7
(五)大学专科	%	16.3	16.0	16.0	15.9	16.0
(六)大学本科及以上	%	13.9	13.6	13.5	13.3	13.3
三、常住从业人员就业类型						
(一)雇主	%	1.4	1.2	0.9	1.0	1.0
(二)公职人员	%	4.4	4.3	3.6	3.1	3.2
(三)事业单位人员	%	10.7	10.4	9.6	9.0	9.2
(四)国有企业雇员	%	7.6	7.2	6.6	5.9	5.8
(五)其他雇员	%	58.1	59.4	62.1	62.1	62.3
(六)农业自营	%	6.5	6.1	5.6	6.5	6.4
(七)非农自营	%	11.2	11.3	11.6	12.4	12.2
四、常住从业人员从事主要行业						
(一)第一产业	%	7.7	7.2	6.8	7.6	7.4
(二)第二产业	%	23.9	23.8	24.1	24.5	24.6
(三)第三产业	%	68.5	69.0	69.2	67.9	68.0
五、居民收入与支出情况						
居民人均可支配收入	元	39250.8	42358.8	43833.8	47411.9	49282.9
居民人均可支配收入中位数	元	36412.8	39244.0	40377.5	43504.3	45123.2
居民人均现金可支配收入	元	36316.2	39147.6	40377.8	43596.4	45354.2
现金可支配收入占可支配收入比重	%	92.5	92.4	92.1	92.0	92.0
居民人均消费支出	元	26112.3	28063.4	27007.4	30307.2	30390.8
居民人均现金消费支出	元	21287.1	22798.0	21555.6	24380.4	24375.3
现金消费支出占消费支出比重	%	81.5	81.2	79.8	80.4	80.2

1-2-2 城镇居民可支配收入及构成

指　　标	2018年	2019年	2020年	2021年	2022年
可支配收入 （元/人）	**39250.8**	**42358.8**	**43833.8**	**47411.9**	**49282.9**
一、工资性收入	23792.2	25564.8	26380.7	28480.8	29577.9
二、经营净收入	4442.6	4840.4	4710.8	5381.9	5584.5
(一)第一产业经营净收入	427.6	439.2	438.2	566.5	589.5
(二)第二产业经营净收入	605.4	699.8	679.8	776.0	800.7
(三)第三产业经营净收入	3409.6	3701.5	3592.8	4039.5	4194.3
三、财产净收入	4027.7	4390.6	4626.5	5052.0	5238.2
四、转移净收入	6988.3	7563.0	8115.8	8497.3	8882.4
(一)转移性收入	9293.3	10012.3	10632.6	11316.4	11937.0
(二)转移性支出	2305.0	2449.2	2516.8	2819.1	3054.7
可支配收入构成 （%）	**100.0**	**100.0**	**100.0**	**100.0**	**100.0**
一、工资性收入	60.6	60.4	60.2	60.1	60.0
二、经营净收入	11.3	11.4	10.7	11.4	11.3
(一)第一产业经营净收入	1.1	1.0	1.0	1.2	1.2
(二)第二产业经营净收入	1.5	1.7	1.6	1.6	1.6
(三)第三产业经营净收入	8.7	8.7	8.2	8.5	8.5
三、财产净收入	10.3	10.4	10.6	10.7	10.6
四、转移净收入	17.8	17.9	18.5	17.9	18.0
(一)转移性收入	23.7	23.6	24.3	23.9	24.2
(二)转移性支出	5.9	5.8	5.7	5.9	6.2

1-2-3　城镇居民现金可支配收入及构成

指　　标	2018年	2019年	2020年	2021年	2022年
现金可支配收入　（元/人）	**36316.2**	**39147.6**	**40377.8**	**43596.4**	**45354.2**
一、现金工资性收入	23670.9	25439.1	26240.5	28299.3	29392.8
二、现金经营净收入	4808.0	5180.9	4987.5	5630.6	5784.2
(一)第一产业经营净收入	414.6	404.1	400.0	454.2	488.4
(二)第二产业经营净收入	702.9	793.0	758.7	891.2	884.0
(三)第三产业经营净收入	3690.5	3983.8	3828.8	4285.2	4411.8
三、现金财产净收入	1311.6	1494.7	1569.3	1835.8	1945.1
四、现金转移净收入	6525.7	7032.9	7580.6	7830.7	8232.2
(一)现金转移性收入	8830.7	9482.1	10097.4	10649.8	11286.8
(二)现金转移性支出	2305.0	2449.2	2516.8	2819.1	3054.6
现金可支配收入构成　（%）	**100.0**	**100.0**	**100.0**	**100.0**	**100.0**
一、现金工资性收入	65.2	65.0	65.0	64.9	64.8
二、现金经营净收入	13.2	13.2	12.4	12.9	12.8
(一)第一产业经营净收入	1.1	1.0	1.0	1.0	1.1
(二)第二产业经营净收入	1.9	2.0	1.9	2.0	1.9
(三)第三产业经营净收入	10.2	10.2	9.5	9.8	9.7
三、现金财产净收入	3.6	3.8	3.9	4.2	4.3
四、现金转移净收入	18.0	18.0	18.8	18.0	18.2
(一)现金转移性收入	24.3	24.2	25.0	24.4	24.9
(二)现金转移性支出	6.3	6.3	6.2	6.5	6.7

1-2-4 城镇居民按收入五等份分组的人均可支配收入

单位：元

组 别	2018年	2019年	2020年	2021年	2022年
20%低收入组家庭人均可支配收入	14386.9	15549.4	15597.7	16745.5	16970.7
20%中间偏下收入组家庭人均可支配收入	24856.5	26783.7	27501.1	30132.6	31179.6
20%中间收入组家庭人均可支配收入	35196.1	37875.8	39278.2	42498.0	44282.9
20%中间偏上收入组家庭人均可支配收入	49173.5	52907.3	54910.1	59005.2	61724.1
20%高收入组家庭人均可支配收入	84907.1	91682.6	96061.6	102595.8	107224.1

1-2-5 城镇居民按东、中、西部及东北地区分组的人均可支配收入

单位：元

组 别	2018年	2019年	2020年	2021年	2022年
东部地区	46432.6	50145.4	52027.1	56378.3	58459.9
中部地区	33803.2	36607.5	37658.2	40706.8	42733.4
西部地区	33388.6	36040.6	37548.1	40582.6	42173.3
东北地区	32993.7	35130.3	35700.1	38224.6	39098.0

1-2-6 城镇居民消费支出

单位：元/人

指　　标	2018年	2019年	2020年	2021年	2022年
消费支出	**26112.3**	**28063.4**	**27007.4**	**30307.2**	**30390.8**
#服务性消费支出	12130.4	13517.7	12012.8	14058.5	13722.8
(一)食品烟酒	7239.0	7732.6	7880.5	8678.1	8958.3
1.食品	4630.9	4818.5	5413.8	5452.1	5687.3
2.烟酒	619.7	652.6	633.9	739.6	808.4
3.饮料	148.7	164.0	165.3	200.6	226.3
4.饮食服务	1839.7	2097.4	1667.5	2285.8	2236.3
(二)衣着	1808.2	1831.9	1644.8	1842.8	1735.2
1.衣类	1473.4	1489.7	1335.1	1500.5	1407.2
2.鞋类	334.8	342.2	309.7	342.3	328.0
(三)居住	6255.0	6780.2	6957.7	7405.3	7643.5
1.租赁房房租	360.7	369.2	331.9	316.4	323.1
2.住房维修及管理	668.3	815.4	806.5	955.2	1005.0
3.水、电、燃料及其他	1037.0	1058.5	1102.3	1142.8	1193.7
4.自有住房折算租金	4189.0	4537.2	4717.1	4990.9	5121.7
(四)生活用品及服务	1629.4	1689.3	1640.0	1819.6	1800.5
1.家具及室内装饰品	269.2	284.4	270.6	312.0	301.6
2.家用器具	412.9	425.6	391.7	437.6	469.5
3.家用纺织品	131.4	137.5	126.7	145.1	138.0
4.家庭日用杂品	359.6	350.3	365.7	375.4	368.1
5.个人护理用品	342.3	382.1	382.6	437.4	413.3
6.家庭服务	114.0	109.5	102.7	112.1	109.8
(五)交通通信	3473.5	3671.3	3474.3	3932.0	3908.8
1.交通	2580.0	2826.5	2586.3	3017.2	3009.4
2.通信	893.5	844.9	888.0	914.8	899.4
(六)教育文化娱乐	2974.1	3328.0	2591.7	3322.0	3050.2
1.教育	1703.4	2037.3	1769.9	2399.3	2236.0
2.文化和娱乐	1270.7	1290.6	821.8	922.8	814.2
(七)医疗保健	2045.7	2282.7	2172.2	2521.3	2480.7
1.医疗器具及药品	660.4	633.6	665.5	678.7	688.1
2.医疗服务	1385.2	1649.1	1506.7	1842.6	1792.6
(八)其他用品及服务	687.4	747.2	646.2	786.1	813.7
1.其他用品	339.6	366.7	303.5	381.9	412.2
2.其他服务	347.8	380.5	342.7	404.2	401.4

1-2-7 城镇居民消费支出构成

单位：%

指　　标	2018年	2019年	2020年	2021年	2022年
消费支出构成	**100.0**	**100.0**	**100.0**	**100.0**	**100.0**
#服务性消费支出	46.5	48.2	44.5	46.4	45.2
(一)食品烟酒	27.7	27.6	29.2	28.6	29.5
1.食品	17.7	17.2	20.0	18.0	18.7
2.烟酒	2.4	2.3	2.3	2.4	2.7
3.饮料	0.6	0.6	0.6	0.7	0.7
4.饮食服务	7.0	7.5	6.2	7.5	7.4
(二)衣着	6.9	6.5	6.1	6.1	5.7
1.衣类	5.6	5.3	4.9	5.0	4.6
2.鞋类	1.3	1.2	1.1	1.1	1.1
(三)居住	24.0	24.2	25.8	24.4	25.2
1.租赁房房租	1.4	1.3	1.2	1.0	1.1
2.住房维修及管理	2.6	2.9	3.0	3.2	3.3
3.水、电、燃料及其他	4.0	3.8	4.1	3.8	3.9
4.自有住房折算租金	16.0	16.2	17.5	16.5	16.9
(四)生活用品及服务	6.2	6.0	6.1	6.0	5.9
1.家具及室内装饰品	1.0	1.0	1.0	1.0	1.0
2.家用器具	1.6	1.5	1.5	1.4	1.5
3.家用纺织品	0.5	0.5	0.5	0.5	0.5
4.家庭日用杂品	1.4	1.2	1.4	1.2	1.2
5.个人护理用品	1.3	1.4	1.4	1.4	1.4
6.家庭服务	0.4	0.4	0.4	0.4	0.4
(五)交通通信	13.3	13.1	12.9	13.0	12.9
1.交通	9.9	10.1	9.6	10.0	9.9
2.通信	3.4	3.0	3.3	3.0	3.0
(六)教育文化娱乐	11.4	11.9	9.6	11.0	10.0
1.教育	6.5	7.3	6.6	7.9	7.4
2.文化和娱乐	4.9	4.6	3.0	3.0	2.7
(七)医疗保健	7.8	8.1	8.0	8.3	8.2
1.医疗器具及药品	2.5	2.3	2.5	2.2	2.3
2.医疗服务	5.3	5.9	5.6	6.1	5.9
(八)其他用品及服务	2.6	2.7	2.4	2.6	2.7
1.其他用品	1.3	1.3	1.1	1.3	1.4
2.其他服务	1.3	1.4	1.3	1.3	1.3

1-2-8 城镇居民现金消费支出

单位: 元/人

指　　标	2018年	2019年	2020年	2021年	2022年
现金消费支出	**21287.1**	**22798.0**	**21555.6**	**24380.4**	**24375.3**
(一)食品烟酒	7099.2	7583.9	7709.6	8443.8	8715.9
1.食品	4554.7	4738.6	5325.0	5333.3	5565.7
2.烟酒	619.7	652.6	633.9	739.6	808.3
3.饮料	148.6	163.9	165.2	200.4	226.0
4.饮食服务	1776.2	2028.8	1585.5	2170.4	2115.8
(二)衣着	1807.5	1831.3	1644.2	1841.8	1734.4
1.衣类	1472.6	1489.1	1334.4	1499.5	1406.5
2.鞋类	334.8	342.2	309.7	342.3	328.0
(三)居住	2045.2	2223.5	2222.2	2392.5	2503.1
1.租赁房房租	360.7	369.2	331.9	316.4	323.1
2.住房维修及管理	668.3	815.4	806.5	955.2	1005.0
3.水、电、燃料及其他	1016.3	1038.9	1083.8	1120.9	1175.1
(四)生活用品及服务	1617.5	1676.2	1627.1	1807.3	1789.3
1.家具及室内装饰品	269.1	284.1	270.5	312.0	301.6
2.家用器具	412.9	425.6	391.7	437.6	469.5
3.家用纺织品	131.4	137.5	126.7	145.1	138.0
4.家庭日用杂品	347.8	337.3	353.0	363.1	357.0
5.个人护理用品	342.3	382.1	382.6	437.4	413.3
6.家庭服务	114.0	109.5	102.7	112.1	109.8
(五)交通通信	3466.0	3665.0	3468.9	3925.1	3903.0
1.交通	2572.6	2820.1	2580.9	3010.3	3003.6
2.通信	893.5	844.9	888.0	914.8	899.4
(六)教育文化娱乐	2972.1	3326.0	2590.7	3320.4	3049.3
1.教育	1703.4	2037.3	1769.8	2399.3	2235.9
2.文化和娱乐	1268.8	1288.7	820.9	921.2	813.4
(七)医疗保健	1604.0	1754.6	1658.4	1880.6	1895.4
1.医疗器具及药品	659.0	633.2	663.2	664.7	683.8
2.医疗服务	945.1	1121.4	995.1	1215.9	1211.6
(八)其他用品及服务	675.5	737.6	634.6	768.9	784.8
1.其他用品	336.5	363.9	300.4	378.2	409.3
2.其他服务	338.9	373.6	334.2	390.8	375.4

1-2-9 城镇居民现金消费支出构成

单位：%

指　　标	2018年	2019年	2020年	2021年	2022年
现金消费支出构成	**100.0**	**100.0**	**100.0**	**100.0**	**100.0**
(一)食品烟酒	33.3	33.3	35.8	34.6	35.8
1.食品	21.4	20.8	24.7	21.9	22.8
2.烟酒	2.9	2.9	2.9	3.0	3.3
3.饮料	0.7	0.7	0.8	0.8	0.9
4.饮食服务	8.3	8.9	7.4	8.9	8.7
(二)衣着	8.5	8.0	7.6	7.6	7.1
1.衣类	6.9	6.5	6.2	6.2	5.8
2.鞋类	1.6	1.5	1.4	1.4	1.3
(三)居住	9.6	9.8	10.3	9.8	10.3
1.租赁房房租	1.7	1.6	1.5	1.3	1.3
2.住房维修及管理	3.1	3.6	3.7	3.9	4.1
3.水、电、燃料及其他	4.8	4.6	5.0	4.6	4.8
(四)生活用品及服务	7.6	7.4	7.5	7.4	7.3
1.家具及室内装饰品	1.3	1.2	1.3	1.3	1.2
2.家用器具	1.9	1.9	1.8	1.8	1.9
3.家用纺织品	0.6	0.6	0.6	0.6	0.6
4.家庭日用杂品	1.6	1.5	1.6	1.5	1.5
5.个人护理用品	1.6	1.7	1.8	1.8	1.7
6.家庭服务	0.5	0.5	0.5	0.5	0.5
(五)交通通信	16.3	16.1	16.1	16.1	16.0
1.交通	12.1	12.4	12.0	12.3	12.3
2.通信	4.2	3.7	4.1	3.8	3.7
(六)教育文化娱乐	14.0	14.6	12.0	13.6	12.5
1.教育	8.0	8.9	8.2	9.8	9.2
2.文化和娱乐	6.0	5.7	3.8	3.8	3.3
(七)医疗保健	7.5	7.7	7.7	7.7	7.8
1.医疗器具及药品	3.1	2.8	3.1	2.7	2.8
2.医疗服务	4.4	4.9	4.6	5.0	5.0
(八)其他用品及服务	3.2	3.2	2.9	3.2	3.2
1.其他用品	1.6	1.6	1.4	1.6	1.7
2.其他服务	1.6	1.6	1.6	1.6	1.5

1-2-10 城镇居民主要食品消费量

单位：公斤/人

指　　标	2018年	2019年	2020年	2021年	2022年
一、粮食(原粮)	110.0	110.6	120.2	124.8	116.2
(一)谷物	98.8	98.5	107.3	112.0	103.6
(二)薯类	2.4	2.6	2.8	2.7	2.6
(三)豆类	8.8	9.5	10.0	10.1	10.0
二、食用油	9.4	9.2	9.9	10.1	9.4
#食用植物油	8.9	8.7	9.5	9.6	9.0
三、蔬菜及食用菌	103.1	105.8	109.8	112.0	110.9
#鲜菜	99.0	101.5	105.4	107.7	106.9
四、肉类	31.2	28.7	27.4	34.4	35.2
#猪肉	22.7	20.3	19.0	25.1	26.0
牛肉	2.7	2.9	3.1	3.2	3.2
羊肉	1.5	1.4	1.4	1.6	1.5
五、禽类	9.8	11.4	13.0	12.3	11.9
六、水产品	14.3	16.7	16.6	16.7	16.2
七、蛋类	10.8	11.5	13.5	13.4	13.8
八、奶类	16.5	16.7	17.3	18.2	15.4
九、干鲜瓜果类	62.0	66.8	65.9	67.7	
#鲜瓜果	56.4	60.9	60.1	61.6	60.5
坚果类	4.1	4.3	4.2	4.4	
十、食糖	1.3	1.2	1.2	1.1	1.0

1-2-11 城镇居民年末主要耐用消费品拥有量

单位：平均每百户

指　　标	2018年	2019年	2020年	2021年	2022年
家用汽车	41.0	43.2	44.9	50.1	51.4
摩托车	19.5	18.7	18.2	18.2	17.9
电动助力车	55.0	59.4	62.0	68.8	70.5
洗衣机	97.7	99.2	99.7	100.5	100.6
电冰箱(柜)	100.9	102.5	103.1	104.2	104.4
微波炉	55.2	55.7	56.5	55.4	56.0
彩色电视机	121.3	122.8	123.0	120.3	120.6
空调	142.2	148.3	149.6	161.7	163.5
热水器	97.2	98.2	100.7	98.1	98.2
排油烟机	79.1	81.7	82.6	82.3	83.2
移动电话	243.1	247.4	248.7	253.6	254.0
计算机	73.1	72.2	72.9	63.2	63.4
照相机	20.2	19.5	19.3	12.7	12.9

三、2018-2022年全国农村居民收支与生活状况主要数据

1-3-1　农村居民家庭基本情况

指　　标	单 位	2018年	2019年	2020年	2021年	2022年
一、基本情况						
户均常住人口	人/户	3.2	3.2	3.2	3.2	3.1
户均常住从业人口	人/户	1.9	1.8	1.7	1.8	1.7
平均每户家庭从业人口比重	%	57.9	56.7	54.8	56.5	55.5
平均每一从业人口负担人数(包括从业者本人)	人	1.7	1.8	1.8	1.8	1.8
二、户主文化程度						
(一)未上过学	%	3.9	3.6	3.4	2.7	2.7
(二)小学	%	32.8	32.5	32.3	28.9	28.7
(三)初中	%	50.3	50.8	51.3	54.6	54.9
(四)高中	%	11.1	11.2	11.2	11.7	11.6
(五)大学专科	%	1.6	1.7	1.6	1.7	1.8
(六)大学本科及以上	%	0.3	0.3	0.2	0.3	0.3
三、常住从业人员就业类型						
(一)雇主	%	0.6	0.4	0.2	0.3	0.3
(二)公职人员	%	0.5	0.5	0.3	0.3	0.3
(三)事业单位人员	%	1.0	1.0	0.7	0.7	0.7
(四)国有企业雇员	%	0.4	0.3	0.2	0.2	0.2
(五)其他雇员	%	34.7	37.7	39.3	42.2	42.2
(六)农业自营	%	54.2	51.3	49.9	47.0	47.0
(七)非农自营	%	8.6	8.8	9.4	9.2	9.3
四、常住从业人员从事主要行业						
(一)第一产业	%	55.8	53.6	52.9	49.8	49.7
(二)第二产业	%	21.1	21.6	21.8	23.8	23.7
(三)第三产业	%	23.1	24.8	25.2	26.4	26.6
五、居民收入与支出情况						
居民人均可支配收入	元	14617.0	16020.7	17131.5	18930.9	20132.8
居民人均可支配收入中位数	元	13065.6	14389.2	15204.0	16902.0	17733.8
居民人均现金可支配收入	元	13912.8	15279.8	16394.5	17596.4	19084.3
现金可支配收入占可支配收入比重	%	95.2	95.4	95.7	93.0	94.8
居民人均消费支出	元	12124.3	13327.7	13713.4	15915.6	16632.1
居民人均现金消费支出	元	9862.0	10854.5	11097.2	12857.6	13580.6
现金消费支出占消费支出比重	%	81.3	81.4	80.9	80.8	81.7

1-3-2 农村居民可支配收入及构成

指　标	2018年	2019年	2020年	2021年	2022年
可支配收入（元/人）	**14617.0**	**16020.7**	**17131.5**	**18930.9**	**20132.8**
一、工资性收入	5996.1	6583.5	6973.9	7958.1	8449.2
二、经营净收入	5358.4	5762.2	6077.4	6566.2	6971.5
(一)第一产业经营净收入	3489.5	3730.2	3978.1	4291.7	4567.2
1.农业	2608.0	2740.1	2887.6	3209.8	3443.1
2.林业	187.0	196.7	185.6	231.0	212.8
3.牧业	574.5	656.9	754.2	683.1	728.4
4.渔业	120.0	136.5	150.7	167.9	182.9
(二)第二产业经营净收入	378.4	413.4	430.6	471.8	508.5
(三)第三产业经营净收入	1490.5	1618.6	1668.7	1802.6	1895.9
三、财产净收入	342.1	377.3	418.8	469.4	509.0
四、转移净收入	2920.5	3297.8	3661.3	3937.2	4203.1
(一)转移性收入	3483.1	3919.1	4291.5	4700.9	4996.7
(二)转移性支出	562.6	621.4	630.1	763.7	793.6
可支配收入构成（%）	**100.0**	**100.0**	**100.0**	**100.0**	**100.0**
一、工资性收入	41.0	41.1	40.7	42.0	42.0
二、经营净收入	36.7	36.0	35.5	34.7	34.6
(一)第一产业经营净收入	23.9	23.3	23.2	22.7	22.7
1.农业	17.8	17.1	16.9	17.0	17.1
2.林业	1.3	1.2	1.1	1.2	1.1
3.牧业	3.9	4.1	4.4	3.6	3.6
4.渔业	0.8	0.9	0.9	0.9	0.9
(二)第二产业经营净收入	2.6	2.6	2.5	2.5	2.5
(三)第三产业经营净收入	10.2	10.1	9.7	9.5	9.4
三、财产净收入	2.3	2.4	2.4	2.5	2.5
四、转移净收入	20.0	20.6	21.4	20.8	20.9
(一)转移性收入	23.8	24.5	25.1	24.8	24.8
(二)转移性支出	3.8	3.9	3.7	4.0	3.9

1-3-3　农村居民现金可支配收入及构成

指　　标	2018年	2019年	2020年	2021年	2022年
现金可支配收入　（元/人）	**13912.8**	**15279.8**	**16394.5**	**17596.4**	**19084.3**
一、现金工资性收入	5961.3	6540.2	6926.6	7881.7	8367.8
二、现金经营净收入	4969.5	5382.2	5720.3	5709.1	6397.0
(一)第一产业经营净收入	2910.9	3163.2	3443.6	3263.4	3842.9
1.农业	2032.8	2192.0	2371.0	2192.6	2682.6
2.林业	130.0	134.0	135.5	127.9	140.7
3.牧业	626.7	693.7	782.6	770.0	835.2
4.渔业	121.4	143.6	154.4	172.9	184.4
(二)第二产业经营净收入	433.9	456.9	474.5	516.9	545.8
(三)第三产业经营净收入	1624.7	1762.1	1802.2	1928.8	2008.3
三、现金财产净收入	342.1	377.3	418.8	469.4	509.0
四、现金转移净收入	2639.9	2980.2	3328.9	3536.2	3810.5
(一)现金转移性收入	3202.6	3601.5	3959.0	4300.0	4604.0
(二)现金转移性支出	562.6	621.4	630.1	763.7	793.6
现金可支配收入构成　(%)	**100.0**	**100.0**	**100.0**	**100.0**	**100.0**
一、现金工资性收入	42.8	42.8	42.2	44.8	43.8
二、现金经营净收入	35.7	35.2	34.9	32.4	33.5
(一)第一产业经营净收入	20.9	20.7	21.0	18.5	20.1
1.农业	14.6	14.3	14.5	12.5	14.1
2.林业	0.9	0.9	0.8	0.7	0.7
3.牧业	4.5	4.5	4.8	4.4	4.4
4.渔业	0.9	0.9	0.9	1.0	1.0
(二)第二产业经营净收入	3.1	3.0	2.9	2.9	2.9
(三)第三产业经营净收入	11.7	11.5	11.0	11.0	10.5
三、现金财产净收入	2.5	2.5	2.6	2.7	2.7
四、现金转移净收入	19.0	19.5	20.3	20.1	20.0
(一)现金转移性收入	23.0	23.6	24.1	24.4	24.1
(二)现金转移性支出	4.0	4.1	3.8	4.3	4.2

1-3-4 农村居民按收入五等份分组的人均可支配收入

单位：元

组　别	2018年	2019年	2020年	2021年	2022年
20%低收入组家庭人均可支配收入	3666.2	4262.6	4681.5	4855.9	5024.6
20%中间偏下收入组家庭人均可支配收入	8508.5	9754.1	10391.6	11585.8	11965.3
20%中间收入组家庭人均可支配收入	12530.2	13984.2	14711.7	16546.4	17450.6
20%中间偏上收入组家庭人均可支配收入	18051.5	19732.4	20884.5	23167.3	24646.2
20%高收入组家庭人均可支配收入	34042.6	36049.4	38520.3	43081.5	46075.4

1-3-5 农村居民按东、中、西部及东北地区分组的人均可支配收入

单位：元

组　别	2018年	2019年	2020年	2021年	2022年
东部地区	18285.7	19988.6	21286.0	23556.1	25037.3
中部地区	13954.1	15290.5	16213.2	17857.5	19080.1
西部地区	11831.4	13035.3	14110.8	15608.2	16632.1
东北地区	14080.4	15356.7	16581.5	18280.4	18919.2

1-3-6 农村居民消费支出

单位：元/人

指　　标	2018年	2019年	2020年	2021年	2022年
消费支出	**12124.3**	**13327.7**	**13713.4**	**15915.6**	**16632.1**
#服务性消费支出	4644.7	5290.2	5189.9	6142.9	6357.9
(一)食品烟酒	3645.6	3998.2	4479.4	5200.2	5485.4
1.食品	2687.1	2884.7	3363.6	3771.3	3876.7
2.烟酒	485.9	533.9	552.2	656.7	758.4
3.饮料	78.4	90.5	91.3	118.2	141.1
4.饮食服务	394.2	489.1	472.4	653.9	709.1
(二)衣着	647.7	713.3	712.8	859.5	864.0
1.衣类	501.8	552.4	550.6	665.7	665.8
2.鞋类	145.9	160.9	162.2	193.8	198.2
(三)居住	2660.6	2871.3	2962.4	3314.7	3502.5
1.租赁房房租	53.6	68.3	71.1	66.7	71.2
2.住房维修及管理	487.1	534.9	531.4	532.2	597.3
3.水、电、燃料及其他	608.1	631.8	652.1	763.6	811.7
4.自有住房折算租金	1511.8	1636.3	1707.8	1952.3	2022.3
(四)生活用品及服务	720.5	763.9	767.5	900.5	933.8
1.家具及室内装饰品	129.2	140.3	122.3	136.1	137.5
2.家用器具	205.4	202.9	203.0	234.7	257.7
3.家用纺织品	54.9	56.7	54.9	69.8	70.7
4.家庭日用杂品	212.7	220.1	227.6	255.8	259.1
5.个人护理用品	97.8	121.1	138.1	177.0	183.1
6.家庭服务	20.5	22.8	21.6	27.0	25.7
(五)交通通信	1690.0	1836.8	1840.6	2131.8	2230.3
1.交通	1220.3	1357.5	1307.1	1536.6	1614.1
2.通信	469.7	479.3	533.5	595.3	616.2
(六)教育文化娱乐	1301.6	1481.8	1308.7	1645.5	1683.1
1.教育	1021.6	1192.7	1066.6	1365.0	1394.4
2.文化和娱乐	280.0	289.1	242.2	280.5	288.7
(七)医疗保健	1240.1	1420.8	1417.5	1579.6	1632.5
1.医疗器具及药品	357.1	358.0	357.7	394.8	400.8
2.医疗服务	883.0	1062.7	1059.8	1184.8	1231.7
(八)其他用品及服务	218.3	241.5	224.4	283.8	300.5
1.其他用品	127.9	137.5	121.0	150.1	157.3
2.其他服务	90.4	104.0	103.4	133.7	143.2

1-3-7　农村居民消费支出构成

单位：%

指　　标	2018年	2019年	2020年	2021年	2022年
消费支出构成	**100.0**	**100.0**	**100.0**	**100.0**	**100.0**
#服务性消费支出	38.3	39.7	37.8	38.6	38.2
(一)食品烟酒	30.1	30.0	32.7	32.7	33.0
1.食品	22.2	21.6	24.5	23.7	23.3
2.烟酒	4.0	4.0	4.0	4.1	4.6
3.饮料	0.6	0.7	0.7	0.7	0.8
4.饮食服务	3.3	3.7	3.4	4.1	4.3
(二)衣着	5.3	5.4	5.2	5.4	5.2
1.衣类	4.1	4.1	4.0	4.2	4.0
2.鞋类	1.2	1.2	1.2	1.2	1.2
(三)居住	21.9	21.5	21.6	20.8	21.1
1.租赁房房租	0.4	0.5	0.5	0.4	0.4
2.住房维修及管理	4.0	4.0	3.9	3.3	3.6
3.水、电、燃料及其他	5.0	4.7	4.8	4.8	4.9
4.自有住房折算租金	12.5	12.3	12.5	12.3	12.2
(四)生活用品及服务	5.9	5.7	5.6	5.7	5.6
1.家具及室内装饰品	1.1	1.1	0.9	0.9	0.8
2.家用器具	1.7	1.5	1.5	1.5	1.5
3.家用纺织品	0.5	0.4	0.4	0.4	0.4
4.家庭日用杂品	1.8	1.7	1.7	1.6	1.6
5.个人护理用品	0.8	0.9	1.0	1.1	1.1
6.家庭服务	0.2	0.2	0.2	0.2	0.2
(五)交通通信	13.9	13.8	13.4	13.4	13.4
1.交通	10.1	10.2	9.5	9.7	9.7
2.通信	3.9	3.6	3.9	3.7	3.7
(六)教育文化娱乐	10.7	11.1	9.5	10.3	10.1
1.教育	8.4	8.9	7.8	8.6	8.4
2.文化和娱乐	2.3	2.2	1.8	1.8	1.7
(七)医疗保健	10.2	10.7	10.3	9.9	9.8
1.医疗器具及药品	2.9	2.7	2.6	2.5	2.4
2.医疗服务	7.3	8.0	7.7	7.4	7.4
(八)其他用品及服务	1.8	1.8	1.6	1.8	1.8
1.其他用品	1.1	1.0	0.9	0.9	0.9
2.其他服务	0.7	0.8	0.8	0.8	0.9

1-3-8 农村居民现金消费支出

单位：元/人

指　　标	2018年	2019年	2020年	2021年	2022年
现金消费支出	**9862.0**	**10854.5**	**11097.2**	**12857.6**	**13580.6**
(一)食品烟酒	3226.3	3538.2	3945.5	4594.1	4911.7
1.食品	2288.9	2453.5	2863.1	3223.8	3366.5
2.烟酒	485.8	533.9	552.1	656.7	758.3
3.饮料	78.0	89.9	90.2	116.6	138.5
4.饮食服务	373.6	461.0	440.0	597.1	648.4
(二)衣着	647.2	712.9	712.5	859.0	863.7
1.衣类	501.3	552.0	550.3	665.2	665.5
2.鞋类	145.9	160.9	162.2	193.8	198.2
(三)居住	1084.0	1163.8	1195.3	1250.0	1400.5
1.租赁房房租	53.6	68.3	71.1	66.7	71.2
2.住房维修及管理	487.1	534.9	531.4	532.2	597.3
3.水、电、燃料及其他	543.2	560.7	592.8	651.1	732.0
(四)生活用品及服务	709.0	748.9	752.9	887.3	923.6
1.家具及室内装饰品	127.8	139.7	121.0	135.3	136.1
2.家用器具	205.4	202.9	203.0	234.7	257.7
3.家用纺织品	54.9	56.7	54.9	69.8	70.7
4.家庭日用杂品	202.7	205.8	214.3	243.5	250.2
5.个人护理用品	97.8	121.1	138.1	177.0	183.1
6.家庭服务	20.5	22.8	21.6	27.0	25.7
(五)交通通信	1685.0	1835.5	1839.3	2129.0	2228.8
1.交通	1215.3	1356.1	1305.8	1533.7	1612.5
2.通信	469.7	479.3	533.5	595.3	616.2
(六)教育文化娱乐	1300.5	1481.3	1308.4	1645.0	1682.7
1.教育	1021.5	1192.7	1066.6	1364.9	1394.4
2.文化和娱乐	279.0	288.6	241.8	280.0	288.3
(七)医疗保健	997.4	1137.9	1125.4	1223.7	1284.1
1.医疗器具及药品	356.8	357.8	356.8	383.3	396.6
2.医疗服务	640.6	780.1	768.6	840.5	887.4
(八)其他用品及服务	212.7	236.0	217.9	269.6	285.5
1.其他用品	126.0	136.0	120.1	147.2	155.5
2.其他服务	86.6	100.0	97.9	122.4	130.0

1-3-9 农村居民现金消费支出构成

单位：%

指标	2018年	2019年	2020年	2021年	2022年
现金消费支出构成	**100.0**	**100.0**	**100.0**	**100.0**	**100.0**
(一)食品烟酒	32.7	32.6	35.6	35.7	36.2
1.食品	23.2	22.6	25.8	25.1	24.8
2.烟酒	4.9	4.9	5.0	5.1	5.6
3.饮料	0.8	0.8	0.8	0.9	1.0
4.饮食服务	3.8	4.2	4.0	4.6	4.8
(二)衣着	6.6	6.6	6.4	6.7	6.4
1.衣类	5.1	5.1	5.0	5.2	4.9
2.鞋类	1.5	1.5	1.5	1.5	1.5
(三)居住	11.0	10.7	10.8	9.7	10.3
1.租赁房房租	0.5	0.6	0.6	0.5	0.5
2.住房维修及管理	4.9	4.9	4.8	4.1	4.4
3.水、电、燃料及其他	5.5	5.2	5.3	5.1	5.4
(四)生活用品及服务	7.2	6.9	6.8	6.9	6.8
1.家具及室内装饰品	1.3	1.3	1.1	1.1	1.0
2.家用器具	2.1	1.9	1.8	1.8	1.9
3.家用纺织品	0.6	0.5	0.5	0.5	0.5
4.家庭日用杂品	2.1	1.9	1.9	1.9	1.8
5.个人护理用品	1.0	1.1	1.2	1.4	1.3
6.家庭服务	0.2	0.2	0.2	0.2	0.2
(五)交通通信	17.1	16.9	16.6	16.6	16.4
1.交通	12.3	12.5	11.8	11.9	11.9
2.通信	4.8	4.4	4.8	4.6	4.5
(六)教育文化娱乐	13.2	13.6	11.8	12.8	12.4
1.教育	10.4	11.0	9.6	10.6	10.3
2.文化和娱乐	2.8	2.7	2.2	2.2	2.1
(七)医疗保健	10.1	10.5	10.1	9.5	9.5
1.医疗器具及药品	3.6	3.3	3.2	3.0	2.9
2.医疗服务	6.5	7.2	6.9	6.5	6.5
(八)其他用品及服务	2.2	2.2	2.0	2.1	2.1
1.其他用品	1.3	1.3	1.1	1.1	1.1
2.其他服务	0.9	0.9	0.9	1.0	1.0

1-3-10 农村居民主要食品消费量

单位：公斤/人

指　　标	2018年	2019年	2020年	2021年	2022年
一、粮食(原粮)	148.5	154.8	168.4	170.8	164.6
(一)谷物	137.9	142.6	155.0	156.9	150.8
(二)薯类	3.0	3.2	3.5	3.3	3.0
(三)豆类	7.7	9.1	9.9	10.6	10.8
二、食用油	9.9	9.8	11.0	11.7	10.8
#食用植物油	9.0	9.0	10.2	10.8	10.0
三、蔬菜及食用菌	87.5	89.5	95.8	107.0	104.6
#鲜菜	85.6	87.2	93.5	104.3	102.0
四、肉类	27.5	24.7	21.4	30.9	33.7
#猪肉	23.0	20.2	17.1	25.4	28.1
牛肉	1.1	1.2	1.3	1.5	1.6
羊肉	1.0	1.0	1.0	1.2	1.3
五、禽类	8.0	10.0	12.4	12.4	11.4
六、水产品	7.8	9.6	10.3	10.9	10.7
七、蛋类	8.4	9.6	11.8	13.0	13.1
八、奶类	6.9	7.3	7.4	9.3	8.4
九、干鲜瓜果类	39.9	43.3	43.8	52.4	
#鲜瓜果	36.3	39.3	39.9	47.5	46.7
坚果类	2.8	3.1	3.1	3.8	
十、食糖	1.3	1.4	1.4	1.5	1.5

1-3-11 农村居民年末主要耐用消费品拥有量

单位：平均每百户

指　　标	单　位	2018年	2019年	2020年	2021年	2022年
家用汽车	辆	22.3	24.7	26.4	30.2	32.4
摩托车	辆	57.4	55.1	53.6	49.9	49.0
电动助力车	辆	64.9	70.1	73.1	80.7	82.5
洗衣机	台	88.5	91.6	92.6	96.1	96.8
电冰箱(柜)	台	95.9	98.6	100.1	103.5	103.9
微波炉	台	17.7	18.9	19.7	22.2	22.8
彩色电视机	台	116.6	117.6	117.8	116.3	116.5
空调	台	65.2	71.3	73.8	89.0	92.2
热水器	台	68.7	71.7	76.2	77.9	78.1
排油烟机	台	26.0	29.0	30.9	36.6	38.5
移动电话	部	257.0	261.2	260.9	266.6	266.9
计算机	台	26.9	27.5	28.3	24.6	25.0
照相机	台	2.5	2.3	2.2	1.7	1.7

1-3-12 农村居民第一产业生产经营收支情况

单位：元/人

指　　标	2018年	2019年	2020年	2021年	2022年
一、生产经营收入	6841.1	7245.7	7804.6	8726.2	8760.5
(一)农业	4476.9	4742.0	4918.1	5531.5	5807.0
(二)林业	227.1	236.8	231.1	275.1	257.1
(三)牧业	1879.9	1986.6	2368.9	2536.4	2325.5
(四)渔业	257.2	280.3	286.5	383.2	371.0
二、生产经营现金收入	5875.6	6270.8	6837.2	7178.8	7534.3
(一)农业	3716.0	4005.6	4217.8	4328.9	4879.4
(二)林业	168.2	172.2	178.4	168.5	182.6
(三)牧业	1738.7	1818.1	2160.2	2303.6	2108.5
(四)渔业	252.7	275.0	280.9	377.9	363.7
三、生产经营费用支出	3114.6	3254.7	3552.0	4129.2	3925.9
(一)农业	1716.4	1837.1	1868.4	2156.8	2215.1
(二)林业	38.2	38.2	42.8	40.7	42.0
(三)牧业	1228.2	1245.7	1513.5	1725.3	1486.8
(四)渔业	131.9	133.7	127.2	206.5	182.1
四、生产经营现金费用支出	2964.7	3107.6	3393.7	3915.4	3691.4
(一)农业	1683.2	1813.6	1846.7	2136.3	2196.9
(二)林业	38.2	38.2	42.8	40.6	42.0
(三)牧业	1112.1	1124.4	1377.6	1533.5	1273.3
(四)渔业	131.2	131.4	126.6	205.0	179.3

四、历年全国居民收支主要数据

1-4-1 1978-2022年全体居民人均可支配收入增长情况

年 份	人均可支配收入(元)	比上年名义增长(%)	比上年实际增长(%)	指数 1978年=100
1978	171.2			100.0
1979	206.6	20.7	18.4	118.4
1980	246.8	19.5	11.1	131.6
1981	279.3	13.1	10.4	145.3
1982	326.1	16.8	14.5	166.4
1983	364.9	11.9	9.7	182.5
1984	423.6	16.1	13.1	206.3
1985	478.6	13.0	3.4	213.2
1986	540.8	13.0	6.1	226.2
1987	599.2	10.8	3.3	233.6
1988	708.9	18.3	-0.4	232.6
1989	804.0	13.4	-3.9	223.6
1990	903.9	12.4	9.1	243.8
1991	975.8	8.0	4.4	254.6
1992	1125.2	15.3	8.4	275.9
1993	1385.1	23.1	7.3	296.1
1994	1869.6	35.0	8.8	322.1
1995	2363.3	26.4	7.9	347.6
1996	2813.9	19.1	9.9	382.2
1997	3069.8	9.1	6.1	405.6
1998	3254.1	6.0	6.9	433.4
1999	3484.6	7.1	8.6	470.7
2000	3721.3	6.8	6.4	500.7
2001	4070.4	9.4	8.6	543.8
2002	4531.6	11.3	12.2	610.4
2003	5006.7	10.5	9.2	666.3
2004	5660.9	13.1	8.8	725.1
2005	6384.7	12.8	10.8	803.4
2006	7228.8	13.2	11.5	896.2
2007	8583.5	18.7	13.3	1015.4
2008	9956.5	16.0	9.5	1112.2
2009	10977.5	10.3	11.0	1234.8
2010	12519.5	14.0	10.4	1363.3
2011	14550.7	16.2	10.3	1503.3
2012	16509.5	13.5	10.6	1662.5
2013	18310.8	10.9	8.1	1797.1
2014	20167.1	10.1	8.0	1940.5
2015	21966.2	8.9	7.4	2084.4
2016	23821.0	8.4	6.3	2216.1
2017	25973.8	9.0	7.3	2378.4
2018	28228.0	8.7	6.5	2532.1
2019	30732.8	8.9	5.8	2679.7
2020	32188.8	4.7	2.1	2737.3
2021	35128.1	9.1	8.1	2959.7
2022	36883.3	5.0	2.9	3046.8

注：①表1-4-1、表1-4-2、表1-4-3中2013-2022年人均可支配收入来源于住户收支与生活状况调查，1978-2012年数据根据历史数据按照新口径推算获得。②可支配收入绝对数按当年价格计算，指数按可比价计算。

1-4-2　1978-2022年城镇居民人均可支配收入增长情况

年　份	人均可支配收入(元)	比上年名义增长(%)	比上年实际增长(%)	指数 1978年=100
1978	343.4			100.0
1979	405.0	17.9	15.7	115.7
1980	477.6	17.9	9.7	127.0
1981	500.4	4.8	2.2	129.9
1982	535.3	7.0	4.9	136.3
1983	564.6	5.5	3.9	141.5
1984	652.1	15.5	12.2	158.7
1985	739.1	13.3	1.1	160.4
1986	900.9	21.9	13.9	182.7
1987	1002.1	11.2	2.2	186.8
1988	1180.2	17.8	-2.4	182.3
1989	1373.9	16.4	0.1	182.5
1990	1510.2	9.9	8.5	198.1
1991	1700.6	12.6	7.1	212.4
1992	2026.6	19.2	9.7	232.9
1993	2577.4	27.2	9.5	255.1
1994	3496.2	35.6	8.5	276.8
1995	4283.0	22.5	4.9	290.3
1996	4838.9	13.0	3.8	301.6
1997	5160.3	6.6	3.4	311.9
1998	5418.2	5.0	5.6	329.4
1999	5838.9	7.8	9.2	359.7
2000	6255.7	7.1	6.3	382.3
2001	6824.0	9.1	8.3	414.1
2002	7652.4	12.1	13.3	469.1
2003	8405.5	9.8	8.9	510.6
2004	9334.8	11.1	7.5	549.0
2005	10382.3	11.2	9.5	600.9
2006	11619.7	11.9	10.3	662.5
2007	13602.5	17.1	12.0	742.2
2008	15549.4	14.3	8.2	803.5
2009	16900.5	8.7	9.7	881.0
2010	18779.1	11.1	7.7	948.5
2011	21426.9	14.1	8.4	1028.1
2012	24126.7	12.6	9.6	1126.8
2013	26467.0	9.7	7.0	1205.4
2014	28843.9	9.0	6.8	1287.1
2015	31194.8	8.2	6.6	1371.5
2016	33616.2	7.8	5.6	1448.0
2017	36396.2	8.3	6.5	1541.6
2018	39250.8	7.8	5.6	1627.6
2019	42358.8	7.9	5.0	1708.4
2020	43833.8	3.5	1.2	1728.4
2021	47411.9	8.2	7.1	1851.6
2022	49282.9	3.9	1.9	1886.1

1-4-3 1978-2022年农村居民人均可支配收入增长情况

年份	人均可支配收入（元）	比上年名义增长（%）	比上年实际增长（%）	指数 1978年=100
1978	133.6			100.0
1979	160.2	19.9	19.2	119.2
1980	191.3	19.5	16.6	139.0
1981	223.4	16.8	15.4	160.4
1982	270.1	20.9	19.9	192.3
1983	309.8	14.7	14.2	219.6
1984	355.3	14.7	13.6	249.5
1985	397.6	11.9	7.8	268.9
1986	423.8	6.6	3.2	277.6
1987	462.6	9.2	5.2	292.0
1988	544.9	17.8	6.4	310.7
1989	601.5	10.4	-1.6	305.7
1990	686.3	14.1	1.8	311.2
1991	708.6	3.2	2.0	317.4
1992	784.0	10.6	5.9	336.2
1993	921.6	17.6	3.2	346.9
1994	1221.0	32.5	5.0	364.3
1995	1577.7	29.2	5.3	383.6
1996	1926.1	22.1	9.0	418.1
1997	2090.1	8.5	4.6	437.3
1998	2171.2	3.9	4.7	458.1
1999	2229.1	2.7	4.2	477.5
2000	2282.1	2.4	2.5	489.6
2001	2406.9	5.5	4.7	512.3
2002	2528.9	5.1	5.3	539.2
2003	2690.3	6.4	4.8	564.9
2004	3026.6	12.5	7.3	606.1
2005	3370.2	11.4	6.7	646.6
2006	3731.0	10.7	7.9	697.6
2007	4327.0	16.0	10.0	767.7
2008	4998.8	15.5	8.5	833.1
2009	5435.1	8.7	9.0	908.3
2010	6272.4	15.4	11.4	1012.1
2011	7393.9	17.9	11.4	1127.4
2012	8389.3	13.5	10.7	1248.1
2013	9429.6	12.4	9.3	1364.5
2014	10488.9	11.2	9.2	1490.5
2015	11421.7	8.9	7.5	1602.3
2016	12363.4	8.2	6.2	1702.1
2017	13432.4	8.6	7.3	1825.5
2018	14617.0	8.8	6.6	1945.3
2019	16020.7	9.6	6.2	2066.0
2020	17131.5	6.9	3.8	2144.2
2021	18930.9	10.5	9.7	2352.9
2022	20132.8	6.3	4.2	2452.1

1-4-4　1998-2022年全体居民可支配收入

单位：元/人

年 份	可支配收入	一、工资性收入	二、经营净收入	三、财产净收入	四、转移净收入
1998	3254.1	1739.7	1030.0	67.5	416.9
1999	3484.6	1901.3	1011.5	71.3	500.6
2000	3721.3	2039.8	1019.0	84.2	578.4
2001	4070.4	2254.6	1038.3	94.1	683.4
2002	4531.6	2697.6	1067.2	83.8	683.0
2003	5006.7	3060.9	1122.4	118.6	704.8
2004	5660.9	3451.8	1277.0	150.9	781.2
2005	6384.7	3859.3	1410.1	192.7	922.6
2006	7228.8	4426.1	1511.2	259.7	1031.8
2007	8583.5	5222.4	1710.9	402.0	1248.3
2008	9956.5	5840.6	2081.7	484.4	1549.8
2009	10977.5	6480.6	2154.1	588.9	1753.8
2010	12519.5	7319.9	2402.2	778.4	2019.0
2011	14550.7	8313.1	2845.8	1047.4	2344.5
2012	16509.5	9378.9	3172.2	1231.0	2727.4
2013	18310.8	10410.8	3434.7	1423.3	3042.1
2014	20167.1	11420.6	3732.0	1587.8	3426.8
2015	21966.2	12459.0	3955.6	1739.6	3811.9
2016	23821.0	13455.2	4217.7	1889.0	4259.1
2017	25973.8	14620.3	4501.8	2107.4	4744.3
2018	28228.0	15829.0	4852.4	2378.5	5168.1
2019	30732.8	17186.2	5247.3	2619.1	5680.3
2020	32188.8	17917.4	5306.8	2791.5	6173.2
2021	35128.1	19629.4	5892.7	3075.5	6530.5
2022	36883.3	20590.3	6174.5	3226.5	6891.9

注：表1-4-4、表1-4-5、表1-4-6中2013-2022年可支配收入及分项数据来源于住户收支与生活状况调查，1998-2012年数据根据历史数据按照新口径推算获得。

1-4-5　1998-2022年城镇居民可支配收入

单位：元/人

年　份	可支配收入	一、工资性收入	二、经营净收入	三、财产净收入	四、转移净收入
1998	5418.2	4074.5	144.1	143.2	1056.3
1999	5838.9	4293.5	165.4	148.5	1231.5
2000	6255.7	4404.7	254.7	158.9	1437.3
2001	6824.0	4722.7	283.4	179.4	1638.5
2002	7652.4	5610.0	345.6	144.3	1552.4
2003	8405.5	6224.3	422.8	209.0	1549.3
2004	9334.8	6899.6	520.4	271.0	1643.8
2005	10382.3	7456.3	719.3	351.7	1855.1
2006	11619.7	8305.1	859.8	484.2	1970.5
2007	13602.5	9560.8	998.2	757.9	2285.7
2008	15549.4	10437.7	1546.6	904.8	2660.3
2009	16900.5	11333.1	1631.2	1087.8	2848.5
2010	18779.1	12372.2	1825.6	1414.2	3167.0
2011	21426.9	13673.4	2344.9	1902.7	3506.0
2012	24126.7	15246.8	2715.0	2231.0	3934.0
2013	26467.0	16617.4	2975.3	2551.5	4322.8
2014	28843.9	17936.8	3279.0	2812.1	4815.9
2015	31194.8	19337.1	3476.1	3041.9	5339.7
2016	33616.2	20665.0	3770.1	3271.3	5909.8
2017	36396.2	22200.9	4064.7	3606.9	6523.6
2018	39250.8	23792.2	4442.6	4027.7	6988.3
2019	42358.8	25564.8	4840.4	4390.6	7563.0
2020	43833.8	26380.7	4710.8	4626.5	8115.8
2021	47411.9	28480.8	5381.9	5052.0	8497.3
2022	49282.9	29577.9	5584.5	5238.2	8882.4

1-4-6 1998-2022年农村居民可支配收入

单位：元/人

年 份	可支配收入	一、工资性收入	二、经营净收入	三、财产净收入	四、转移净收入
1998	2171.2	571.5	1473.3	29.6	96.9
1999	2229.1	625.6	1462.6	30.0	110.8
2000	2282.1	696.7	1453.0	41.7	90.7
2001	2406.9	763.5	1494.4	42.6	106.4
2002	2528.9	828.6	1530.3	45.0	125.0
2003	2690.3	904.9	1599.2	56.9	129.3
2004	3026.6	979.7	1819.6	64.7	162.6
2005	3370.2	1147.0	1930.9	72.8	219.5
2006	3731.0	1336.1	2030.1	80.8	284.1
2007	4327.0	1543.0	2315.3	100.1	368.5
2008	4998.8	1765.6	2556.1	111.7	565.4
2009	5435.1	1940.0	2643.5	122.1	729.5
2010	6272.4	2277.6	2977.6	144.0	873.3
2011	7393.9	2734.1	3367.2	157.1	1135.5
2012	8389.3	3123.5	3659.6	165.0	1441.2
2013	9429.6	3652.5	3934.9	194.7	1647.5
2014	10488.9	4152.2	4237.4	222.1	1877.2
2015	11421.7	4600.3	4503.6	251.5	2066.3
2016	12363.4	5021.8	4741.3	272.1	2328.2
2017	13432.4	5498.4	5027.8	303.0	2603.2
2018	14617.0	5996.1	5358.4	342.1	2920.5
2019	16020.7	6583.5	5762.2	377.3	3297.8
2020	17131.5	6973.9	6077.4	418.8	3661.3
2021	18930.9	7958.1	6566.2	469.4	3937.2
2022	20132.8	8449.2	6971.5	509.0	4203.1

1-4-7 不同时期城乡居民人均可支配收入增速

报告期	城镇居民收入年均实际增速 (%)	农村居民收入年均实际增速 (%)
五年规划期		
“六五”时期	4.8	14.1
“七五”时期	4.3	3.0
“八五”时期	7.9	4.3
“九五”时期	5.7	5.0
“十五”时期	9.5	5.7
“十一五”时期	9.6	9.4
“十二五”时期	7.7	9.6
“十三五”时期	4.7	6.0
十年规划期		
1981-1990	4.5	8.4
1991-2000	6.8	4.6
2001-2010	9.5	7.5
2011-2020	6.2	7.8
近年		
1979－2022	6.9	7.5
1993－2022	7.2	6.8
2001－2022	7.5	7.6
2013－2022	5.3	7.0

注：2013-2022年人均可支配收入来源于住户收支与生活状况调查，1978-2012年数据根据历史数据按照新口径推算获得。

1-4-8　1978-2022年全体居民人均消费支出增长情况

年　份	人均消费支出（元）	比上年名义增长（%）	比上年实际增长（%）	指数 1978年=100
1978	151.0			100.0
1980	210.7			127.4
1981	244.4	16.0	13.2	144.2
1982	273.2	11.8	9.6	158.0
1983	304.0	11.3	9.1	172.4
1984	339.5	11.7	8.8	187.5
1985	401.8	18.3	8.3	203.0
1986	465.3	15.8	8.7	220.7
1987	521.4	12.0	4.4	230.5
1988	638.6	22.5	3.1	237.6
1989	712.4	11.6	-5.5	224.7
1990	768.0	7.8	4.6	234.9
1991	844.5	10.0	6.3	249.8
1992	937.1	11.0	4.3	260.5
1993	1145.0	22.2	6.5	277.5
1994	1539.8	34.5	8.4	300.7
1995	1957.1	27.1	8.5	326.4
1996	2287.6	16.9	7.9	352.3
1997	2436.8	6.5	3.6	365.1
1998	2516.2	3.3	4.1	380.0
1999	2657.9	5.6	7.1	407.1
2000	2914.0	9.6	9.2	444.6
2001	3138.8	7.7	7.0	475.5
2002	3547.7	13.0	13.9	541.8
2003	3888.6	9.6	8.3	586.8
2004	4395.3	13.0	8.8	638.4
2005	5035.4	14.6	12.5	718.4
2006	5634.4	11.9	10.2	792.0
2007	6591.9	17.0	11.6	884.1
2008	7547.7	14.5	8.1	955.9
2009	8376.6	11.0	11.8	1068.4
2010	9378.3	12.0	8.4	1158.0
2011	10819.6	15.4	9.5	1267.5
2012	12053.7	11.4	8.6	1376.3
2013	13220.4	9.7	6.9	1471.2
2014	14491.4	9.6	7.5	1581.0
2015	15712.4	8.4	6.9	1690.6
2016	17110.7	8.9	6.8	1804.9
2017	18322.1	7.1	5.4	1902.3
2018	19853.1	8.4	6.2	2019.7
2019	21558.9	8.6	5.5	2131.6
2020	21209.9	-1.6	-4.0	2046.3
2021	24100.1	13.6	12.6	2303.8
2022	24538.2	1.8	-0.2	2299.3

注：①表1-4-8、表1-4-9、表1-4-10中2013-2022年人均消费支出来源于住户收支与生活状况调查，1978-2012年数据根据历史数据按照新口径推算获得。②消费支出绝对数按当年价格计算，指数按可比价计算。

1-4-9　1978-2022年城镇居民人均消费支出增长情况

年　份	人均消费支出 (元)	比上年名义增长 (%)	比上年实际增长 (%)	指数 1978年=100
1978	311.2			100.0
1980	412.4			121.0
1981	456.8	10.8	8.2	130.9
1982	471.0	3.1	1.1	132.3
1983	505.9	7.4	5.3	139.3
1984	559.4	10.6	7.7	150.0
1985	673.2	20.3	7.5	161.2
1986	799.0	18.7	10.9	178.8
1987	884.4	10.7	1.7	182.0
1988	1104.0	24.8	3.4	188.1
1989	1211.0	9.7	-5.7	177.5
1990	1278.9	5.6	4.3	185.1
1991	1453.8	13.7	8.2	200.3
1992	1671.7	15.0	5.9	212.0
1993	2110.8	26.3	8.8	230.6
1994	2851.3	35.1	8.1	249.1
1995	3537.6	24.1	6.2	264.6
1996	3919.5	10.8	1.8	269.5
1997	4185.6	6.8	3.6	279.1
1998	4339.7	3.7	4.3	291.1
1999	4633.4	6.8	8.2	315.0
2000	5026.7	8.5	7.6	338.9
2001	5349.7	6.4	5.7	358.3
2002	6088.5	13.8	14.9	411.8
2003	6587.1	8.2	7.2	441.5
2004	7280.5	10.5	7.0	472.4
2005	8067.7	10.8	9.1	515.5
2006	8850.7	9.7	8.1	557.3
2007	10195.7	15.2	10.2	614.3
2008	11489.0	12.7	6.7	655.6
2009	12557.7	9.3	10.3	723.2
2010	13820.7	10.1	6.6	771.0
2011	15554.0	12.5	6.8	823.4
2012	17106.6	10.0	7.1	881.9
2013	18487.5	8.1	5.3	928.9
2014	19968.1	8.0	5.8	982.7
2015	21392.4	7.1	5.5	1037.2
2016	23078.9	7.9	5.7	1096.0
2017	24445.0	5.9	4.1	1141.4
2018	26112.3	6.8	4.6	1194.0
2019	28063.4	7.5	4.6	1248.6
2020	27007.4	-3.8	-6.0	1174.1
2021	30307.2	12.2	11.1	1304.3
2022	30390.8	0.3	-1.7	1282.6

1-4-10 1978-2022年农村居民人均消费支出增长情况

年 份	人均消费支出(元)	比上年名义增长(%)	比上年实际增长(%)	指数 1978年=100
1978	116.1			100.0
1979	134.5	15.9	13.6	113.6
1980	162.2	20.6	15.5	131.2
1981	190.8	17.6	15.2	151.2
1982	220.2	15.4	13.6	171.7
1983	248.3	12.7	11.4	191.3
1984	273.8	10.3	7.1	204.9
1985	317.4	15.9	7.7	220.6
1986	357.0	12.5	6.0	233.9
1987	398.3	11.6	5.1	245.8
1988	476.7	19.7	1.9	250.5
1989	535.4	12.3	-5.9	235.7
1990	584.6	9.2	4.5	246.3
1991	619.8	6.0	3.6	255.2
1992	659.0	6.3	1.6	259.3
1993	769.7	16.8	2.7	266.3
1994	1016.8	32.1	7.1	285.2
1995	1310.4	28.9	9.7	312.8
1996	1572.1	20.0	11.2	347.9
1997	1617.2	2.9	0.4	349.2
1998	1603.8	-0.8	0.1	349.7
1999	1604.4	0.0	1.6	355.2
2000	1714.3	6.8	7.0	380.0
2001	1803.2	5.2	4.3	396.4
2002	1917.1	6.3	6.8	423.2
2003	2049.6	6.9	5.3	445.5
2004	2326.5	13.5	8.3	482.6
2005	2748.8	18.2	12.6	543.6
2006	3072.3	11.8	10.1	598.7
2007	3535.5	15.1	9.2	653.6
2008	4054.0	14.7	7.6	703.6
2009	4464.2	10.1	10.5	777.1
2010	4944.8	10.8	6.9	830.7
2011	5892.0	19.2	12.6	935.4
2012	6667.1	13.2	10.4	1032.7
2013	7485.1	12.3	9.2	1127.8
2014	8382.6	12.0	10.0	1240.7
2015	9222.6	10.0	8.6	1347.5
2016	10129.8	9.8	7.8	1452.5
2017	10954.5	8.1	6.8	1550.6
2018	12124.3	10.7	8.4	1681.2
2019	13327.7	9.9	6.5	1790.4
2020	13713.4	2.9	-0.1	1788.6
2021	15915.6	16.1	15.3	2062.1
2022	16632.1	4.5	2.5	2112.7

1-4-11 1998-2022年全体居民消费支出

单位：元/人

年 份	消费支出			
		一、食品烟酒支出	二、衣着支出	三、居住支出
1998	2516.2	1208.0	224.7	307.1
1999	2657.9	1210.0	225.4	334.7
2000	2914.0	1231.2	238.0	419.2
2001	3138.8	1270.1	256.5	448.1
2002	3547.7	1390.9	285.4	527.3
2003	3888.6	1482.8	310.1	605.9
2004	4395.3	1703.8	339.3	674.2
2005	5035.4	1876.7	404.1	796.2
2006	5634.4	2002.4	459.4	980.3
2007	6591.9	2346.1	538.6	1176.3
2008	7547.7	2740.7	600.7	1453.7
2009	8376.6	2874.9	666.4	1698.0
2010	9378.3	3136.8	759.1	1927.9
2011	10819.6	3632.6	902.6	2198.7
2012	12053.7	3982.6	991.7	2479.9
2013	13220.4	4126.7	1027.1	2998.5
2014	14491.4	4493.9	1099.3	3200.5
2015	15712.4	4814.0	1164.1	3419.2
2016	17110.7	5151.0	1202.7	3746.4
2017	18322.1	5373.6	1237.6	4106.9
2018	19853.1	5631.1	1288.9	4646.6
2019	21558.9	6084.2	1338.1	5054.8
2020	21209.9	6397.3	1238.4	5215.3
2021	24100.1	7178.1	1418.7	5641.1
2022	24538.2	7481.0	1364.6	5882.0

注：表1-4-11、表1-4-12、表1-4-13中2013-2022年消费支出及分项数据来源于住户收支与生活状况调查，1998-2012年数据根据历史数据按照新口径推算获得。

1-4-11 续表

单位：元/人

年 份	四、生活用品及服务支出	五、交通通信支出	六、教育文化娱乐支出	七、医疗保健支出	八、其他用品及服务支出
1998	174.0	108.7	194.7	212.9	86.2
1999	191.8	129.6	223.0	244.9	98.5
2000	184.3	210.9	365.8	173.2	91.4
2001	214.3	237.3	387.0	193.2	132.4
2002	202.1	315.4	487.1	236.5	103.0
2003	215.5	377.5	527.5	267.8	101.6
2004	223.6	449.6	585.9	305.2	113.8
2005	257.7	547.4	657.2	365.7	130.6
2006	293.2	640.0	717.9	394.8	146.4
2007	359.3	761.7	787.4	451.9	170.5
2008	418.1	808.3	814.3	519.2	192.6
2009	486.2	953.5	895.6	585.5	216.5
2010	569.0	1129.6	999.9	625.2	230.8
2011	674.6	1258.8	1136.2	743.7	272.4
2012	741.0	1450.8	1261.8	838.4	307.5
2013	806.5	1627.1	1397.7	912.1	324.7
2014	889.7	1869.3	1535.9	1044.8	358.0
2015	951.4	2086.9	1723.1	1164.5	389.2
2016	1043.7	2337.8	1915.3	1307.5	406.3
2017	1120.7	2498.9	2086.2	1451.2	447.0
2018	1222.7	2675.4	2225.7	1685.2	477.5
2019	1280.9	2861.6	2513.1	1902.3	524.0
2020	1259.5	2761.8	2032.2	1843.1	462.2
2021	1423.2	3155.6	2598.9	2115.1	569.4
2022	1431.8	3194.8	2468.7	2119.9	595.4

1-4-12 1998-2022年城镇居民消费支出

单位：元/人

年 份	消费支出	一、食品烟酒支出	二、衣着支出	三、居住支出
1998	4339.7	1918.4	477.0	434.0
1999	4633.4	1914.1	474.1	511.8
2000	5026.7	1940.1	486.3	679.6
2001	5349.7	1979.5	515.3	696.4
2002	6088.5	2216.2	563.6	841.6
2003	6587.1	2337.3	600.0	997.1
2004	7280.5	2608.9	640.5	1107.5
2005	8067.7	2786.4	737.0	1292.5
2006	8850.7	2948.0	818.2	1527.7
2007	10195.7	3422.7	936.8	1761.8
2008	11489.0	3963.4	1029.1	2168.7
2009	12557.7	4136.4	1119.4	2458.4
2010	13820.7	4402.0	1242.2	2815.6
2011	15554.0	5022.7	1426.5	3146.0
2012	17106.6	5472.1	1535.0	3511.0
2013	18487.5	5570.7	1553.7	4301.4
2014	19968.1	6000.0	1627.2	4489.6
2015	21392.4	6359.7	1701.1	4726.0
2016	23078.9	6762.4	1739.0	5113.7
2017	24445.0	7001.0	1757.9	5564.0
2018	26112.3	7239.0	1808.2	6255.0
2019	28063.4	7732.6	1831.9	6780.2
2020	27007.4	7880.5	1644.8	6957.7
2021	30307.2	8678.1	1842.8	7405.3
2022	30390.8	8958.3	1735.2	7643.5

1-4-12 续表 单位：元/人

年 份	四、生活用品及服务支出	五、交通通信支出	六、教育文化娱乐支出	七、医疗保健支出	八、其他用品及服务支出
1998	356.1	203.7	255.7	501.3	193.3
1999	393.8	241.9	306.7	571.1	219.9
2000	371.7	414.5	650.9	320.7	162.8
2001	436.1	442.3	669.6	348.6	262.0
2002	385.0	599.0	867.5	437.5	178.2
2003	404.2	682.5	890.4	484.2	191.3
2004	401.1	793.3	979.6	539.9	209.7
2005	438.0	928.3	1033.3	615.3	237.1
2006	485.9	1056.2	1121.6	635.1	257.9
2007	586.2	1242.4	1234.0	719.3	292.5
2008	667.0	1278.4	1244.6	805.4	332.3
2009	755.3	1502.7	1338.7	878.4	368.4
2010	867.0	1753.0	1466.7	894.7	379.5
2011	976.1	1889.2	1660.6	999.4	433.4
2012	1060.9	2138.8	1810.2	1099.2	479.4
2013	1129.2	2317.8	1988.3	1136.1	490.4
2014	1233.2	2637.3	2142.3	1305.6	532.9
2015	1306.5	2895.4	2382.8	1443.4	577.5
2016	1426.8	3173.9	2637.6	1630.8	594.7
2017	1525.0	3321.5	2846.6	1777.4	651.5
2018	1629.4	3473.5	2974.1	2045.7	687.4
2019	1689.3	3671.3	3328.0	2282.7	747.2
2020	1640.0	3474.3	2591.7	2172.2	646.2
2021	1819.6	3932.0	3322.0	2521.3	786.1
2022	1800.5	3908.8	3050.2	2480.7	813.7

1-4-13 1998-2022年农村居民消费支出

单位：元/人

年 份	消费支出	一、食品烟酒支出	二、衣着支出	三、居住支出
1998	1603.8	852.5	98.4	243.6
1999	1604.4	834.5	92.7	240.2
2000	1714.3	828.6	97.0	271.3
2001	1803.2	841.5	100.2	298.0
2002	1917.1	861.2	106.9	325.6
2003	2049.6	900.5	112.5	339.3
2004	2326.5	1054.8	123.3	363.5
2005	2748.8	1190.7	153.0	421.9
2006	3072.3	1249.2	173.5	544.3
2007	3535.5	1433.1	200.9	679.8
2008	4054.0	1656.9	221.0	819.9
2009	4464.2	1694.5	242.6	986.5
2010	4944.8	1874.2	277.1	1041.9
2011	5892.0	2185.8	357.3	1212.7
2012	6667.1	2394.7	412.5	1380.7
2013	7485.1	2554.4	453.8	1579.8
2014	8382.6	2814.0	510.4	1762.7
2015	9222.6	3048.0	550.5	1926.2
2016	10129.8	3266.1	575.4	2147.1
2017	10954.5	3415.4	611.6	2353.5
2018	12124.3	3645.6	647.7	2660.6
2019	13327.7	3998.2	713.3	2871.3
2020	13713.4	4479.4	712.8	2962.4
2021	15915.6	5200.2	859.5	3314.7
2022	16632.1	5485.4	864.0	3502.5

1-4-13 续表 单位：元/人

年 份	四、生活用品及服务支出	五、交通通信支 出	六、教育文化娱乐支出	七、医疗保健支 出	八、其他用品及服务支出
1998	82.8	61.1	164.2	68.6	32.6
1999	84.1	69.8	178.4	71.0	33.7
2000	77.9	95.3	203.9	89.4	50.8
2001	80.3	113.4	216.4	99.3	54.1
2002	84.7	133.4	243.0	107.5	54.7
2003	86.9	169.7	280.1	120.3	40.5
2004	96.3	203.1	303.6	136.9	45.1
2005	121.7	260.1	373.7	177.5	50.3
2006	139.7	308.5	396.3	203.3	57.5
2007	166.9	354.1	408.7	225.1	67.0
2008	197.4	391.6	433.0	265.6	68.7
2009	234.4	439.5	480.9	311.5	74.3
2010	271.5	507.5	534.0	356.2	82.4
2011	360.8	602.5	590.3	477.7	104.8
2012	399.9	717.4	677.2	560.5	124.2
2013	455.1	874.9	754.6	668.2	144.2
2014	506.5	1012.6	859.5	753.9	163.0
2015	545.6	1163.1	969.3	846.0	174.0
2016	595.7	1359.9	1070.3	929.2	186.0
2017	634.0	1509.1	1171.3	1058.7	200.9
2018	720.5	1690.0	1301.6	1240.1	218.3
2019	763.9	1836.8	1481.8	1420.8	241.5
2020	767.5	1840.6	1308.7	1417.5	224.4
2021	900.5	2131.8	1645.5	1579.6	283.8
2022	933.8	2230.3	1683.1	1632.5	300.5

1-4-14　2003-2022年全国居民人均可支配收入基尼系数

年　份	基尼系数
2003	0.479
2004	0.473
2005	0.485
2006	0.487
2007	0.484
2008	0.491
2009	0.490
2010	0.481
2011	0.477
2012	0.474
2013	0.473
2014	0.469
2015	0.462
2016	0.465
2017	0.467
2018	0.468
2019	0.465
2020	0.468
2021	0.466
2022	0.467

分地区居民收支与生活状况主要数据

一、全体居民数据

(一)2018年分地区全体居民收支主要数据

2-1-1-1　2018年分地区全体居民可支配收入

单位：元/人

地　区	可支配收入	一、工资性收入	二、经营净收入	三、财产净收入	四、转移净收入
全　国	**28228.0**	**15829.0**	**4852.4**	**2378.5**	**5168.1**
北　京	62361.2	37686.8	1201.6	10611.8	12861.0
天　津	39506.1	25119.0	3344.0	3587.2	7456.0
河　北	23445.7	14179.3	3530.6	1624.1	4111.6
山　西	21990.1	12552.0	2809.2	1304.4	5324.6
内蒙古	28375.7	15033.3	7149.1	1442.2	4751.1
辽　宁	29701.4	15580.5	5186.2	1336.7	7598.1
吉　林	22798.4	12038.8	5019.4	998.9	4741.3
黑龙江	22725.8	10950.8	4878.1	1089.4	5807.6
上　海	64182.6	37136.9	1820.9	9666.3	15558.5
江　苏	38095.8	21947.8	5386.1	3745.7	7016.2
浙　江	45839.8	26241.6	7751.7	5244.2	6602.3
安　徽	23983.6	12851.4	5478.4	1456.8	4197.1
福　建	32643.9	18996.9	6015.3	3165.5	4466.2
江　西	24079.7	13738.5	4055.6	1584.6	4700.9
山　东	29204.6	16814.4	6300.0	2043.2	4047.0
河　南	21963.5	11066.1	4674.0	1546.6	4676.8
湖　北	25814.5	12737.6	5450.6	1726.0	5900.3
湖　南	25240.7	12797.9	5015.9	1923.1	5503.8
广　东	35809.9	24749.0	4734.5	4131.4	2194.9
广　西	21485.0	10203.8	5484.6	1439.6	4357.0
海　南	24579.0	14306.2	4461.8	1889.6	3921.4
重　庆	26385.8	13928.1	4311.4	1649.3	6497.0
四　川	22460.6	11069.9	4558.1	1443.1	5389.4
贵　州	18430.2	9500.9	4037.6	1297.3	3594.4
云　南	20084.2	9609.0	4883.9	1963.2	3628.0
西　藏	17286.1	8903.5	4589.1	1096.2	2697.3
陕　西	22528.3	12161.4	3033.9	1350.5	5982.4
甘　肃	17488.4	9676.3	3212.1	1162.3	3437.7
青　海	20757.3	12209.1	3013.8	1057.1	4477.3
宁　夏	22400.4	13440.8	3958.2	885.1	4116.3
新　疆	21500.2	11654.7	5153.1	784.3	3908.2

2-1-1-2　2018年分地区全体居民可支配收入构成

单位：%

地　　区	可支配收入	一、工资性收入	二、经营净收入	三、财产净收入	四、转移净收入
全　　国	**100.0**	**56.1**	**17.2**	**8.4**	**18.3**
北　　京	100.0	60.4	1.9	17.0	20.6
天　　津	100.0	63.6	8.5	9.1	18.9
河　　北	100.0	60.5	15.1	6.9	17.5
山　　西	100.0	57.1	12.8	5.9	24.2
内 蒙 古	100.0	53.0	25.2	5.1	16.7
辽　　宁	100.0	52.5	17.5	4.5	25.6
吉　　林	100.0	52.8	22.0	4.4	20.8
黑 龙 江	100.0	48.2	21.5	4.8	25.6
上　　海	100.0	57.9	2.8	15.1	24.2
江　　苏	100.0	57.6	14.1	9.8	18.4
浙　　江	100.0	57.2	16.9	11.4	14.4
安　　徽	100.0	53.6	22.8	6.1	17.5
福　　建	100.0	58.2	18.4	9.7	13.7
江　　西	100.0	57.1	16.8	6.6	19.5
山　　东	100.0	57.6	21.6	7.0	13.9
河　　南	100.0	50.4	21.3	7.0	21.3
湖　　北	100.0	49.3	21.1	6.7	22.9
湖　　南	100.0	50.7	19.9	7.6	21.8
广　　东	100.0	69.1	13.2	11.5	6.1
广　　西	100.0	47.5	25.5	6.7	20.3
海　　南	100.0	58.2	18.2	7.7	16.0
重　　庆	100.0	52.8	16.3	6.3	24.6
四　　川	100.0	49.3	20.3	6.4	24.0
贵　　州	100.0	51.6	21.9	7.0	19.5
云　　南	100.0	47.8	24.3	9.8	18.1
西　　藏	100.0	51.5	26.5	6.3	15.6
陕　　西	100.0	54.0	13.5	6.0	26.6
甘　　肃	100.0	55.3	18.4	6.6	19.7
青　　海	100.0	58.8	14.5	5.1	21.6
宁　　夏	100.0	60.0	17.7	4.0	18.4
新　　疆	100.0	54.2	24.0	3.6	18.2

2-1-1-3　2018年分地区全体居民现金可支配收入

单位：元/人

地　区	现金可支配收入	一、工资性收入	二、经营净收入	三、财产净收入	四、转移净收入
全　国	**26291.4**	**15746.4**	**4880.3**	**877.8**	**4786.9**
北　京	52505.4	37611.3	1443.8	1897.0	11553.3
天　津	36153.7	24961.6	3632.1	883.0	6677.0
河　北	22042.6	14153.6	3701.1	282.7	3905.1
山　西	20935.3	12524.7	2815.2	608.4	4987.0
内蒙古	27536.3	15021.7	7333.6	751.7	4429.2
辽　宁	28444.5	15399.9	5510.8	396.4	7137.5
吉　林	21445.5	12003.0	4581.2	407.9	4453.4
黑龙江	21096.8	10914.6	4084.5	581.7	5516.0
上　海	54257.4	36942.7	1918.1	1333.6	14063.0
江　苏	34696.7	21842.7	5336.1	1078.2	6439.8
浙　江	42898.8	26109.2	8126.7	2560.6	6102.3
安　徽	23041.0	12760.1	5907.6	435.5	3937.8
福　建	30012.5	18805.0	6028.5	985.9	4193.1
江　西	22785.6	13707.4	3901.8	655.2	4521.1
山　东	28077.7	16758.9	6784.0	783.3	3751.4
河　南	20419.3	11029.1	4447.5	613.2	4329.4
湖　北	24166.1	12640.3	5686.3	441.8	5397.7
湖　南	23880.6	12700.5	4933.5	1070.7	5175.8
广　东	33051.2	24541.4	4950.7	1603.1	1956.1
广　西	20277.1	10144.5	5411.6	811.6	3909.3
海　南	23091.6	14251.3	4500.4	785.4	3554.5
重　庆	24789.9	13844.8	3995.5	745.6	6204.0
四　川	21027.7	10999.8	4229.3	764.4	5034.2
贵　州	17806.7	9473.6	4105.0	889.9	3338.2
云　南	18823.3	9594.8	4711.2	1157.4	3359.8
西　藏	16081.3	8898.3	4066.7	567.0	2549.4
陕　西	21498.3	12113.9	2962.8	796.4	5625.2
甘　肃	16091.5	9653.8	2994.3	386.8	3056.7
青　海	20048.5	12172.8	3343.8	525.5	4006.4
宁　夏	21773.2	13407.9	4345.2	499.3	3520.8
新　疆	20206.2	11615.6	4792.4	260.6	3537.6

2-1-1-4　2018年分地区全体居民现金可支配收入构成

单位：%

地　区	现金可支配收入	一、工资性收入	二、经营净收入	三、财产净收入	四、转移净收入
全　国	**100.0**	**59.9**	**18.6**	**3.3**	**18.2**
北　京	100.0	71.6	2.7	3.6	22.0
天　津	100.0	69.0	10.0	2.4	18.5
河　北	100.0	64.2	16.8	1.3	17.7
山　西	100.0	59.8	13.4	2.9	23.8
内蒙古	100.0	54.6	26.6	2.7	16.1
辽　宁	100.0	54.1	19.4	1.4	25.1
吉　林	100.0	56.0	21.4	1.9	20.8
黑龙江	100.0	51.7	19.4	2.8	26.1
上　海	100.0	68.1	3.5	2.5	25.9
江　苏	100.0	63.0	15.4	3.1	18.6
浙　江	100.0	60.9	18.9	6.0	14.2
安　徽	100.0	55.4	25.6	1.9	17.1
福　建	100.0	62.7	20.1	3.3	14.0
江　西	100.0	60.2	17.1	2.9	19.8
山　东	100.0	59.7	24.2	2.8	13.4
河　南	100.0	54.0	21.8	3.0	21.2
湖　北	100.0	52.3	23.5	1.8	22.3
湖　南	100.0	53.2	20.7	4.5	21.7
广　东	100.0	74.3	15.0	4.9	5.9
广　西	100.0	50.0	26.7	4.0	19.3
海　南	100.0	61.7	19.5	3.4	15.4
重　庆	100.0	55.8	16.1	3.0	25.0
四　川	100.0	52.3	20.1	3.6	23.9
贵　州	100.0	53.2	23.1	5.0	18.7
云　南	100.0	51.0	25.0	6.1	17.8
西　藏	100.0	55.3	25.3	3.5	15.9
陕　西	100.0	56.3	13.8	3.7	26.2
甘　肃	100.0	60.0	18.6	2.4	19.0
青　海	100.0	60.7	16.7	2.6	20.0
宁　夏	100.0	61.6	20.0	2.3	16.2
新　疆	100.0	57.5	23.7	1.3	17.5

2-1-1-5　2018年分地区全体居民消费支出

单位：元/人

地　区	消费支出	一、食品烟酒支出	二、衣着支出	三、居住支出
全　国	**19853.1**	**5631.1**	**1288.9**	**4646.6**
北　京	39842.7	8064.9	2175.5	14110.3
天　津	29902.9	8647.5	1990.0	6406.3
河　北	16722.0	4271.3	1257.4	4050.4
山　西	14810.1	3688.2	1261.0	3228.5
内蒙古	19665.2	5324.3	1751.2	3680.0
辽　宁	21398.3	5727.8	1628.1	4169.5
吉　林	17200.4	4417.4	1397.0	3294.8
黑龙江	16994.0	4573.2	1405.4	3176.3
上　海	43351.3	10728.2	2036.8	14208.5
江　苏	25007.4	6529.8	1541.0	6731.2
浙　江	29470.7	8198.3	1813.5	7721.2
安　徽	17044.6	5414.7	1137.4	3941.9
福　建	22996.0	7572.9	1212.1	6130.0
江　西	15792.0	4809.0	1074.1	3795.2
山　东	18779.8	5030.9	1391.8	3928.5
河　南	15168.5	3959.8	1172.8	3512.0
湖　北	19537.8	5491.3	1316.2	4310.6
湖　南	18807.9	5260.0	1215.5	3976.1
广　东	26054.0	8480.8	1135.3	6643.3
广　西	14934.8	4545.7	616.7	3268.5
海　南	17528.4	6552.2	655.9	3744.0
重　庆	19248.5	6220.8	1454.5	3498.8
四　川	17663.6	5937.9	1173.8	3368.0
贵　州	13798.1	3792.9	934.7	2760.7
云　南	14249.9	3983.4	789.1	3081.1
西　藏	11520.2	4330.5	1285.2	2102.6
陕　西	16159.7	4292.5	1141.1	3388.2
甘　肃	14624.0	4253.3	1111.5	3095.0
青　海	16557.2	4671.6	1350.6	2990.0
宁　夏	16715.1	4234.1	1388.2	3014.3
新　疆	16189.1	4691.6	1456.0	2894.3

2-1-1-5 续表 单位：元/人

地　区	四、生活用品及服务支出	五、交通通信支　出	六、教育文化娱乐支出	七、医疗保健支　出	八、其他用品及服务支出
全　国	**1222.7**	**2675.4**	**2225.7**	**1685.2**	**477.5**
北　京	2371.9	4767.4	3999.4	3274.5	1078.6
天　津	1818.4	4280.9	3186.6	2676.9	896.3
河　北	1138.7	2355.4	1734.5	1540.5	373.8
山　西	855.6	1845.2	1940.0	1635.1	356.4
内蒙古	1204.6	3074.3	2245.4	1847.5	537.9
辽　宁	1259.4	2968.2	2708.0	2257.1	680.2
吉　林	899.4	2479.7	2193.4	2012.0	506.7
黑龙江	886.4	2196.6	2030.3	2235.3	490.4
上　海	2095.5	4881.2	5049.4	3070.2	1281.5
江　苏	1493.3	3522.8	2582.6	2016.4	590.4
浙　江	1652.4	4302.0	3031.3	2059.4	692.6
安　徽	1041.2	2082.1	1810.4	1224.0	392.8
福　建	1223.1	2923.3	2194.0	1234.8	505.8
江　西	1047.7	1872.1	1813.0	1000.0	381.0
山　东	1394.3	2834.3	2174.4	1627.6	398.1
河　南	1054.4	1838.0	1769.1	1541.5	321.0
湖　北	1253.2	2584.1	2187.5	1907.9	487.0
湖　南	1190.2	2322.9	2786.2	1705.5	351.5
广　东	1440.8	3423.9	2750.9	1520.8	658.2
广　西	898.2	2150.1	1798.9	1364.6	291.9
海　南	826.6	1919.0	2185.5	1236.1	409.2
重　庆	1338.9	2545.0	2087.8	1660.0	442.8
四　川	1182.2	2398.8	1599.7	1568.6	434.5
贵　州	878.1	2408.0	1660.0	1083.5	280.1
云　南	859.9	2212.8	1772.7	1267.7	283.2
西　藏	622.3	1847.7	609.3	460.1	262.6
陕　西	1200.8	2005.8	2008.8	1749.4	373.2
甘　肃	896.9	1640.7	1710.3	1573.9	342.4
青　海	932.0	2671.4	1655.6	1842.0	444.0
宁　夏	1067.1	2724.4	2139.5	1727.1	420.4
新　疆	1082.8	2274.4	1762.5	1592.6	434.9

2-1-1-6 2018年分地区全体居民消费支出构成

单位: %

地区	消费支出	一、食品烟酒支出	二、衣着支出	三、居住支出
全国	**100.0**	**28.4**	**6.5**	**23.4**
北京	100.0	20.2	5.5	35.4
天津	100.0	28.9	6.7	21.4
河北	100.0	25.5	7.5	24.2
山西	100.0	24.9	8.5	21.8
内蒙古	100.0	27.1	8.9	18.7
辽宁	100.0	26.8	7.6	19.5
吉林	100.0	25.7	8.1	19.2
黑龙江	100.0	26.9	8.3	18.7
上海	100.0	24.7	4.7	32.8
江苏	100.0	26.1	6.2	26.9
浙江	100.0	27.8	6.2	26.2
安徽	100.0	31.8	6.7	23.1
福建	100.0	32.9	5.3	26.7
江西	100.0	30.5	6.8	24.0
山东	100.0	26.8	7.4	20.9
河南	100.0	26.1	7.7	23.2
湖北	100.0	28.1	6.7	22.1
湖南	100.0	28.0	6.5	21.1
广东	100.0	32.6	4.4	25.5
广西	100.0	30.4	4.1	21.9
海南	100.0	37.4	3.7	21.4
重庆	100.0	32.3	7.6	18.2
四川	100.0	33.6	6.6	19.1
贵州	100.0	27.5	6.8	20.0
云南	100.0	28.0	5.5	21.6
西藏	100.0	37.6	11.2	18.3
陕西	100.0	26.6	7.1	21.0
甘肃	100.0	29.1	7.6	21.2
青海	100.0	28.2	8.2	18.1
宁夏	100.0	25.3	8.3	18.0
新疆	100.0	29.0	9.0	17.9

2-1-1-6 续表　　　　单位：%

地　区	四、生活用品及服务支出	五、交通通信支　出	六、教育文化娱乐支出	七、医疗保健支　出	八、其他用品及服务支出
全　国	**6.2**	**13.5**	**11.2**	**8.5**	**2.4**
北　京	6.0	12.0	10.0	8.2	2.7
天　津	6.1	14.3	10.7	9.0	3.0
河　北	6.8	14.1	10.4	9.2	2.2
山　西	5.8	12.5	13.1	11.0	2.4
内蒙古	6.1	15.6	11.4	9.4	2.7
辽　宁	5.9	13.9	12.7	10.5	3.2
吉　林	5.2	14.4	12.8	11.7	2.9
黑龙江	5.2	12.9	11.9	13.2	2.9
上　海	4.8	11.3	11.6	7.1	3.0
江　苏	6.0	14.1	10.3	8.1	2.4
浙　江	5.6	14.6	10.3	7.0	2.3
安　徽	6.1	12.2	10.6	7.2	2.3
福　建	5.3	12.7	9.5	5.4	2.2
江　西	6.6	11.9	11.5	6.3	2.4
山　东	7.4	15.1	11.6	8.7	2.1
河　南	7.0	12.1	11.7	10.2	2.1
湖　北	6.4	13.2	11.2	9.8	2.5
湖　南	6.3	12.4	14.8	9.1	1.9
广　东	5.5	13.1	10.6	5.8	2.5
广　西	6.0	14.4	12.0	9.1	2.0
海　南	4.7	10.9	12.5	7.1	2.3
重　庆	7.0	13.2	10.8	8.6	2.3
四　川	6.7	13.6	9.1	8.9	2.5
贵　州	6.4	17.5	12.0	7.9	2.0
云　南	6.0	15.5	12.4	8.9	2.0
西　藏	5.4	16.0	5.3	4.0	2.3
陕　西	7.4	12.4	12.4	10.8	2.3
甘　肃	6.1	11.2	11.7	10.8	2.3
青　海	5.6	16.1	10.0	11.1	2.7
宁　夏	6.4	16.3	12.8	10.3	2.5
新　疆	6.7	14.0	10.9	9.8	2.7

2-1-1-7　2018年分地区全体居民现金消费支出

单位：元/人

地　区	现金消费支出	一、食品烟酒支出	二、衣着支出	三、居住支出
全　国	**16174.8**	**5366.2**	**1288.3**	**1615.1**
北　京	27210.9	8002.1	2173.5	2867.2
天　津	24896.9	8513.4	1989.5	2337.2
河　北	13834.6	4186.3	1257.2	1455.4
山　西	12650.6	3554.6	1260.4	1537.1
内蒙古	17229.0	5103.4	1750.8	1776.9
辽　宁	18227.9	5494.8	1627.9	1722.0
吉　林	14916.0	4229.6	1396.9	1486.8
黑龙江	14997.4	4470.6	1405.3	1582.3
上　海	31023.0	10533.7	2036.1	3580.0
江　苏	19570.6	6323.9	1540.5	2091.0
浙　江	23223.5	7905.6	1813.1	2281.6
安　徽	13809.7	5200.4	1136.9	1184.3
福　建	18196.3	7222.8	1211.1	1977.3
江　西	12740.7	4586.5	1073.9	1160.3
山　东	15764.1	4930.9	1391.0	1322.2
河　南	12517.1	3883.1	1172.5	1275.5
湖　北	15893.2	5181.7	1315.2	1477.8
湖　南	15681.7	4826.4	1214.4	1609.8
广　东	21168.7	8151.1	1133.6	2336.1
广　西	12167.1	4112.8	616.0	1341.6
海　南	14508.5	6355.5	655.7	1291.0
重　庆	16225.9	5740.3	1453.4	1257.1
四　川	14573.6	5295.8	1173.3	1251.9
贵　州	11568.0	3392.5	934.5	1165.4
云　南	11319.3	3546.7	789.0	850.2
西　藏	9349.8	3875.7	1281.3	545.4
陕　西	13825.4	4140.7	1140.5	1556.9
甘　肃	12305.3	3971.6	1111.3	1408.0
青　海	14401.7	4423.2	1350.3	1557.8
宁　夏	14446.0	4066.5	1387.7	1490.6
新　疆	14036.6	4355.0	1454.7	1420.7

2-1-1-7 续表 单位：元/人

地区	四、生活用品及服务支出	五、交通通信支出	六、教育文化娱乐支出	七、医疗保健支出	八、其他用品及服务支出
全国	**1211.0**	**2669.1**	**2224.1**	**1332.6**	**468.4**
北京	2366.1	4758.4	3997.8	1978.3	1067.5
天津	1735.4	4267.2	3186.4	2062.2	805.5
河北	1134.1	2352.4	1734.4	1341.5	373.1
山西	853.4	1845.0	1940.0	1313.1	347.0
内蒙古	1204.4	3074.2	2245.2	1537.3	536.9
辽宁	1249.0	2959.0	2705.8	1808.1	661.2
吉林	896.6	2476.4	2193.4	1729.9	506.4
黑龙江	885.9	2195.6	2030.1	1938.9	488.7
上海	2088.1	4864.4	5045.4	1599.4	1275.9
江苏	1481.5	3513.2	2581.5	1452.5	586.5
浙江	1642.0	4297.7	3028.5	1570.4	684.6
安徽	1032.8	2055.9	1809.4	1003.4	386.6
福建	1215.7	2914.4	2192.4	961.5	501.0
江西	1044.6	1871.6	1812.9	816.5	374.5
山东	1371.8	2831.3	2174.0	1361.1	382.0
河南	1052.4	1836.7	1767.8	1213.5	315.5
湖北	1251.5	2571.9	2187.4	1439.7	468.0
湖南	1186.5	2308.9	2785.2	1404.4	346.2
广东	1419.9	3418.6	2746.4	1316.9	646.1
广西	852.0	2147.4	1797.8	1020.1	279.5
海南	807.8	1918.5	2185.1	889.0	405.8
重庆	1326.3	2543.2	2087.1	1382.0	436.5
四川	1161.0	2397.0	1596.6	1271.0	427.1
贵州	871.8	2396.9	1659.9	870.6	276.4
云南	852.9	2212.6	1772.4	1014.7	280.8
西藏	613.8	1846.1	608.8	316.5	262.2
陕西	1187.3	1993.0	2007.2	1431.3	368.5
甘肃	893.5	1633.8	1702.5	1246.6	338.0
青海	929.8	2671.0	1655.2	1380.1	434.4
宁夏	1058.5	2722.5	2139.2	1168.2	413.0
新疆	1076.9	2273.3	1751.6	1307.6	396.9

2-1-1-8　2018年分地区全体居民现金消费支出构成

单位：%

地　区	现金消费支出	一、食品烟酒支出	二、衣着支出	三、居住支出
全　国	**100.0**	**33.2**	**8.0**	**10.0**
北　京	100.0	29.4	8.0	10.5
天　津	100.0	34.2	8.0	9.4
河　北	100.0	30.3	9.1	10.5
山　西	100.0	28.1	10.0	12.2
内蒙古	100.0	29.6	10.2	10.3
辽　宁	100.0	30.1	8.9	9.4
吉　林	100.0	28.4	9.4	10.0
黑龙江	100.0	29.8	9.4	10.6
上　海	100.0	34.0	6.6	11.5
江　苏	100.0	32.3	7.9	10.7
浙　江	100.0	34.0	7.8	9.8
安　徽	100.0	37.7	8.2	8.6
福　建	100.0	39.7	6.7	10.9
江　西	100.0	36.0	8.4	9.1
山　东	100.0	31.3	8.8	8.4
河　南	100.0	31.0	9.4	10.2
湖　北	100.0	32.6	8.3	9.3
湖　南	100.0	30.8	7.7	10.3
广　东	100.0	38.5	5.4	11.0
广　西	100.0	33.8	5.1	11.0
海　南	100.0	43.8	4.5	8.9
重　庆	100.0	35.4	9.0	7.7
四　川	100.0	36.3	8.1	8.6
贵　州	100.0	29.3	8.1	10.1
云　南	100.0	31.3	7.0	7.5
西　藏	100.0	41.5	13.7	5.8
陕　西	100.0	29.9	8.2	11.3
甘　肃	100.0	32.3	9.0	11.4
青　海	100.0	30.7	9.4	10.8
宁　夏	100.0	28.1	9.6	10.3
新　疆	100.0	31.0	10.4	10.1

2-1-1-8 续表 单位：%

地区	四、生活用品及服务支出	五、交通通信支出	六、教育文化娱乐支出	七、医疗保健支出	八、其他用品及服务支出
全国	**7.5**	**16.5**	**13.8**	**8.2**	**2.9**
北京	8.7	17.5	14.7	7.3	3.9
天津	7.0	17.1	12.8	8.3	3.2
河北	8.2	17.0	12.5	9.7	2.7
山西	6.7	14.6	15.3	10.4	2.7
内蒙古	7.0	17.8	13.0	8.9	3.1
辽宁	6.9	16.2	14.8	9.9	3.6
吉林	6.0	16.6	14.7	11.6	3.4
黑龙江	5.9	14.6	13.5	12.9	3.3
上海	6.7	15.7	16.3	5.2	4.1
江苏	7.6	18.0	13.2	7.4	3.0
浙江	7.1	18.5	13.0	6.8	2.9
安徽	7.5	14.9	13.1	7.3	2.8
福建	6.7	16.0	12.0	5.3	2.8
江西	8.2	14.7	14.2	6.4	2.9
山东	8.7	18.0	13.8	8.6	2.4
河南	8.4	14.7	14.1	9.7	2.5
湖北	7.9	16.2	13.8	9.1	2.9
湖南	7.6	14.7	17.8	9.0	2.2
广东	6.7	16.1	13.0	6.2	3.1
广西	7.0	17.6	14.8	8.4	2.3
海南	5.6	13.2	15.1	6.1	2.8
重庆	8.2	15.7	12.9	8.5	2.7
四川	8.0	16.4	11.0	8.7	2.9
贵州	7.5	20.7	14.3	7.5	2.4
云南	7.5	19.5	15.7	9.0	2.5
西藏	6.6	19.7	6.5	3.4	2.8
陕西	8.6	14.4	14.5	10.4	2.7
甘肃	7.3	13.3	13.8	10.1	2.7
青海	6.5	18.5	11.5	9.6	3.0
宁夏	7.3	18.8	14.8	8.1	2.9
新疆	7.7	16.2	12.5	9.3	2.8

2-1-1-9　2018年分地区全体居民家庭主要食品消费量

单位：公斤/人

地　区	粮食(原粮)	谷物	食用油	植物油	蔬菜	肉类	猪肉
全　国	**127.2**	**116.3**	**9.6**	**8.9**	**96.1**	**29.5**	**22.8**
北　京	91.9	81.7	7.2	7.1	106.3	25.9	16.3
天　津	118.3	107.9	9.9	9.8	116.8	26.9	16.8
河　北	130.8	119.6	7.6	7.3	95.5	23.0	15.8
山　西	137.6	121.3	7.5	7.2	83.7	15.3	10.8
内蒙古	153.0	140.0	7.6	7.4	94.0	34.3	20.0
辽　宁	127.8	113.3	10.3	10.1	107.7	27.0	19.0
吉　林	132.6	119.0	10.8	10.6	92.3	24.8	18.9
黑龙江	139.9	126.5	12.9	12.8	95.8	25.7	18.5
上　海	110.5	98.1	8.0	7.5	103.6	31.4	22.4
江　苏	121.9	108.9	9.1	8.8	100.1	28.6	21.2
浙　江	132.9	119.6	11.6	10.9	91.7	29.8	23.7
安　徽	139.5	126.1	9.5	8.5	95.3	28.3	22.1
福　建	125.1	115.9	9.1	7.9	90.8	34.7	29.1
江　西	134.5	124.9	13.6	12.9	97.0	30.6	25.5
山　东	117.2	107.1	7.6	7.5	92.8	23.9	15.9
河　南	123.4	113.0	8.4	8.3	84.7	18.5	12.9
湖　北	110.9	100.3	10.5	10.1	111.4	28.4	22.9
湖　南	137.6	128.4	11.8	9.0	94.4	34.5	29.8
广　东	108.7	101.1	9.2	8.6	100.6	41.0	34.0
广　西	128.3	121.8	8.1	6.7	85.2	35.7	31.3
海　南	94.8	89.8	8.8	7.4	90.7	33.9	29.2
重　庆	135.7	121.2	13.8	11.7	132.0	43.9	38.8
四　川	146.6	134.2	12.1	10.8	120.7	45.4	38.9
贵　州	111.3	100.1	6.6	5.1	75.2	31.7	29.1
云　南	117.3	108.6	7.1	5.4	83.8	31.9	27.5
西　藏	208.9	201.7	15.9	9.9	42.7	29.5	6.7
陕　西	131.7	118.9	10.7	10.4	83.5	16.2	11.8
甘　肃	151.8	139.3	9.4	9.3	79.9	20.2	14.3
青　海	113.2	107.8	9.3	8.9	52.3	27.0	9.8
宁　夏	112.1	105.4	7.2	7.1	87.5	16.3	7.0
新　疆	156.2	153.1	14.1	13.8	91.8	24.4	3.7

2-1-1-9 续表　　　　单位：公斤/人

地　区	牛肉	羊肉	禽类	水产品	蛋类	奶类	干鲜瓜果类	食糖
全　国	**2.0**	**1.3**	**9.0**	**11.4**	**9.7**	**12.2**	**52.1**	**1.3**
北　京	3.3	2.7	5.8	8.9	14.6	26.0	74.7	1.1
天　津	2.9	2.7	5.7	16.7	17.7	18.6	86.2	1.4
河　北	1.5	1.4	4.9	5.9	13.7	14.4	66.8	1.1
山　西	0.7	1.1	2.4	2.6	11.3	15.7	55.9	1.0
内蒙古	3.3	7.5	5.6	5.2	9.2	22.2	58.0	1.4
辽　宁	2.6	1.3	5.1	13.7	12.1	14.9	61.8	1.2
吉　林	2.3	0.7	4.9	8.0	10.1	10.0	53.9	1.3
黑龙江	2.0	1.1	5.3	9.0	10.9	10.4	64.3	1.8
上　海	3.0	1.1	12.3	24.5	12.0	20.8	63.5	1.5
江　苏	2.1	0.9	10.7	17.8	10.5	15.1	45.1	1.1
浙　江	2.5	0.7	10.7	22.9	8.4	13.2	52.6	1.5
安　徽	2.2	0.9	12.0	12.0	11.3	11.7	52.6	1.0
福　建	1.9	0.7	11.5	23.9	8.6	11.7	47.2	1.7
江　西	2.2	0.4	8.7	12.7	7.2	10.8	41.5	1.1
山　东	1.2	1.0	6.0	12.1	16.0	16.4	74.2	0.9
河　南	1.2	1.1	6.0	4.0	12.8	12.5	56.0	1.3
湖　北	1.9	0.6	5.6	15.4	7.1	6.8	43.7	0.8
湖　南	1.9	0.6	10.8	11.9	7.8	6.7	57.5	1.3
广　东	2.2	0.7	21.1	22.0	7.4	8.6	39.4	1.6
广　西	1.9	0.7	18.5	9.9	5.5	5.6	39.0	1.2
海　南	2.1	1.0	18.8	27.0	4.8	4.7	28.4	1.1
重　庆	1.3	0.6	10.0	9.9	9.8	12.6	43.7	2.8
四　川	1.7	0.5	10.4	7.2	8.4	12.5	40.6	1.9
贵　州	1.0	0.2	4.6	2.2	3.4	4.4	33.2	0.8
云　南	2.0	0.4	6.7	3.5	4.3	5.1	29.6	1.1
西　藏	17.9	4.5	1.5	0.5	3.6	14.3	6.0	4.3
陕　西	1.0	1.1	2.9	2.8	7.8	13.8	46.6	1.0
甘　肃	1.2	2.4	4.8	2.4	8.7	13.6	75.6	1.9
青　海	9.4	6.6	2.9	1.7	3.7	17.6	24.8	1.4
宁　夏	4.1	4.1	6.8	2.5	5.9	13.5	78.7	1.4
新　疆	5.1	14.0	4.9	2.9	5.6	19.9	52.3	1.2

2-1-1-10 2018年分地区全体居民年末主要耐用消费品拥有量

单位：平均每百户

地区	家用汽车（辆）	摩托车（辆）	电动助力车（辆）	洗衣机（台）	电冰箱(柜)（台）	微波炉（台）	彩色电视机（台）
全国	**33.0**	**35.7**	**59.2**	**93.8**	**98.8**	**39.2**	**119.3**
北京	53.1	3.6	25.0	100.3	103.9	76.2	125.1
天津	53.0	4.4	45.8	99.6	103.3	68.9	111.5
河北	44.9	28.6	95.6	99.8	99.1	45.4	111.5
山西	27.9	27.9	52.7	92.6	86.2	24.5	102.3
内蒙古	39.5	33.3	44.7	96.9	103.7	29.2	104.0
辽宁	27.3	22.9	25.3	93.2	100.0	43.0	106.0
吉林	29.5	30.3	13.1	94.6	97.3	30.8	101.7
黑龙江	16.6	22.2	16.2	93.2	96.5	22.9	100.8
上海	36.9	3.2	68.1	93.2	100.2	85.2	173.3
江苏	38.1	17.6	122.2	100.4	108.4	78.5	163.9
浙江	44.4	12.7	82.9	90.6	104.0	50.1	173.2
安徽	27.4	25.1	100.5	92.0	101.2	43.6	131.0
福建	24.9	50.8	49.2	85.0	98.1	43.5	125.7
江西	29.4	48.4	69.2	78.1	96.6	31.8	129.3
山东	46.7	28.0	102.0	98.1	102.6	37.9	106.5
河南	29.6	30.2	111.3	98.9	96.5	26.2	114.3
湖北	29.9	56.4	38.6	91.9	103.6	31.7	122.0
湖南	22.8	57.7	21.9	95.1	101.9	25.7	116.6
广东	36.9	67.2	34.6	89.7	94.4	39.2	109.1
广西	27.2	63.7	70.7	85.1	98.5	41.7	107.0
海南	26.3	58.8	77.2	69.3	87.8	23.9	103.1
重庆	23.7	25.7	13.2	91.8	102.0	42.4	122.6
四川	25.2	35.3	29.5	94.6	98.2	27.0	116.6
贵州	28.0	41.6	13.8	96.9	92.6	20.4	102.7
云南	37.7	56.8	27.5	90.9	87.7	32.9	104.7
西藏	37.3	61.7	20.0	85.6	83.9	19.5	111.2
陕西	27.7	37.8	36.7	94.3	89.9	25.8	104.3
甘肃	25.1	37.9	37.6	98.3	90.5	27.1	107.2
青海	38.8	40.1	10.8	95.3	97.8	34.0	95.5
宁夏	38.3	34.7	58.2	101.4	98.8	35.7	104.5
新疆	29.7	33.0	51.5	97.5	102.5	25.8	100.5

2-1-1-10 续表　　　　单位：平均每百户

地　区	空调（台）	热水器（台）	排油烟机（台）	移动电话（部）	计算机（台）	照相机（台）
全　国	**109.3**	**85.0**	**56.4**	**249.1**	**53.4**	**12.6**
北　京	186.8	99.8	91.3	228.3	91.4	42.0
天　津	150.9	96.4	87.0	233.1	70.6	20.7
河　北	105.0	80.9	50.4	236.5	64.0	15.7
山　西	34.4	54.8	47.9	223.8	45.9	8.9
内蒙古	13.6	56.3	55.1	231.3	46.3	11.6
辽　宁	35.8	67.6	66.9	208.8	47.4	15.8
吉　林	11.0	49.4	54.9	234.8	50.2	8.6
黑龙江	8.5	46.1	56.3	215.7	40.9	7.3
上　海	199.9	94.9	81.2	220.1	99.2	32.9
江　苏	193.0	106.1	68.9	247.3	62.6	14.4
浙　江	193.1	101.9	80.9	243.6	72.6	17.3
安　徽	142.0	98.1	54.0	255.8	45.8	8.9
福　建	138.6	104.3	56.1	246.7	59.4	11.0
江　西	107.4	88.0	51.6	266.0	46.3	7.5
山　东	118.5	95.3	68.8	231.4	61.7	18.7
河　南	132.7	81.2	44.3	255.6	46.1	7.0
湖　北	131.0	94.4	55.4	263.1	55.6	10.0
湖　南	122.6	88.5	52.9	279.2	51.1	10.0
广　东	176.1	99.4	65.5	268.2	69.3	15.9
广　西	94.5	87.8	36.8	282.5	48.1	10.1
海　南	109.3	82.8	39.9	275.2	40.7	8.0
重　庆	150.1	87.6	52.5	261.4	45.2	11.3
四　川	91.4	82.4	41.2	252.4	36.0	7.5
贵　州	17.3	70.0	27.8	285.3	29.2	4.3
云　南	4.1	84.0	39.0	267.2	34.4	7.8
西　藏	5.8	23.5	18.0	235.0	18.8	6.1
陕　西	80.6	69.8	43.9	247.0	36.8	10.6
甘　肃	7.4	57.3	46.3	275.3	39.1	10.5
青　海	1.2	55.9	52.1	254.6	35.5	8.6
宁　夏	12.6	98.3	61.3	265.5	48.9	8.8
新　疆	17.5	70.2	53.4	212.5	36.1	8.6

(二)2019年分地区全体居民收支主要数据

2-1-2-1　2019年分地区全体居民可支配收入

单位：元/人

地　区	可支配收入	一、工资性收入	二、经营净收入	三、财产净收入	四、转移净收入
全　国	**30732.8**	**17186.2**	**5247.3**	**2619.1**	**5680.3**
北　京	67755.9	41214.1	1200.6	11257.0	14084.1
天　津	42404.1	27002.3	3095.5	3908.0	8398.4
河　北	25664.7	15535.2	3911.9	1789.8	4427.9
山　西	23828.5	13396.0	3108.6	1306.4	6017.4
内蒙古	30555.0	15922.2	7994.2	1613.8	5024.9
辽　宁	31819.7	16776.0	5319.1	1485.8	8238.8
吉　林	24562.9	13157.6	5266.6	1044.0	5094.7
黑龙江	24253.6	11751.0	5004.2	1112.2	6386.2
上　海	69441.6	40024.7	2208.9	10055.1	17152.9
江　苏	41399.7	23835.7	5636.2	4372.2	7555.6
浙　江	49898.8	28511.0	8498.2	5707.9	7181.7
安　徽	26415.1	13956.5	5967.5	1729.4	4761.7
福　建	35616.1	20679.5	6582.5	3527.6	4826.5
江　西	26262.4	15005.9	4366.6	1735.5	5154.4
山　东	31597.0	18111.3	6812.6	2211.7	4461.3
河　南	23902.7	11962.6	5139.0	1588.7	5212.3
湖　北	28319.5	14046.2	5982.8	1949.2	6341.3
湖　南	27679.7	13917.5	5609.3	2089.2	6063.7
广　东	39014.3	26554.3	5154.7	4776.9	2528.4
广　西	23328.2	11169.6	5777.7	1527.8	4853.1
海　南	26679.5	15580.7	4597.6	2038.5	4462.7
重　庆	28920.4	15474.7	4696.7	1792.4	6956.7
四　川	24703.1	12048.8	5058.1	1593.3	6002.9
贵　州	20397.4	10557.5	4359.7	1471.1	4009.2
云　南	22082.4	10606.0	5332.7	2184.3	3959.5
西　藏	19501.3	10334.1	4953.3	1251.3	2962.6
陕　西	24666.3	13308.7	3256.2	1475.8	6625.6
甘　肃	19139.0	10705.2	3551.7	1139.3	3742.8
青　海	22617.7	13204.1	3305.9	1140.9	4966.7
宁　夏	24411.9	14887.5	4198.0	944.0	4382.4
新　疆	23103.4	12579.1	5308.4	838.8	4377.1

2-1-2-2　2019年分地区全体居民可支配收入构成

单位：%

地　区	可支配收入	一、工资性收入	二、经营净收入	三、财产净收入	四、转移净收入
全　国	**100.0**	**55.9**	**17.1**	**8.5**	**18.5**
北　京	100.0	60.8	1.8	16.6	20.8
天　津	100.0	63.7	7.3	9.2	19.8
河　北	100.0	60.5	15.2	7.0	17.3
山　西	100.0	56.2	13.0	5.5	25.3
内蒙古	100.0	52.1	26.2	5.3	16.4
辽　宁	100.0	52.7	16.7	4.7	25.9
吉　林	100.0	53.6	21.4	4.3	20.7
黑龙江	100.0	48.5	20.6	4.6	26.3
上　海	100.0	57.6	3.2	14.5	24.7
江　苏	100.0	57.6	13.6	10.6	18.3
浙　江	100.0	57.1	17.0	11.4	14.4
安　徽	100.0	52.8	22.6	6.5	18.0
福　建	100.0	58.1	18.5	9.9	13.6
江　西	100.0	57.1	16.6	6.6	19.6
山　东	100.0	57.3	21.6	7.0	14.1
河　南	100.0	50.0	21.5	6.6	21.8
湖　北	100.0	49.6	21.1	6.9	22.4
湖　南	100.0	50.3	20.3	7.5	21.9
广　东	100.0	68.1	13.2	12.2	6.5
广　西	100.0	47.9	24.8	6.5	20.8
海　南	100.0	58.4	17.2	7.6	16.7
重　庆	100.0	53.5	16.2	6.2	24.1
四　川	100.0	48.8	20.5	6.4	24.3
贵　州	100.0	51.8	21.4	7.2	19.7
云　南	100.0	48.0	24.1	9.9	17.9
西　藏	100.0	53.0	25.4	6.4	15.2
陕　西	100.0	54.0	13.2	6.0	26.9
甘　肃	100.0	55.9	18.6	6.0	19.6
青　海	100.0	58.4	14.6	5.0	22.0
宁　夏	100.0	61.0	17.2	3.9	18.0
新　疆	100.0	54.4	23.0	3.6	18.9

2-1-2-3 2019年分地区全体居民现金可支配收入

单位：元/人

地区	现金可支配收入	一、工资性收入	二、经营净收入	三、财产净收入	四、转移净收入
全 国	**28612.1**	**17096.9**	**5269.7**	**1001.5**	**5244.0**
北 京	56981.9	41179.3	1297.0	2047.4	12458.2
天 津	38437.7	26783.5	3306.2	985.4	7362.6
河 北	24190.0	15507.8	4065.4	429.0	4187.9
山 西	22699.4	13349.1	3163.1	593.9	5593.3
内蒙古	29954.1	15902.4	8474.5	838.8	4738.4
辽 宁	30307.1	16606.9	5518.7	440.9	7740.6
吉 林	23074.8	13130.8	4711.1	409.1	4823.8
黑龙江	23204.7	11702.5	4912.8	565.0	6024.4
上 海	58870.4	39843.2	2306.3	1140.8	15580.1
江 苏	37825.1	23720.4	5687.0	1465.2	6952.5
浙 江	46658.5	28367.6	8862.6	2786.8	6641.4
安 徽	24844.9	13859.5	5966.0	572.4	4447.1
福 建	32775.3	20485.9	6792.1	1006.8	4490.5
江 西	25186.7	14967.1	4569.3	726.4	4923.9
山 东	30299.7	18046.7	7327.6	796.3	4129.0
河 南	22344.9	11926.7	4961.8	630.3	4826.1
湖 北	26510.1	13943.0	6103.9	586.9	5876.4
湖 南	26124.3	13815.6	5462.9	1167.0	5678.8
广 东	36031.2	26351.3	5330.2	2095.4	2254.3
广 西	21679.1	11070.1	5481.8	884.4	4242.8
海 南	24991.3	15510.6	4593.9	759.7	4127.1
重 庆	27089.0	15375.3	4307.1	811.0	6595.6
四 川	23068.4	11957.9	4735.8	844.6	5530.0
贵 州	19560.8	10508.9	4386.8	1016.3	3648.8
云 南	20343.6	10589.0	4809.2	1338.7	3606.7
西 藏	18773.3	10331.6	5081.9	683.6	2676.2
陕 西	23405.9	13267.3	3092.0	836.4	6210.1
甘 肃	17871.9	10690.9	3514.6	258.1	3408.3
青 海	21732.8	13158.9	3532.8	579.5	4461.6
宁 夏	23631.2	14836.2	4448.5	527.7	3818.8
新 疆	21661.5	12514.1	4868.8	324.9	3953.7

2-1-2-4 2019年分地区全体居民现金可支配收入构成

单位：%

地区	现金可支配收入	一、工资性收入	二、经营净收入	三、财产净收入	四、转移净收入
全国	**100.0**	**59.8**	**18.4**	**3.5**	**18.3**
北京	100.0	72.3	2.3	3.6	21.9
天津	100.0	69.7	8.6	2.6	19.2
河北	100.0	64.1	16.8	1.8	17.3
山西	100.0	58.8	13.9	2.6	24.6
内蒙古	100.0	53.1	28.3	2.8	15.8
辽宁	100.0	54.8	18.2	1.5	25.5
吉林	100.0	56.9	20.4	1.8	20.9
黑龙江	100.0	50.4	21.2	2.4	26.0
上海	100.0	67.7	3.9	1.9	26.5
江苏	100.0	62.7	15.0	3.9	18.4
浙江	100.0	60.8	19.0	6.0	14.2
安徽	100.0	55.8	24.0	2.3	17.9
福建	100.0	62.5	20.7	3.1	13.7
江西	100.0	59.4	18.1	2.9	19.5
山东	100.0	59.6	24.2	2.6	13.6
河南	100.0	53.4	22.2	2.8	21.6
湖北	100.0	52.6	23.0	2.2	22.2
湖南	100.0	52.9	20.9	4.5	21.7
广东	100.0	73.1	14.8	5.8	6.3
广西	100.0	51.1	25.3	4.1	19.6
海南	100.0	62.1	18.4	3.0	16.5
重庆	100.0	56.8	15.9	3.0	24.3
四川	100.0	51.8	20.5	3.7	24.0
贵州	100.0	53.7	22.4	5.2	18.7
云南	100.0	52.1	23.6	6.6	17.7
西藏	100.0	55.0	27.1	3.6	14.3
陕西	100.0	56.7	13.2	3.6	26.5
甘肃	100.0	59.8	19.7	1.4	19.1
青海	100.0	60.5	16.3	2.7	20.5
宁夏	100.0	62.8	18.8	2.2	16.2
新疆	100.0	57.8	22.5	1.5	18.3

2-1-2-5　2019年分地区全体居民消费支出

单位：元/人

地　区	消费支出	一、食品烟酒支出	二、衣着支出	三、居住支出
全　国	**21558.9**	**6084.2**	**1338.1**	**5054.8**
北　京	43038.3	8488.5	2229.5	15751.4
天　津	31853.6	8983.7	1999.5	6946.1
河　北	17987.2	4675.7	1304.8	4301.6
山　西	15862.6	3997.2	1289.9	3331.6
内蒙古	20743.4	5517.3	1765.4	3943.7
辽　宁	22202.8	5956.6	1586.1	4417.0
吉　林	18075.4	4675.4	1406.8	3351.5
黑龙江	18111.5	4781.1	1437.6	3314.2
上　海	45605.1	10952.6	2071.8	15046.4
江　苏	26697.3	6847.0	1573.4	7247.3
浙　江	32025.8	8928.9	1877.1	8403.2
安　徽	19137.4	6080.8	1300.6	4281.3
福　建	25314.3	8095.6	1319.6	6974.9
江　西	17650.5	5215.2	1077.6	4398.8
山　东	20427.5	5416.8	1443.1	4370.1
河　南	16331.8	4186.8	1226.5	3723.1
湖　北	21567.0	5946.8	1422.4	4769.1
湖　南	20478.9	5771.0	1262.2	4306.1
广　东	28994.7	9369.2	1192.2	7329.1
广　西	16418.3	5031.2	648.0	3493.2
海　南	19554.9	7122.3	697.7	4110.4
重　庆	20773.9	6666.7	1491.9	3851.2
四　川	19338.3	6466.8	1213.0	3678.8
贵　州	14780.0	4110.2	984.0	2941.7
云　南	15779.8	4558.4	822.7	3370.6
西　藏	13029.2	4792.5	1446.3	2320.6
陕　西	17464.9	4671.9	1227.5	3625.3
甘　肃	15879.1	4574.0	1125.3	3440.4
青　海	17544.8	5130.9	1359.8	3304.0
宁　夏	18296.8	4605.2	1476.6	3245.1
新　疆	17396.6	5042.7	1472.1	3270.9

2-1-2-5 续表 单位：元/人

地　区	四、生活用品及服务支出	五、交通通信支　出	六、教育文化娱乐支出	七、医疗保健支　出	八、其他用品及服务支出
全　国	**1280.9**	**2861.6**	**2513.1**	**1902.3**	**524.0**
北　京	2387.3	4979.0	4310.9	3739.7	1151.9
天　津	1956.7	4236.4	3584.4	2991.9	1154.9
河　北	1170.4	2415.7	1984.1	1699.0	435.8
山　西	910.7	1979.7	2136.2	1820.7	396.5
内蒙古	1185.8	3218.4	2407.7	2108.0	597.1
辽　宁	1275.3	2848.5	2929.3	2434.2	756.0
吉　林	948.3	2518.1	2436.6	2174.0	564.7
黑龙江	844.8	2317.4	2444.9	2457.1	514.4
上　海	2122.8	5355.7	5495.1	3204.8	1355.9
江　苏	1496.4	3732.2	2946.4	2166.5	688.1
浙　江	1715.9	4552.8	3624.0	2122.6	801.3
安　徽	1154.3	2286.6	2132.8	1489.9	411.2
福　建	1269.7	3019.4	2509.0	1506.8	619.3
江　西	1128.6	2104.3	2094.2	1264.5	367.3
山　东	1538.9	2991.5	2409.7	1816.5	440.8
河　南	1101.5	1976.0	2016.8	1746.1	354.9
湖　北	1418.5	2822.2	2459.6	2230.9	497.5
湖　南	1226.2	2538.5	3017.4	1961.6	395.8
广　东	1560.2	3833.6	3244.4	1770.4	695.5
广　西	944.1	2384.7	2007.0	1616.0	294.2
海　南	932.7	2578.2	2413.4	1294.0	406.2
重　庆	1392.5	2632.8	2312.2	1925.4	501.3
四　川	1201.3	2576.4	1813.5	1934.9	453.7
贵　州	873.8	2405.6	1865.6	1274.8	324.3
云　南	926.6	2439.0	1950.0	1401.4	311.2
西　藏	847.7	2015.2	690.3	519.2	397.4
陕　西	1151.1	2154.8	2243.4	1977.4	413.3
甘　肃	945.3	1972.7	1843.5	1619.3	358.6
青　海	953.2	2587.6	1731.8	1995.6	481.8
宁　夏	1144.5	3018.1	2352.4	1929.3	525.5
新　疆	1159.5	2408.1	1876.1	1725.4	441.7

2-1-2-6 2019年分地区全体居民消费支出构成

单位：%

地区	消费支出	一、食品烟酒支出	二、衣着支出	三、居住支出
全国	**100.0**	**28.2**	**6.2**	**23.4**
北京	100.0	19.7	5.2	36.6
天津	100.0	28.2	6.3	21.8
河北	100.0	26.0	7.3	23.9
山西	100.0	25.2	8.1	21.0
内蒙古	100.0	26.6	8.5	19.0
辽宁	100.0	26.8	7.1	19.9
吉林	100.0	25.9	7.8	18.5
黑龙江	100.0	26.4	7.9	18.3
上海	100.0	24.0	4.5	33.0
江苏	100.0	25.6	5.9	27.1
浙江	100.0	27.9	5.9	26.2
安徽	100.0	31.8	6.8	22.4
福建	100.0	32.0	5.2	27.6
江西	100.0	29.5	6.1	24.9
山东	100.0	26.5	7.1	21.4
河南	100.0	25.6	7.5	22.8
湖北	100.0	27.6	6.6	22.1
湖南	100.0	28.2	6.2	21.0
广东	100.0	32.3	4.1	25.3
广西	100.0	30.6	3.9	21.3
海南	100.0	36.4	3.6	21.0
重庆	100.0	32.1	7.2	18.5
四川	100.0	33.4	6.3	19.0
贵州	100.0	27.8	6.7	19.9
云南	100.0	28.9	5.2	21.4
西藏	100.0	36.8	11.1	17.8
陕西	100.0	26.8	7.0	20.8
甘肃	100.0	28.8	7.1	21.7
青海	100.0	29.2	7.8	18.8
宁夏	100.0	25.2	8.1	17.7
新疆	100.0	29.0	8.5	18.8

2-1-2-6 续表 单位：%

地　区	四、生活用品及服务支出	五、交通通信支出	六、教育文化娱乐支出	七、医疗保健支出	八、其他用品及服务支出
全　国	**5.9**	**13.3**	**11.7**	**8.8**	**2.4**
北　京	5.5	11.6	10.0	8.7	2.7
天　津	6.1	13.3	11.3	9.4	3.6
河　北	6.5	13.4	11.0	9.4	2.4
山　西	5.7	12.5	13.5	11.5	2.5
内蒙古	5.7	15.5	11.6	10.2	2.9
辽　宁	5.7	12.8	13.2	11.0	3.4
吉　林	5.2	13.9	13.5	12.0	3.1
黑龙江	4.7	12.8	13.5	13.6	2.8
上　海	4.7	11.7	12.0	7.0	3.0
江　苏	5.6	14.0	11.0	8.1	2.6
浙　江	5.4	14.2	11.3	6.6	2.5
安　徽	6.0	11.9	11.1	7.8	2.1
福　建	5.0	11.9	9.9	6.0	2.4
江　西	6.4	11.9	11.9	7.2	2.1
山　东	7.5	14.6	11.8	8.9	2.2
河　南	6.7	12.1	12.3	10.7	2.2
湖　北	6.6	13.1	11.4	10.3	2.3
湖　南	6.0	12.4	14.7	9.6	1.9
广　东	5.4	13.2	11.2	6.1	2.4
广　西	5.8	14.5	12.2	9.8	1.8
海　南	4.8	13.2	12.3	6.6	2.1
重　庆	6.7	12.7	11.1	9.3	2.4
四　川	6.2	13.3	9.4	10.0	2.3
贵　州	5.9	16.3	12.6	8.6	2.2
云　南	5.9	15.5	12.4	8.9	2.0
西　藏	6.5	15.5	5.3	4.0	3.1
陕　西	6.6	12.3	12.8	11.3	2.4
甘　肃	6.0	12.4	11.6	10.2	2.3
青　海	5.4	14.7	9.9	11.4	2.7
宁　夏	6.3	16.5	12.9	10.5	2.9
新　疆	6.7	13.8	10.8	9.9	2.5

2-1-2-7 2019年分地区全体居民现金消费支出

单位：元/人

地 区	现金消费支出	一、食品烟酒支出	二、衣着支出	三、居住支出
全 国	**17526.0**	**5798.1**	**1337.6**	**1755.7**
北 京	29142.2	8448.1	2229.5	3620.5
天 津	26138.7	8794.4	1999.2	2441.2
河 北	14942.6	4573.8	1304.6	1600.2
山 西	13460.9	3845.8	1289.6	1544.7
内蒙古	18088.5	5220.8	1765.3	1871.7
辽 宁	18787.0	5732.1	1585.6	1750.2
吉 林	15705.5	4486.2	1406.7	1447.8
黑龙江	15890.0	4637.6	1437.5	1600.3
上 海	32258.3	10769.5	2071.6	3465.2
江 苏	20789.3	6613.8	1572.7	2205.4
浙 江	25247.2	8623.9	1876.1	2483.1
安 徽	15499.4	5850.1	1299.6	1252.2
福 建	19805.5	7731.7	1319.1	2225.6
江 西	14298.0	4969.3	1077.1	1547.0
山 东	17083.0	5310.5	1442.6	1474.9
河 南	13516.5	4100.1	1226.4	1387.1
湖 北	17627.2	5582.6	1421.6	1665.5
湖 南	17069.1	5325.0	1261.5	1745.9
广 东	23663.0	9065.8	1191.3	2591.5
广 西	13242.9	4494.6	647.8	1430.7
海 南	16247.8	6842.2	697.6	1399.0
重 庆	17344.6	6131.1	1491.0	1361.7
四 川	15923.0	5820.3	1212.5	1366.6
贵 州	12377.4	3766.8	983.7	1226.1
云 南	12381.8	3922.7	822.5	948.6
西 藏	10795.2	4478.0	1445.3	686.0
陕 西	14888.2	4498.5	1226.8	1623.1
甘 肃	13371.5	4321.3	1125.1	1501.1
青 海	15154.8	4857.0	1359.3	1740.8
宁 夏	15942.9	4418.2	1476.4	1623.7
新 疆	15076.1	4691.4	1470.9	1672.5

2-1-2-7 续表 单位：元/人

地　区	四、生活用品及服务支出	五、交通通信支出	六、教育文化娱乐支出	七、医疗保健支出	八、其他用品及服务支出
全　国	**1266.9**	**2857.4**	**2511.7**	**1482.4**	**516.2**
北　京	2383.1	4976.7	4310.8	2027.5	1146.0
天　津	1813.7	4218.7	3583.6	2259.3	1028.6
河　北	1167.6	2412.9	1984.1	1465.0	434.5
山　西	902.1	1979.1	2134.4	1372.9	392.3
内蒙古	1185.1	3218.4	2407.2	1824.6	595.5
辽　宁	1263.5	2834.6	2928.8	1946.4	745.8
吉　林	943.9	2514.0	2436.5	1906.5	564.0
黑龙江	844.3	2316.8	2444.8	2095.0	513.6
上　海	2119.6	5349.7	5489.8	1643.3	1349.7
江　苏	1485.7	3726.2	2945.6	1560.2	679.8
浙　江	1702.3	4549.7	3621.3	1595.2	795.5
安　徽	1145.3	2276.2	2132.3	1137.3	406.4
福　建	1266.2	3014.9	2507.4	1125.0	615.6
江　西	1123.1	2102.7	2089.7	1025.2	363.8
山　东	1505.4	2989.7	2407.8	1515.8	436.3
河　南	1097.1	1974.6	2016.7	1364.9	349.5
湖　北	1416.9	2811.8	2459.6	1781.2	488.0
湖　南	1216.2	2527.4	3016.1	1585.5	391.4
广　东	1542.3	3830.5	3240.4	1514.2	687.1
广　西	876.2	2381.9	2006.2	1122.0	283.3
海　南	931.6	2578.0	2413.3	981.6	404.5
重　庆	1383.2	2630.4	2312.0	1547.4	487.7
四　川	1183.3	2574.2	1813.0	1508.2	445.0
贵　州	865.5	2402.1	1865.2	948.4	319.4
云　南	918.0	2438.8	1950.0	1071.0	310.2
西　藏	844.9	2015.2	689.2	368.2	268.3
陕　西	1137.3	2151.7	2242.2	1602.2	406.3
甘　肃	941.5	1972.3	1838.7	1315.9	355.7
青　海	951.9	2585.5	1731.8	1454.9	473.5
宁　夏	1140.4	3015.2	2352.0	1399.9	517.1
新　疆	1151.7	2406.3	1870.7	1399.3	413.2

2-1-2-8　2019年分地区全体居民现金消费支出构成

单位：%

地　区	现金消费支出	一、食品烟酒支出	二、衣着支出	三、居住支出
全　国	**100.0**	**33.1**	**7.6**	**10.0**
北　京	100.0	29.0	7.7	12.4
天　津	100.0	33.6	7.6	9.3
河　北	100.0	30.6	8.7	10.7
山　西	100.0	28.6	9.6	11.5
内蒙古	100.0	28.9	9.8	10.3
辽　宁	100.0	30.5	8.4	9.3
吉　林	100.0	28.6	9.0	9.2
黑龙江	100.0	29.2	9.0	10.1
上　海	100.0	33.4	6.4	10.7
江　苏	100.0	31.8	7.6	10.6
浙　江	100.0	34.2	7.4	9.8
安　徽	100.0	37.7	8.4	8.1
福　建	100.0	39.0	6.7	11.2
江　西	100.0	34.8	7.5	10.8
山　东	100.0	31.1	8.4	8.6
河　南	100.0	30.3	9.1	10.3
湖　北	100.0	31.7	8.1	9.4
湖　南	100.0	31.2	7.4	10.2
广　东	100.0	38.3	5.0	11.0
广　西	100.0	33.9	4.9	10.8
海　南	100.0	42.1	4.3	8.6
重　庆	100.0	35.3	8.6	7.9
四　川	100.0	36.6	7.6	8.6
贵　州	100.0	30.4	7.9	9.9
云　南	100.0	31.7	6.6	7.7
西　藏	100.0	41.5	13.4	6.4
陕　西	100.0	30.2	8.2	10.9
甘　肃	100.0	32.3	8.4	11.2
青　海	100.0	32.0	9.0	11.5
宁　夏	100.0	27.7	9.3	10.2
新　疆	100.0	31.1	9.8	11.1

2-1-2-8 续表 单位：%

地区	四、生活用品及服务支出	五、交通通信支出	六、教育文化娱乐支出	七、医疗保健支出	八、其他用品及服务支出
全国	**7.2**	**16.3**	**14.3**	**8.5**	**2.9**
北京	8.2	17.1	14.8	7.0	3.9
天津	6.9	16.1	13.7	8.6	3.9
河北	7.8	16.1	13.3	9.8	2.9
山西	6.7	14.7	15.9	10.2	2.9
内蒙古	6.6	17.8	13.3	10.1	3.3
辽宁	6.7	15.1	15.6	10.4	4.0
吉林	6.0	16.0	15.5	12.1	3.6
黑龙江	5.3	14.6	15.4	13.2	3.2
上海	6.6	16.6	17.0	5.1	4.2
江苏	7.1	17.9	14.2	7.5	3.3
浙江	6.7	18.0	14.3	6.3	3.2
安徽	7.4	14.7	13.8	7.3	2.6
福建	6.4	15.2	12.7	5.7	3.1
江西	7.9	14.7	14.6	7.2	2.5
山东	8.8	17.5	14.1	8.9	2.6
河南	8.1	14.6	14.9	10.1	2.6
湖北	8.0	16.0	14.0	10.1	2.8
湖南	7.1	14.8	17.7	9.3	2.3
广东	6.5	16.2	13.7	6.4	2.9
广西	6.6	18.0	15.1	8.5	2.1
海南	5.7	15.9	14.9	6.0	2.5
重庆	8.0	15.2	13.3	8.9	2.8
四川	7.4	16.2	11.4	9.5	2.8
贵州	7.0	19.4	15.1	7.7	2.6
云南	7.4	19.7	15.7	8.6	2.5
西藏	7.8	18.7	6.4	3.4	2.5
陕西	7.6	14.5	15.1	10.8	2.7
甘肃	7.0	14.7	13.8	9.8	2.7
青海	6.3	17.1	11.4	9.6	3.1
宁夏	7.2	18.9	14.8	8.8	3.2
新疆	7.6	16.0	12.4	9.3	2.7

2-1-2-9 2019年分地区全体居民家庭主要食品消费量

单位：公斤/人

地　区	粮食（原粮）	谷物	食用油	植物油	蔬菜	肉类	猪肉
全　国	**130.1**	**117.9**	**9.5**	**8.9**	**98.6**	**26.9**	**20.3**
北　京	97.3	86.2	6.9	6.7	114.9	25.7	14.6
天　津	105.2	94.6	8.7	8.6	114.1	24.7	15.0
河　北	143.9	130.5	7.6	7.4	97.7	20.7	13.7
山　西	139.4	121.8	7.4	7.2	93.6	14.7	10.2
内蒙古	169.8	153.3	6.7	6.4	100.3	32.7	19.5
辽　宁	127.9	112.2	9.6	9.4	110.3	25.7	17.9
吉　林	140.6	124.2	10.4	10.2	95.9	23.1	16.7
黑龙江	138.8	124.1	12.5	12.4	96.1	21.5	15.1
上　海	105.3	92.8	8.5	8.2	102.4	29.0	19.8
江　苏	120.3	106.9	9.2	9.0	101.4	25.3	17.8
浙　江	132.9	119.0	11.3	10.8	95.4	28.3	22.0
安　徽	147.3	131.5	8.8	8.1	102.7	27.1	20.6
福　建	120.2	110.8	8.8	7.9	86.4	27.8	22.3
江　西	134.0	123.1	12.9	12.4	96.4	28.2	23.5
山　东	117.6	106.5	8.2	8.1	94.2	21.6	14.6
河　南	132.2	120.1	7.8	7.8	89.3	17.6	12.0
湖　北	117.7	106.0	11.9	11.4	104.9	26.1	20.4
湖　南	144.1	134.2	11.7	9.5	97.9	30.3	25.7
广　东	115.9	106.7	9.0	8.5	109.4	38.7	30.7
广　西	133.6	126.1	8.3	7.3	86.1	29.3	25.0
海　南	99.9	90.5	8.4	7.5	95.9	25.0	20.3
重　庆	138.1	123.7	14.7	12.8	132.4	38.9	33.7
四　川	142.7	129.3	11.3	10.3	122.6	39.4	33.4
贵　州	108.9	97.4	6.6	5.4	73.6	28.6	26.0
云　南	124.0	113.4	6.5	4.9	82.5	32.2	27.7
西　藏	187.6	182.7	16.1	12.1	52.4	27.9	5.7
陕　西	132.2	118.0	10.4	10.0	89.3	15.6	10.9
甘　肃	158.0	144.9	8.5	8.4	83.4	19.5	13.6
青　海	108.1	102.2	9.7	9.2	54.7	24.3	8.7
宁　夏	106.7	99.7	7.6	7.5	88.8	16.3	6.3
新　疆	133.6	130.3	12.6	12.5	88.2	22.4	3.1

2-1-2-9 续表 单位：公斤/人

地　区	牛肉	羊肉	禽类	水产品	蛋类	奶类	干鲜瓜果类	食糖
全　国	**2.2**	**1.2**	**10.8**	**13.6**	**10.7**	**12.5**	**56.4**	**1.3**
北　京	3.6	2.6	6.5	10.1	14.5	28.9	85.5	1.1
天　津	2.8	2.6	6.1	17.4	18.5	17.0	90.1	1.1
河　北	1.5	1.3	5.4	7.4	15.7	14.5	76.2	1.2
山　西	0.7	1.1	2.9	3.0	13.4	16.8	62.4	1.0
内蒙古	3.5	6.4	6.5	6.7	11.0	24.0	69.1	1.3
辽　宁	2.7	1.1	5.6	15.4	13.1	16.0	67.4	1.2
吉　林	2.5	0.6	5.6	9.9	11.1	10.8	63.7	1.4
黑龙江	1.9	1.1	6.0	10.3	12.2	9.8	67.3	1.6
上　海	3.5	1.0	13.1	27.2	12.3	20.8	61.1	1.4
江　苏	2.3	0.8	12.4	19.6	11.3	14.7	45.7	1.0
浙　江	2.7	0.7	11.9	25.9	9.2	13.5	55.6	1.6
安　徽	2.3	0.9	14.7	15.2	12.5	12.0	63.7	1.0
福　建	2.2	0.7	13.0	25.3	9.1	10.7	44.8	1.6
江　西	2.5	0.3	10.6	15.5	7.7	11.0	45.9	1.0
山　东	1.1	1.0	6.5	13.8	17.5	16.9	78.1	0.8
河　南	1.4	1.0	6.9	4.7	14.6	13.1	62.5	1.2
湖　北	2.3	0.6	7.0	17.6	7.6	7.4	43.1	0.7
湖　南	2.2	0.6	13.7	14.8	8.7	6.9	60.6	1.2
广　东	3.1	0.7	25.9	28.6	8.4	8.8	47.2	1.5
广　西	2.0	0.6	24.8	13.4	6.3	5.0	40.6	1.2
海　南	2.4	0.9	24.7	31.6	4.9	4.5	30.9	0.9
重　庆	1.7	0.5	11.9	12.1	10.3	13.3	46.0	2.6
四　川	1.9	0.4	13.2	9.4	9.0	11.6	46.0	1.8
贵　州	1.0	0.2	5.6	2.8	3.7	4.6	35.1	0.7
云　南	2.1	0.4	7.9	4.5	4.5	5.8	34.2	1.2
西　藏	17.5	3.7	1.7	0.6	3.2	11.6	8.8	5.2
陕　西	1.2	1.4	3.5	3.3	8.9	14.5	51.5	1.0
甘　肃	1.5	2.2	5.6	3.1	8.1	15.9	60.5	1.7
青　海	9.0	5.5	3.4	2.0	4.2	18.8	28.0	1.5
宁　夏	4.8	4.1	7.7	3.0	6.2	14.6	79.2	1.4
新　疆	5.0	12.2	5.3	3.2	6.4	21.1	57.8	1.8

2-1-2-10　2019年分地区全体居民年末主要耐用消费品拥有量

单位：平均每百户

地　区	家用汽车（辆）	摩托车（辆）	电动助力车（辆）	洗衣机（台）	电冰箱(柜)（台）	微波炉（台）	彩色电视机（台）
全　国	**35.3**	**34.2**	**63.9**	**96.0**	**100.9**	**40.1**	**120.6**
北　京	54.0	3.7	27.1	101.1	104.4	77.3	126.5
天　津	54.6	4.0	50.3	100.3	104.4	69.8	112.0
河　北	45.9	24.6	100.6	101.2	99.5	35.7	111.5
山　西	27.0	25.1	56.4	94.5	88.2	25.4	103.2
内蒙古	41.9	30.7	48.4	97.6	106.4	30.1	104.6
辽　宁	28.2	22.0	27.7	94.1	101.0	43.8	106.3
吉　林	31.2	29.0	15.3	95.4	98.4	32.3	102.3
黑龙江	22.1	20.3	17.0	95.6	98.9	23.6	100.8
上　海	38.6	2.8	70.7	94.9	101.6	86.2	177.0
江　苏	39.9	14.9	131.3	101.9	109.0	80.7	165.7
浙　江	44.9	11.6	87.8	92.9	105.6	52.6	175.5
安　徽	29.9	22.0	107.4	94.8	103.1	45.2	135.4
福　建	27.5	51.6	59.3	90.5	102.2	48.0	131.3
江　西	31.1	44.8	73.0	81.4	98.5	33.8	128.3
山　东	51.7	25.3	108.2	98.5	104.0	39.0	106.9
河　南	30.7	28.2	117.8	99.8	98.0	28.4	115.2
湖　北	31.3	56.9	40.3	93.4	105.7	31.8	122.2
湖　南	25.6	57.2	25.2	97.2	103.8	26.5	117.6
广　东	41.3	66.4	39.7	92.6	97.6	41.1	110.2
广　西	30.9	63.8	79.9	91.4	102.6	46.0	110.0
海　南	28.9	50.8	96.8	74.3	92.4	21.2	103.6
重　庆	27.0	23.7	15.7	94.3	104.0	44.9	124.8
四　川	28.2	34.5	32.6	97.9	102.0	29.1	119.7
贵　州	31.4	41.5	18.0	99.6	96.7	21.7	104.8
云　南	39.6	59.5	31.5	95.6	92.6	34.2	105.4
西　藏	39.5	61.9	21.5	87.1	87.1	18.5	114.2
陕　西	28.8	35.4	39.3	96.6	91.8	25.7	104.7
甘　肃	24.8	39.0	32.9	97.0	90.6	29.2	106.7
青　海	44.7	36.4	12.5	98.5	102.8	38.2	99.1
宁　夏	39.8	30.4	61.6	102.7	100.5	40.2	105.3
新　疆	31.2	25.1	61.1	99.4	106.6	24.9	103.6

2-1-2-10　续表　　　　　　　　　　　　　　　　　单位：平均每百户

地　区	空调（台）	热水器（台）	排油烟机（台）	移动电话（部）	计算机（台）	照相机（台）
全　国	**115.6**	**86.9**	**59.3**	**253.2**	**53.2**	**12.2**
北　京	191.5	100.0	93.0	232.7	91.8	42.6
天　津	161.0	96.1	89.8	235.7	68.6	19.3
河　北	108.9	81.3	57.9	240.5	52.5	9.6
山　西	36.4	57.1	50.5	227.9	45.1	8.9
内蒙古	14.1	57.5	56.0	234.4	45.7	11.7
辽　宁	43.6	69.0	67.3	211.6	46.9	15.3
吉　林	13.8	51.4	56.8	236.7	49.5	8.8
黑龙江	8.8	48.8	57.1	228.1	40.3	7.4
上　海	207.1	96.9	83.3	224.5	104.7	34.0
江　苏	199.3	105.9	70.4	251.1	62.2	13.7
浙　江	195.8	104.0	83.1	245.0	72.3	17.6
安　徽	152.3	97.4	57.6	261.4	45.6	9.1
福　建	155.5	110.2	61.5	259.7	61.2	11.6
江　西	114.4	92.4	57.6	263.4	46.9	8.8
山　东	125.5	93.7	70.8	234.0	63.0	17.1
河　南	140.6	82.7	46.6	261.0	46.5	7.0
湖　北	133.9	96.3	58.1	265.4	55.7	10.1
湖　南	128.9	91.2	56.7	280.3	51.3	9.8
广　东	187.8	101.5	68.3	270.6	72.6	16.3
广　西	106.9	94.7	41.0	283.6	48.7	9.3
海　南	127.2	87.5	42.8	286.2	43.3	7.3
重　庆	160.7	91.1	55.7	265.1	46.2	11.1
四　川	103.8	87.3	45.6	257.6	37.1	7.9
贵　州	19.2	76.7	31.7	294.1	31.9	4.5
云　南	4.5	86.8	40.8	278.2	33.5	8.4
西　藏	5.5	24.9	17.4	240.5	21.5	6.1
陕　西	84.4	69.3	45.7	248.5	37.3	10.2
甘　肃	8.6	57.6	45.1	274.8	38.0	9.7
青　海	1.0	59.4	55.5	261.5	36.1	8.8
宁　夏	13.7	99.9	64.9	270.7	51.3	9.3
新　疆	19.5	79.6	61.7	225.2	34.8	9.1

(三)2020年分地区全体居民收支主要数据

2-1-3-1 2020年分地区全体居民可支配收入

单位：元/人

地　区	可支配收入	一、工资性收入	二、经营净收入	三、财产净收入	四、转移净收入
全　国	**32188.8**	**17917.4**	**5306.8**	**2791.5**	**6173.2**
北　京	69433.5	41439.1	810.8	11789.4	15394.3
天　津	43854.1	27339.3	2796.7	4240.1	9478.0
河　北	27135.9	16287.5	4150.7	1931.9	4765.9
山　西	25213.7	13853.8	3250.2	1386.2	6723.5
内蒙古	31497.3	16325.2	8146.7	1623.6	5401.8
辽　宁	32738.3	17374.2	5068.6	1529.2	8766.3
吉　林	25751.0	13503.6	5702.1	1056.6	5488.7
黑龙江	24902.0	11561.3	5122.1	1126.0	7092.6
上　海	72232.4	41500.3	2051.4	9904.3	18776.4
江　苏	43390.4	24656.6	5703.4	4736.6	8293.8
浙　江	52397.4	30059.4	8313.3	6136.5	7888.1
安　徽	28103.2	14793.3	6205.7	1929.4	5174.8
福　建	37202.4	21651.4	6567.4	4011.4	4972.3
江　西	28016.5	16001.0	4445.6	1870.7	5699.2
山　东	32885.7	18716.1	6964.4	2357.2	4848.0
河　南	24810.1	12439.7	5142.4	1563.3	5664.7
湖　北	27880.6	13668.9	5600.9	2061.7	6549.2
湖　南	29379.9	14664.5	6033.9	2226.1	6455.4
广　东	41028.6	27824.4	5037.4	5339.1	2827.7
广　西	24562.3	11865.2	5639.7	1679.3	5378.2
海　南	27904.1	16175.1	4687.6	2097.7	4943.7
重　庆	30823.9	16513.5	4901.6	1907.2	7501.6
四　川	26522.1	13031.6	5289.3	1719.6	6481.6
贵　州	21795.4	11320.0	4426.0	1460.5	4588.8
云　南	23294.9	11444.4	5543.7	2116.9	4189.8
西　藏	21744.1	11757.4	5376.2	1341.8	3268.7
陕　西	26226.0	14044.0	3459.2	1607.5	7115.2
甘　肃	20335.1	11461.8	3730.7	1195.8	3946.8
青　海	24037.4	13871.8	3781.5	1046.8	5337.3
宁　夏	25734.9	15526.3	4418.4	881.7	4908.5
新　疆	23844.7	12683.2	4859.6	873.5	5428.5

2-1-3-2 2020年分地区全体居民可支配收入构成

单位：%

地　区	可支配收入	一、工资性收入	二、经营净收入	三、财产净收入	四、转移净收入
全　国	**100.0**	**55.7**	**16.5**	**8.7**	**19.2**
北　京	100.0	59.7	1.2	17.0	22.2
天　津	100.0	62.3	6.4	9.7	21.6
河　北	100.0	60.0	15.3	7.1	17.6
山　西	100.0	54.9	12.9	5.5	26.7
内蒙古	100.0	51.8	25.9	5.2	17.1
辽　宁	100.0	53.1	15.5	4.7	26.8
吉　林	100.0	52.4	22.1	4.1	21.3
黑龙江	100.0	46.4	20.6	4.5	28.5
上　海	100.0	57.5	2.8	13.7	26.0
江　苏	100.0	56.8	13.1	10.9	19.1
浙　江	100.0	57.4	15.9	11.7	15.1
安　徽	100.0	52.6	22.1	6.9	18.4
福　建	100.0	58.2	17.7	10.8	13.4
江　西	100.0	57.1	15.9	6.7	20.3
山　东	100.0	56.9	21.2	7.2	14.7
河　南	100.0	50.1	20.7	6.3	22.8
湖　北	100.0	49.0	20.1	7.4	23.5
湖　南	100.0	49.9	20.5	7.6	22.0
广　东	100.0	67.8	12.3	13.0	6.9
广　西	100.0	48.3	23.0	6.8	21.9
海　南	100.0	58.0	16.8	7.5	17.7
重　庆	100.0	53.6	15.9	6.2	24.3
四　川	100.0	49.1	19.9	6.5	24.4
贵　州	100.0	51.9	20.3	6.7	21.1
云　南	100.0	49.1	23.8	9.1	18.0
西　藏	100.0	54.1	24.7	6.2	15.0
陕　西	100.0	53.5	13.2	6.1	27.1
甘　肃	100.0	56.4	18.3	5.9	19.4
青　海	100.0	57.7	15.7	4.4	22.2
宁　夏	100.0	60.3	17.2	3.4	19.1
新　疆	100.0	53.2	20.4	3.7	22.8

2-1-3-3　2020年分地区全体居民现金可支配收入

单位：元/人

地　区	现金可支配收入	一、工资性收入	二、经营净收入	三、财产净收入	四、转移净收入
全　国	**29918.7**	**17817.6**	**5307.1**	**1067.5**	**5726.4**
北　京	58314.6	41388.9	907.3	2087.5	13930.9
天　津	39664.7	27109.5	2962.5	1203.5	8389.1
河　北	25603.9	16260.8	4326.0	527.2	4489.9
山　西	23918.0	13798.0	3264.6	653.7	6201.7
内蒙古	30937.2	16304.1	8724.1	745.5	5163.5
辽　宁	31297.5	17237.0	5303.2	443.1	8314.2
吉　林	24647.4	13475.1	5582.4	376.1	5213.8
黑龙江	24439.8	11488.3	5649.8	509.2	6792.5
上　海	61629.3	41209.2	2115.1	1009.4	17295.6
江　苏	39696.0	24534.9	5889.1	1563.7	7708.4
浙　江	48881.2	29928.0	8656.0	2928.0	7369.1
安　徽	25952.4	14702.2	5645.6	679.7	4924.9
福　建	33804.7	21446.3	6639.4	1186.1	4533.1
江　西	26575.3	15963.2	4438.2	735.3	5438.6
山　东	31221.5	18646.4	7257.3	843.7	4474.1
河　南	23382.8	12398.9	5062.1	586.4	5335.5
湖　北	25731.1	13536.0	5559.0	585.1	6051.0
湖　南	27229.3	14550.0	5419.5	1268.0	5991.8
广　东	37826.7	27610.2	5227.3	2448.7	2540.5
广　西	22878.0	11734.5	5424.5	974.0	4744.9
海　南	26074.8	16074.8	4667.1	719.4	4613.6
重　庆	28887.0	16378.4	4593.0	852.6	7063.0
四　川	24715.5	12927.7	4808.3	959.2	6020.3
贵　州	20742.7	11260.6	4307.2	972.2	4202.7
云　南	21668.0	11423.2	5345.1	1143.3	3756.4
西　藏	20260.3	11751.1	4597.4	833.7	3078.2
陕　西	24975.3	13992.5	3405.4	905.9	6671.4
甘　肃	19010.9	11438.6	3706.5	277.6	3588.2
青　海	23246.9	13808.4	4219.6	475.7	4743.1
宁　夏	24941.6	15450.7	4669.6	460.3	4361.0
新　疆	22527.9	12567.7	4818.3	315.6	4826.3

2-1-3-4　2020年分地区全体居民现金可支配收入构成

单位：%

地　区	现金可支配收入	一、工资性收入	二、经营净收入	三、财产净收入	四、转移净收入
全　国	**100.0**	**59.6**	**17.7**	**3.6**	**19.1**
北　京	100.0	71.0	1.6	3.6	23.9
天　津	100.0	68.3	7.5	3.0	21.2
河　北	100.0	63.5	16.9	2.1	17.5
山　西	100.0	57.7	13.6	2.7	25.9
内蒙古	100.0	52.7	28.2	2.4	16.7
辽　宁	100.0	55.1	16.9	1.4	26.6
吉　林	100.0	54.7	22.6	1.5	21.2
黑龙江	100.0	47.0	23.1	2.1	27.8
上　海	100.0	66.9	3.4	1.6	28.1
江　苏	100.0	61.8	14.8	3.9	19.4
浙　江	100.0	61.2	17.7	6.0	15.1
安　徽	100.0	56.7	21.8	2.6	19.0
福　建	100.0	63.4	19.6	3.5	13.4
江　西	100.0	60.1	16.7	2.8	20.5
山　东	100.0	59.7	23.2	2.7	14.3
河　南	100.0	53.0	21.6	2.5	22.8
湖　北	100.0	52.6	21.6	2.3	23.5
湖　南	100.0	53.4	19.9	4.7	22.0
广　东	100.0	73.0	13.8	6.5	6.7
广　西	100.0	51.3	23.7	4.3	20.7
海　南	100.0	61.6	17.9	2.8	17.7
重　庆	100.0	56.7	15.9	3.0	24.5
四　川	100.0	52.3	19.5	3.9	24.4
贵　州	100.0	54.3	20.8	4.7	20.3
云　南	100.0	52.7	24.7	5.3	17.3
西　藏	100.0	58.0	22.7	4.1	15.2
陕　西	100.0	56.0	13.6	3.6	26.7
甘　肃	100.0	60.2	19.5	1.5	18.9
青　海	100.0	59.4	18.2	2.0	20.4
宁　夏	100.0	61.9	18.7	1.8	17.5
新　疆	100.0	55.8	21.4	1.4	21.4

2-1-3-5 2020年分地区全体居民消费支出

单位：元/人

地 区	消费支出	一、食品烟酒支出	二、衣着支出	三、居住支出
全 国	**21209.9**	**6397.3**	**1238.4**	**5215.3**
北 京	38903.3	8373.9	1803.5	15710.5
天 津	28461.4	8516.0	1711.8	7035.3
河 北	18037.0	4992.5	1249.7	4394.5
山 西	15732.7	4362.4	1235.8	3460.4
内蒙古	19794.5	5686.1	1568.3	4148.6
辽 宁	20672.1	6110.1	1378.2	4473.8
吉 林	17317.7	5021.6	1293.9	3448.2
黑龙江	17056.4	5287.2	1300.6	3450.7
上 海	42536.3	11224.7	1694.0	15247.3
江 苏	26225.1	7258.4	1450.5	7505.9
浙 江	31294.7	8922.1	1703.2	9009.1
安 徽	18877.3	6280.4	1210.4	4375.9
福 建	25125.8	8385.1	1182.4	7304.8
江 西	17955.3	5780.6	987.2	4454.9
山 东	20940.1	5757.3	1438.0	4437.0
河 南	16142.6	4417.9	1221.8	3807.6
湖 北	19245.9	5897.7	1173.0	4659.6
湖 南	20997.6	6251.7	1236.9	4436.2
广 东	28491.9	9629.3	1044.5	7733.0
广 西	16356.8	5591.5	595.0	3579.0
海 南	18971.6	7514.0	660.6	4168.0
重 庆	21678.1	7284.6	1459.1	4062.1
四 川	19783.4	7026.4	1190.4	3855.7
贵 州	14873.8	4606.9	944.6	2998.2
云 南	16792.4	5092.1	868.3	3469.8
西 藏	13224.8	4786.6	1137.2	2970.5
陕 西	17417.6	4819.5	1156.6	3857.6
甘 肃	16174.9	4768.8	1140.6	3557.3
青 海	18284.2	5224.5	1301.4	3618.5
宁 夏	17505.8	4816.3	1263.9	3348.8
新 疆	16512.1	5225.9	1138.9	3304.7

2-1-3-5 续表 单位：元/人

地　区	四、生活用品及服务支出	五、交通通信支　出	六、教育文化娱乐支出	七、医疗保健支　出	八、其他用品及服务支出
全　国	**1259.5**	**2761.8**	**2032.2**	**1843.1**	**462.2**
北　京	2145.8	3789.5	2766.0	3513.3	800.7
天　津	1669.4	3778.7	2253.7	2646.0	850.5
河　北	1171.2	2356.9	1799.1	1692.0	381.2
山　西	863.9	1980.9	1608.4	1854.0	366.9
内蒙古	1119.2	3099.2	1835.9	1891.5	445.8
辽　宁	1091.8	2660.0	1950.8	2303.2	704.1
吉　林	906.7	2386.0	1742.0	2031.2	488.1
黑龙江	895.4	2122.2	1602.9	2023.2	374.4
上　海	2091.2	4557.5	3662.9	3033.4	1025.3
江　苏	1523.0	3588.8	2298.2	2018.6	581.8
浙　江	1789.3	4301.2	2889.4	1955.9	724.4
安　徽	1108.4	2172.1	1855.3	1548.0	326.8
福　建	1274.8	2972.0	1895.9	1583.2	527.5
江　西	966.5	2146.4	1879.0	1437.3	303.3
山　东	1571.0	3004.1	2373.7	1914.0	444.8
河　南	1077.6	1917.2	1685.4	1621.9	393.2
湖　北	1088.9	2559.5	1755.9	1764.9	346.4
湖　南	1289.0	2745.5	2587.3	2034.7	416.3
广　东	1560.6	3808.7	2442.9	1677.9	595.1
广　西	929.1	2107.9	1766.2	1540.7	247.3
海　南	890.0	2118.9	1880.5	1407.3	332.3
重　庆	1517.4	2630.9	2120.9	2101.5	501.6
四　川	1234.8	2465.1	1650.5	1908.0	452.4
贵　州	901.1	2218.0	1636.7	1269.6	298.7
云　南	958.5	2709.4	1835.8	1547.4	311.0
西　藏	838.6	1987.5	550.9	589.9	363.6
陕　西	1179.3	2194.0	1756.6	2078.4	375.6
甘　肃	1045.5	2020.4	1728.6	1544.7	369.1
青　海	1073.4	3121.0	1521.3	1975.7	448.5
宁　夏	1037.2	2922.0	1760.6	1906.3	450.7
新　疆	1031.0	2318.9	1488.4	1611.7	392.7

2-1-3-6 2020年分地区全体居民消费支出构成

单位：%

地　区	消费支出	一、食品烟酒支出	二、衣着支出	三、居住支出
全　国	**100.0**	**30.2**	**5.8**	**24.6**
北　京	100.0	21.5	4.6	40.4
天　津	100.0	29.9	6.0	24.7
河　北	100.0	27.7	6.9	24.4
山　西	100.0	27.7	7.9	22.0
内蒙古	100.0	28.7	7.9	21.0
辽　宁	100.0	29.6	6.7	21.6
吉　林	100.0	29.0	7.5	19.9
黑龙江	100.0	31.0	7.6	20.2
上　海	100.0	26.4	4.0	35.8
江　苏	100.0	27.7	5.5	28.6
浙　江	100.0	28.5	5.4	28.8
安　徽	100.0	33.3	6.4	23.2
福　建	100.0	33.4	4.7	29.1
江　西	100.0	32.2	5.5	24.8
山　东	100.0	27.5	6.9	21.2
河　南	100.0	27.4	7.6	23.6
湖　北	100.0	30.6	6.1	24.2
湖　南	100.0	29.8	5.9	21.1
广　东	100.0	33.8	3.7	27.1
广　西	100.0	34.2	3.6	21.9
海　南	100.0	39.6	3.5	22.0
重　庆	100.0	33.6	6.7	18.7
四　川	100.0	35.5	6.0	19.5
贵　州	100.0	31.0	6.4	20.2
云　南	100.0	30.3	5.2	20.7
西　藏	100.0	36.2	8.6	22.5
陕　西	100.0	27.7	6.6	22.1
甘　肃	100.0	29.5	7.1	22.0
青　海	100.0	28.6	7.1	19.8
宁　夏	100.0	27.5	7.2	19.1
新　疆	100.0	31.6	6.9	20.0

2-1-3-6 续表　　　　单位：%

地　区	四、生活用品及服务支出	五、交通通信支　出	六、教育文化娱乐支出	七、医疗保健支　出	八、其他用品及服务支出
全　国	**5.9**	**13.0**	**9.6**	**8.7**	**2.2**
北　京	5.5	9.7	7.1	9.0	2.1
天　津	5.9	13.3	7.9	9.3	3.0
河　北	6.5	13.1	10.0	9.4	2.1
山　西	5.5	12.6	10.2	11.8	2.3
内蒙古	5.7	15.7	9.3	9.6	2.3
辽　宁	5.3	12.9	9.4	11.1	3.4
吉　林	5.2	13.8	10.1	11.7	2.8
黑龙江	5.2	12.4	9.4	11.9	2.2
上　海	4.9	10.7	8.6	7.1	2.4
江　苏	5.8	13.7	8.8	7.7	2.2
浙　江	5.7	13.7	9.2	6.2	2.3
安　徽	5.9	11.5	9.8	8.2	1.7
福　建	5.1	11.8	7.5	6.3	2.1
江　西	5.4	12.0	10.5	8.0	1.7
山　东	7.5	14.3	11.3	9.1	2.1
河　南	6.7	11.9	10.4	10.0	2.4
湖　北	5.7	13.3	9.1	9.2	1.8
湖　南	6.1	13.1	12.3	9.7	2.0
广　东	5.5	13.4	8.6	5.9	2.1
广　西	5.7	12.9	10.8	9.4	1.5
海　南	4.7	11.2	9.9	7.4	1.8
重　庆	7.0	12.1	9.8	9.7	2.3
四　川	6.2	12.5	8.3	9.6	2.3
贵　州	6.1	14.9	11.0	8.5	2.0
云　南	5.7	16.1	10.9	9.2	1.9
西　藏	6.3	15.0	4.2	4.5	2.7
陕　西	6.8	12.6	10.1	11.9	2.2
甘　肃	6.5	12.5	10.7	9.5	2.3
青　海	5.9	17.1	8.3	10.8	2.5
宁　夏	5.9	16.7	10.1	10.9	2.6
新　疆	6.2	14.0	9.0	9.8	2.4

2-1-3-7　2020年分地区全体居民现金消费支出

单位：元/人

地　区	现金消费支出	一、食品烟酒支出	二、衣着支出	三、居住支出
全　国	**16994.7**	**6068.0**	**1237.9**	**1774.3**
北　京	24923.2	8323.6	1803.1	3246.3
天　津	22561.6	8317.7	1711.5	2358.6
河　北	14885.3	4891.8	1249.3	1614.1
山　西	13230.7	4176.2	1235.4	1633.6
内蒙古	16953.0	5315.0	1568.1	1904.0
辽　宁	17235.8	5900.3	1378.0	1720.9
吉　林	14733.7	4718.1	1293.8	1442.3
黑龙江	14723.8	5066.9	1299.6	1643.0
上　海	29142.9	10928.6	1693.8	3639.6
江　苏	20028.4	7023.1	1450.1	2142.3
浙　江	24237.5	8623.1	1703.1	2777.2
安　徽	15233.3	6050.5	1209.1	1238.3
福　建	19141.8	7998.1	1181.5	2189.0
江　西	14319.6	5475.0	987.0	1403.5
山　东	17478.9	5631.6	1437.0	1477.4
河　南	13288.4	4316.1	1221.5	1387.0
湖　北	15147.7	5474.9	1172.7	1479.7
湖　南	17337.2	5677.4	1236.4	1822.0
广　东	22866.2	9305.2	1044.1	2715.5
广　西	13021.0	4932.2	594.3	1500.0
海　南	15490.3	7149.8	660.5	1325.6
重　庆	17994.1	6668.5	1458.2	1452.6
四　川	16223.2	6298.8	1189.6	1468.9
贵　州	12189.1	4142.5	944.0	1147.7
云　南	13107.5	4485.3	868.2	822.2
西　藏	10033.2	3799.6	1135.6	946.9
陕　西	14733.2	4629.9	1156.4	1792.5
甘　肃	13506.9	4421.4	1140.0	1576.8
青　海	15776.9	4921.5	1301.3	1989.2
宁　夏	15093.6	4602.0	1263.6	1670.0
新　疆	13811.4	4784.0	1137.9	1557.2

2-1-3-7 续表 单位：元/人

地 区	四、生活用品及服务支出	五、交通通信支出	六、教育文化娱乐支出	七、医疗保健支出	八、其他用品及服务支出
全 国	**1245.8**	**2758.2**	**2031.5**	**1426.0**	**452.9**
北 京	2143.2	3787.2	2766.0	2066.9	787.0
天 津	1657.4	3758.7	2253.2	1812.1	692.3
河 北	1160.0	2356.4	1798.6	1435.0	380.2
山 西	841.8	1980.8	1608.0	1400.5	354.4
内蒙古	1114.3	3098.9	1835.8	1672.9	443.9
辽 宁	1079.9	2653.1	1950.8	1854.2	698.7
吉 林	905.1	2384.1	1742.0	1760.4	487.8
黑龙江	894.1	2120.5	1602.8	1723.7	373.2
上 海	2087.6	4551.0	3662.5	1560.0	1019.8
江 苏	1513.4	3584.4	2298.1	1442.9	574.3
浙 江	1778.0	4296.8	2883.3	1457.1	718.9
安 徽	1098.4	2167.7	1853.1	1294.5	321.8
福 建	1272.5	2967.4	1895.3	1116.9	521.0
江 西	960.9	2144.9	1878.0	1170.0	300.3
山 东	1527.3	3003.2	2373.7	1586.5	442.2
河 南	1072.1	1915.5	1685.3	1302.4	388.6
湖 北	1087.7	2550.7	1755.4	1300.7	325.9
湖 南	1280.4	2734.8	2586.5	1590.9	408.7
广 东	1545.4	3803.1	2442.2	1420.2	590.7
广 西	869.6	2105.8	1765.9	1016.6	236.6
海 南	886.6	2118.2	1880.5	1138.0	331.2
重 庆	1506.6	2624.9	2120.7	1667.3	495.3
四 川	1221.6	2464.1	1650.3	1487.7	442.2
贵 州	888.3	2213.1	1636.6	926.0	290.9
云 南	948.0	2709.3	1835.8	1128.2	310.4
西 藏	830.3	1987.5	550.9	538.6	243.8
陕 西	1162.9	2191.1	1755.8	1673.3	371.3
甘 肃	1042.9	2020.2	1724.7	1215.4	365.4
青 海	1068.4	3120.7	1521.2	1410.3	444.3
宁 夏	1034.2	2917.3	1759.3	1400.5	446.8
新 疆	1009.9	2317.7	1487.7	1218.1	299.0

2-1-3-8　2020年分地区全体居民现金消费支出构成

单位：%

地　区	现金消费支出	一、食品烟酒支出	二、衣着支出	三、居住支出
全　国	**100.0**	**35.7**	**7.3**	**10.4**
北　京	100.0	33.4	7.2	13.0
天　津	100.0	36.9	7.6	10.5
河　北	100.0	32.9	8.4	10.8
山　西	100.0	31.6	9.3	12.3
内蒙古	100.0	31.4	9.2	11.2
辽　宁	100.0	34.2	8.0	10.0
吉　林	100.0	32.0	8.8	9.8
黑龙江	100.0	34.4	8.8	11.2
上　海	100.0	37.5	5.8	12.5
江　苏	100.0	35.1	7.2	10.7
浙　江	100.0	35.6	7.0	11.5
安　徽	100.0	39.7	7.9	8.1
福　建	100.0	41.8	6.2	11.4
江　西	100.0	38.2	6.9	9.8
山　东	100.0	32.2	8.2	8.5
河　南	100.0	32.5	9.2	10.4
湖　北	100.0	36.1	7.7	9.8
湖　南	100.0	32.7	7.1	10.5
广　东	100.0	40.7	4.6	11.9
广　西	100.0	37.9	4.6	11.5
海　南	100.0	46.2	4.3	8.6
重　庆	100.0	37.1	8.1	8.1
四　川	100.0	38.8	7.3	9.1
贵　州	100.0	34.0	7.7	9.4
云　南	100.0	34.2	6.6	6.3
西　藏	100.0	37.9	11.3	9.4
陕　西	100.0	31.4	7.8	12.2
甘　肃	100.0	32.7	8.4	11.7
青　海	100.0	31.2	8.2	12.6
宁　夏	100.0	30.5	8.4	11.1
新　疆	100.0	34.6	8.2	11.3

2-1-3-8　续表　　单位：%

地　区	四、生活用品及服务支出	五、交通通信支　出	六、教育文化娱乐支出	七、医疗保健支　出	八、其他用品及服务支出
全　国	**7.3**	**16.2**	**12.0**	**8.4**	**2.7**
北　京	8.6	15.2	11.1	8.3	3.2
天　津	7.3	16.7	10.0	8.0	3.1
河　北	7.8	15.8	12.1	9.6	2.6
山　西	6.4	15.0	12.2	10.6	2.7
内蒙古	6.6	18.3	10.8	9.9	2.6
辽　宁	6.3	15.4	11.3	10.8	4.1
吉　林	6.1	16.2	11.8	11.9	3.3
黑龙江	6.1	14.4	10.9	11.7	2.5
上　海	7.2	15.6	12.6	5.4	3.5
江　苏	7.6	17.9	11.5	7.2	2.9
浙　江	7.3	17.7	11.9	6.0	3.0
安　徽	7.2	14.2	12.2	8.5	2.1
福　建	6.6	15.5	9.9	5.8	2.7
江　西	6.7	15.0	13.1	8.2	2.1
山　东	8.7	17.2	13.6	9.1	2.5
河　南	8.1	14.4	12.7	9.8	2.9
湖　北	7.2	16.8	11.6	8.6	2.2
湖　南	7.4	15.8	14.9	9.2	2.4
广　东	6.8	16.6	10.7	6.2	2.6
广　西	6.7	16.2	13.6	7.8	1.8
海　南	5.7	13.7	12.1	7.3	2.1
重　庆	8.4	14.6	11.8	9.3	2.8
四　川	7.5	15.2	10.2	9.2	2.7
贵　州	7.3	18.2	13.4	7.6	2.4
云　南	7.2	20.7	14.0	8.6	2.4
西　藏	8.3	19.8	5.5	5.4	2.4
陕　西	7.9	14.9	11.9	11.4	2.5
甘　肃	7.7	15.0	12.8	9.0	2.7
青　海	6.8	19.8	9.6	8.9	2.8
宁　夏	6.9	19.3	11.7	9.3	3.0
新　疆	7.3	16.8	10.8	8.8	2.2

2-1-3-9　2020年分地区全体居民家庭主要食品消费量

单位：公斤/人

地　区	粮食(原粮)	谷物	食用油	植物油	蔬菜	肉类	猪肉
全　国	**141.2**	**128.1**	**10.4**	**9.8**	**103.7**	**24.8**	**18.2**
北　京	107.2	95.0	7.5	7.4	122.7	27.3	15.3
天　津	111.1	100.2	9.6	9.5	117.2	23.8	14.1
河　北	161.8	146.0	8.8	8.5	108.3	20.6	12.9
山　西	159.3	139.5	8.6	8.5	98.9	14.7	9.7
内蒙古	173.1	155.8	7.7	7.3	100.9	31.9	18.3
辽　宁	145.9	128.8	10.4	10.3	117.1	25.1	16.5
吉　林	157.5	140.6	11.2	11.1	105.6	20.6	14.2
黑龙江	167.1	150.2	16.2	16.1	108.0	22.2	15.0
上　海	111.4	98.6	9.2	8.9	105.3	29.1	19.1
江　苏	122.1	108.5	10.2	9.9	104.5	25.0	18.1
浙　江	137.3	123.0	11.5	11.0	96.9	26.3	20.0
安　徽	148.3	132.4	9.0	8.3	104.8	24.1	18.1
福　建	124.4	114.9	9.6	8.9	89.6	24.6	19.3
江　西	154.0	141.4	15.6	15.2	105.5	29.7	24.9
山　东	124.0	112.5	7.7	7.7	95.9	18.6	12.4
河　南	150.9	137.3	8.9	8.8	94.1	15.9	10.3
湖　北	132.9	119.1	13.3	12.8	126.8	25.2	19.4
湖　南	157.2	146.6	12.5	10.6	104.5	27.1	22.7
广　东	128.2	118.4	9.9	9.5	113.0	33.6	26.0
广　西	141.8	134.1	9.1	8.2	89.7	24.4	20.7
海　南	107.7	102.4	9.5	8.7	99.4	21.2	16.8
重　庆	149.5	133.5	15.3	13.4	130.3	35.3	29.9
四　川	146.9	133.6	11.7	10.5	119.6	33.6	28.0
贵　州	119.3	106.6	8.1	6.7	79.4	24.7	22.3
云　南	139.1	126.4	7.4	5.8	90.0	28.8	24.7
西　藏	193.6	189.8	15.3	10.5	55.7	30.4	6.7
陕　西	142.3	126.9	11.5	11.3	90.0	15.2	10.5
甘　肃	159.0	144.7	9.6	9.5	82.5	17.6	11.9
青　海	112.2	105.9	8.8	8.4	58.4	23.8	8.1
宁　夏	115.6	107.9	8.5	8.4	88.8	16.3	5.8
新　疆	156.0	151.8	13.7	13.6	106.2	23.7	3.4

2-1-3-9 续表　　　　单位：公斤/人

地　区			禽类	水产品	蛋类	奶类	干鲜瓜果类	食糖
	牛肉	羊肉						
全　国	**2.3**	**1.2**	**12.7**	**13.9**	**12.8**	**13.0**	**56.3**	**1.3**
北　京	3.9	3.1	7.9	9.5	16.9	30.1	81.9	1.2
天　津	2.9	2.7	7.0	16.8	21.5	16.8	85.8	1.2
河　北	1.7	1.6	7.2	7.6	18.7	16.5	79.1	1.3
山　西	0.8	1.3	4.1	3.1	16.3	17.9	63.0	1.1
内蒙古	3.9	6.4	8.0	6.5	14.3	24.8	67.3	1.3
辽　宁	3.1	1.4	7.1	15.1	16.6	17.7	69.6	1.2
吉　林	2.7	0.8	7.1	10.2	14.0	11.6	64.0	1.4
黑龙江	2.3	1.4	8.2	10.3	16.4	10.6	70.2	1.8
上　海	4.2	1.0	14.0	27.1	13.9	23.1	60.2	1.5
江　苏	2.2	0.8	13.2	19.5	13.2	15.4	44.2	1.1
浙　江	2.9	0.6	13.0	25.9	10.6	14.7	56.0	1.6
安　徽	2.3	0.9	15.7	14.6	14.2	11.3	55.9	0.9
福　建	2.1	0.6	15.7	26.4	10.7	11.7	45.0	1.6
江　西	2.6	0.3	12.8	15.7	9.5	11.2	46.7	1.0
山　东	1.1	1.0	8.2	15.7	20.1	17.6	81.1	0.7
河　南	1.5	1.1	8.7	5.2	18.9	13.5	62.7	1.2
湖　北	2.5	0.7	7.7	18.1	9.7	7.7	42.5	0.8
湖　南	2.2	0.6	15.8	14.6	10.3	7.4	57.0	1.2
广　东	3.2	0.6	31.1	30.0	9.9	9.6	47.5	1.6
广　西	1.9	0.5	30.7	13.5	7.6	5.6	39.2	1.2
海　南	2.4	0.8	30.4	30.8	5.6	4.9	30.2	1.0
重　庆	1.9	0.5	13.6	12.5	11.8	14.0	46.5	2.7
四　川	1.9	0.4	14.5	9.2	9.9	10.0	45.8	1.7
贵　州	1.0	0.2	6.6	3.0	4.8	5.1	34.1	0.8
云　南	1.7	0.3	9.6	4.8	5.4	6.2	38.2	1.4
西　藏	17.4	5.5	1.2	0.4	2.4	8.5	11.2	4.0
陕　西	1.2	1.3	4.0	3.1	10.3	14.7	50.4	1.0
甘　肃	1.6	1.8	6.3	2.8	9.3	15.7	59.8	1.7
青　海	10.0	4.7	3.7	1.9	5.2	16.7	29.1	1.6
宁　夏	4.9	4.4	8.4	2.9	7.4	13.5	73.3	1.5
新　疆	5.3	12.7	6.9	3.1	8.5	18.7	58.6	1.3

2-1-3-10 2020年分地区全体居民年末主要耐用消费品拥有量

单位：平均每百户

地区	家用汽车(辆)	摩托车(辆)	电动助力车(辆)	洗衣机(台)	电冰箱(柜)(台)	微波炉(台)	彩色电视机(台)
全国	**37.1**	**33.1**	**66.7**	**96.7**	**101.8**	**41.0**	**120.8**
北京	55.0	3.5	27.9	101.3	104.8	77.6	126.6
天津	55.2	3.9	51.6	100.1	104.1	69.5	111.4
河北	47.9	25.5	104.5	103.7	103.3	38.3	112.4
山西	28.1	24.4	57.3	94.5	88.9	25.1	103.0
内蒙古	44.6	28.0	53.0	98.0	106.8	30.5	104.5
辽宁	29.6	21.3	28.6	94.6	101.1	43.8	106.4
吉林	32.4	26.6	17.7	95.8	99.3	32.8	102.7
黑龙江	24.5	19.3	18.7	96.0	100.5	23.6	101.3
上海	39.4	2.6	72.7	95.6	101.9	86.0	175.9
江苏	41.0	14.6	134.8	102.6	110.0	82.4	167.1
浙江	48.2	11.5	90.0	93.7	106.5	53.1	176.1
安徽	31.5	20.5	110.8	95.9	104.0	46.9	136.7
福建	29.4	50.6	61.6	91.6	103.0	49.5	130.9
江西	31.8	44.8	76.8	82.1	99.1	33.7	127.5
山东	52.3	23.0	110.3	99.1	104.1	39.3	106.9
河南	33.0	27.7	120.5	100.3	98.5	28.8	115.4
湖北	32.2	53.8	43.9	94.0	105.7	32.5	121.3
湖南	32.4	56.9	26.8	97.9	105.4	26.5	117.8
广东	42.7	65.5	41.8	93.2	98.2	41.8	110.5
广西	32.1	61.7	86.4	93.6	103.7	50.4	109.9
海南	28.7	48.8	100.8	74.4	93.1	21.0	103.2
重庆	29.0	22.6	16.3	95.7	104.0	45.5	124.6
四川	29.1	32.5	35.4	98.7	103.0	30.3	120.3
贵州	32.8	40.2	20.7	100.5	98.0	22.7	104.5
云南	42.9	59.3	33.2	95.9	95.1	36.3	105.9
西藏	41.7	58.4	23.3	86.9	91.6	19.2	118.7
陕西	31.4	33.9	43.9	97.0	93.3	27.5	105.8
甘肃	27.9	35.9	36.3	99.3	90.8	29.0	106.0
青海	47.1	35.3	14.7	100.8	106.0	41.9	100.8
宁夏	40.5	29.7	67.3	103.2	101.2	40.7	105.7
新疆	32.9	23.2	68.7	101.2	110.6	26.1	103.1

2-1-3-10 续表 单位：平均每百户

地　区	空调（台）	热水器（台）	排油烟机（台）	移动电话（部）	计算机（台）	照相机（台）
全　国	**117.7**	**90.4**	**60.9**	**253.8**	**54.2**	**12.1**
北　京	192.5	101.6	93.2	234.5	92.7	42.5
天　津	160.3	98.3	89.9	235.8	66.9	18.5
河　北	114.1	85.5	61.2	244.6	50.7	9.9
山　西	36.0	58.4	50.7	226.1	45.4	8.4
内蒙古	14.6	62.7	57.8	233.5	47.1	11.6
辽　宁	44.1	70.6	67.9	211.8	48.4	15.6
吉　林	14.5	54.6	58.1	237.1	49.2	8.7
黑龙江	9.4	51.4	57.5	229.1	41.3	7.3
上　海	207.3	98.2	83.3	226.0	104.9	33.5
江　苏	201.4	107.6	72.5	252.3	62.7	13.3
浙　江	198.5	105.9	83.6	247.9	73.7	17.0
安　徽	156.2	101.1	60.1	262.5	46.6	9.1
福　建	156.6	113.2	63.2	256.8	63.4	11.3
江　西	115.8	96.0	57.9	263.3	48.4	8.4
山　东	127.6	97.5	71.6	234.4	63.7	17.5
河　南	143.7	87.0	49.5	262.9	47.4	6.8
湖　北	137.3	99.0	60.3	268.6	57.4	9.7
湖　南	129.3	94.3	57.3	281.4	51.3	9.8
广　东	190.1	104.2	69.4	268.4	74.3	16.2
广　西	113.4	98.3	43.1	280.0	48.7	9.5
海　南	130.2	90.2	41.6	281.9	42.6	7.0
重　庆	164.5	95.2	57.0	264.8	48.0	11.5
四　川	108.1	92.0	47.7	257.3	38.9	7.8
贵　州	19.9	81.9	33.4	294.6	33.0	4.5
云　南	5.3	92.7	43.4	276.6	36.0	9.2
西　藏	5.3	30.9	18.8	244.9	22.4	6.0
陕　西	89.9	75.5	47.9	249.1	40.2	10.2
甘　肃	9.1	62.1	47.4	277.6	41.0	9.1
青　海	1.0	64.1	58.8	261.5	37.5	8.6
宁　夏	13.9	102.0	67.8	271.0	52.7	8.9
新　疆	19.7	90.9	64.7	235.3	35.8	8.5

（四）2021年分地区全体居民收支主要数据

2-1-4-1 2021年分地区全体居民可支配收入

单位：元/人

地区	可支配收入	一、工资性收入	二、经营净收入	三、财产净收入	四、转移净收入
全国	**35128.1**	**19629.4**	**5892.7**	**3075.5**	**6530.5**
北京	75002.2	45675.3	940.3	12459.8	15926.8
天津	47449.4	29775.1	3242.7	4576.2	9855.4
河北	29383.0	17295.6	4780.2	2273.0	5034.3
山西	27425.9	14936.0	3688.2	1509.0	7292.6
内蒙古	34108.4	17515.4	9203.8	1780.3	5608.9
辽宁	35111.7	18779.1	5724.3	1605.1	9003.2
吉林	27769.8	14552.1	6396.3	1163.8	5657.6
黑龙江	27159.0	12560.2	5540.5	1251.1	7807.3
上海	78026.6	48835.1	2062.8	10208.5	16920.2
江苏	47498.3	26721.2	6214.7	5315.8	9246.7
浙江	57540.5	32820.9	9294.2	6905.5	8519.9
安徽	30904.3	16125.7	6716.2	2167.6	5894.8
福建	40659.3	23784.0	7412.4	4540.3	4922.7
江西	30609.9	17015.9	4976.1	2306.6	6311.3
山东	35705.1	20412.9	7593.4	2441.4	5257.4
河南	26811.2	13518.9	5492.4	1686.2	6113.6
湖北	30829.3	15349.8	6295.3	2214.7	6969.5
湖南	31992.7	15926.6	6709.5	2413.5	6943.2
广东	44993.3	30777.3	5729.1	5831.3	2655.6
广西	26726.7	12597.6	6604.8	2082.2	5442.1
海南	30456.8	16623.8	6134.3	2614.0	5084.7
重庆	33802.6	18137.6	5358.0	2090.2	8216.8
四川	29080.1	14392.4	5758.4	1905.3	7024.1
贵州	23996.2	12583.9	5113.6	1511.3	4787.4
云南	25666.2	13066.7	5816.1	2323.8	4459.6
西藏	24949.9	13803.7	5785.2	1711.4	3649.5
陕西	28568.0	15227.9	3701.4	1840.4	7798.3
甘肃	22066.0	12411.7	4083.1	1301.3	4269.9
青海	25919.5	14966.5	4159.6	1026.3	5767.0
宁夏	27904.5	16759.2	4781.0	866.7	5497.6
新疆	26075.0	13809.1	5674.4	938.3	5653.3

2-1-4-2 2021年分地区全体居民可支配收入构成

单位： %

地　　区	可支配收入	一、工资性收入	二、经营净收入	三、财产净收入	四、转移净收入
全　　国	**100.0**	**55.9**	**16.8**	**8.8**	**18.6**
北　　京	100.0	60.9	1.3	16.6	21.2
天　　津	100.0	62.8	6.8	9.6	20.8
河　　北	100.0	58.9	16.3	7.7	17.1
山　　西	100.0	54.5	13.4	5.5	26.6
内 蒙 古	100.0	51.4	27.0	5.2	16.4
辽　　宁	100.0	53.5	16.3	4.6	25.6
吉　　林	100.0	52.4	23.0	4.2	20.4
黑 龙 江	100.0	46.2	20.4	4.6	28.7
上　　海	100.0	62.6	2.6	13.1	21.7
江　　苏	100.0	56.3	13.1	11.2	19.5
浙　　江	100.0	57.0	16.2	12.0	14.8
安　　徽	100.0	52.2	21.7	7.0	19.1
福　　建	100.0	58.5	18.2	11.2	12.1
江　　西	100.0	55.6	16.3	7.5	20.6
山　　东	100.0	57.2	21.3	6.8	14.7
河　　南	100.0	50.4	20.5	6.3	22.8
湖　　北	100.0	49.8	20.4	7.2	22.6
湖　　南	100.0	49.8	21.0	7.5	21.7
广　　东	100.0	68.4	12.7	13.0	5.9
广　　西	100.0	47.1	24.7	7.8	20.4
海　　南	100.0	54.6	20.1	8.6	16.7
重　　庆	100.0	53.7	15.9	6.2	24.3
四　　川	100.0	49.5	19.8	6.6	24.2
贵　　州	100.0	52.4	21.3	6.3	20.0
云　　南	100.0	50.9	22.7	9.1	17.4
西　　藏	100.0	55.3	23.2	6.9	14.6
陕　　西	100.0	53.3	13.0	6.4	27.3
甘　　肃	100.0	56.2	18.5	5.9	19.4
青　　海	100.0	57.7	16.0	4.0	22.2
宁　　夏	100.0	60.1	17.1	3.1	19.7
新　　疆	100.0	53.0	21.8	3.6	21.7

2-1-4-3 2021年分地区全体居民现金可支配收入

单位：元/人

地区	现金可支配收入	一、工资性收入	二、经营净收入	三、财产净收入	四、转移净收入
全国	**32382.7**	**19493.2**	**5664.5**	**1246.5**	**5978.5**
北京	62836.8	45615.4	1033.0	2411.2	13777.3
天津	42525.3	29365.1	3461.6	1363.5	8335.1
河北	27409.3	17246.1	4558.3	935.9	4669.0
山西	25303.2	14846.3	3114.0	619.6	6723.3
内蒙古	30785.7	17477.4	7317.9	815.2	5175.3
辽宁	33594.0	18595.6	5929.2	489.8	8579.4
吉林	24014.9	14484.2	3859.3	473.4	5198.1
黑龙江	25679.9	12408.7	5276.4	627.9	7366.9
上海	66771.1	48477.0	2087.4	921.1	15285.5
江苏	43138.2	26537.9	6306.9	1707.8	8585.5
浙江	53673.1	32711.0	9724.2	3467.6	7770.3
安徽	28143.9	15992.0	5895.7	804.8	5451.5
福建	36095.1	23426.9	7070.4	1179.4	4418.4
江西	28369.6	16923.0	4400.3	1174.2	5872.2
山东	33529.3	20318.0	7459.1	954.0	4798.2
河南	25214.6	13473.8	5312.4	683.1	5745.3
湖北	28428.3	15201.3	6164.9	664.2	6398.0
湖南	30130.9	15789.5	6339.1	1500.7	6501.7
广东	41575.3	30526.0	5903.7	2842.7	2303.0
广西	24715.6	12410.5	6304.2	1331.9	4669.1
海南	27707.3	16391.2	6157.1	735.9	4423.1
重庆	31610.0	18028.1	5001.7	907.2	7673.1
四川	27072.4	14256.6	5271.8	1087.7	6456.3
贵州	22361.3	12438.9	4600.2	985.4	4336.9
云南	23648.8	13016.0	5268.6	1286.3	4077.9
西藏	22701.0	13793.4	4329.3	1153.7	3424.6
陕西	26989.4	15171.3	3642.8	888.2	7287.1
甘肃	20708.4	12376.7	4114.2	342.6	3874.8
青海	24618.9	14855.3	4237.8	444.4	5081.4
宁夏	26882.9	16626.4	4975.5	378.7	4902.3
新疆	24657.8	13678.0	5925.4	361.6	4692.8

2-1-4-4　2021年分地区全体居民现金可支配收入构成

单位：%

地　区	现金可支配收入	一、工资性收入	二、经营净收入	三、财产净收入	四、转移净收入
全　国	**100.0**	**60.2**	**17.5**	**3.8**	**18.5**
北　京	100.0	72.6	1.6	3.8	21.9
天　津	100.0	69.1	8.1	3.2	19.6
河　北	100.0	62.9	16.6	3.4	17.0
山　西	100.0	58.7	12.3	2.4	26.6
内蒙古	100.0	56.8	23.8	2.6	16.8
辽　宁	100.0	55.4	17.6	1.5	25.5
吉　林	100.0	60.3	16.1	2.0	21.6
黑龙江	100.0	48.3	20.5	2.4	28.7
上　海	100.0	72.6	3.1	1.4	22.9
江　苏	100.0	61.5	14.6	4.0	19.9
浙　江	100.0	60.9	18.1	6.5	14.5
安　徽	100.0	56.8	20.9	2.9	19.4
福　建	100.0	64.9	19.6	3.3	12.2
江　西	100.0	59.7	15.5	4.1	20.7
山　东	100.0	60.6	22.2	2.8	14.3
河　南	100.0	53.4	21.1	2.7	22.8
湖　北	100.0	53.5	21.7	2.3	22.5
湖　南	100.0	52.4	21.0	5.0	21.6
广　东	100.0	73.4	14.2	6.8	5.5
广　西	100.0	50.2	25.5	5.4	18.9
海　南	100.0	59.2	22.2	2.7	16.0
重　庆	100.0	57.0	15.8	2.9	24.3
四　川	100.0	52.7	19.5	4.0	23.8
贵　州	100.0	55.6	20.6	4.4	19.4
云　南	100.0	55.0	22.3	5.4	17.2
西　藏	100.0	60.8	19.1	5.1	15.1
陕　西	100.0	56.2	13.5	3.3	27.0
甘　肃	100.0	59.8	19.9	1.7	18.7
青　海	100.0	60.3	17.2	1.8	20.6
宁　夏	100.0	61.8	18.5	1.4	18.2
新　疆	100.0	55.5	24.0	1.5	19.0

2-1-4-5　2021年分地区全体居民消费支出

单位：元/人

地　区	消费支出	一、食品烟酒支出	二、衣着支出	三、居住支出
全　国	**24100.1**	**7178.1**	**1418.7**	**5641.1**
北　京	43640.4	9306.6	2104.4	16846.7
天　津	33188.4	9138.4	1872.0	7519.5
河　北	19953.6	5646.0	1371.8	4520.9
山　西	17191.2	4622.4	1277.4	3850.8
内蒙古	22658.3	6298.8	1641.0	4532.6
辽　宁	23830.8	6915.6	1627.9	4913.6
吉　林	19604.6	5499.4	1346.3	3707.0
黑龙江	20635.9	6281.9	1466.3	3842.6
上　海	48879.3	12604.5	2086.9	16136.8
江　苏	31451.4	8660.6	1783.9	8433.6
浙　江	36668.1	10160.3	2051.3	9943.0
安　徽	21910.9	7142.6	1430.8	4664.7
福　建	28440.1	9167.5	1431.9	8300.8
江　西	20289.9	6518.5	1079.7	4721.2
山　东	22820.9	6196.1	1530.3	4682.7
河　南	18391.3	5231.5	1405.2	4027.0
湖　北	23846.1	7276.1	1464.5	4991.8
湖　南	22798.2	6736.5	1329.3	4811.5
广　东	31589.3	10484.6	1278.0	8189.6
广　西	18087.9	5825.2	710.2	3697.6
海　南	22241.9	8207.2	745.8	5028.0
重　庆	24597.8	8154.5	1708.3	4490.3
四　川	21518.0	7549.0	1315.4	4035.5
贵　州	17957.3	5553.7	1162.2	3461.8
云　南	18851.0	5963.9	959.3	3954.0
西　藏	15342.5	5459.9	1294.4	3622.5
陕　西	19346.5	5331.6	1264.6	4401.5
甘　肃	17456.2	5217.7	1217.3	3706.0
青　海	19020.1	5850.2	1358.7	3580.2
宁　夏	20023.8	5446.5	1370.1	3693.1
新　疆	18960.6	5739.3	1320.6	3598.3

2-1-4-5 续表　　单位：元/人

地区	四、生活用品及服务支出	五、交通通信支出	六、教育文化娱乐支出	七、医疗保健支出	八、其他用品及服务支出
全　国	**1423.2**	**3155.6**	**2598.9**	**2115.1**	**569.4**
北　京	2559.7	4226.8	3348.0	4285.7	962.5
天　津	1940.6	4390.4	3372.5	3747.6	1207.5
河　北	1216.9	2755.1	2007.3	1983.9	451.8
山　西	1029.0	1988.0	2059.1	1935.2	429.3
内蒙古	1214.7	3488.4	2543.7	2354.7	584.5
辽　宁	1307.5	3033.7	2809.4	2485.1	738.0
吉　林	1025.8	2655.8	2413.1	2360.7	596.4
黑龙江	1040.7	2761.2	2254.1	2475.2	513.9
上　海	2248.1	5626.2	4709.9	3877.9	1589.1
江　苏	1911.7	4335.7	2984.7	2463.4	877.9
浙　江	2072.9	5196.5	3768.7	2498.9	976.6
安　徽	1343.0	2479.5	2584.8	1783.6	482.0
福　建	1472.5	3121.1	2572.2	1768.5	605.5
江　西	1141.9	2342.5	2381.8	1693.8	410.6
山　东	1716.4	3495.6	2728.6	2015.5	455.6
河　南	1228.9	2103.6	2209.2	1786.8	399.0
湖　北	1327.2	3186.4	2863.3	2238.7	498.0
湖　南	1411.2	2891.0	3061.3	2122.2	435.0
广　东	1614.1	4164.6	3241.6	1900.9	715.9
广　西	1058.7	2473.1	2283.9	1752.8	286.3
海　南	1033.9	2650.7	2444.5	1682.9	448.9
重　庆	1682.5	3049.8	2601.4	2325.8	585.2
四　川	1387.6	2807.4	1891.9	2071.9	459.3
贵　州	1097.7	2678.0	2247.7	1368.2	387.9
云　南	1005.6	2837.7	2059.0	1700.1	371.3
西　藏	975.8	2104.9	768.0	781.4	335.4
陕　西	1267.1	2284.2	2110.7	2264.6	422.2
甘　肃	1068.0	2215.4	1893.8	1761.4	376.6
青　海	1119.0	3108.7	1627.5	1938.1	437.8
宁　夏	1203.1	3378.5	2273.2	2126.6	532.5
新　疆	1149.6	2707.7	1664.4	1990.7	789.9

2-1-4-6　2021年分地区全体居民消费支出构成

单位：%

地　区	消费支出	一、食品烟酒支出	二、衣着支出	三、居住支出
全　国	**100.0**	**29.8**	**5.9**	**23.4**
北　京	100.0	21.3	4.8	38.6
天　津	100.0	27.5	5.6	22.7
河　北	100.0	28.3	6.9	22.7
山　西	100.0	26.9	7.4	22.4
内蒙古	100.0	27.8	7.2	20.0
辽　宁	100.0	29.0	6.8	20.6
吉　林	100.0	28.1	6.9	18.9
黑龙江	100.0	30.4	7.1	18.6
上　海	100.0	25.8	4.3	33.0
江　苏	100.0	27.5	5.7	26.8
浙　江	100.0	27.7	5.6	27.1
安　徽	100.0	32.6	6.5	21.3
福　建	100.0	32.2	5.0	29.2
江　西	100.0	32.1	5.3	23.3
山　东	100.0	27.2	6.7	20.5
河　南	100.0	28.4	7.6	21.9
湖　北	100.0	30.5	6.1	20.9
湖　南	100.0	29.5	5.8	21.1
广　东	100.0	33.2	4.0	25.9
广　西	100.0	32.2	3.9	20.4
海　南	100.0	36.9	3.4	22.6
重　庆	100.0	33.2	6.9	18.3
四　川	100.0	35.1	6.1	18.8
贵　州	100.0	30.9	6.5	19.3
云　南	100.0	31.6	5.1	21.0
西　藏	100.0	35.6	8.4	23.6
陕　西	100.0	27.6	6.5	22.8
甘　肃	100.0	29.9	7.0	21.2
青　海	100.0	30.8	7.1	18.8
宁　夏	100.0	27.2	6.8	18.4
新　疆	100.0	30.3	7.0	19.0

2-1-4-6 续表 单位：%

地区	四、生活用品及服务支出	五、交通通信支出	六、教育文化娱乐支出	七、医疗保健支出	八、其他用品及服务支出
全国	**5.9**	**13.1**	**10.8**	**8.8**	**2.4**
北京	5.9	9.7	7.7	9.8	2.2
天津	5.8	13.2	10.2	11.3	3.6
河北	6.1	13.8	10.1	9.9	2.3
山西	6.0	11.6	12.0	11.3	2.5
内蒙古	5.4	15.4	11.2	10.4	2.6
辽宁	5.5	12.7	11.8	10.4	3.1
吉林	5.2	13.5	12.3	12.0	3.0
黑龙江	5.0	13.4	10.9	12.0	2.5
上海	4.6	11.5	9.6	7.9	3.3
江苏	6.1	13.8	9.5	7.8	2.8
浙江	5.7	14.2	10.3	6.8	2.7
安徽	6.1	11.3	11.8	8.1	2.2
福建	5.2	11.0	9.0	6.2	2.1
江西	5.6	11.5	11.7	8.3	2.0
山东	7.5	15.3	12.0	8.8	2.0
河南	6.7	11.4	12.0	9.7	2.2
湖北	5.6	13.4	12.0	9.4	2.1
湖南	6.2	12.7	13.4	9.3	1.9
广东	5.1	13.2	10.3	6.0	2.3
广西	5.9	13.7	12.6	9.7	1.6
海南	4.6	11.9	11.0	7.6	2.0
重庆	6.8	12.4	10.6	9.5	2.4
四川	6.4	13.0	8.8	9.6	2.1
贵州	6.1	14.9	12.5	7.6	2.2
云南	5.3	15.1	10.9	9.0	2.0
西藏	6.4	13.7	5.0	5.1	2.2
陕西	6.5	11.8	10.9	11.7	2.2
甘肃	6.1	12.7	10.8	10.1	2.2
青海	5.9	16.3	8.6	10.2	2.3
宁夏	6.0	16.9	11.4	10.6	2.7
新疆	6.1	14.3	8.8	10.5	4.2

2-1-4-7　2021年分地区全体居民现金消费支出

单位：元/人

地　区	现金消费支出	一、食品烟酒支出	二、衣着支出	三、居住支出
全　国	**19410.7**	**6783.4**	**1417.9**	**1899.7**
北　京	27853.7	9249.0	2103.1	3277.8
天　津	26231.5	8776.1	1871.5	2477.6
河　北	16664.4	5506.8	1371.7	1728.8
山　西	14403.0	4419.4	1276.7	1809.1
内蒙古	19411.4	5901.7	1640.9	2103.3
辽　宁	20242.0	6635.3	1627.5	2086.9
吉　林	16872.0	5222.9	1346.2	1711.3
黑龙江	17875.8	5979.3	1466.0	1834.8
上　海	34471.0	12222.8	2086.4	3759.4
江　苏	24287.4	8356.1	1783.3	2253.1
浙　江	28668.7	9897.5	2050.1	2964.7
安　徽	17808.9	6836.7	1430.0	1322.0
福　建	21209.4	8648.8	1431.0	2136.8
江　西	16184.7	6085.8	1078.2	1499.8
山　东	19268.6	6033.5	1528.0	1751.4
河　南	15335.7	5124.4	1405.1	1448.5
湖　北	19443.4	6820.7	1463.8	1624.8
湖　南	18913.7	6108.2	1328.6	2000.8
广　东	25379.1	10107.2	1277.0	2717.4
广　西	14288.8	5038.0	709.8	1432.7
海　南	17535.0	7716.2	745.3	1472.3
重　庆	20592.7	7485.9	1707.4	1704.6
四　川	17767.8	6806.1	1314.9	1568.4
贵　州	14693.9	4798.6	1161.2	1361.8
云　南	14640.0	5088.8	959.1	991.6
西　藏	11308.8	4052.4	1293.5	1192.5
陕　西	16022.6	5100.6	1264.4	1826.9
甘　肃	14456.4	4836.0	1217.1	1454.8
青　海	16223.9	5415.9	1358.3	1895.0
宁　夏	17421.3	5160.3	1369.2	1929.4
新　疆	15623.1	5193.6	1319.9	1737.5

2-1-4-7 续表　　　　单位：元/人

地 区	四、生活用品及服务支出	五、交通通信支出	六、教育文化娱乐支出	七、医疗保健支出	八、其他用品及服务支出
全 国	**1410.5**	**3150.4**	**2597.8**	**1597.3**	**553.6**
北 京	2557.0	4225.5	3348.0	2141.3	952.0
天 津	1934.5	4362.0	3370.9	2361.6	1077.3
河 北	1208.0	2754.6	2006.7	1651.2	436.6
山 西	1013.1	1987.1	2058.9	1420.3	418.4
内蒙古	1212.3	3485.6	2543.6	1946.4	577.6
辽 宁	1303.3	3029.8	2809.3	2018.4	731.5
吉 林	1020.3	2654.5	2413.0	1914.3	589.5
黑龙江	1038.0	2757.9	2253.8	2036.8	509.2
上 海	2243.4	5610.3	4708.7	2261.5	1578.5
江 苏	1884.9	4331.1	2983.7	1830.5	864.6
浙 江	2066.1	5192.0	3765.1	1761.3	971.8
安 徽	1334.1	2459.7	2584.3	1366.3	475.9
福 建	1466.4	3109.4	2569.0	1250.2	597.8
江 西	1132.9	2336.0	2381.6	1263.7	406.7
山 东	1684.1	3493.3	2724.9	1604.6	448.8
河 南	1225.8	2102.9	2208.8	1424.5	395.7
湖 北	1324.3	3172.8	2862.2	1682.0	493.0
湖 南	1397.9	2879.7	3060.7	1709.0	428.8
广 东	1600.9	4161.0	3240.8	1586.1	688.5
广 西	1013.9	2471.0	2282.5	1072.1	268.8
海 南	1027.5	2649.7	2444.2	1089.2	390.7
重 庆	1674.3	3046.0	2601.1	1791.8	581.7
四 川	1377.2	2803.5	1891.1	1558.3	448.3
贵 州	1090.3	2673.2	2247.5	983.4	378.1
云 南	1002.0	2837.1	2059.0	1331.6	370.8
西 藏	870.9	2104.1	767.5	704.6	323.4
陕 西	1242.3	2283.4	2110.1	1777.3	417.5
甘 肃	1065.5	2214.1	1887.7	1407.4	373.7
青 海	1118.1	3108.5	1626.9	1266.2	434.8
宁 夏	1199.2	3372.7	2272.7	1597.7	520.3
新 疆	1125.0	2704.4	1662.8	1408.6	471.3

2-1-4-8　2021年分地区全体居民现金消费支出构成

单位：%

地　区	现金消费支出	一、食品烟酒支出	二、衣着支出	三、居住支出
全　国	**100.0**	**34.9**	**7.3**	**9.8**
北　京	100.0	33.2	7.6	11.8
天　津	100.0	33.5	7.1	9.4
河　北	100.0	33.0	8.2	10.4
山　西	100.0	30.7	8.9	12.6
内蒙古	100.0	30.4	8.5	10.8
辽　宁	100.0	32.8	8.0	10.3
吉　林	100.0	31.0	8.0	10.1
黑龙江	100.0	33.4	8.2	10.3
上　海	100.0	35.5	6.1	10.9
江　苏	100.0	34.4	7.3	9.3
浙　江	100.0	34.5	7.2	10.3
安　徽	100.0	38.4	8.0	7.4
福　建	100.0	40.8	6.7	10.1
江　西	100.0	37.6	6.7	9.3
山　东	100.0	31.3	7.9	9.1
河　南	100.0	33.4	9.2	9.4
湖　北	100.0	35.1	7.5	8.4
湖　南	100.0	32.3	7.0	10.6
广　东	100.0	39.8	5.0	10.7
广　西	100.0	35.3	5.0	10.0
海　南	100.0	44.0	4.3	8.4
重　庆	100.0	36.4	8.3	8.3
四　川	100.0	38.3	7.4	8.8
贵　州	100.0	32.7	7.9	9.3
云　南	100.0	34.8	6.6	6.8
西　藏	100.0	35.8	11.4	10.5
陕　西	100.0	31.8	7.9	11.4
甘　肃	100.0	33.5	8.4	10.1
青　海	100.0	33.4	8.4	11.7
宁　夏	100.0	29.6	7.9	11.1
新　疆	100.0	33.2	8.4	11.1

2-1-4-8 续表 单位： %

地 区	四、生活用品及服务支出	五、交通通信支 出	六、教育文化娱乐支出	七、医疗保健支 出	八、其他用品及服务支出
全 国	**7.3**	**16.2**	**13.4**	**8.2**	**2.9**
北 京	9.2	15.2	12.0	7.7	3.4
天 津	7.4	16.6	12.9	9.0	4.1
河 北	7.2	16.5	12.0	9.9	2.6
山 西	7.0	13.8	14.3	9.9	2.9
内蒙古	6.2	18.0	13.1	10.0	3.0
辽 宁	6.4	15.0	13.9	10.0	3.6
吉 林	6.0	15.7	14.3	11.3	3.5
黑龙江	5.8	15.4	12.6	11.4	2.8
上 海	6.5	16.3	13.7	6.6	4.6
江 苏	7.8	17.8	12.3	7.5	3.6
浙 江	7.2	18.1	13.1	6.1	3.4
安 徽	7.5	13.8	14.5	7.7	2.7
福 建	6.9	14.7	12.1	5.9	2.8
江 西	7.0	14.4	14.7	7.8	2.5
山 东	8.7	18.1	14.1	8.3	2.3
河 南	8.0	13.7	14.4	9.3	2.6
湖 北	6.8	16.3	14.7	8.7	2.5
湖 南	7.4	15.2	16.2	9.0	2.3
广 东	6.3	16.4	12.8	6.2	2.7
广 西	7.1	17.3	16.0	7.5	1.9
海 南	5.9	15.1	13.9	6.2	2.2
重 庆	8.1	14.8	12.6	8.7	2.8
四 川	7.8	15.8	10.6	8.8	2.5
贵 州	7.4	18.2	15.3	6.7	2.6
云 南	6.8	19.4	14.1	9.1	2.5
西 藏	7.7	18.6	6.8	6.2	2.9
陕 西	7.8	14.3	13.2	11.1	2.6
甘 肃	7.4	15.3	13.1	9.7	2.6
青 海	6.9	19.2	10.0	7.8	2.7
宁 夏	6.9	19.4	13.0	9.2	3.0
新 疆	7.2	17.3	10.6	9.0	3.0

2-1-4-9　2021年分地区全体居民家庭主要食品消费量

单位：公斤/人

地　区	粮食（原粮）	谷物	食用油	植物油	蔬菜	肉类	猪肉
全　国	**144.6**	**131.4**	**10.8**	**10.1**	**109.8**	**32.9**	**25.2**
北　京	109.9	97.6	6.9	6.8	119.0	31.8	18.5
天　津	107.2	96.0	8.5	8.4	116.3	27.5	17.6
河　北	173.8	156.8	9.7	9.4	123.7	28.8	20.0
山　西	154.9	134.1	8.9	8.8	108.2	18.3	12.7
内蒙古	158.7	143.2	7.6	7.2	105.1	41.8	26.8
辽　宁	161.3	144.7	11.0	10.8	128.1	36.8	26.3
吉　林	156.1	140.6	12.4	12.0	109.4	30.4	22.8
黑龙江	169.7	153.3	16.4	16.2	121.3	33.3	24.4
上　海	117.1	104.7	10.0	9.8	110.2	34.1	23.1
江　苏	134.1	119.8	10.1	9.8	121.6	33.9	25.1
浙　江	152.1	135.4	11.8	11.1	109.9	37.2	29.4
安　徽	151.6	135.6	10.0	9.2	112.6	31.6	24.0
福　建	129.2	120.0	10.7	9.6	94.5	34.1	27.7
江　西	174.3	158.8	15.5	14.9	123.8	37.7	31.3
山　东	133.9	123.0	8.3	8.2	98.1	27.9	20.4
河　南	146.7	132.7	8.7	8.5	103.2	25.5	18.2
湖　北	134.9	120.1	14.1	13.7	133.8	34.9	28.1
湖　南	161.5	151.2	14.0	11.1	104.4	36.9	32.0
广　东	111.6	103.8	10.3	9.8	97.9	37.6	29.6
广　西	146.7	139.4	9.6	8.4	96.6	34.6	30.4
海　南	114.3	109.0	10.1	9.0	107.4	34.0	28.4
重　庆	161.0	144.3	16.2	14.4	147.4	46.9	39.6
四　川	147.4	134.2	12.2	10.9	123.3	42.4	36.3
贵　州	132.8	119.2	8.4	7.1	88.9	31.2	28.2
云　南	141.0	127.1	7.8	6.0	96.8	35.7	30.8
西　藏	161.0	157.4	13.6	4.9	52.2	35.6	6.2
陕　西	153.5	137.3	12.1	12.0	100.9	19.6	14.5
甘　肃	165.3	151.2	10.6	10.5	93.3	22.8	16.8
青　海	122.4	115.6	9.8	9.3	66.0	29.4	13.0
宁　夏	121.0	113.4	9.4	9.4	97.7	20.0	8.0
新　疆	132.0	128.3	12.3	12.2	96.4	25.7	5.0

2-1-4-9 续表　　单位：公斤/人

地　区	牛肉	羊肉	禽类	水产品	蛋类	奶类	干鲜瓜果类	食糖
全　国	**2.5**	**1.4**	**12.3**	**14.2**	**13.2**	**14.4**	**61.0**	**1.3**
北　京	4.0	3.4	7.6	10.0	16.2	29.8	77.2	1.1
天　津	2.6	2.7	6.7	17.3	20.0	17.2	85.5	1.1
河　北	1.5	1.6	8.1	8.4	20.2	17.6	86.5	1.5
山　西	0.8	1.5	4.0	2.9	17.1	19.2	70.2	1.1
内蒙古	4.1	7.1	7.4	6.4	13.7	23.8	67.5	1.3
辽　宁	3.8	1.6	7.5	17.1	17.5	19.3	78.7	1.1
吉　林	2.9	0.8	7.2	9.9	14.4	11.3	67.0	1.5
黑龙江	2.5	1.6	8.6	10.7	16.7	12.4	79.5	2.0
上　海	4.4	1.2	14.2	27.9	14.0	24.0	60.6	1.5
江　苏	2.6	1.1	14.0	22.1	14.1	15.0	53.3	1.2
浙　江	3.5	0.8	14.3	30.5	12.4	16.9	68.3	1.8
安　徽	2.6	1.1	15.5	15.1	13.8	13.3	57.3	0.9
福　建	2.4	0.8	15.0	26.8	11.4	13.4	48.6	1.6
江　西	3.0	0.5	13.7	18.4	11.2	12.4	58.0	1.2
山　东	1.1	1.1	9.3	11.9	21.3	17.1	80.6	0.8
河　南	1.9	1.4	9.5	5.9	20.0	16.0	73.0	1.1
湖　北	2.5	0.7	8.5	19.5	9.6	10.9	49.2	0.8
湖　南	2.2	0.7	15.3	14.6	10.9	8.9	61.9	1.1
广　东	3.0	0.7	24.6	27.5	8.4	12.9	44.8	1.1
广　西	1.8	0.5	26.1	12.8	6.4	6.3	41.4	1.1
海　南	2.9	1.1	28.2	33.6	5.8	5.7	33.3	0.8
重　庆	2.3	0.7	14.6	14.9	14.2	17.5	54.9	2.3
四　川	1.9	0.5	13.1	9.9	10.0	11.5	49.4	1.7
贵　州	1.1	0.2	6.9	3.5	4.8	6.4	41.9	0.9
云　南	1.9	0.4	10.2	5.2	6.0	7.2	42.1	1.4
西　藏	21.9	6.6	1.2	0.5	2.7	9.3	11.6	3.5
陕　西	1.2	1.2	4.1	3.2	11.4	15.4	55.7	0.9
甘　肃	1.6	1.8	6.5	2.8	10.4	17.4	63.9	1.8
青　海	10.2	5.1	3.9	1.8	5.6	17.0	31.1	1.5
宁　夏	5.7	5.0	9.2	2.8	7.6	15.4	80.6	1.6
新　疆	5.4	13.3	6.5	2.9	8.4	18.4	61.4	1.2

2-1-4-10　2021年分地区全体居民年末主要耐用消费品拥有量

单位：平均每百户

地　区	家用汽车(辆)	摩托车(辆)	电动助力车(辆)	洗衣机(台)	电冰箱(柜)(台)	微波炉(台)	彩色电视机(台)
全　国	**41.8**	**31.5**	**73.8**	**98.7**	**103.9**	**41.5**	**118.7**
北　京	59.2	4.8	29.4	101.6	104.8	78.4	123.9
天　津	60.9	2.7	57.3	100.1	104.6	70.8	109.9
河　北	50.9	21.4	113.4	102.3	102.6	36.8	110.8
山　西	32.2	23.8	63.1	96.6	93.5	24.8	100.0
内蒙古	47.3	26.3	55.8	98.9	109.8	31.2	102.8
辽　宁	37.1	19.7	33.9	96.3	101.1	45.9	102.4
吉　林	35.7	23.2	18.9	96.0	98.2	29.9	98.0
黑龙江	30.3	19.2	22.0	96.6	101.2	22.7	98.6
上　海	44.5	2.6	77.2	96.1	102.9	84.0	172.2
江　苏	47.3	9.4	139.8	104.1	111.8	85.4	160.4
浙　江	53.3	8.6	97.9	97.8	111.7	54.1	175.0
安　徽	35.6	16.8	115.1	96.4	104.3	48.4	133.3
福　建	33.0	48.6	71.5	97.5	106.5	51.3	126.6
江　西	35.1	42.8	84.5	86.5	98.8	30.5	125.9
山　东	52.4	21.3	125.6	99.5	103.9	35.4	104.8
河　南	43.2	22.9	131.2	102.2	101.0	32.5	115.7
湖　北	36.7	51.3	47.8	97.4	109.5	36.0	117.3
湖　南	36.6	60.7	32.2	100.8	108.7	26.4	115.3
广　东	53.8	63.5	54.6	98.1	103.2	42.8	108.4
广　西	34.9	66.7	98.8	96.2	105.0	51.8	109.9
海　南	31.5	45.9	126.5	80.3	99.0	17.2	101.4
重　庆	31.8	25.0	17.1	99.3	104.8	50.0	121.2
四　川	29.4	33.8	40.1	99.5	105.6	31.3	119.3
贵　州	36.2	43.1	22.7	100.9	101.2	22.2	101.3
云　南	46.4	60.7	36.5	98.8	98.9	36.2	108.0
西　藏	38.9	58.1	24.2	92.0	93.4	19.2	118.2
陕　西	33.1	31.9	50.0	98.2	96.7	27.3	105.9
甘　肃	33.4	31.6	41.9	99.1	93.1	27.7	105.8
青　海	49.5	35.4	17.8	100.8	107.8	40.6	101.1
宁　夏	42.2	27.9	75.3	102.8	101.9	39.7	105.2
新　疆	39.3	19.3	75.7	101.5	112.6	26.1	102.2

2-1-4-10 续表　　　　单位：平均每百户

地　　区	空调(台)	热水器(台)	排油烟机(台)	移动电话(部)	计算机(台)	照相机(台)
全　　国	**131.2**	**89.6**	**63.1**	**259.1**	**47.0**	**8.1**
北　　京	207.1	100.5	96.1	240.5	87.2	33.6
天　　津	175.2	96.2	92.3	239.1	60.8	12.8
河　　北	123.5	77.4	62.1	246.8	44.1	6.0
山　　西	40.5	61.0	53.0	240.2	34.0	4.1
内 蒙 古	16.9	63.5	58.6	236.0	40.6	7.0
辽　　宁	58.0	72.8	70.4	219.2	38.5	9.1
吉　　林	16.8	52.1	54.5	235.3	35.9	4.9
黑 龙 江	12.3	53.1	58.9	223.1	31.7	3.4
上　　海	210.5	98.6	83.6	230.3	97.7	25.0
江　　苏	217.6	100.3	75.1	252.8	53.0	10.1
浙　　江	217.9	106.7	85.6	253.6	62.5	11.5
安　　徽	169.3	97.4	61.7	267.6	41.3	6.8
福　　建	185.3	114.5	66.1	263.8	59.3	8.3
江　　西	126.9	96.9	58.5	269.7	41.2	4.0
山　　东	135.8	96.6	70.4	242.0	49.7	9.0
河　　南	168.1	90.4	57.1	272.5	43.8	5.4
湖　　北	150.3	97.2	67.9	266.8	50.6	8.9
湖　　南	142.5	97.1	60.3	285.4	41.8	5.3
广　　东	224.3	104.7	72.3	280.1	67.8	11.4
广　　西	126.4	98.3	43.2	285.6	41.3	4.4
海　　南	151.2	92.6	45.0	294.5	39.8	4.2
重　　庆	176.6	96.6	63.4	261.7	53.9	8.0
四　　川	125.2	93.9	48.7	264.4	32.9	5.0
贵　　州	24.0	87.4	39.4	306.8	28.6	3.6
云　　南	5.9	85.2	44.5	288.5	37.0	8.0
西　　藏	5.5	25.0	19.1	246.0	23.2	5.1
陕　　西	99.9	73.3	50.9	254.4	34.3	6.9
甘　　肃	9.3	58.9	49.1	276.4	38.4	7.1
青　　海	1.5	64.7	57.6	263.2	31.4	5.9
宁　　夏	15.1	101.7	68.5	264.4	43.3	5.1
新　　疆	20.2	85.4	64.9	236.5	32.3	6.2

（五）2022年分地区全体居民收支主要数据

2-1-5-1　2022年分地区全体居民可支配收入

单位：元/人

地　区	可支配收入	一、工资性收入	二、经营净收入	三、财产净收入	四、转移净收入
全　国	**36883.3**	**20590.3**	**6174.5**	**3226.5**	**6891.9**
北　京	77414.5	47758.0	902.6	12418.4	16335.5
天　津	48976.1	31026.1	3106.2	4287.4	10556.5
河　北	30867.0	18129.6	5028.2	2392.2	5317.0
山　西	29178.2	15628.6	4043.6	1785.2	7720.8
内蒙古	35920.6	18633.7	9614.7	1786.9	5885.3
辽　宁	36088.8	19523.7	5684.6	1638.7	9241.8
吉　林	27974.5	14171.3	6776.4	1230.1	5796.8
黑龙江	28345.5	13193.0	5673.3	1368.2	8111.0
上　海	79609.8	48941.8	1524.9	10741.5	18401.7
江　苏	49861.7	28124.0	6421.2	5351.7	9964.8
浙　江	60302.5	34177.0	9880.4	7397.4	8847.6
安　徽	32745.2	17122.0	7103.5	2308.7	6211.1
福　建	43117.7	25277.9	7875.5	4797.7	5166.6
江　西	32418.7	17976.3	5166.4	2557.3	6718.6
山　东	37560.1	21422.5	7985.1	2561.4	5591.0
河　南	28222.4	14185.8	5800.5	1763.6	6472.4
湖　北	32913.6	16513.9	6632.9	2371.7	7395.1
湖　南	34036.0	16908.4	7093.6	2582.8	7451.2
广　东	47064.6	32200.8	5977.5	6107.7	2778.6
广　西	27980.7	13215.4	7095.8	2218.3	5451.2
海　南	30956.6	17111.9	6179.8	2515.4	5149.5
重　庆	35665.9	19178.1	5524.8	2217.1	8745.9
四　川	30679.2	15234.2	6044.7	1973.6	7426.7
贵　州	25508.2	13284.7	5517.5	1492.6	5213.4
云　南	26936.8	13683.2	6118.5	2492.3	4642.7
西　藏	26674.8	14792.6	6039.9	1641.8	4200.6
陕　西	30115.8	16053.2	3895.8	1924.8	8242.1
甘　肃	23273.1	12996.0	4256.3	1380.5	4640.3
青　海	27000.0	15236.6	4113.4	987.9	6662.1
宁　夏	29599.3	17752.8	5183.8	905.7	5757.0
新　疆	27062.7	14108.1	5509.5	1133.2	6312.0

2-1-5-2　2022年分地区全体居民可支配收入构成

单位：%

地　区	可支配收入	一、工资性收入	二、经营净收入	三、财产净收入	四、转移净收入
全　国	**100.0**	**55.8**	**16.7**	**8.7**	**18.7**
北　京	100.0	61.7	1.2	16.0	21.1
天　津	100.0	63.3	6.3	8.8	21.6
河　北	100.0	58.7	16.3	7.8	17.2
山　西	100.0	53.6	13.9	6.1	26.5
内蒙古	100.0	51.9	26.8	5.0	16.4
辽　宁	100.0	54.1	15.8	4.5	25.6
吉　林	100.0	50.7	24.2	4.4	20.7
黑龙江	100.0	46.5	20.0	4.8	28.6
上　海	100.0	61.5	1.9	13.5	23.1
江　苏	100.0	56.4	12.9	10.7	20.0
浙　江	100.0	56.7	16.4	12.3	14.7
安　徽	100.0	52.3	21.7	7.1	19.0
福　建	100.0	58.6	18.3	11.1	12.0
江　西	100.0	55.5	15.9	7.9	20.7
山　东	100.0	57.0	21.3	6.8	14.9
河　南	100.0	50.3	20.6	6.2	22.9
湖　北	100.0	50.2	20.2	7.2	22.5
湖　南	100.0	49.7	20.8	7.6	21.9
广　东	100.0	68.4	12.7	13.0	5.9
广　西	100.0	47.2	25.4	7.9	19.5
海　南	100.0	55.3	20.0	8.1	16.6
重　庆	100.0	53.8	15.5	6.2	24.5
四　川	100.0	49.7	19.7	6.4	24.2
贵　州	100.0	52.1	21.6	5.9	20.4
云　南	100.0	50.8	22.7	9.3	17.2
西　藏	100.0	55.5	22.6	6.2	15.7
陕　西	100.0	53.3	12.9	6.4	27.4
甘　肃	100.0	55.8	18.3	5.9	19.9
青　海	100.0	56.4	15.2	3.7	24.7
宁　夏	100.0	60.0	17.5	3.1	19.4
新　疆	100.0	52.1	20.4	4.2	23.3

2-1-5-3　2022年分地区全体居民现金可支配收入

单位：元/人

地　区	现金可支配收入	一、工资性收入	二、经营净收入	三、财产净收入	四、转移净收入
全　国	**34179.7**	**20449.3**	**6044.9**	**1334.2**	**6351.3**
北　京	65576.1	47697.7	981.2	2101.6	14795.6
天　津	44400.6	30600.8	3448.1	1190.2	9161.5
河　北	28999.5	18079.3	4920.5	990.5	5009.2
山　西	27229.8	15542.9	3566.5	878.7	7241.7
内蒙古	34063.6	18589.2	9089.8	774.9	5609.6
辽　宁	34778.7	19356.4	5974.7	540.0	8907.6
吉　林	25791.5	14122.0	5648.1	529.0	5492.3
黑龙江	26880.7	13069.7	5412.1	725.3	7673.5
上　海	67444.8	48632.7	1602.7	832.5	16377.0
江　苏	45441.4	27949.0	6547.9	1627.9	9316.7
浙　江	56138.3	34058.4	10158.4	3806.2	8115.3
安　徽	30261.7	16973.5	6591.2	885.5	5811.6
福　建	38707.0	24945.9	7609.2	1540.5	4611.5
江　西	30490.6	17869.8	4968.5	1385.2	6267.1
山　东	35778.9	21305.3	8284.8	1036.7	5152.2
河　南	26561.1	14147.9	5574.6	749.0	6089.6
湖　北	30271.6	16340.0	6424.0	726.8	6780.7
湖　南	32066.8	16790.3	6657.9	1637.4	6981.2
广　东	43436.8	31904.0	6162.2	3002.5	2368.1
广　西	25845.2	13012.9	6665.3	1433.7	4733.4
海　南	28313.6	16886.5	6101.1	678.4	4647.6
重　庆	33219.3	19045.5	5021.7	961.7	8190.5
四　川	28677.4	15102.6	5599.7	1116.9	6858.2
贵　州	24055.1	13142.7	5213.6	949.2	4749.7
云　南	25120.8	13627.3	5842.5	1424.8	4226.2
西　藏	24486.8	14783.8	4616.9	1046.6	4039.5
陕　西	28529.7	15990.8	3936.7	936.2	7666.0
甘　肃	21887.7	12956.0	4200.9	365.1	4365.7
青　海	25652.5	15114.3	4188.0	373.1	5977.1
宁　夏	28441.3	17595.6	5282.2	377.2	5186.2
新　疆	25238.0	13945.3	5619.4	525.1	5148.2

2-1-5-4　2022年分地区全体居民现金可支配收入构成

单位：%

地　区	现金可支配收入	一、工资性收入	二、经营净收入	三、财产净收入	四、转移净收入
全　国	**100.0**	**59.8**	**17.7**	**3.9**	**18.6**
北　京	100.0	72.7	1.5	3.2	22.6
天　津	100.0	68.9	7.8	2.7	20.6
河　北	100.0	62.3	17.0	3.4	17.3
山　西	100.0	57.1	13.1	3.2	26.6
内蒙古	100.0	54.6	26.7	2.3	16.5
辽　宁	100.0	55.7	17.2	1.6	25.6
吉　林	100.0	54.8	21.9	2.1	21.3
黑龙江	100.0	48.6	20.1	2.7	28.5
上　海	100.0	72.1	2.4	1.2	24.3
江　苏	100.0	61.5	14.4	3.6	20.5
浙　江	100.0	60.7	18.1	6.8	14.5
安　徽	100.0	56.1	21.8	2.9	19.2
福　建	100.0	64.4	19.7	4.0	11.9
江　西	100.0	58.6	16.3	4.5	20.6
山　东	100.0	59.5	23.2	2.9	14.4
河　南	100.0	53.3	21.0	2.8	22.9
湖　北	100.0	54.0	21.2	2.4	22.4
湖　南	100.0	52.4	20.8	5.1	21.8
广　东	100.0	73.4	14.2	6.9	5.5
广　西	100.0	50.3	25.8	5.5	18.3
海　南	100.0	59.6	21.5	2.4	16.4
重　庆	100.0	57.3	15.1	2.9	24.7
四　川	100.0	52.7	19.5	3.9	23.9
贵　州	100.0	54.6	21.7	3.9	19.7
云　南	100.0	54.2	23.3	5.7	16.8
西　藏	100.0	60.4	18.9	4.3	16.5
陕　西	100.0	56.0	13.8	3.3	26.9
甘　肃	100.0	59.2	19.2	1.7	19.9
青　海	100.0	58.9	16.3	1.5	23.3
宁　夏	100.0	61.9	18.6	1.3	18.2
新　疆	100.0	55.3	22.3	2.1	20.4

2-1-5-5　2022年分地区全体居民消费支出

单位：元/人

地　区	消费支出	一、食品烟酒支出	二、衣着支出	三、居住支出
全　国	**24538.2**	**7481.0**	**1364.6**	**5882.0**
北　京	42683.2	9223.2	1860.8	17170.3
天　津	31323.7	9313.1	1630.4	7468.1
河　北	20890.3	6227.6	1350.9	4810.5
山　西	17536.7	5058.2	1208.7	3960.8
内蒙古	22298.4	6269.4	1546.5	4836.3
辽　宁	22603.7	7140.0	1477.2	4702.1
吉　林	17897.5	5466.9	1158.8	3636.5
黑龙江	20411.9	6362.6	1358.9	3969.2
上　海	46045.4	12653.0	1716.7	17073.5
江　苏	32848.1	9138.7	1769.8	9073.0
浙　江	38971.1	10931.5	2098.1	10557.7
安　徽	22541.9	7678.8	1413.3	4925.1
福　建	30041.7	9629.1	1469.5	8636.8
江　西	21707.9	6946.2	1107.0	5057.4
山　东	22640.4	6267.5	1485.9	4811.5
河　南	19019.5	5466.9	1323.3	4143.5
湖　北	24827.8	7519.5	1453.6	5385.2
湖　南	24082.7	7046.6	1366.4	5038.4
广　东	32168.7	11025.8	1178.3	8406.2
广　西	18342.8	5873.0	662.4	3892.6
海　南	21500.4	8282.9	700.1	5045.7
重　庆	25371.1	8599.9	1698.0	4782.7
四　川	22301.9	7738.3	1316.5	4361.8
贵　州	17938.7	5607.1	1117.1	3414.3
云　南	18950.8	6116.9	939.6	4111.1
西　藏	15885.6	5747.4	1305.1	3321.4
陕　西	19848.4	5594.6	1171.3	4524.9
甘　肃	17489.4	5364.2	1137.6	3918.5
青　海	17260.8	5874.3	1211.9	3318.2
宁　夏	19136.3	5643.9	1260.8	3681.8
新　疆	17927.1	5765.3	1186.0	3303.4

2-1-5-5 续表 单位：元/人

地区	四、生活用品及服务支出	五、交通通信支出	六、教育文化娱乐支出	七、医疗保健支出	八、其他用品及服务支出
全国	**1431.8**	**3194.8**	**2468.7**	**2119.9**	**595.4**
北京	2193.3	4129.3	3008.0	3981.5	1116.8
天津	1789.0	3888.6	2546.0	3555.5	1132.9
河北	1314.5	2820.8	1864.3	2017.3	484.3
山西	1034.2	2078.2	1809.0	1943.6	444.0
内蒙古	1225.4	3457.8	2111.1	2262.7	589.3
辽宁	1249.7	2855.8	2303.7	2192.3	682.9
吉林	871.5	2389.6	1848.0	2067.9	458.4
黑龙江	948.5	2618.2	2103.9	2524.9	525.8
上海	2128.0	4529.2	3099.6	3616.5	1229.0
江苏	1954.1	4586.9	2778.5	2564.0	983.1
浙江	2312.6	5823.3	3549.1	2533.5	1165.4
安徽	1354.4	2483.8	2416.5	1749.6	520.3
福建	1586.9	3345.6	2807.2	1904.7	661.9
江西	1252.0	2624.1	2447.5	1856.0	417.9
山东	1668.2	3356.1	2566.2	2014.6	470.3
河南	1202.9	2355.9	2180.1	1920.1	426.8
湖北	1386.4	3432.8	2794.1	2299.9	556.4
湖南	1490.6	3135.3	3250.3	2295.7	459.5
广东	1636.0	4174.3	3196.3	1783.0	768.8
广西	970.1	2438.5	2396.4	1803.3	306.5
海南	900.3	2704.5	2129.7	1372.9	364.3
重庆	1656.6	3078.2	2585.0	2350.5	620.2
四川	1465.4	2806.4	2005.7	2105.4	502.4
贵州	1108.8	2729.8	2216.2	1373.7	371.8
云南	1008.1	2556.4	2028.0	1825.2	365.4
西藏	1092.0	2519.7	792.8	726.5	380.8
陕西	1254.9	2455.8	2001.1	2400.3	445.5
甘肃	1000.1	2322.2	1775.7	1612.6	358.5
青海	953.4	2526.9	1175.2	1768.3	432.5
宁夏	1220.0	2719.0	2129.8	2067.2	413.8
新疆	1009.2	2357.0	1495.4	1968.5	842.3

2-1-5-6　2022年分地区全体居民消费支出构成

单位：%

地　区	消费支出	一、食品烟酒支出	二、衣着支出	三、居住支出
全　国	**100.0**	**30.5**	**5.6**	**24.0**
北　京	100.0	21.6	4.4	40.2
天　津	100.0	29.7	5.2	23.8
河　北	100.0	29.8	6.5	23.0
山　西	100.0	28.8	6.9	22.6
内蒙古	100.0	28.1	6.9	21.7
辽　宁	100.0	31.6	6.5	20.8
吉　林	100.0	30.5	6.5	20.3
黑龙江	100.0	31.2	6.7	19.4
上　海	100.0	27.5	3.7	37.1
江　苏	100.0	27.8	5.4	27.6
浙　江	100.0	28.1	5.4	27.1
安　徽	100.0	34.1	6.3	21.8
福　建	100.0	32.1	4.9	28.7
江　西	100.0	32.0	5.1	23.3
山　东	100.0	27.7	6.6	21.3
河　南	100.0	28.7	7.0	21.8
湖　北	100.0	30.3	5.9	21.7
湖　南	100.0	29.3	5.7	20.9
广　东	100.0	34.3	3.7	26.1
广　西	100.0	32.0	3.6	21.2
海　南	100.0	38.5	3.3	23.5
重　庆	100.0	33.9	6.7	18.9
四　川	100.0	34.7	5.9	19.6
贵　州	100.0	31.3	6.2	19.0
云　南	100.0	32.3	5.0	21.7
西　藏	100.0	36.2	8.2	20.9
陕　西	100.0	28.2	5.9	22.8
甘　肃	100.0	30.7	6.5	22.4
青　海	100.0	34.0	7.0	19.2
宁　夏	100.0	29.5	6.6	19.2
新　疆	100.0	32.2	6.6	18.4

2-1-5-6　续表　　　　单位：%

地　区	四、生活用品及服务支出	五、交通通信支　出	六、教育文化娱乐支出	七、医疗保健支　出	八、其他用品及服务支出
全　国	**5.8**	**13.0**	**10.1**	**8.6**	**2.4**
北　京	5.1	9.7	7.0	9.3	2.6
天　津	5.7	12.4	8.1	11.4	3.6
河　北	6.3	13.5	8.9	9.7	2.3
山　西	5.9	11.9	10.3	11.1	2.5
内蒙古	5.5	15.5	9.5	10.1	2.6
辽　宁	5.5	12.6	10.2	9.7	3.0
吉　林	4.9	13.4	10.3	11.6	2.6
黑龙江	4.6	12.8	10.3	12.4	2.6
上　海	4.6	9.8	6.7	7.9	2.7
江　苏	5.9	14.0	8.5	7.8	3.0
浙　江	5.9	14.9	9.1	6.5	3.0
安　徽	6.0	11.0	10.7	7.8	2.3
福　建	5.3	11.1	9.3	6.3	2.2
江　西	5.8	12.1	11.3	8.5	1.9
山　东	7.4	14.8	11.3	8.9	2.1
河　南	6.3	12.4	11.5	10.1	2.2
湖　北	5.6	13.8	11.3	9.3	2.2
湖　南	6.2	13.0	13.5	9.5	1.9
广　东	5.1	13.0	9.9	5.5	2.4
广　西	5.3	13.3	13.1	9.8	1.7
海　南	4.2	12.6	9.9	6.4	1.7
重　庆	6.5	12.1	10.2	9.3	2.4
四　川	6.6	12.6	9.0	9.4	2.3
贵　州	6.2	15.2	12.4	7.7	2.1
云　南	5.3	13.5	10.7	9.6	1.9
西　藏	6.9	15.9	5.0	4.6	2.4
陕　西	6.3	12.4	10.1	12.1	2.2
甘　肃	5.7	13.3	10.2	9.2	2.0
青　海	5.5	14.6	6.8	10.2	2.5
宁　夏	6.4	14.2	11.1	10.8	2.2
新　疆	5.6	13.1	8.3	11.0	4.7

2-1-5-7　2022年分地区全体居民现金消费支出

单位：元/人

地　区	现金消费支出	一、食品烟酒支出	二、衣着支出	三、居住支出
全　国	**19783.5**	**7097.7**	**1364.1**	**2034.1**
北　京	26941.7	9167.9	1860.6	3017.7
天　津	24568.0	8936.9	1630.1	2512.0
河　北	17553.5	6099.6	1350.8	1907.5
山　西	14799.0	4859.9	1208.2	1864.9
内蒙古	19091.4	5902.8	1546.4	2274.4
辽　宁	19189.6	6880.9	1477.1	1890.5
吉　林	15305.0	5180.5	1158.5	1635.4
黑龙江	17684.7	6105.8	1358.8	1934.3
上　海	30665.3	12009.5	1716.5	4047.4
江　苏	25559.4	8849.7	1769.3	2723.2
浙　江	30722.1	10668.1	2097.6	3292.8
安　徽	18379.0	7358.2	1412.5	1477.1
福　建	22944.7	9149.9	1468.9	2606.8
江　西	17585.5	6536.0	1105.4	1821.2
山　东	19065.4	6107.0	1485.1	1815.7
河　南	15895.2	5371.2	1323.2	1493.3
湖　北	20226.0	7059.7	1452.7	1842.5
湖　南	20139.9	6468.6	1365.4	2138.3
广　东	25726.8	10609.9	1177.5	2779.5
广　西	14528.8	5061.7	662.0	1548.6
海　南	16976.3	7781.4	699.7	1474.5
重　庆	21248.1	7956.2	1696.8	1852.4
四　川	18490.3	7024.6	1316.1	1797.5
贵　州	14826.4	4995.0	1116.3	1325.2
云　南	14803.1	5409.0	939.6	1079.8
西　藏	12084.0	4231.3	1303.9	1175.1
陕　西	16457.8	5370.8	1171.0	1893.1
甘　肃	14598.3	4996.8	1137.2	1641.5
青　海	14352.2	5372.5	1211.9	1561.5
宁　夏	16437.6	5310.9	1260.7	1849.9
新　疆	14437.4	5243.5	1185.5	1474.0

2-1-5-7 续表

单位：元/人

地区	四、生活用品及服务支出	五、交通通信支出	六、教育文化娱乐支出	七、医疗保健支出	八、其他用品及服务支出
全国	**1421.1**	**3190.8**	**2468.0**	**1635.4**	**572.4**
北京	2191.1	4127.9	3007.3	2462.5	1106.7
天津	1784.6	3858.4	2545.0	2295.8	1005.2
河北	1306.5	2820.7	1864.3	1730.1	474.0
山西	1030.4	2077.7	1808.4	1513.5	435.9
内蒙古	1221.9	3456.9	2111.0	2011.0	567.0
辽宁	1243.2	2847.0	2303.7	1867.7	679.5
吉林	860.8	2389.0	1848.0	1776.7	456.3
黑龙江	946.9	2613.5	2103.7	2102.3	519.4
上海	2107.3	4519.9	3099.3	1943.9	1221.5
江苏	1944.4	4583.4	2778.2	1937.6	973.5
浙江	2303.6	5817.3	3545.2	1837.4	1160.3
安徽	1349.3	2476.8	2415.7	1376.6	512.8
福建	1582.0	3333.5	2807.0	1339.7	656.9
江西	1247.1	2623.2	2446.2	1392.1	414.3
山东	1630.6	3352.6	2565.8	1649.7	458.9
河南	1201.1	2354.6	2180.0	1547.4	424.2
湖北	1383.3	3430.3	2793.7	1710.8	552.9
湖南	1479.3	3130.3	3249.5	1855.5	453.1
广东	1624.9	4169.1	3194.8	1491.5	679.5
广西	944.6	2433.1	2395.7	1189.2	293.9
海南	896.4	2701.9	2129.6	931.8	360.9
重庆	1649.6	3073.4	2584.6	1822.0	613.0
四川	1452.4	2801.8	2005.6	1604.9	487.6
贵州	1089.2	2726.0	2215.9	991.9	366.9
云南	1001.8	2556.2	2028.0	1424.0	364.7
西藏	1036.1	2519.2	792.4	658.0	368.0
陕西	1241.2	2455.3	2000.6	1904.0	421.8
甘肃	998.6	2322.0	1773.1	1372.2	357.1
青海	949.9	2526.2	1175.2	1131.7	423.3
宁夏	1209.3	2716.4	2129.7	1548.1	412.6
新疆	997.7	2354.7	1495.0	1297.3	389.6

2-1-5-8　2022年分地区全体居民现金消费支出构成

单位：　%

地　　区	现金消费支出	一、食品烟酒支出	二、衣着支出	三、居住支出
全　　国	**100.0**	**35.9**	**6.9**	**10.3**
北　　京	100.0	34.0	6.9	11.2
天　　津	100.0	36.4	6.6	10.2
河　　北	100.0	34.7	7.7	10.9
山　　西	100.0	32.8	8.2	12.6
内 蒙 古	100.0	30.9	8.1	11.9
辽　　宁	100.0	35.9	7.7	9.9
吉　　林	100.0	33.8	7.6	10.7
黑 龙 江	100.0	34.5	7.7	10.9
上　　海	100.0	39.2	5.6	13.2
江　　苏	100.0	34.6	6.9	10.7
浙　　江	100.0	34.7	6.8	10.7
安　　徽	100.0	40.0	7.7	8.0
福　　建	100.0	39.9	6.4	11.4
江　　西	100.0	37.2	6.3	10.4
山　　东	100.0	32.0	7.8	9.5
河　　南	100.0	33.8	8.3	9.4
湖　　北	100.0	34.9	7.2	9.1
湖　　南	100.0	32.1	6.8	10.6
广　　东	100.0	41.2	4.6	10.8
广　　西	100.0	34.8	4.6	10.7
海　　南	100.0	45.8	4.1	8.7
重　　庆	100.0	37.4	8.0	8.7
四　　川	100.0	38.0	7.1	9.7
贵　　州	100.0	33.7	7.5	8.9
云　　南	100.0	36.5	6.3	7.3
西　　藏	100.0	35.0	10.8	9.7
陕　　西	100.0	32.6	7.1	11.5
甘　　肃	100.0	34.2	7.8	11.2
青　　海	100.0	37.4	8.4	10.9
宁　　夏	100.0	32.3	7.7	11.3
新　　疆	100.0	36.3	8.2	10.2

2-1-5-8 续表 单位：%

地　区	四、生活用品及服务支出	五、交通通信支　出	六、教育文化娱乐支出	七、医疗保健支　出	八、其他用品及服务支出
全　国	**7.2**	**16.1**	**12.5**	**8.3**	**2.9**
北　京	8.1	15.3	11.2	9.1	4.1
天　津	7.3	15.7	10.4	9.3	4.1
河　北	7.4	16.1	10.6	9.9	2.7
山　西	7.0	14.0	12.2	10.2	2.9
内蒙古	6.4	18.1	11.1	10.5	3.0
辽　宁	6.5	14.8	12.0	9.7	3.5
吉　林	5.6	15.6	12.1	11.6	3.0
黑龙江	5.4	14.8	11.9	11.9	2.9
上　海	6.9	14.7	10.1	6.3	4.0
江　苏	7.6	17.9	10.9	7.6	3.8
浙　江	7.5	18.9	11.5	6.0	3.8
安　徽	7.3	13.5	13.1	7.5	2.8
福　建	6.9	14.5	12.2	5.8	2.9
江　西	7.1	14.9	13.9	7.9	2.4
山　东	8.6	17.6	13.5	8.7	2.4
河　南	7.6	14.8	13.7	9.7	2.7
湖　北	6.8	17.0	13.8	8.5	2.7
湖　南	7.3	15.5	16.1	9.2	2.2
广　东	6.3	16.2	12.4	5.8	2.6
广　西	6.5	16.7	16.5	8.2	2.0
海　南	5.3	15.9	12.5	5.5	2.1
重　庆	7.8	14.5	12.2	8.6	2.9
四　川	7.9	15.2	10.8	8.7	2.6
贵　州	7.3	18.4	14.9	6.7	2.5
云　南	6.8	17.3	13.7	9.6	2.5
西　藏	8.6	20.8	6.6	5.4	3.0
陕　西	7.5	14.9	12.2	11.6	2.6
甘　肃	6.8	15.9	12.1	9.4	2.4
青　海	6.6	17.6	8.2	7.9	2.9
宁　夏	7.4	16.5	13.0	9.4	2.5
新　疆	6.9	16.3	10.4	9.0	2.7

2-1-5-9　2022年分地区全体居民家庭主要食品消费量

单位：公斤/人

地　区	粮食(原粮)	谷物	食用油	植物油	蔬菜	肉类	猪肉
全　国	**136.8**	**123.7**	**10.0**	**9.4**	**108.2**	**34.6**	**26.9**
北　京	94.5	82.5	6.0	6.0	109.9	29.3	17.5
天　津	101.2	90.3	8.3	8.2	113.5	28.4	18.3
河　北	181.4	162.2	8.8	8.7	137.8	30.7	21.6
山　西	133.4	115.1	7.9	7.8	98.5	19.9	14.6
内蒙古	153.2	137.7	7.0	6.7	92.6	38.8	24.9
辽　宁	149.3	131.4	9.9	9.7	119.2	37.8	27.5
吉　林	147.1	131.7	11.9	11.7	99.9	30.1	23.1
黑龙江	148.0	132.4	15.2	15.1	108.1	31.4	23.0
上　海	102.1	91.3	8.1	8.0	101.0	33.2	23.3
江　苏	131.8	116.3	9.8	9.5	130.2	35.9	27.1
浙　江	146.5	129.8	10.7	10.2	108.4	39.5	31.7
安　徽	139.5	125.1	8.6	8.0	112.4	33.5	26.3
福　建	120.9	112.2	10.0	9.1	90.2	36.1	29.9
江　西	160.9	145.0	13.6	13.1	124.9	39.5	33.2
山　东	131.6	120.9	7.3	7.2	92.2	29.0	20.9
河　南	137.0	124.1	7.6	7.6	104.5	26.6	19.6
湖　北	117.2	103.0	13.3	12.9	124.7	33.4	26.9
湖　南	159.1	148.6	12.8	10.5	104.9	39.1	33.9
广　东	106.5	99.0	10.1	9.6	101.2	42.8	34.2
广　西	134.3	127.5	8.7	7.5	93.1	36.9	33.0
海　南	104.6	99.9	9.3	8.2	102.1	35.5	30.4
重　庆	158.2	141.2	15.5	14.0	147.3	53.0	45.8
四　川	134.3	121.9	11.3	10.2	121.6	43.9	38.3
贵　州	121.2	108.3	8.1	7.1	81.0	33.9	30.7
云　南	135.8	120.9	7.7	5.9	97.4	38.4	33.4
西　藏	176.0	172.8	16.9	9.5	58.2	38.0	6.8
陕　西	148.2	131.4	11.5	11.3	99.1	20.9	15.8
甘　肃	152.5	139.3	10.2	10.1	86.5	23.8	17.6
青　海	120.4	113.9	9.8	9.1	67.8	29.7	13.1
宁　夏	117.1	109.7	9.7	9.7	96.7	21.7	8.7
新　疆	130.4	127.3	12.5	12.4	91.7	26.7	4.9

2-1-5-9 续表　　　　　　　　　　　　　　　　　　　　　　　　　　单位：公斤/人

地　区			禽类	水产品	蛋类	奶类	鲜瓜果	食糖
	牛肉	羊肉						
全　国	**2.5**	**1.4**	**11.7**	**13.9**	**13.5**	**12.4**	**54.7**	**1.2**
北　京	3.8	2.9	6.9	9.4	16.3	22.0	62.9	0.9
天　津	2.8	2.9	6.5	17.2	20.2	14.7	75.2	1.0
河　北	1.5	1.6	8.1	8.8	22.1	15.8	77.3	1.6
山　西	0.8	1.3	3.7	3.1	16.5	17.3	57.3	1.1
内蒙古	4.0	6.6	6.8	6.6	14.2	20.9	57.8	1.2
辽　宁	3.8	1.5	6.8	17.0	18.7	15.6	68.7	1.1
吉　林	2.9	0.8	6.0	9.7	14.4	9.0	53.9	1.4
黑龙江	2.6	1.6	6.9	11.2	16.0	10.6	65.1	1.8
上　海	4.3	1.1	12.6	24.6	14.3	20.6	54.6	1.3
江　苏	2.5	1.1	14.2	23.0	15.2	14.4	51.7	1.2
浙　江	3.7	0.9	13.8	30.5	12.4	14.1	64.8	1.6
安　徽	2.7	1.0	15.0	14.1	13.8	11.5	55.7	0.9
福　建	2.5	0.8	13.6	25.7	11.1	11.4	41.7	1.5
江　西	3.1	0.5	13.4	18.2	11.1	10.4	53.4	1.1
山　东	1.1	1.2	8.1	12.6	22.4	14.0	68.6	0.7
河　南	1.7	1.3	8.7	5.7	20.1	13.1	67.7	1.1
湖　北	2.5	0.7	8.0	17.9	9.9	9.1	44.6	0.8
湖　南	2.4	0.6	14.3	14.6	10.7	8.0	55.8	1.1
广　东	3.4	0.7	24.3	24.4	8.8	9.3	40.8	1.0
广　西	1.7	0.5	22.9	12.0	6.2	5.0	36.6	1.1
海　南	2.7	0.9	26.3	30.0	5.3	4.5	28.3	0.7
重　庆	2.7	0.7	14.5	15.0	14.7	15.7	53.1	2.2
四　川	1.9	0.5	12.6	9.8	9.8	11.9	44.6	1.6
贵　州	1.1	0.4	6.9	3.6	5.2	6.7	36.8	0.9
云　南	2.0	0.4	10.0	5.5	6.2	6.6	40.9	1.5
西　藏	23.0	6.6	1.0	0.5	3.3	9.6	12.3	3.5
陕　西	1.3	1.2	4.1	3.4	12.3	14.7	52.8	1.0
甘　肃	1.6	2.3	5.7	2.8	10.3	14.7	51.7	1.6
青　海	9.9	5.6	3.8	2.1	7.0	17.5	27.5	1.6
宁　夏	6.0	5.9	8.7	3.0	8.4	14.8	68.2	1.6
新　疆	6.1	13.9	6.0	3.1	9.0	17.2	51.4	1.3

注：根据2021年11月新修订的《住户收支与生活状况调查方案》，2022年起不再发布“干鲜瓜果类”指标数据，改为发布“居民家庭人均鲜瓜果消费量”。表2-2-5-9续表和2-3-5-9续表与此相同。

2-1-5-10　2022年分地区全体居民年末主要耐用消费品拥有量

单位：平均每百户

地　区	家用汽车（辆）	摩托车（辆）	电动助力车（辆）	洗衣机（台）	电冰箱(柜)（台）	微波炉（台）	彩色电视机（台）
全　国	**43.5**	**30.8**	**75.5**	**99.0**	**104.2**	**42.2**	**118.9**
北　京	59.7	5.1	29.8	101.7	104.9	78.4	123.9
天　津	61.9	2.6	58.1	100.3	105.0	72.0	109.4
河　北	52.1	20.8	114.1	102.1	102.5	37.3	110.5
山　西	32.9	23.3	64.9	97.0	94.0	24.9	100.2
内蒙古	49.3	25.0	56.8	98.7	109.9	31.7	102.6
辽　宁	38.1	19.4	34.0	96.1	100.3	46.2	102.2
吉　林	37.6	22.6	19.6	96.5	98.8	30.6	98.7
黑龙江	31.0	18.0	22.0	97.2	101.6	23.1	99.0
上　海	45.2	2.7	77.6	96.4	103.4	84.8	172.3
江　苏	48.9	9.2	142.2	103.9	112.0	86.1	161.1
浙　江	55.5	8.8	99.2	97.4	110.7	56.0	174.5
安　徽	38.0	16.4	114.5	96.8	104.0	49.8	133.2
福　建	32.4	49.0	74.4	98.1	106.7	51.7	127.3
江　西	37.7	41.2	86.9	88.4	99.0	31.8	126.3
山　东	54.2	20.8	126.1	100.2	104.1	36.6	105.0
河　南	45.7	22.3	133.9	102.1	101.1	32.9	115.9
湖　北	39.4	50.6	50.5	98.3	110.5	36.3	117.5
湖　南	38.8	59.9	34.1	101.4	108.7	27.1	115.2
广　东	55.6	62.0	57.7	98.3	103.6	43.0	108.8
广　西	36.4	63.8	104.1	97.3	105.5	53.7	109.9
海　南	34.4	43.0	131.6	82.0	99.1	17.2	101.1
重　庆	32.9	23.4	17.0	99.4	105.3	50.9	119.7
四　川	32.1	33.7	41.4	100.5	106.1	32.4	120.5
贵　州	38.8	42.4	26.3	102.3	103.4	24.1	102.7
云　南	48.8	60.0	37.6	99.2	99.8	37.1	108.0
西　藏	42.7	56.2	26.0	94.2	94.3	19.4	117.7
陕　西	34.3	30.7	51.3	98.4	97.1	27.8	106.5
甘　肃	36.6	31.7	41.7	99.1	94.0	28.3	105.9
青　海	52.2	35.9	19.2	101.7	109.1	41.4	101.2
宁　夏	42.7	25.8	79.3	103.3	102.5	40.7	105.2
新　疆	40.8	16.1	76.3	101.5	112.3	25.8	102.5

2-1-5-10 续表 单位：平均每百户

地 区	空调（台）	热水器（台）	排油烟机（台）	移动电话（部）	计算机（台）	照相机（台）
全 国	**133.9**	**89.9**	**64.6**	**259.4**	**47.5**	**8.3**
北 京	208.0	100.7	96.5	241.0	86.2	34.1
天 津	176.4	96.6	92.9	239.5	61.0	12.9
河 北	124.0	78.7	63.3	246.1	44.8	6.5
山 西	40.8	61.1	53.8	240.5	34.0	4.0
内蒙古	16.7	64.3	59.3	236.6	40.6	6.9
辽 宁	58.6	72.8	70.7	217.1	38.2	8.7
吉 林	17.7	52.9	55.3	235.6	36.0	4.8
黑龙江	13.3	54.0	59.8	222.2	31.8	3.6
上 海	210.5	99.1	84.0	229.8	96.7	25.0
江 苏	218.5	100.9	76.6	252.7	54.9	10.6
浙 江	218.8	106.7	86.3	251.8	62.8	11.9
安 徽	172.4	96.7	64.2	266.8	42.9	7.1
福 建	185.5	114.4	67.3	263.1	60.1	8.1
江 西	132.4	97.3	61.9	274.0	40.3	4.4
山 东	140.1	92.6	73.1	240.7	50.8	9.1
河 南	170.9	90.6	59.2	273.6	43.8	5.5
湖 北	153.6	98.3	69.9	267.8	51.3	8.9
湖 南	146.9	98.0	61.8	284.6	41.9	5.6
广 东	229.1	105.6	73.1	281.8	68.1	11.8
广 西	132.1	100.0	45.0	286.9	42.2	4.6
海 南	154.4	94.1	45.8	296.6	39.9	3.8
重 庆	180.9	97.1	64.6	262.1	54.2	7.8
四 川	132.9	93.6	51.2	263.6	32.7	5.1
贵 州	26.1	90.3	41.6	310.8	30.2	3.6
云 南	6.6	84.7	45.9	290.4	37.9	8.7
西 藏	5.8	26.1	20.5	247.4	23.3	5.3
陕 西	102.3	74.2	52.0	254.3	35.2	7.0
甘 肃	10.0	60.3	50.4	278.4	38.7	7.2
青 海	1.6	65.1	57.7	263.3	31.9	5.9
宁 夏	17.5	101.9	69.0	265.9	45.5	5.5
新 疆	22.1	88.0	66.1	241.2	31.5	6.2

二、城镇居民数据

(一)2018年分地区城镇居民收支主要数据

2-2-1-1　2018年分地区城镇居民可支配收入

单位：元/人

地　区	可支配收入	一、工资性收入	二、经营净收入	三、财产净收入	四、转移净收入
全　国	**39250.8**	**23792.2**	**4442.6**	**4027.7**	**6988.3**
北　京	67989.9	40489.3	1072.9	11982.4	14445.3
天　津	42976.3	27557.0	2923.8	4149.8	8345.6
河　北	32977.2	20988.0	2436.2	2966.0	6587.0
山　西	31034.8	18572.4	2574.3	2286.1	7602.0
内蒙古	38304.7	23302.3	7127.6	2070.2	5804.5
辽　宁	37341.9	20626.2	4638.9	1845.7	10231.1
吉　林	30171.9	18978.2	2789.5	1603.7	6800.5
黑龙江	29191.3	16705.7	3301.8	1386.8	7797.1
上　海	68033.6	39145.5	1828.6	10653.1	16406.4
江　苏	47200.0	28136.3	5053.4	5317.4	8692.9
浙　江	55574.3	31148.0	8316.1	7586.4	8523.9
安　徽	34393.1	20974.0	5548.1	2708.3	5162.8
福　建	42121.3	25890.9	5573.9	4983.2	5673.3
江　西	33819.4	21451.1	2824.2	2950.5	6593.6
山　东	39549.4	25040.7	5583.9	3337.0	5587.8
河　南	31874.2	18049.3	4531.7	3161.6	6131.6
湖　北	34454.6	18997.1	4796.6	2953.9	7707.1
湖　南	36698.3	20021.5	5252.5	3715.3	7708.9
广　东	44341.0	32180.1	4872.6	5816.6	1471.7
广　西	32436.1	18083.9	5594.9	2889.6	5867.6
海　南	33348.7	21506.3	3348.6	3244.3	5249.4
重　庆	34889.3	20054.0	3973.1	2536.2	8326.1
四　川	33215.9	19032.7	3899.5	2696.3	7587.4
贵　州	31591.9	17392.1	5262.4	3066.0	5871.4
云　南	33487.9	18743.9	3855.1	4518.4	6370.5
西　藏	33797.4	25499.8	912.0	2989.0	4396.6
陕　西	33319.3	19352.5	2581.9	2450.9	8933.9
甘　肃	29957.0	19930.1	2333.8	2527.5	5165.6
青　海	31514.5	21718.7	2089.2	1673.6	6033.1
宁　夏	31895.2	21337.5	3354.2	1348.8	5854.7
新　疆	32763.5	21953.0	3414.0	1433.6	5963.1

2-2-1-2 2018年分地区城镇居民可支配收入构成

单位：%

地区	可支配收入	一、工资性收入	二、经营净收入	三、财产净收入	四、转移净收入
全　国	**100.0**	**60.6**	**11.3**	**10.3**	**17.8**
北　京	100.0	59.6	1.6	17.6	21.2
天　津	100.0	64.1	6.8	9.7	19.4
河　北	100.0	63.6	7.4	9.0	20.0
山　西	100.0	59.8	8.3	7.4	24.5
内蒙古	100.0	60.8	18.6	5.4	15.2
辽　宁	100.0	55.2	12.4	4.9	27.4
吉　林	100.0	62.9	9.2	5.3	22.5
黑龙江	100.0	57.2	11.3	4.8	26.7
上　海	100.0	57.5	2.7	15.7	24.1
江　苏	100.0	59.6	10.7	11.3	18.4
浙　江	100.0	56.0	15.0	13.7	15.3
安　徽	100.0	61.0	16.1	7.9	15.0
福　建	100.0	61.5	13.2	11.8	13.5
江　西	100.0	63.4	8.4	8.7	19.5
山　东	100.0	63.3	14.1	8.4	14.1
河　南	100.0	56.6	14.2	9.9	19.2
湖　北	100.0	55.1	13.9	8.6	22.4
湖　南	100.0	54.6	14.3	10.1	21.0
广　东	100.0	72.6	11.0	13.1	3.3
广　西	100.0	55.8	17.2	8.9	18.1
海　南	100.0	64.5	10.0	9.7	15.7
重　庆	100.0	57.5	11.4	7.3	23.9
四　川	100.0	57.3	11.7	8.1	22.8
贵　州	100.0	55.1	16.7	9.7	18.6
云　南	100.0	56.0	11.5	13.5	19.0
西　藏	100.0	75.4	2.7	8.8	13.0
陕　西	100.0	58.1	7.7	7.4	26.8
甘　肃	100.0	66.5	7.8	8.4	17.2
青　海	100.0	68.9	6.6	5.3	19.1
宁　夏	100.0	66.9	10.5	4.2	18.4
新　疆	100.0	67.0	10.4	4.4	18.2

2-2-1-3 2018年分地区城镇居民现金可支配收入

单位：元/人

地　区	现金可支配收入	一、工资性收入	二、经营净收入	三、财产净收入	四、转移净收入
全　国	**36316.2**	**23670.9**	**4808.0**	**1311.6**	**6525.7**
北　京	56676.7	40408.1	1320.2	1900.2	13048.2
天　津	38931.2	27393.2	3144.8	874.9	7518.3
河　北	30261.1	20944.0	2666.2	266.4	6384.6
山　西	29400.3	18538.8	2710.3	975.4	7175.9
内蒙古	37133.5	23285.4	7483.1	909.3	5455.7
辽　宁	35484.8	20381.3	5032.1	427.8	9643.6
吉　林	28974.9	18925.7	3076.3	531.2	6441.7
黑龙江	28305.1	16648.5	3681.8	511.2	7463.5
上　海	57110.1	38951.9	1943.8	1371.3	14843.2
江　苏	42460.8	28004.8	5223.2	1242.2	7990.6
浙　江	51211.7	30981.2	8828.9	3493.4	7908.2
安　徽	32885.9	20847.7	6579.3	622.5	4836.3
福　建	38242.1	25619.9	5862.0	1410.1	5350.2
江　西	31789.8	21395.3	2935.3	1080.3	6379.0
山　东	37480.0	24963.0	6166.9	1067.3	5282.7
河　南	29474.2	17973.1	4731.5	1090.6	5679.0
湖　北	32094.9	18838.1	5483.0	645.7	7128.2
湖　南	34797.8	19864.9	5622.1	1986.8	7324.0
广　东	40758.5	31947.0	5379.2	2131.2	1301.1
广　西	30856.3	17973.6	5965.8	1501.7	5415.2
海　南	30870.1	21429.3	3472.6	1225.7	4742.5
重　庆	33081.8	19925.7	4183.8	1022.8	7949.4
四　川	31514.9	18936.0	4126.0	1217.9	7235.0
贵　州	30787.4	17353.1	5864.4	2043.4	5526.5
云　南	31424.6	18719.5	4117.6	2553.3	6034.2
西　藏	31697.5	25482.6	954.7	962.4	4297.7
陕　西	31867.2	19281.5	2752.7	1368.5	8464.6
甘　肃	27755.3	19887.3	2533.4	638.3	4696.2
青　海	30200.1	21649.9	2546.6	590.2	5413.3
宁　夏	30773.5	21287.7	3835.9	620.6	5029.4
新　疆	31402.4	21880.0	3741.6	290.7	5490.1

2-2-1-4 2018年分地区城镇居民现金可支配收入构成

单位：%

地区	现金可支配收入	一、工资性收入	二、经营净收入	三、财产净收入	四、转移净收入
全国	**100.0**	**65.2**	**13.2**	**3.6**	**18.0**
北京	100.0	71.3	2.3	3.4	23.0
天津	100.0	70.4	8.1	2.2	19.3
河北	100.0	69.2	8.8	0.9	21.1
山西	100.0	63.1	9.2	3.3	24.4
内蒙古	100.0	62.7	20.2	2.4	14.7
辽宁	100.0	57.4	14.2	1.2	27.2
吉林	100.0	65.3	10.6	1.8	22.2
黑龙江	100.0	58.8	13.0	1.8	26.4
上海	100.0	68.2	3.4	2.4	26.0
江苏	100.0	66.0	12.3	2.9	18.8
浙江	100.0	60.5	17.2	6.8	15.4
安徽	100.0	63.4	20.0	1.9	14.7
福建	100.0	67.0	15.3	3.7	14.0
江西	100.0	67.3	9.2	3.4	20.1
山东	100.0	66.6	16.5	2.8	14.1
河南	100.0	61.0	16.1	3.7	19.3
湖北	100.0	58.7	17.1	2.0	22.2
湖南	100.0	57.1	16.2	5.7	21.0
广东	100.0	78.4	13.2	5.2	3.2
广西	100.0	58.2	19.3	4.9	17.5
海南	100.0	69.4	11.2	4.0	15.4
重庆	100.0	60.2	12.6	3.1	24.0
四川	100.0	60.1	13.1	3.9	23.0
贵州	100.0	56.4	19.0	6.6	18.0
云南	100.0	59.6	13.1	8.1	19.2
西藏	100.0	80.4	3.0	3.0	13.6
陕西	100.0	60.5	8.6	4.3	26.6
甘肃	100.0	71.7	9.1	2.3	16.9
青海	100.0	71.7	8.4	2.0	17.9
宁夏	100.0	69.2	12.5	2.0	16.3
新疆	100.0	69.7	11.9	0.9	17.5

2-2-1-5 2018年分地区城镇居民消费支出

单位：元/人

地 区	消费支出	一、食品烟酒支出	二、衣着支出	三、居住支出
全 国	**26112.3**	**7239.0**	**1808.2**	**6255.0**
北 京	42925.6	8576.9	2346.1	15390.6
天 津	32655.1	9420.8	2200.7	7037.6
河 北	22127.4	5555.6	1799.0	5577.1
山 西	19789.8	4702.6	1821.5	4246.8
内蒙古	24437.1	6583.5	2455.8	4594.4
辽 宁	26447.9	7081.1	2121.7	5146.1
吉 林	22393.7	5563.8	2023.2	4417.2
黑龙江	21035.5	5630.1	1920.2	4089.2
上 海	46015.2	11103.9	2139.4	15376.6
江 苏	29461.9	7686.7	1925.8	8103.9
浙 江	34597.9	9370.7	2231.5	9154.0
安 徽	21522.7	6672.1	1661.1	4909.9
福 建	28145.1	9000.7	1554.1	7716.3
江 西	20760.0	6232.6	1628.8	4561.7
山 东	24798.4	6528.8	2008.4	5302.3
河 南	20989.2	5399.5	1705.0	5021.0
湖 北	23995.9	6737.5	1741.2	5392.0
湖 南	25064.2	6848.9	1823.5	5060.9
广 东	30924.3	9780.2	1415.3	8147.8
广 西	20159.4	6180.4	967.7	4235.9
海 南	22971.2	8184.7	938.4	5055.5
重 庆	24154.2	7597.5	2010.1	4325.4
四 川	23483.9	7571.0	1712.6	4390.7
贵 州	20787.9	5604.8	1588.2	3717.6
云 南	21626.4	5845.8	1392.1	4803.9
西 藏	23029.4	8975.0	2168.5	4726.5
陕 西	21966.4	5928.7	1728.2	4300.9
甘 肃	22606.0	6491.3	1906.3	5060.8
青 海	22997.5	6351.2	2004.0	4235.4
宁 夏	21976.7	5374.4	1952.9	4032.2
新 疆	24191.4	6899.7	2233.1	4287.2

2-2-1-5 续表 单位：元/人

地区	四、生活用品及服务支出	五、交通通信支出	六、教育文化娱乐支出	七、医疗保健支出	八、其他用品及服务支出
全国	**1629.4**	**3473.5**	**2974.1**	**2045.7**	**687.4**
北京	2496.2	5032.6	4401.6	3475.8	1205.9
天津	1915.7	4636.7	3598.1	2825.1	1020.4
河北	1508.0	2982.0	2305.0	1883.7	517.0
山西	1219.5	2497.4	2638.2	2138.4	525.4
内蒙古	1631.0	3736.4	2592.1	2105.7	738.2
辽宁	1610.2	3551.2	3410.2	2626.9	900.4
吉林	1301.7	3057.6	2830.8	2469.2	730.2
黑龙江	1173.2	2605.4	2472.9	2466.5	678.0
上海	2204.6	5107.8	5490.9	3221.8	1370.2
江苏	1785.8	3819.8	3129.0	2273.3	737.8
浙江	1967.1	5010.5	3684.2	2286.6	893.4
安徽	1321.3	2630.3	2372.4	1419.3	536.3
福建	1516.2	3630.7	2727.6	1374.8	624.7
江西	1493.7	2537.6	2490.5	1218.9	596.2
山东	1901.2	3604.7	2902.7	1966.3	584.0
河南	1489.4	2510.6	2429.9	1925.2	508.5
湖北	1572.9	3103.2	2694.6	2162.8	591.5
湖南	1635.6	3220.3	3924.5	2034.4	516.0
广东	1726.2	4107.3	3335.7	1591.3	820.5
广西	1254.1	2902.8	2466.9	1699.3	452.2
海南	1086.0	2592.9	2855.7	1669.8	588.2
重庆	1712.7	3248.3	2588.8	2054.5	616.9
四川	1562.0	3365.5	2383.8	1832.2	666.2
贵州	1344.7	3971.0	2413.5	1657.8	490.3
云南	1293.0	3227.9	2664.1	1875.0	524.6
西藏	1389.6	3123.9	1175.8	871.1	599.0
陕西	1740.5	2752.7	2729.7	2233.4	552.4
甘肃	1446.8	2448.9	2440.3	2207.4	604.2
青海	1385.6	3611.9	2393.6	2371.1	644.6
宁夏	1416.7	3528.6	2888.7	2152.0	631.1
新疆	1641.8	3425.2	2651.4	2272.6	780.3

2-2-1-6 2018年分地区城镇居民消费支出构成

单位：%

地区	消费支出	一、食品烟酒支出	二、衣着支出	三、居住支出
全国	**100.0**	**27.7**	**6.9**	**24.0**
北京	100.0	20.0	5.5	35.9
天津	100.0	28.8	6.7	21.6
河北	100.0	25.1	8.1	25.2
山西	100.0	23.8	9.2	21.5
内蒙古	100.0	26.9	10.0	18.8
辽宁	100.0	26.8	8.0	19.5
吉林	100.0	24.8	9.0	19.7
黑龙江	100.0	26.8	9.1	19.4
上海	100.0	24.1	4.6	33.4
江苏	100.0	26.1	6.5	27.5
浙江	100.0	27.1	6.4	26.5
安徽	100.0	31.0	7.7	22.8
福建	100.0	32.0	5.5	27.4
江西	100.0	30.0	7.8	22.0
山东	100.0	26.3	8.1	21.4
河南	100.0	25.7	8.1	23.9
湖北	100.0	28.1	7.3	22.5
湖南	100.0	27.3	7.3	20.2
广东	100.0	31.6	4.6	26.3
广西	100.0	30.7	4.8	21.0
海南	100.0	35.6	4.1	22.0
重庆	100.0	31.5	8.3	17.9
四川	100.0	32.2	7.3	18.7
贵州	100.0	27.0	7.6	17.9
云南	100.0	27.0	6.4	22.2
西藏	100.0	39.0	9.4	20.5
陕西	100.0	27.0	7.9	19.6
甘肃	100.0	28.7	8.4	22.4
青海	100.0	27.6	8.7	18.4
宁夏	100.0	24.5	8.9	18.3
新疆	100.0	28.5	9.2	17.7

2-2-1-6 续表 单位：%

地 区	四、生活用品及服务支出	五、交通通信支出	六、教育文化娱乐支出	七、医疗保健支出	八、其他用品及服务支出
全 国	**6.2**	**13.3**	**11.4**	**7.8**	**2.6**
北 京	5.8	11.7	10.3	8.1	2.8
天 津	5.9	14.2	11.0	8.7	3.1
河 北	6.8	13.5	10.4	8.5	2.3
山 西	6.2	12.6	13.3	10.8	2.7
内蒙古	6.7	15.3	10.6	8.6	3.0
辽 宁	6.1	13.4	12.9	9.9	3.4
吉 林	5.8	13.7	12.6	11.0	3.3
黑龙江	5.6	12.4	11.8	11.7	3.2
上 海	4.8	11.1	11.9	7.0	3.0
江 苏	6.1	13.0	10.6	7.7	2.5
浙 江	5.7	14.5	10.6	6.6	2.6
安 徽	6.1	12.2	11.0	6.6	2.5
福 建	5.4	12.9	9.7	4.9	2.2
江 西	7.2	12.2	12.0	5.9	2.9
山 东	7.7	14.5	11.7	7.9	2.4
河 南	7.1	12.0	11.6	9.2	2.4
湖 北	6.6	12.9	11.2	9.0	2.5
湖 南	6.5	12.8	15.7	8.1	2.1
广 东	5.6	13.3	10.8	5.1	2.7
广 西	6.2	14.4	12.2	8.4	2.2
海 南	4.7	11.3	12.4	7.3	2.6
重 庆	7.1	13.4	10.7	8.5	2.6
四 川	6.7	14.3	10.2	7.8	2.8
贵 州	6.5	19.1	11.6	8.0	2.4
云 南	6.0	14.9	12.3	8.7	2.4
西 藏	6.0	13.6	5.1	3.8	2.6
陕 西	7.9	12.5	12.4	10.2	2.5
甘 肃	6.4	10.8	10.8	9.8	2.7
青 海	6.0	15.7	10.4	10.3	2.8
宁 夏	6.4	16.1	13.1	9.8	2.9
新 疆	6.8	14.2	11.0	9.4	3.2

2-2-1-7　2018年分地区城镇居民现金消费支出

单位：元/人

地　　区	现金消费支出	一、食品烟酒支出	二、衣着支出	三、居住支出
全　　国	**21287.1**	**7099.2**	**1807.5**	**2045.2**
北　　京	29028.3	8518.7	2343.9	2983.1
天　　津	27068.7	9289.0	2200.3	2441.8
河　　北	17844.7	5507.7	1798.8	1548.7
山　　西	16992.7	4658.1	1820.9	1941.3
内 蒙 古	21466.0	6529.5	2455.1	2026.0
辽　　宁	22495.5	6875.6	2121.4	2039.4
吉　　林	19582.3	5499.4	2023.1	2033.5
黑 龙 江	18554.8	5570.9	1920.0	2016.5
上　　海	32647.1	10926.3	2138.8	3762.3
江　　苏	22667.1	7523.7	1925.2	2194.6
浙　　江	27319.5	9180.3	2230.8	2703.3
安　　徽	17578.5	6513.0	1660.6	1460.8
福　　建	22161.1	8753.8	1552.7	2340.8
江　　西	17302.1	6146.1	1628.7	1431.5
山　　东	20615.0	6445.6	2007.9	1529.3
河　　南	17251.3	5339.0	1704.4	1793.3
湖　　北	19554.8	6573.1	1739.8	1699.3
湖　　南	21528.6	6633.9	1822.3	2125.1
广　　东	25221.1	9569.7	1413.0	2839.9
广　　西	16966.2	5968.4	967.1	1729.2
海　　南	19020.2	8087.7	938.2	1727.8
重　　庆	20785.2	7401.6	2008.8	1531.5
四　　川	20141.0	7353.7	1712.3	1609.8
贵　　州	18225.4	5485.3	1588.0	1608.1
云　　南	17700.9	5756.3	1392.1	1304.0
西　　藏	19651.7	8951.4	2161.4	1475.2
陕　　西	19129.2	5841.4	1727.5	2014.9
甘　　肃	19181.5	6419.7	1906.1	2178.5
青　　海	20155.8	6284.1	2003.8	2096.1
宁　　夏	18916.1	5314.6	1952.3	1847.2
新　　疆	21222.5	6789.2	2232.9	1904.9

2-2-1-7 续表 单位：元/人

地 区	四、生活用品及服务支出	五、交通通信支出	六、教育文化娱乐支出	七、医疗保健支出	八、其他用品及服务支出
全 国	**1617.5**	**3466.0**	**2972.1**	**1604.0**	**675.5**
北 京	2491.1	5022.2	4399.9	2075.7	1193.8
天 津	1866.5	4620.5	3597.9	2137.4	915.4
河 北	1502.5	2977.4	2304.9	1688.5	516.2
山 西	1216.9	2497.1	2638.2	1699.7	520.5
内蒙古	1630.5	3736.2	2592.0	1760.2	736.5
辽 宁	1597.7	3537.9	3407.0	2043.6	873.0
吉 林	1298.6	3051.5	2830.8	2115.6	729.8
黑龙江	1172.7	2603.6	2472.8	2122.4	676.0
上 海	2198.6	5091.3	5486.5	1678.0	1365.1
江 苏	1771.6	3814.3	3127.4	1577.1	733.2
浙 江	1955.8	5004.5	3680.2	1679.0	885.5
安 徽	1311.3	2606.4	2370.7	1129.5	526.1
福 建	1509.9	3620.0	2725.0	1041.0	617.7
江 西	1490.9	2536.8	2490.5	993.9	583.7
山 东	1882.2	3602.1	2902.1	1686.7	559.2
河 南	1486.9	2507.9	2427.6	1494.9	497.4
湖 北	1571.3	3085.1	2694.5	1622.0	569.7
湖 南	1631.0	3203.1	3922.8	1682.9	507.6
广 东	1702.0	4102.0	3330.6	1455.9	807.9
广 西	1211.4	2898.9	2465.2	1284.0	442.1
海 南	1067.5	2591.9	2855.2	1164.3	587.6
重 庆	1704.7	3245.6	2587.8	1697.5	607.7
四 川	1543.4	3362.3	2379.7	1521.2	658.5
贵 州	1337.8	3962.0	2413.2	1343.8	487.2
云 南	1282.4	3227.6	2663.8	1552.4	522.2
西 藏	1386.7	3118.6	1174.0	786.1	598.4
陕 西	1723.5	2737.2	2727.6	1812.0	545.0
甘 肃	1443.5	2435.2	2436.4	1766.7	595.4
青 海	1381.8	3611.1	2393.4	1756.4	629.1
宁 夏	1413.2	3526.5	2888.5	1343.6	630.3
新 疆	1636.7	3423.8	2644.0	1835.0	756.0

2-2-1-8 2018年分地区城镇居民现金消费支出构成

单位: %

地 区	现金消费支出	一、食品烟酒支出	二、衣着支出	三、居住支出
全 国	**100.0**	**33.3**	**8.5**	**9.6**
北 京	100.0	29.3	8.1	10.3
天 津	100.0	34.3	8.1	9.0
河 北	100.0	30.9	10.1	8.7
山 西	100.0	27.4	10.7	11.4
内蒙古	100.0	30.4	11.4	9.4
辽 宁	100.0	30.6	9.4	9.1
吉 林	100.0	28.1	10.3	10.4
黑龙江	100.0	30.0	10.3	10.9
上 海	100.0	33.5	6.6	11.5
江 苏	100.0	33.2	8.5	9.7
浙 江	100.0	33.6	8.2	9.9
安 徽	100.0	37.1	9.4	8.3
福 建	100.0	39.5	7.0	10.6
江 西	100.0	35.5	9.4	8.3
山 东	100.0	31.3	9.7	7.4
河 南	100.0	30.9	9.9	10.4
湖 北	100.0	33.6	8.9	8.7
湖 南	100.0	30.8	8.5	9.9
广 东	100.0	37.9	5.6	11.3
广 西	100.0	35.2	5.7	10.2
海 南	100.0	42.5	4.9	9.1
重 庆	100.0	35.6	9.7	7.4
四 川	100.0	36.5	8.5	8.0
贵 州	100.0	30.1	8.7	8.8
云 南	100.0	32.5	7.9	7.4
西 藏	100.0	45.6	11.0	7.5
陕 西	100.0	30.5	9.0	10.5
甘 肃	100.0	33.5	9.9	11.4
青 海	100.0	31.2	9.9	10.4
宁 夏	100.0	28.1	10.3	9.8
新 疆	100.0	32.0	10.5	9.0

2-2-1-8 续表 单位：%

地 区	四、生活用品及服务支出	五、交通通信支出	六、教育文化娱乐支出	七、医疗保健支出	八、其他用品及服务支出
全 国	**7.6**	**16.3**	**14.0**	**7.5**	**3.2**
北 京	8.6	17.3	15.2	7.2	4.1
天 津	6.9	17.1	13.3	7.9	3.4
河 北	8.4	16.7	12.9	9.5	2.9
山 西	7.2	14.7	15.5	10.0	3.1
内蒙古	7.6	17.4	12.1	8.2	3.4
辽 宁	7.1	15.7	15.1	9.1	3.9
吉 林	6.6	15.6	14.5	10.8	3.7
黑龙江	6.3	14.0	13.3	11.4	3.6
上 海	6.7	15.6	16.8	5.1	4.2
江 苏	7.8	16.8	13.8	7.0	3.2
浙 江	7.2	18.3	13.5	6.1	3.2
安 徽	7.5	14.8	13.5	6.4	3.0
福 建	6.8	16.3	12.3	4.7	2.8
江 西	8.6	14.7	14.4	5.7	3.4
山 东	9.1	17.5	14.1	8.2	2.7
河 南	8.6	14.5	14.1	8.7	2.9
湖 北	8.0	15.8	13.8	8.3	2.9
湖 南	7.6	14.9	18.2	7.8	2.4
广 东	6.7	16.3	13.2	5.8	3.2
广 西	7.1	17.1	14.5	7.6	2.6
海 南	5.6	13.6	15.0	6.1	3.1
重 庆	8.2	15.6	12.5	8.2	2.9
四 川	7.7	16.7	11.8	7.6	3.3
贵 州	7.3	21.7	13.2	7.4	2.7
云 南	7.2	18.2	15.0	8.8	2.9
西 藏	7.1	15.9	6.0	4.0	3.0
陕 西	9.0	14.3	14.3	9.5	2.8
甘 肃	7.5	12.7	12.7	9.2	3.1
青 海	6.9	17.9	11.9	8.7	3.1
宁 夏	7.5	18.6	15.3	7.1	3.3
新 疆	7.7	16.1	12.5	8.6	3.6

2-2-1-9 2018年分地区城镇居民家庭主要食品消费量

单位：公斤/人

地区	粮食(原粮)	谷物	食用油	植物油	蔬菜	肉类	猪肉
全国	**110.0**	**98.8**	**9.4**	**8.9**	**103.1**	**31.2**	**22.7**
北京	89.1	79.0	6.9	6.7	106.3	25.7	15.8
天津	109.5	99.4	9.4	9.3	118.5	27.1	16.5
河北	123.0	110.7	7.6	7.3	107.5	27.1	17.5
山西	114.9	100.5	7.0	6.8	93.0	17.8	11.6
内蒙古	133.6	120.9	8.3	8.1	102.1	35.0	17.4
辽宁	118.8	104.0	10.2	10.0	115.9	28.2	17.9
吉林	116.5	103.8	10.7	10.6	96.9	24.5	16.3
黑龙江	124.7	111.7	12.0	11.9	107.2	27.3	17.6
上海	106.2	93.6	7.8	7.2	104.0	30.5	21.4
江苏	111.6	99.5	8.5	8.1	107.1	30.5	22.2
浙江	119.2	106.9	11.1	10.5	91.2	29.6	22.7
安徽	118.3	105.3	8.7	7.9	96.5	29.9	22.5
福建	100.2	91.3	8.7	7.9	86.2	34.7	28.0
江西	121.2	109.6	14.4	13.7	107.0	34.5	27.4
山东	106.8	96.4	7.5	7.3	102.3	26.7	17.0
河南	121.7	109.6	8.9	8.8	101.0	21.9	14.3
湖北	90.8	80.3	9.1	8.7	109.4	29.6	22.5
湖南	109.0	99.4	11.6	9.2	102.3	36.8	30.1
广东	93.9	86.3	8.2	7.8	98.5	40.7	33.1
广西	97.1	89.5	7.6	6.8	92.8	38.3	31.6
海南	83.3	77.3	9.0	8.2	98.9	35.8	29.7
重庆	100.8	88.2	13.6	12.4	123.4	43.8	37.0
四川	108.8	96.1	12.2	11.3	129.3	45.7	36.1
贵州	100.9	89.5	8.3	6.9	79.5	33.5	28.7
云南	95.8	86.0	8.4	7.0	96.5	30.2	22.7
西藏	207.3	192.0	19.9	15.3	86.8	54.0	12.4
陕西	120.0	105.9	10.5	10.2	98.4	19.3	13.0
甘肃	137.8	125.2	11.2	11.0	103.7	24.3	15.5
青海	90.0	84.4	8.7	8.6	61.8	25.5	10.2
宁夏	88.8	82.4	6.4	6.3	92.8	17.3	7.3
新疆	140.0	134.9	14.8	14.6	107.5	26.8	6.5

2-2-1-9 续表 单位：公斤/人

地 区	牛肉	羊肉	禽类	水产品	蛋类	奶类	干鲜瓜果类	食糖
全 国	**2.7**	**1.5**	**9.8**	**14.3**	**10.8**	**16.5**	**62.0**	**1.3**
北 京	3.4	2.6	5.9	9.3	14.6	27.6	76.0	1.1
天 津	3.3	2.8	6.0	17.3	18.2	20.2	88.1	1.3
河 北	2.4	2.2	5.9	7.6	15.6	21.5	78.8	1.0
山 西	1.1	1.5	3.0	3.8	12.3	19.7	69.4	1.0
内蒙古	4.3	8.5	6.1	6.2	10.6	28.8	70.1	1.3
辽 宁	3.5	1.6	6.1	17.2	13.8	19.8	75.5	1.3
吉 林	3.4	1.0	4.9	10.0	10.8	14.1	67.1	1.3
黑龙江	2.9	1.6	5.5	11.0	12.5	14.3	73.6	1.7
上 海	3.1	1.1	12.1	24.5	11.9	21.7	64.2	1.5
江 苏	2.5	1.1	11.9	20.1	11.2	17.3	52.0	1.1
浙 江	2.9	0.7	11.4	25.2	8.7	15.1	59.0	1.4
安 徽	2.9	1.1	12.5	13.2	11.9	14.3	58.5	1.0
福 建	2.5	0.8	10.7	26.0	8.8	14.5	52.1	1.4
江 西	3.3	0.6	10.4	16.0	8.4	15.7	54.1	1.2
山 东	1.8	1.3	6.5	16.0	17.1	21.0	85.1	0.9
河 南	1.9	1.6	7.0	5.6	14.6	19.3	68.0	1.3
湖 北	2.7	0.8	6.3	17.2	7.4	8.9	51.3	0.8
湖 南	2.7	0.8	10.9	14.5	7.8	10.1	67.8	1.3
广 东	2.5	0.8	19.8	23.1	7.6	10.8	45.1	1.4
广 西	2.9	0.9	19.8	12.9	6.5	9.2	50.9	1.4
海 南	2.7	1.3	19.4	29.4	5.6	7.1	38.0	1.2
重 庆	2.0	0.7	11.4	11.3	9.5	15.9	50.5	2.3
四 川	2.6	0.6	11.6	9.4	8.5	17.4	52.2	1.7
贵 州	1.7	0.3	6.8	3.6	4.7	8.0	46.9	0.8
云 南	3.2	0.5	7.2	5.3	4.9	9.3	46.0	1.3
西 藏	35.2	5.5	4.6	1.8	8.4	21.0	12.8	3.5
陕 西	1.6	1.3	4.0	4.7	10.1	20.3	65.5	1.2
甘 肃	2.1	2.7	6.0	4.5	12.6	24.2	79.0	1.9
青 海	8.5	5.0	3.4	2.9	5.3	22.9	34.9	1.0
宁 夏	3.9	4.7	5.9	3.6	7.1	18.0	84.7	1.3
新 疆	6.5	11.1	6.6	5.5	8.1	30.2	65.4	1.3

2-2-1-10 2018年分地区城镇居民年末主要耐用消费品拥有量

单位：平均每百户

地　区	家用汽车(辆)	摩托车(辆)	电动助力车(辆)	洗衣机(台)	电冰箱(柜)(台)	微波炉(台)	彩色电视机(台)
全　国	**41.0**	**19.5**	**55.0**	**97.7**	**100.9**	**55.2**	**121.3**
北　京	53.6	2.8	18.2	100.3	102.9	78.0	123.6
天　津	55.0	1.9	32.7	99.4	103.2	76.1	109.6
河　北	51.4	10.5	88.3	100.2	99.6	69.4	108.2
山　西	38.3	11.9	47.8	99.5	96.7	42.2	102.2
内蒙古	48.1	15.2	40.8	99.2	104.1	44.1	102.8
辽　宁	31.5	6.3	14.1	95.1	100.5	57.3	104.7
吉　林	33.9	9.5	8.2	96.7	98.7	47.2	99.9
黑龙江	18.4	6.6	11.2	95.5	98.0	34.2	99.5
上　海	37.9	2.8	60.8	94.4	100.1	86.5	174.7
江　苏	46.0	12.5	116.4	102.3	107.3	87.0	171.3
浙　江	52.4	7.8	77.1	93.9	103.2	58.3	171.9
安　徽	32.0	15.2	89.5	97.8	101.2	61.6	132.9
福　建	30.9	35.1	53.6	85.6	96.1	51.8	120.7
江　西	38.7	29.8	71.9	94.8	99.2	50.7	133.0
山　东	58.2	14.4	89.8	100.0	105.0	53.6	106.0
河　南	37.9	14.2	107.3	100.6	99.4	43.3	115.4
湖　北	36.3	36.1	37.6	97.6	104.8	46.6	122.8
湖　南	33.1	36.9	26.4	103.7	104.1	42.6	119.8
广　东	42.9	46.4	34.1	91.8	95.0	44.3	105.9
广　西	40.3	32.7	89.4	98.6	102.8	65.0	110.3
海　南	39.6	31.2	86.0	90.3	96.7	33.1	103.6
重　庆	31.0	16.7	10.9	98.4	103.0	59.8	128.3
四　川	33.8	19.4	28.2	99.7	100.9	46.3	121.0
贵　州	39.9	25.5	14.8	101.6	101.2	39.9	106.6
云　南	52.7	32.9	38.3	100.3	97.5	58.9	107.4
西　藏	45.7	14.7	20.7	99.6	103.6	46.4	121.5
陕　西	36.6	20.1	30.9	98.3	97.0	42.1	104.0
甘　肃	30.0	12.6	24.9	99.8	97.6	49.8	102.2
青　海	40.4	13.0	8.2	98.0	99.4	53.0	96.4
宁　夏	42.8	14.2	51.1	100.4	99.6	53.2	101.6
新　疆	38.3	10.0	30.0	99.6	103.0	41.2	100.2

2-2-1-10　续表　　　　单位：平均每百户

地　　区	空调（台）	热水器（台）	排油烟机（台）	移动电话（部）	计算机（台）	照相机（台）
全　　国	**142.2**	**97.2**	**79.1**	**243.1**	**73.1**	**20.2**
北　　京	188.7	98.6	92.9	225.6	95.0	46.1
天　　津	156.6	97.2	92.4	233.0	77.4	24.0
河　　北	126.3	94.8	70.6	229.3	87.6	26.1
山　　西	49.3	81.1	80.0	234.9	64.3	16.5
内 蒙 古	20.7	78.1	81.2	227.6	62.9	18.3
辽　　宁	48.7	86.6	86.9	205.2	57.6	22.2
吉　　林	18.1	76.2	85.5	227.0	65.5	13.8
黑 龙 江	13.7	71.4	86.1	211.8	54.3	11.6
上　　海	207.0	96.0	85.1	222.9	106.7	36.0
江　　苏	219.7	111.6	85.0	248.9	77.6	19.9
浙　　江	220.5	105.3	88.3	243.1	86.4	23.2
安　　徽	175.4	104.8	77.3	246.0	66.2	14.8
福　　建	175.9	108.7	64.0	245.1	76.4	16.0
江　　西	151.8	99.8	75.0	259.4	68.8	13.4
山　　东	145.3	102.4	90.6	233.1	80.0	30.2
河　　南	176.7	93.9	76.0	247.4	65.6	13.6
湖　　北	166.2	102.0	75.1	259.2	74.2	15.8
湖　　南	180.0	103.3	77.6	272.7	74.9	17.9
广　　东	202.4	101.7	72.5	258.9	83.7	20.5
广　　西	158.5	103.4	65.2	269.1	79.7	20.5
海　　南	152.0	96.9	64.2	274.3	65.3	13.7
重　　庆	209.4	100.2	76.7	259.6	64.4	17.6
四　　川	140.1	97.5	72.1	249.1	58.0	13.4
贵　　州	34.5	94.3	56.1	282.3	54.6	9.3
云　　南	7.2	99.5	76.1	253.1	64.0	15.5
西　　藏	14.5	47.9	45.9	210.1	43.7	13.7
陕　　西	115.1	86.1	72.0	236.6	55.9	19.0
甘　　肃	13.8	82.6	84.2	246.1	59.6	20.5
青　　海	1.7	73.6	79.0	234.9	51.9	13.7
宁　　夏	20.0	98.0	89.0	249.7	67.0	13.8
新　　疆	29.7	92.1	86.4	220.8	55.0	15.1

(二)2019年分地区城镇居民收支主要数据

2-2-2-1　2019年分地区城镇居民可支配收入

单位：元/人

地　区	可支配收入	一、工资性收入	二、经营净收入	三、财产净收入	四、转移净收入
全　国	**42358.8**	**25564.8**	**4840.4**	**4390.6**	**7563.0**
北　京	73848.5	44327.0	1034.0	12689.6	15797.9
天　津	46118.9	29588.2	2696.8	4514.7	9319.3
河　北	35737.7	22792.8	2749.9	3225.4	6969.6
山　西	33262.4	19697.2	2860.4	2252.9	8451.9
内蒙古	40782.5	24459.4	7945.4	2344.4	6033.3
辽　宁	39777.2	22120.5	4461.3	2094.3	11101.1
吉　林	32299.2	20570.5	2857.7	1636.2	7234.9
黑龙江	30944.6	17828.5	3422.3	1367.3	8326.5
上　海	73615.3	42328.2	2192.0	11063.8	18031.3
江　苏	51056.1	30415.7	5298.2	6201.6	9140.7
浙　江	60182.3	33663.0	9115.4	8201.9	9202.0
安　徽	37540.0	22547.6	5982.5	3192.4	5817.5
福　建	45620.5	27992.2	6210.9	5512.0	5905.4
江　西	36545.9	23167.6	3055.3	3187.9	7135.2
山　东	42329.2	26610.9	6046.5	3574.7	6097.1
河　南	34201.0	19146.4	5212.3	3188.3	6654.0
湖　北	37601.4	20810.6	5340.9	3302.0	8147.9
湖　南	39841.9	21534.1	5946.8	3950.9	8410.1
广　东	48117.6	34151.9	5473.8	6686.2	1805.7
广　西	34744.9	19343.9	5965.2	2932.3	6503.5
海　南	36016.7	23059.3	3574.2	3455.9	5927.4
重　庆	37938.6	22119.0	4361.2	2724.5	8733.9
四　川	36153.7	20479.2	4392.8	2890.9	8390.9
贵　州	34404.2	18959.7	5714.0	3432.5	6298.0
云　南	36237.7	20346.9	4106.9	4959.4	6824.5
西　藏	37410.0	27906.0	1095.2	3478.9	4929.9
陕　西	36098.2	20982.9	2760.2	2644.3	9710.8
甘　肃	32323.4	21707.5	2483.9	2539.2	5592.9
青　海	33830.3	22872.3	2306.8	1878.1	6773.2
宁　夏	34328.5	23406.1	3530.2	1421.2	5971.0
新　疆	34663.7	23199.3	3624.4	1509.3	6330.6

2-2-2-2　2019年分地区城镇居民可支配收入构成

单位：%

地　区	可支配收入	一、工资性收入	二、经营净收入	三、财产净收入	四、转移净收入
全　国	**100.0**	**60.4**	**11.4**	**10.4**	**17.9**
北　京	100.0	60.0	1.4	17.2	21.4
天　津	100.0	64.2	5.8	9.8	20.2
河　北	100.0	63.8	7.7	9.0	19.5
山　西	100.0	59.2	8.6	6.8	25.4
内蒙古	100.0	60.0	19.5	5.7	14.8
辽　宁	100.0	55.6	11.2	5.3	27.9
吉　林	100.0	63.7	8.8	5.1	22.4
黑龙江	100.0	57.6	11.1	4.4	26.9
上　海	100.0	57.5	3.0	15.0	24.5
江　苏	100.0	59.6	10.4	12.1	17.9
浙　江	100.0	55.9	15.1	13.6	15.3
安　徽	100.0	60.1	15.9	8.5	15.5
福　建	100.0	61.4	13.6	12.1	12.9
江　西	100.0	63.4	8.4	8.7	19.5
山　东	100.0	62.9	14.3	8.4	14.4
河　南	100.0	56.0	15.2	9.3	19.5
湖　北	100.0	55.3	14.2	8.8	21.7
湖　南	100.0	54.0	14.9	9.9	21.1
广　东	100.0	71.0	11.4	13.9	3.8
广　西	100.0	55.7	17.2	8.4	18.7
海　南	100.0	64.0	9.9	9.6	16.5
重　庆	100.0	58.3	11.5	7.2	23.0
四　川	100.0	56.6	12.2	8.0	23.2
贵　州	100.0	55.1	16.6	10.0	18.3
云　南	100.0	56.1	11.3	13.7	18.8
西　藏	100.0	74.6	2.9	9.3	13.2
陕　西	100.0	58.1	7.6	7.3	26.9
甘　肃	100.0	67.2	7.7	7.9	17.3
青　海	100.0	67.6	6.8	5.6	20.0
宁　夏	100.0	68.2	10.3	4.1	17.4
新　疆	100.0	66.9	10.5	4.4	18.3

2-2-2-3 2019年分地区城镇居民现金可支配收入

单位：元/人

地区	现金可支配收入	一、工资性收入	二、经营净收入	三、财产净收入	四、转移净收入
全国	**39147.6**	**25439.1**	**5180.9**	**1494.7**	**7032.9**
北京	61461.2	44292.6	1118.7	2034.9	14015.0
天津	41533.6	29371.5	2867.0	975.2	8319.9
河北	32960.0	22752.3	2986.2	532.7	6688.8
山西	31455.1	19639.3	3008.4	925.1	7882.3
内蒙古	39508.0	24429.2	8325.9	1050.3	5702.6
辽宁	37598.3	21895.7	4724.4	520.1	10458.0
吉林	31001.6	20526.0	3069.7	491.1	6914.9
黑龙江	29741.7	17753.9	3679.5	425.2	7883.0
上海	62057.4	42154.5	2294.6	1123.0	16485.4
江苏	46057.9	30278.8	5579.5	1795.3	8404.2
浙江	55510.1	33483.8	9663.1	3780.6	8582.7
安徽	35231.1	22415.7	6530.2	865.1	5420.1
福建	41375.2	27734.3	6713.0	1419.6	5508.3
江西	34375.1	23102.2	3202.5	1187.3	6883.1
山东	40094.0	26519.9	6751.1	1060.2	5762.8
河南	31701.6	19075.9	5401.6	1100.5	6123.7
湖北	35082.4	20645.8	5896.0	879.6	7661.1
湖南	37821.1	21377.1	6346.3	2115.7	7982.0
广东	44233.9	33924.9	5901.0	2796.1	1611.9
广西	32596.1	19187.6	6164.9	1527.9	5715.7
海南	33363.1	22955.3	3707.0	1144.8	5556.0
重庆	35930.2	21969.8	4597.6	1101.2	8261.6
四川	34121.0	20367.5	4658.1	1287.7	7807.7
贵州	33311.1	18880.0	6299.3	2317.1	5814.7
云南	33828.5	20324.3	4220.3	2938.0	6345.9
西藏	35225.9	27897.0	1228.9	1359.3	4740.8
陕西	34373.6	20922.9	2857.9	1412.5	9180.2
甘肃	29993.2	21683.2	2709.1	436.4	5164.5
青海	32630.1	22798.2	2920.1	750.4	6161.3
宁夏	33061.6	23328.3	3803.5	647.6	5282.2
新疆	33281.8	23087.9	3998.1	400.3	5795.5

2-2-2-4　2019年分地区城镇居民现金可支配收入构成

单位：%

地　区	现金可支配收入	一、工资性收入	二、经营净收入	三、财产净收入	四、转移净收入
全　国	**100.0**	**65.0**	**13.2**	**3.8**	**18.0**
北　京	100.0	72.1	1.8	3.3	22.8
天　津	100.0	70.7	6.9	2.3	20.0
河　北	100.0	69.0	9.1	1.6	20.3
山　西	100.0	62.4	9.6	2.9	25.1
内蒙古	100.0	61.8	21.1	2.7	14.4
辽　宁	100.0	58.2	12.6	1.4	27.8
吉　林	100.0	66.2	9.9	1.6	22.3
黑龙江	100.0	59.7	12.4	1.4	26.5
上　海	100.0	67.9	3.7	1.8	26.6
江　苏	100.0	65.7	12.1	3.9	18.2
浙　江	100.0	60.3	17.4	6.8	15.5
安　徽	100.0	63.6	18.5	2.5	15.4
福　建	100.0	67.0	16.2	3.4	13.3
江　西	100.0	67.2	9.3	3.5	20.0
山　东	100.0	66.1	16.8	2.6	14.4
河　南	100.0	60.2	17.0	3.5	19.3
湖　北	100.0	58.8	16.8	2.5	21.8
湖　南	100.0	56.5	16.8	5.6	21.1
广　东	100.0	76.7	13.3	6.3	3.6
广　西	100.0	58.9	18.9	4.7	17.5
海　南	100.0	68.8	11.1	3.4	16.7
重　庆	100.0	61.1	12.8	3.1	23.0
四　川	100.0	59.7	13.7	3.8	22.9
贵　州	100.0	56.7	18.9	7.0	17.5
云　南	100.0	60.1	12.5	8.7	18.8
西　藏	100.0	79.2	3.5	3.9	13.5
陕　西	100.0	60.9	8.3	4.1	26.7
甘　肃	100.0	72.3	9.0	1.5	17.2
青　海	100.0	69.9	8.9	2.3	18.9
宁　夏	100.0	70.6	11.5	2.0	16.0
新　疆	100.0	69.4	12.0	1.2	17.4

2-2-2-5 2019年分地区城镇居民消费支出

单位：元/人

地 区	消费支出	一、食品烟酒支出	二、衣着支出	三、居住支出
全 国	**28063.4**	**7732.6**	**1831.9**	**6780.2**
北 京	46358.2	8951.0	2391.0	17234.8
天 津	34810.7	9719.2	2194.8	7701.5
河 北	23483.1	6024.2	1805.8	5879.9
山 西	21159.0	5072.9	1801.4	4333.3
内蒙古	25382.5	6688.4	2457.9	4844.7
辽 宁	27355.0	7355.7	2029.8	5445.9
吉 林	23394.3	5841.4	1979.2	4571.2
黑龙江	22164.9	5814.0	1873.1	4319.3
上 海	48271.6	11272.5	2161.6	16253.1
江 苏	31329.1	7981.4	1930.6	8787.2
浙 江	37507.9	10161.6	2258.8	9977.2
安 徽	23781.5	7421.0	1763.5	5262.3
福 建	30945.5	9536.7	1659.4	8954.9
江 西	22714.3	6604.4	1568.9	5370.4
山 东	26731.5	6964.9	2042.4	5883.3
河 南	21971.6	5549.8	1706.5	5189.5
湖 北	26421.8	7334.3	1886.7	5929.4
湖 南	26924.0	7499.6	1843.7	5447.8
广 东	34424.1	10757.5	1480.8	8961.6
广 西	21590.9	6577.7	973.6	4468.2
海 南	25316.7	8690.5	968.8	5499.5
重 庆	25785.5	8035.1	2015.3	4734.2
四 川	25367.4	8279.4	1729.6	4741.6
贵 州	21402.4	6061.2	1610.6	3976.7
云 南	23454.9	6357.1	1415.7	5202.5
西 藏	25636.7	9682.1	2419.3	5226.1
陕 西	23514.3	6376.3	1816.1	4641.2
甘 肃	24453.9	6996.0	1920.1	5621.8
青 海	23799.2	6904.2	1941.0	4654.4
宁 夏	24161.0	5858.9	2104.5	4326.5
新 疆	25594.2	7421.6	2234.8	4559.0

2-2-2-5 续表　　　　单位：元/人

地　区	四、生活用品及服务支出	五、交通通信支　出	六、教育文化娱乐支出	七、医疗保健支　出	八、其他用品及服务支出
全　国	**1689.3**	**3671.3**	**3328.0**	**2282.7**	**747.2**
北　京	2568.9	5229.2	4738.4	3973.9	1271.0
天　津	2051.1	4596.1	4062.0	3179.3	1306.8
河　北	1537.1	2992.4	2588.1	2056.3	599.3
山　西	1264.7	2776.4	2937.9	2383.4	588.8
内蒙古	1614.4	3797.1	2817.5	2348.6	813.9
辽　宁	1621.0	3394.5	3691.9	2827.8	988.4
吉　林	1358.4	3174.9	3147.7	2525.2	796.3
黑龙江	1092.6	2612.4	2925.7	2840.9	686.9
上　海	2215.2	5625.9	5966.4	3331.6	1445.2
江　苏	1711.2	4051.5	3605.6	2419.9	841.8
浙　江	2075.2	5368.0	4342.2	2300.3	1024.5
安　徽	1465.8	2870.5	2802.4	1658.2	537.8
福　建	1556.8	3715.1	3066.3	1691.5	764.7
江　西	1507.0	2771.5	2781.4	1559.3	551.3
山　东	2083.4	3762.2	3171.3	2183.8	640.1
河　南	1528.8	2691.3	2673.9	2081.1	550.7
湖　北	1869.0	3283.9	2967.0	2471.4	680.2
湖　南	1660.4	3425.2	4172.2	2305.2	569.8
广　东	1894.8	4597.1	3984.5	1883.0	864.9
广　西	1256.5	3176.0	2609.0	2071.0	459.1
海　南	1237.1	3605.5	3135.3	1597.3	582.7
重　庆	1746.2	3317.8	2893.9	2359.1	683.8
四　川	1525.4	3453.4	2667.6	2293.3	677.1
贵　州	1305.1	3413.0	2635.3	1850.8	549.6
云　南	1416.8	3517.9	2917.6	2048.2	579.0
西　藏	1758.3	3621.8	1265.8	965.8	697.4
陕　西	1610.7	2890.8	3036.8	2528.5	613.8
甘　肃	1455.0	3050.2	2554.8	2224.2	631.7
青　海	1368.9	3295.0	2436.4	2509.8	689.7
宁　夏	1529.1	4077.0	3188.2	2342.2	734.6
新　疆	1708.5	3667.7	2724.1	2495.5	783.1

2-2-2-6 2019年分地区城镇居民消费支出构成

单位：%

地　区	消费支出	一、食品烟酒支出	二、衣着支出	三、居住支出
全　国	**100.0**	**27.6**	**6.5**	**24.2**
北　京	100.0	19.3	5.2	37.2
天　津	100.0	27.9	6.3	22.1
河　北	100.0	25.7	7.7	25.0
山　西	100.0	24.0	8.5	20.5
内蒙古	100.0	26.4	9.7	19.1
辽　宁	100.0	26.9	7.4	19.9
吉　林	100.0	25.0	8.5	19.5
黑龙江	100.0	26.2	8.5	19.5
上　海	100.0	23.4	4.5	33.7
江　苏	100.0	25.5	6.2	28.0
浙　江	100.0	27.1	6.0	26.6
安　徽	100.0	31.2	7.4	22.1
福　建	100.0	30.8	5.4	28.9
江　西	100.0	29.1	6.9	23.6
山　东	100.0	26.1	7.6	22.0
河　南	100.0	25.3	7.8	23.6
湖　北	100.0	27.8	7.1	22.4
湖　南	100.0	27.9	6.8	20.2
广　东	100.0	31.2	4.3	26.0
广　西	100.0	30.5	4.5	20.7
海　南	100.0	34.3	3.8	21.7
重　庆	100.0	31.2	7.8	18.4
四　川	100.0	32.6	6.8	18.7
贵　州	100.0	28.3	7.5	18.6
云　南	100.0	27.1	6.0	22.2
西　藏	100.0	37.8	9.4	20.4
陕　西	100.0	27.1	7.7	19.7
甘　肃	100.0	28.6	7.9	23.0
青　海	100.0	29.0	8.2	19.6
宁　夏	100.0	24.2	8.7	17.9
新　疆	100.0	29.0	8.7	17.8

2-2-2-6 续表

单位：%

地区	四、生活用品及服务支出	五、交通通信支出	六、教育文化娱乐支出	七、医疗保健支出	八、其他用品及服务支出
全国	**6.0**	**13.1**	**11.9**	**8.1**	**2.7**
北京	5.5	11.3	10.2	8.6	2.7
天津	5.9	13.2	11.7	9.1	3.8
河北	6.5	12.7	11.0	8.8	2.6
山西	6.0	13.1	13.9	11.3	2.8
内蒙古	6.4	15.0	11.1	9.3	3.2
辽宁	5.9	12.4	13.5	10.3	3.6
吉林	5.8	13.6	13.5	10.8	3.4
黑龙江	4.9	11.8	13.2	12.8	3.1
上海	4.6	11.7	12.4	6.9	3.0
江苏	5.5	12.9	11.5	7.7	2.7
浙江	5.5	14.3	11.6	6.1	2.7
安徽	6.2	12.1	11.8	7.0	2.3
福建	5.0	12.0	9.9	5.5	2.5
江西	6.6	12.2	12.2	6.9	2.4
山东	7.8	14.1	11.9	8.2	2.4
河南	7.0	12.2	12.2	9.5	2.5
湖北	7.1	12.4	11.2	9.4	2.6
湖南	6.2	12.7	15.5	8.6	2.1
广东	5.5	13.4	11.6	5.5	2.5
广西	5.8	14.7	12.1	9.6	2.1
海南	4.9	14.2	12.4	6.3	2.3
重庆	6.8	12.9	11.2	9.1	2.7
四川	6.0	13.6	10.5	9.0	2.7
贵州	6.1	15.9	12.3	8.6	2.6
云南	6.0	15.0	12.4	8.7	2.5
西藏	6.9	14.1	4.9	3.8	2.7
陕西	6.8	12.3	12.9	10.8	2.6
甘肃	6.0	12.5	10.4	9.1	2.6
青海	5.8	13.8	10.2	10.5	2.9
宁夏	6.3	16.9	13.2	9.7	3.0
新疆	6.7	14.3	10.6	9.8	3.1

2-2-2-7　2019年分地区城镇居民现金消费支出

单位：元/人

地　区	现金消费支出	一、食品烟酒支出	二、衣着支出	三、居住支出
全　国	**22798.0**	**7583.9**	**1831.3**	**2223.5**
北　京	31006.1	8916.9	2391.0	3817.4
天　津	28515.9	9535.3	2194.6	2615.6
河　北	19041.0	5976.6	1805.6	1767.6
山　西	17999.1	5008.2	1801.4	1915.9
内蒙古	22193.5	6625.0	2457.9	2051.1
辽　宁	23100.9	7164.0	2029.4	2063.6
吉　林	20431.2	5792.0	1979.1	1989.4
黑龙江	19389.9	5745.7	1873.0	2061.2
上　海	33918.5	11112.6	2161.4	3613.1
江　苏	23944.0	7807.8	1929.5	2353.0
浙　江	29595.6	9950.2	2257.6	2915.1
安　徽	19326.0	7261.3	1762.0	1481.2
福　建	23965.4	9310.0	1659.1	2692.9
江　西	18903.2	6490.6	1568.1	1959.6
山　东	22136.1	6867.1	2041.9	1736.1
河　南	18098.3	5490.3	1706.4	1921.9
湖　北	21670.0	7140.5	1886.4	1873.0
湖　南	23077.9	7282.9	1842.9	2286.6
广　东	28238.2	10553.5	1479.6	3207.9
广　西	17910.0	6304.6	973.5	1844.5
海　南	21152.9	8557.4	968.6	1844.5
重　庆	21971.9	7823.4	2014.1	1675.5
四　川	21503.8	8055.2	1729.0	1680.7
贵　州	18514.5	5922.2	1610.4	1707.8
云　南	19144.4	6207.8	1415.5	1521.5
西　藏	21879.1	9664.9	2416.6	1666.8
陕　西	20336.7	6282.5	1815.0	2079.6
甘　肃	20703.2	6944.8	1920.1	2347.9
青　海	20668.3	6836.2	1940.3	2335.8
宁　夏	21091.6	5779.7	2104.4	2036.6
新　疆	22436.0	7263.2	2234.4	2074.8

2-2-2-7 续表 单位：元/人

地区	四、生活用品及服务支出	五、交通通信支出	六、教育文化娱乐支出	七、医疗保健支出	八、其他用品及服务支出
全国	**1676.2**	**3665.0**	**3326.0**	**1754.6**	**737.6**
北京	2565.0	5226.7	4738.2	2085.6	1265.4
天津	1994.7	4577.6	4061.0	2373.0	1164.0
河北	1534.3	2989.0	2588.1	1782.0	597.7
山西	1261.5	2775.7	2934.5	1716.6	585.3
内蒙古	1613.8	3796.9	2816.8	2020.8	811.2
辽宁	1605.5	3377.0	3691.1	2196.6	973.5
吉林	1352.6	3167.5	3147.6	2207.8	795.2
黑龙江	1091.8	2611.6	2925.6	2394.9	686.2
上海	2212.0	5619.3	5960.6	1799.9	1439.5
江苏	1699.3	4044.7	3604.3	1673.1	832.3
浙江	2059.5	5363.9	4338.1	1692.1	1019.1
安徽	1456.3	2853.1	2802.3	1180.1	529.7
福建	1553.0	3708.0	3064.1	1219.5	758.8
江西	1503.0	2768.9	2772.9	1295.0	545.1
山东	2054.1	3760.0	3169.8	1873.3	633.9
河南	1525.8	2688.2	2673.5	1552.2	540.0
湖北	1866.7	3265.7	2966.9	2001.9	669.0
湖南	1648.5	3404.4	4169.8	1879.1	563.6
广东	1873.1	4592.9	3979.1	1697.9	854.3
广西	1196.6	3173.0	2608.1	1360.5	449.2
海南	1236.5	3605.4	3135.3	1224.3	580.9
重庆	1737.5	3314.0	2893.7	1850.2	663.5
四川	1507.7	3449.5	2667.1	1744.7	670.0
贵州	1294.4	3406.6	2634.6	1391.6	546.9
云南	1405.0	3517.6	2917.6	1581.5	577.9
西藏	1752.1	3621.8	1265.2	794.6	697.1
陕西	1598.6	2886.3	3035.9	2032.3	606.6
甘肃	1450.9	3049.5	2545.6	1814.8	629.7
青海	1367.3	3290.7	2436.3	1783.3	678.5
宁夏	1524.3	4071.8	3187.3	1655.3	732.3
新疆	1700.8	3666.9	2718.5	2010.9	766.5

2-2-2-8　2019年分地区城镇居民现金消费支出构成

单位：%

地区	现金消费支出	一、食品烟酒支出	二、衣着支出	三、居住支出
全　国	**100.0**	**33.3**	**8.0**	**9.8**
北　京	100.0	28.8	7.7	12.3
天　津	100.0	33.4	7.7	9.2
河　北	100.0	31.4	9.5	9.3
山　西	100.0	27.8	10.0	10.6
内蒙古	100.0	29.9	11.1	9.2
辽　宁	100.0	31.0	8.8	8.9
吉　林	100.0	28.3	9.7	9.7
黑龙江	100.0	29.6	9.7	10.6
上　海	100.0	32.8	6.4	10.7
江　苏	100.0	32.6	8.1	9.8
浙　江	100.0	33.6	7.6	9.8
安　徽	100.0	37.6	9.1	7.7
福　建	100.0	38.8	6.9	11.2
江　西	100.0	34.3	8.3	10.4
山　东	100.0	31.0	9.2	7.8
河　南	100.0	30.3	9.4	10.6
湖　北	100.0	33.0	8.7	8.6
湖　南	100.0	31.6	8.0	9.9
广　东	100.0	37.4	5.2	11.4
广　西	100.0	35.2	5.4	10.3
海　南	100.0	40.5	4.6	8.7
重　庆	100.0	35.6	9.2	7.6
四　川	100.0	37.5	8.0	7.8
贵　州	100.0	32.0	8.7	9.2
云　南	100.0	32.4	7.4	7.9
西　藏	100.0	44.2	11.0	7.6
陕　西	100.0	30.9	8.9	10.2
甘　肃	100.0	33.5	9.3	11.3
青　海	100.0	33.1	9.4	11.3
宁　夏	100.0	27.4	10.0	9.7
新　疆	100.0	32.4	10.0	9.2

2-2-2-8 续表

单位：%

地区	四、生活用品及服务支出	五、交通通信支出	六、教育文化娱乐支出	七、医疗保健支出	八、其他用品及服务支出
全国	**7.4**	**16.1**	**14.6**	**7.7**	**3.2**
北京	8.3	16.9	15.3	6.7	4.1
天津	7.0	16.1	14.2	8.3	4.1
河北	8.1	15.7	13.6	9.4	3.1
山西	7.0	15.4	16.3	9.5	3.3
内蒙古	7.3	17.1	12.7	9.1	3.7
辽宁	7.0	14.6	16.0	9.5	4.2
吉林	6.6	15.5	15.4	10.8	3.9
黑龙江	5.6	13.5	15.1	12.4	3.5
上海	6.5	16.6	17.6	5.3	4.2
江苏	7.1	16.9	15.1	7.0	3.5
浙江	7.0	18.1	14.7	5.7	3.4
安徽	7.5	14.8	14.5	6.1	2.7
福建	6.5	15.5	12.8	5.1	3.2
江西	8.0	14.6	14.7	6.9	2.9
山东	9.3	17.0	14.3	8.5	2.9
河南	8.4	14.9	14.8	8.6	3.0
湖北	8.6	15.1	13.7	9.2	3.1
湖南	7.1	14.8	18.1	8.1	2.4
广东	6.6	16.3	14.1	6.0	3.0
广西	6.7	17.7	14.6	7.6	2.5
海南	5.8	17.0	14.8	5.8	2.7
重庆	7.9	15.1	13.2	8.4	3.0
四川	7.0	16.0	12.4	8.1	3.1
贵州	7.0	18.4	14.2	7.5	3.0
云南	7.3	18.4	15.2	8.3	3.0
西藏	8.0	16.6	5.8	3.6	3.2
陕西	7.9	14.2	14.9	10.0	3.0
甘肃	7.0	14.7	12.3	8.8	3.0
青海	6.6	15.9	11.8	8.6	3.3
宁夏	7.2	19.3	15.1	7.8	3.5
新疆	7.6	16.3	12.1	9.0	3.4

2-2-2-9 2019年分地区城镇居民家庭主要食品消费量

单位：公斤/人

地 区	粮食（原粮）	谷物	食用油	植物油	蔬菜	肉类	猪肉
全 国	**110.6**	**98.5**	**9.2**	**8.7**	**105.8**	**28.7**	**20.3**
北 京	95.7	84.8	6.7	6.5	115.9	25.8	14.2
天 津	96.1	86.1	8.1	8.0	116.4	25.0	14.8
河 北	130.5	116.9	7.9	7.6	111.8	24.5	15.2
山 西	117.6	101.7	7.0	6.9	102.6	17.0	10.8
内蒙古	137.5	122.5	7.3	7.1	109.8	32.9	17.1
辽 宁	116.8	100.7	9.3	9.1	119.4	27.1	17.3
吉 林	118.3	103.7	9.9	9.8	104.2	24.0	15.4
黑龙江	113.7	100.7	11.1	11.0	101.4	23.2	14.7
上 海	100.1	87.5	8.2	7.9	102.9	28.2	18.9
江 苏	108.4	96.2	8.5	8.3	105.7	27.3	18.8
浙 江	118.0	104.8	10.8	10.3	95.4	28.5	21.4
安 徽	125.0	109.6	8.2	7.7	106.2	29.3	21.5
福 建	94.1	85.6	8.2	7.6	82.8	27.9	21.5
江 西	119.7	107.5	13.4	12.9	107.2	31.8	25.5
山 东	104.6	93.3	8.3	8.1	103.3	23.6	15.3
河 南	126.4	113.1	8.0	8.0	104.5	20.8	13.2
湖 北	94.9	83.1	10.2	9.7	94.2	27.6	20.1
湖 南	110.5	100.1	11.7	9.7	107.3	32.7	26.2
广 东	100.8	91.7	8.4	8.0	110.6	39.4	30.6
广 西	95.6	87.3	7.9	7.3	94.6	31.5	25.2
海 南	80.8	74.7	8.2	7.7	99.5	26.9	20.9
重 庆	106.2	92.8	14.4	13.2	125.7	39.0	32.1
四 川	109.7	96.4	11.3	10.5	131.2	40.6	32.0
贵 州	94.7	82.9	7.5	6.4	76.2	29.1	24.7
云 南	100.3	88.1	7.3	6.1	93.7	29.9	22.3
西 藏	181.8	171.4	26.1	23.8	97.0	56.7	13.3
陕 西	118.9	103.9	9.5	9.2	106.7	18.9	12.1
甘 肃	139.5	126.0	9.1	9.0	115.3	21.8	13.0
青 海	93.6	87.6	9.4	9.3	64.7	24.6	8.9
宁 夏	88.2	80.9	6.9	6.9	95.5	17.1	6.7
新 疆	124.2	118.8	12.1	12.1	103.2	24.6	5.3

2-2-2-9 续表 单位：公斤/人

地 区	牛肉	羊肉	禽类	水产品	蛋类	奶类	干鲜瓜果类	食糖
全 国	**2.9**	**1.4**	**11.4**	**16.7**	**11.5**	**16.7**	**66.8**	**1.2**
北 京	3.8	2.6	6.7	10.3	14.4	31.1	87.1	1.1
天 津	3.2	2.7	6.4	18.0	18.8	18.4	90.8	1.1
河 北	2.4	1.9	6.5	10.0	17.1	20.5	88.6	1.0
山 西	1.2	1.5	3.6	4.3	14.4	21.3	77.5	0.9
内蒙古	4.5	6.8	6.8	8.0	12.3	29.9	82.8	1.2
辽 宁	3.5	1.5	6.6	19.3	14.9	21.3	81.7	1.2
吉 林	3.6	0.9	5.9	12.1	12.2	14.9	79.3	1.2
黑龙江	2.7	1.5	6.0	12.2	13.4	13.6	76.4	1.5
上 海	3.6	1.0	12.8	26.9	12.2	21.6	61.9	1.4
江 苏	2.6	0.9	13.2	21.8	11.5	16.8	51.8	1.0
浙 江	3.1	0.7	12.5	28.3	9.3	15.1	62.1	1.4
安 徽	3.0	1.1	15.0	16.6	12.8	14.3	70.6	0.9
福 建	2.8	0.8	11.7	26.7	9.0	12.3	48.5	1.2
江 西	3.4	0.5	11.8	18.1	8.3	15.8	56.9	1.0
山 东	1.6	1.2	6.8	18.3	18.0	21.8	87.6	0.7
河 南	2.1	1.6	8.4	6.4	16.4	19.1	73.9	1.1
湖 北	3.1	0.8	7.7	19.6	7.7	9.8	50.9	0.7
湖 南	3.0	0.7	13.6	17.8	8.2	10.1	70.8	1.2
广 东	3.5	0.8	23.9	29.5	8.7	10.8	53.9	1.4
广 西	3.2	0.8	24.8	16.6	6.9	8.1	52.2	1.2
海 南	3.1	1.2	24.0	32.8	5.4	6.6	39.6	0.8
重 庆	2.4	0.6	12.9	13.9	10.4	17.0	52.8	1.9
四 川	2.8	0.6	14.1	11.7	9.2	15.1	58.7	1.5
贵 州	1.7	0.3	7.8	4.3	4.9	8.3	46.8	0.7
云 南	3.5	0.4	8.6	6.5	5.0	10.1	50.1	1.3
西 藏	35.0	5.1	5.3	2.2	7.2	20.3	19.9	4.0
陕 西	1.9	1.7	4.7	5.3	10.6	20.8	71.3	0.9
甘 肃	2.7	2.5	6.2	5.6	11.5	29.7	92.3	1.4
青 海	9.2	4.9	4.1	3.3	5.7	23.0	38.0	1.0
宁 夏	4.4	4.5	7.0	4.2	7.5	19.7	84.6	1.2
新 疆	6.0	10.2	7.0	6.1	8.8	33.0	73.9	1.2

2-2-2-10 2019年分地区城镇居民年末主要耐用消费品拥有量

单位：平均每百户

地　区	家用汽车(辆)	摩托车(辆)	电动助力车(辆)	洗衣机(台)	电冰箱(柜)(台)	微波炉(台)	彩色电视机(台)
全　国	**43.2**	**18.7**	**59.4**	**99.2**	**102.5**	**55.7**	**122.8**
北　京	54.6	3.0	19.3	100.9	103.4	79.0	125.1
天　津	56.5	1.7	36.2	99.9	104.0	77.1	110.4
河　北	52.5	11.0	90.1	101.9	101.6	52.3	111.1
山　西	37.6	11.3	53.1	100.5	98.1	43.4	102.9
内蒙古	51.5	12.7	43.6	99.6	106.8	45.9	103.3
辽　宁	32.0	5.6	15.4	96.0	101.3	58.7	105.2
吉　林	35.6	8.9	9.8	97.7	99.7	49.3	100.7
黑龙江	24.6	6.1	10.7	97.6	99.8	35.2	99.8
上　海	39.4	2.4	63.6	96.0	101.4	87.2	177.9
江　苏	48.5	10.7	124.0	104.0	108.8	88.6	174.2
浙　江	52.8	7.7	80.4	95.4	104.5	60.1	175.1
安　徽	34.9	13.8	97.8	99.8	102.7	63.7	137.2
福　建	33.9	35.5	63.8	91.0	101.1	55.5	128.6
江　西	39.3	26.8	75.7	95.5	99.7	51.1	129.1
山　东	60.7	12.2	96.3	100.4	105.8	54.1	106.3
河　南	37.9	15.4	114.0	101.3	100.0	45.0	116.2
湖　北	37.3	37.2	40.3	98.6	106.3	45.9	122.9
湖　南	36.3	36.2	29.4	104.4	105.0	43.3	120.1
广　东	47.6	45.6	39.3	93.8	97.9	46.1	107.6
广　西	43.3	31.8	98.8	101.5	105.1	67.6	112.4
海　南	43.5	25.6	101.2	92.7	98.4	30.5	103.3
重　庆	34.4	14.7	13.2	98.8	103.0	62.7	129.9
四　川	36.8	17.9	31.1	101.3	103.1	48.9	124.3
贵　州	43.2	24.0	18.5	103.5	103.2	42.4	107.8
云　南	55.6	35.3	44.8	104.8	100.8	62.3	108.9
西　藏	50.5	15.5	21.6	99.7	101.4	42.4	118.8
陕　西	37.4	18.4	33.1	99.8	97.9	41.4	104.4
甘　肃	28.4	10.9	25.2	101.3	98.1	55.8	103.8
青　海	42.8	11.9	8.7	100.3	102.1	57.0	98.0
宁　夏	45.0	12.8	54.6	101.3	100.3	56.6	102.8
新　疆	37.8	6.6	32.6	100.1	105.9	39.2	102.5

2-2-2-10　续表　　　　　　　　　　　　　　　　　　单位：平均每百户

地　区	空调（台）	热水器（台）	排油烟机（台）	移动电话（部）	计算机（台）	照相机（台）
全　国	**148.3**	**98.2**	**81.7**	**247.4**	**72.2**	**19.5**
北　京	192.3	98.8	94.1	230.4	95.6	46.9
天　津	166.9	97.1	94.5	236.4	75.2	22.6
河　北	131.8	93.5	81.0	235.4	64.3	16.3
山　西	50.7	83.2	82.0	238.7	63.0	16.3
内蒙古	21.6	80.5	82.0	231.7	62.8	18.6
辽　宁	58.0	87.5	87.6	207.2	57.3	21.6
吉　林	22.7	78.7	87.5	229.1	65.2	14.3
黑龙江	14.0	74.9	87.9	222.7	53.6	11.7
上　海	213.4	97.8	86.8	227.0	112.5	37.1
江　苏	226.3	112.1	86.7	254.5	78.3	19.2
浙　江	220.6	107.2	90.4	242.8	85.2	23.7
安　徽	185.4	104.1	80.2	251.4	65.3	15.6
福　建	193.5	114.0	69.5	258.7	77.4	16.6
江　西	157.4	101.6	78.3	253.2	67.3	15.3
山　东	149.6	100.2	90.5	236.0	78.7	27.2
河　南	182.7	94.1	76.2	251.3	64.9	13.0
湖　北	168.4	103.2	77.6	261.3	72.4	15.7
湖　南	185.0	104.4	80.9	274.8	74.9	17.4
广　东	212.1	103.0	75.1	264.0	86.8	21.2
广　西	170.0	107.0	69.3	277.0	79.2	18.8
海　南	168.4	98.9	66.2	282.7	67.2	12.5
重　庆	218.5	101.8	78.7	262.2	64.1	16.8
四　川	154.2	99.9	77.5	254.5	59.0	13.7
贵　州	37.2	96.9	60.4	287.8	57.2	9.6
云　南	8.1	98.6	78.8	263.8	64.2	17.7
西　藏	12.9	49.4	41.8	213.7	47.3	13.9
陕　西	120.7	86.0	74.3	238.2	56.0	18.0
甘　肃	15.9	83.9	85.1	243.2	60.9	18.6
青　海	1.3	75.6	81.1	240.4	51.8	14.0
宁　夏	21.9	99.2	90.2	253.6	68.7	14.9
新　疆	32.2	91.9	87.8	224.5	54.6	15.7

(三)2020年分地区城镇居民收支主要数据

2-2-3-1　2020年分地区城镇居民可支配收入

单位：元/人

地区	可支配收入	一、工资性收入	二、经营净收入	三、财产净收入	四、转移净收入
全　国	**43833.8**	**26380.7**	**4710.8**	**4626.5**	**8115.8**
北　京	75601.5	44619.0	685.0	13152.4	17145.2
天　津	47658.5	30052.7	2216.1	4824.3	10565.3
河　北	37285.7	23602.4	2850.7	3435.2	7397.3
山　西	34792.7	20197.1	2943.2	2384.4	9268.0
内蒙古	41353.1	24888.4	7697.3	2366.4	6401.0
辽　宁	40375.9	22801.1	3666.7	2144.8	11763.3
吉　林	33395.7	20990.9	2987.4	1603.0	7814.4
黑龙江	31114.7	17543.3	2753.0	1324.0	9494.5
上　海	76437.3	43802.5	2063.5	10884.2	19687.1
江　苏	53101.7	31167.7	5328.3	6680.4	9925.2
浙　江	62699.3	35369.6	8672.1	8747.5	9910.1
安　徽	39442.1	23635.6	6189.1	3504.5	6112.9
福　建	47160.3	29119.1	5992.4	6219.0	5829.8
江　西	38555.8	24309.5	3089.0	3390.8	7766.5
山　东	43726.3	27250.0	6097.2	3793.1	6585.9
河　南	34750.3	19620.3	5105.3	3077.4	6947.3
湖　北	36705.7	20071.4	4728.3	3470.1	8436.0
湖　南	41697.5	22457.3	6255.2	4146.0	8839.0
广　东	50257.0	35429.3	5237.3	7425.9	2164.4
广　西	35859.3	20241.2	5375.4	3217.3	7025.5
海　南	37097.0	23626.1	3551.4	3513.9	6405.6
重　庆	40006.2	23353.3	4480.0	2860.2	9312.6
四　川	38253.1	21950.7	4333.8	3058.9	8909.7
贵　州	36096.2	20472.1	5808.4	3252.2	6563.5
云　南	37499.5	21594.7	4213.6	4725.1	6966.1
西　藏	41156.4	30717.4	1203.6	3330.0	5905.4
陕　西	37868.2	21850.4	2836.3	2851.0	10330.5
甘　肃	33821.8	22903.6	2489.1	2627.4	5801.8
青　海	35505.8	23546.9	2699.4	1667.1	7592.3
宁　夏	35719.6	24272.6	3465.1	1293.2	6688.7
新　疆	34838.4	22408.3	3161.4	1518.1	7750.5

2-2-3-2　2020年分地区城镇居民可支配收入构成

单位：%

地　区	可支配收入	一、工资性收入	二、经营净收入	三、财产净收入	四、转移净收入
全　国	**100.0**	**60.2**	**10.7**	**10.6**	**18.5**
北　京	100.0	59.0	0.9	17.4	22.7
天　津	100.0	63.1	4.7	10.1	22.2
河　北	100.0	63.3	7.6	9.2	19.8
山　西	100.0	58.0	8.5	6.9	26.6
内蒙古	100.0	60.2	18.6	5.7	15.5
辽　宁	100.0	56.5	9.1	5.3	29.1
吉　林	100.0	62.9	8.9	4.8	23.4
黑龙江	100.0	56.4	8.8	4.3	30.5
上　海	100.0	57.3	2.7	14.2	25.8
江　苏	100.0	58.7	10.0	12.6	18.7
浙　江	100.0	56.4	13.8	14.0	15.8
安　徽	100.0	59.9	15.7	8.9	15.5
福　建	100.0	61.7	12.7	13.2	12.4
江　西	100.0	63.1	8.0	8.8	20.1
山　东	100.0	62.3	13.9	8.7	15.1
河　南	100.0	56.5	14.7	8.9	20.0
湖　北	100.0	54.7	12.9	9.5	23.0
湖　南	100.0	53.9	15.0	9.9	21.2
广　东	100.0	70.5	10.4	14.8	4.3
广　西	100.0	56.4	15.0	9.0	19.6
海　南	100.0	63.7	9.6	9.5	17.3
重　庆	100.0	58.4	11.2	7.1	23.3
四　川	100.0	57.4	11.3	8.0	23.3
贵　州	100.0	56.7	16.1	9.0	18.2
云　南	100.0	57.6	11.2	12.6	18.6
西　藏	100.0	74.6	2.9	8.1	14.3
陕　西	100.0	57.7	7.5	7.5	27.3
甘　肃	100.0	67.7	7.4	7.8	17.2
青　海	100.0	66.3	7.6	4.7	21.4
宁　夏	100.0	68.0	9.7	3.6	18.7
新　疆	100.0	64.3	9.1	4.4	22.2

2-2-3-3　2020年分地区城镇居民现金可支配收入

单位：元/人

地　区	现金可支配收入	一、工资性收入	二、经营净收入	三、财产净收入	四、转移净收入
全　国	**40377.8**	**26240.5**	**4987.5**	**1569.3**	**7580.6**
北　京	62832.0	44569.4	774.1	1928.1	15560.5
天　津	42728.3	29815.9	2331.1	1151.6	9429.7
河　北	34399.0	23565.0	3035.0	694.1	7104.8
山　西	32858.9	20139.6	3096.3	1033.0	8590.1
内蒙古	40060.6	24859.8	8163.7	908.7	6128.4
辽　宁	38279.6	22615.8	3960.1	516.2	11187.6
吉　林	31974.6	20945.6	3164.6	385.3	7479.2
黑龙江	29968.1	17437.9	3127.5	268.4	9134.3
上　海	64766.1	43518.6	2135.5	987.2	18124.9
江　苏	47816.2	31014.0	5638.0	1901.9	9262.2
浙　江	57515.5	35202.4	9076.3	3924.0	9312.8
安　徽	36811.0	23516.8	6497.9	1020.7	5775.6
福　建	42117.5	28854.4	6285.6	1670.0	5307.6
江　西	36032.5	24246.3	3180.0	1170.9	7435.2
山　东	41088.4	27152.7	6614.1	1118.8	6202.8
河　南	32330.0	19547.1	5244.6	984.7	6553.7
湖　北	33625.2	19866.5	4990.3	867.7	7900.7
湖　南	39349.7	22288.1	6489.3	2265.6	8306.7
广　东	46007.3	35187.1	5621.3	3258.5	1940.3
广　西	33601.6	20029.0	5620.4	1694.7	6257.6
海　南	34294.2	23504.1	3639.0	1045.6	6105.5
重　庆	37692.0	23148.1	4655.0	1136.1	8752.9
四　川	36163.7	21812.3	4527.8	1456.3	8367.3
贵　州	34758.7	20378.6	6234.3	2076.0	6069.7
云　南	34758.7	21571.5	4420.5	2428.4	6338.2
西　藏	39394.0	30702.1	1380.5	1441.7	5869.7
陕　西	36051.7	21772.4	2995.8	1516.6	9766.9
甘　肃	31291.3	22856.9	2658.3	469.8	5306.3
青　海	34170.9	23473.6	3338.3	536.0	6823.0
宁　夏	34510.2	24164.4	3796.7	516.6	6032.4
新　疆	33076.5	22187.4	3534.0	333.8	7021.3

2-2-3-4 2020年分地区城镇居民现金可支配收入构成

单位：%

地区	现金可支配收入	一、工资性收入	二、经营净收入	三、财产净收入	四、转移净收入
全国	**100.0**	**65.0**	**12.4**	**3.9**	**18.8**
北京	100.0	70.9	1.2	3.1	24.8
天津	100.0	69.8	5.5	2.7	22.1
河北	100.0	68.5	8.8	2.0	20.7
山西	100.0	61.3	9.4	3.1	26.1
内蒙古	100.0	62.1	20.4	2.3	15.3
辽宁	100.0	59.1	10.3	1.3	29.2
吉林	100.0	65.5	9.9	1.2	23.4
黑龙江	100.0	58.2	10.4	0.9	30.5
上海	100.0	67.2	3.3	1.5	28.0
江苏	100.0	64.9	11.8	4.0	19.4
浙江	100.0	61.2	15.8	6.8	16.2
安徽	100.0	63.9	17.7	2.8	15.7
福建	100.0	68.5	14.9	4.0	12.6
江西	100.0	67.3	8.8	3.2	20.6
山东	100.0	66.1	16.1	2.7	15.1
河南	100.0	60.5	16.2	3.0	20.3
湖北	100.0	59.1	14.8	2.6	23.5
湖南	100.0	56.6	16.5	5.8	21.1
广东	100.0	76.5	12.2	7.1	4.2
广西	100.0	59.6	16.7	5.0	18.6
海南	100.0	68.5	10.6	3.0	17.8
重庆	100.0	61.4	12.4	3.0	23.2
四川	100.0	60.3	12.5	4.0	23.1
贵州	100.0	58.6	17.9	6.0	17.5
云南	100.0	62.1	12.7	7.0	18.2
西藏	100.0	77.9	3.5	3.7	14.9
陕西	100.0	60.4	8.3	4.2	27.1
甘肃	100.0	73.0	8.5	1.5	17.0
青海	100.0	68.7	9.8	1.6	20.0
宁夏	100.0	70.0	11.0	1.5	17.5
新疆	100.0	67.1	10.7	1.0	21.2

2-2-3-5 2020年分地区城镇居民消费支出

单位：元/人

地　区	消费支出	一、食品烟酒支出	二、衣着支出	三、居住支出
全　国	**27007.4**	**7880.5**	**1644.8**	**6957.7**
北　京	41726.3	8751.4	1924.0	17163.1
天　津	30894.7	9122.2	1860.4	7770.0
河　北	23167.4	6234.6	1667.4	5996.0
山　西	20331.9	5304.4	1671.0	4452.3
内蒙古	23887.7	6690.6	2123.5	5149.3
辽　宁	24849.1	7334.0	1717.8	5503.6
吉　林	21623.2	6040.8	1749.7	4597.2
黑龙江	20397.3	6029.5	1615.0	4449.4
上　海	44839.3	11515.1	1763.5	16465.1
江　苏	30882.2	8291.7	1768.0	9388.4
浙　江	36196.9	9913.7	2035.5	10664.7
安　徽	22682.7	7400.8	1548.9	5348.9
福　建	30486.5	9673.0	1443.5	9355.8
江　西	22134.3	6949.1	1354.5	5315.6
山　东	27291.1	7318.6	2012.5	5972.9
河　南	20644.9	5584.3	1620.0	4992.8
湖　北	22885.5	7112.4	1472.3	5774.3
湖　南	26796.4	7807.1	1778.4	5465.5
广　东	33511.3	10794.7	1282.1	9457.9
广　西	20906.5	7091.9	874.1	4645.1
海　南	23559.9	8896.1	896.8	5463.9
重　庆	26464.4	8618.8	1918.0	4970.8
四　川	25133.2	8741.1	1674.5	4951.4
贵　州	20587.0	6568.4	1436.0	3929.1
云　南	24569.4	6851.9	1434.4	5310.2
西　藏	24927.4	8637.7	2303.1	5855.3
陕　西	22866.4	6295.8	1649.8	4887.6
甘　肃	24614.6	7068.2	1859.4	5786.6
青　海	24315.2	6754.1	1770.5	5053.7
宁　夏	22379.1	6068.3	1776.3	4319.2
新　疆	22951.8	7194.3	1616.8	4483.1

2-2-3-5 续表 单位：元/人

地　区	四、生活用品及服务支出	五、交通通信支出	六、教育文化娱乐支出	七、医疗保健支出	八、其他用品及服务支出
全　国	**1640.0**	**3474.3**	**2591.7**	**2172.2**	**646.2**
北　京	2306.7	3925.2	3020.7	3755.0	880.0
天　津	1804.1	4045.7	2530.6	2811.0	950.7
河　北	1540.6	2798.3	2412.2	1988.8	529.6
山　西	1149.4	2687.2	2150.2	2421.2	496.3
内蒙古	1472.9	3724.4	2099.5	2039.8	587.7
辽　宁	1372.7	3016.5	2371.4	2595.2	937.9
吉　林	1236.5	2770.2	2187.7	2396.4	644.7
黑龙江	1142.1	2436.1	1891.1	2350.7	483.6
上　海	2177.5	4677.1	3962.6	3188.7	1089.9
江　苏	1809.0	3994.6	2728.2	2173.7	728.6
浙　江	2073.1	4987.6	3449.7	2162.1	910.5
安　徽	1358.6	2674.1	2283.1	1637.6	430.6
福　建	1519.3	3755.2	2300.9	1773.8	665.0
江　西	1233.9	2856.8	2262.3	1724.3	437.9
山　东	2148.7	3688.4	3204.5	2298.1	647.4
河　南	1413.8	2391.8	2141.9	1899.3	600.9
湖　北	1316.0	2852.5	2040.8	1922.3	394.8
湖　南	1708.7	3722.5	3360.8	2350.5	602.8
广　东	1895.3	4626.3	2958.7	1748.6	747.7
广　西	1232.9	2601.8	2181.1	1903.4	376.2
海　南	1140.0	2677.5	2383.2	1668.3	434.1
重　庆	1897.3	3290.8	2648.3	2445.3	675.1
四　川	1599.6	3052.2	2253.0	2193.4	668.1
贵　州	1319.7	3168.4	2001.3	1706.6	457.5
云　南	1486.7	4092.4	2531.1	2317.7	544.9
西　藏	1827.7	3621.1	1015.1	1098.9	568.4
陕　西	1622.3	2855.2	2387.2	2608.4	560.2
甘　肃	1662.0	3081.4	2426.7	2090.5	639.8
青　海	1509.6	4076.4	2043.1	2524.6	583.1
宁　夏	1383.5	3680.3	2250.3	2267.3	634.0
新　疆	1500.8	3413.5	1778.2	2349.1	615.9

2-2-3-6　2020年分地区城镇居民消费支出构成

单位：%

地　区	消费支出	一、食品烟酒支出	二、衣着支出	三、居住支出
全　国	**100.0**	**29.2**	**6.1**	**25.8**
北　京	100.0	21.0	4.6	41.1
天　津	100.0	29.5	6.0	25.1
河　北	100.0	26.9	7.2	25.9
山　西	100.0	26.1	8.2	21.9
内蒙古	100.0	28.0	8.9	21.6
辽　宁	100.0	29.5	6.9	22.1
吉　林	100.0	27.9	8.1	21.3
黑龙江	100.0	29.6	7.9	21.8
上　海	100.0	25.7	3.9	36.7
江　苏	100.0	26.8	5.7	30.4
浙　江	100.0	27.4	5.6	29.5
安　徽	100.0	32.6	6.8	23.6
福　建	100.0	31.7	4.7	30.7
江　西	100.0	31.4	6.1	24.0
山　东	100.0	26.8	7.4	21.9
河　南	100.0	27.0	7.8	24.2
湖　北	100.0	31.1	6.4	25.2
湖　南	100.0	29.1	6.6	20.4
广　东	100.0	32.2	3.8	28.2
广　西	100.0	33.9	4.2	22.2
海　南	100.0	37.8	3.8	23.2
重　庆	100.0	32.6	7.2	18.8
四　川	100.0	34.8	6.7	19.7
贵　州	100.0	31.9	7.0	19.1
云　南	100.0	27.9	5.8	21.6
西　藏	100.0	34.7	9.2	23.5
陕　西	100.0	27.5	7.2	21.4
甘　肃	100.0	28.7	7.6	23.5
青　海	100.0	27.8	7.3	20.8
宁　夏	100.0	27.1	7.9	19.3
新　疆	100.0	31.3	7.0	19.5

2-2-3-6 续表 单位：%

地区	四、生活用品及服务支出	五、交通通信支出	六、教育文化娱乐支出	七、医疗保健支出	八、其他用品及服务支出
全　国	**6.1**	**12.9**	**9.6**	**8.0**	**2.4**
北　京	5.5	9.4	7.2	9.0	2.1
天　津	5.8	13.1	8.2	9.1	3.1
河　北	6.7	12.1	10.4	8.6	2.3
山　西	5.7	13.2	10.6	11.9	2.4
内蒙古	6.2	15.6	8.8	8.5	2.5
辽　宁	5.5	12.1	9.5	10.4	3.8
吉　林	5.7	12.8	10.1	11.1	3.0
黑龙江	5.6	11.9	9.3	11.5	2.4
上　海	4.9	10.4	8.8	7.1	2.4
江　苏	5.9	12.9	8.8	7.0	2.4
浙　江	5.7	13.8	9.5	6.0	2.5
安　徽	6.0	11.8	10.1	7.2	1.9
福　建	5.0	12.3	7.5	5.8	2.2
江　西	5.6	12.9	10.2	7.8	2.0
山　东	7.9	13.5	11.7	8.4	2.4
河　南	6.8	11.6	10.4	9.2	2.9
湖　北	5.8	12.5	8.9	8.4	1.7
湖　南	6.4	13.9	12.5	8.8	2.2
广　东	5.7	13.8	8.8	5.2	2.2
广　西	5.9	12.4	10.4	9.1	1.8
海　南	4.8	11.4	10.1	7.1	1.8
重　庆	7.2	12.4	10.0	9.2	2.6
四　川	6.4	12.1	9.0	8.7	2.7
贵　州	6.4	15.4	9.7	8.3	2.2
云　南	6.1	16.7	10.3	9.4	2.2
西　藏	7.3	14.5	4.1	4.4	2.3
陕　西	7.1	12.5	10.4	11.4	2.4
甘　肃	6.8	12.5	9.9	8.5	2.6
青　海	6.2	16.8	8.4	10.4	2.4
宁　夏	6.2	16.4	10.1	10.1	2.8
新　疆	6.5	14.9	7.7	10.2	2.7

2-2-3-7　2020年分地区城镇居民现金消费支出

单位：元/人

地　区	现金消费支出	一、食品烟酒支出	二、衣着支出	三、居住支出
全　国	**21555.6**	**7709.6**	**1644.2**	**2222.2**
北　京	26320.9	8705.6	1923.6	3394.3
天　津	24307.8	8921.7	1860.1	2502.3
河　北	18583.9	6185.8	1666.8	1753.0
山　西	17140.3	5220.2	1670.9	2003.2
内蒙古	20528.6	6605.1	2123.3	2150.7
辽　宁	20604.4	7163.7	1717.5	2037.4
吉　林	18506.8	5969.0	1749.7	1890.1
黑龙江	17492.7	5919.3	1613.4	2024.4
上　海	30331.8	11236.1	1763.4	3808.0
江　苏	23133.1	8101.2	1767.5	2510.8
浙　江	27884.3	9714.3	2035.3	3160.6
安　徽	18203.0	7241.0	1546.6	1415.5
福　建	22938.3	9435.9	1442.2	2634.0
江　西	18022.1	6832.3	1354.4	1687.6
山　东	22561.6	7207.7	2011.0	1741.4
河　南	16898.1	5515.6	1619.8	1715.0
湖　北	17999.8	6887.6	1472.1	1644.6
湖　南	22755.9	7535.2	1778.0	2250.4
广　东	26986.9	10575.2	1281.5	3379.7
广　西	16995.8	6748.9	873.5	1856.7
海　南	19273.5	8715.5	896.7	1645.0
重　庆	22371.4	8354.0	1916.8	1735.0
四　川	21195.3	8468.5	1673.1	1826.1
贵　州	17548.8	6385.2	1435.1	1567.9
云　南	19755.1	6721.5	1434.4	1253.2
西　藏	21595.0	8622.8	2301.4	2573.5
陕　西	19516.8	6188.2	1649.7	2202.5
甘　肃	20701.8	6991.1	1858.6	2446.6
青　海	21117.1	6681.6	1770.5	2706.4
宁　夏	19268.9	5959.9	1776.1	1975.8
新　疆	19402.8	6924.8	1616.6	1904.8

2-2-3-7 续表　　单位：元/人

地　区	四、生活用品及服务支出	五、交通通信支　出	六、教育文化娱乐支出	七、医疗保健支　出	八、其他用品及服务支出
全　国	**1627.1**	**3468.9**	**2590.7**	**1658.4**	**634.6**
北　京	2304.3	3922.5	3020.7	2175.8	874.0
天　津	1801.2	4023.1	2530.4	1888.8	780.1
河　北	1530.8	2797.5	2411.2	1710.7	528.2
山　西	1144.9	2687.0	2149.3	1771.7	493.0
内蒙古	1470.9	3723.9	2099.4	1770.7	584.6
辽　宁	1356.7	3006.3	2371.3	2021.0	930.5
吉　林	1234.6	2766.8	2187.7	2064.7	644.2
黑龙江	1140.4	2433.4	1890.9	1988.8	482.0
上　海	2174.4	4671.8	3962.2	1631.1	1084.9
江　苏	1798.5	3988.2	2728.0	1520.5	718.5
浙　江	2063.8	4981.1	3441.7	1582.0	905.4
安　徽	1351.4	2668.3	2281.5	1275.4	423.3
福　建	1516.3	3747.7	2300.2	1206.6	655.5
江　西	1227.1	2853.9	2260.6	1373.6	432.5
山　东	2110.3	3687.1	3204.4	1964.3	635.4
河　南	1410.9	2388.2	2141.9	1515.1	591.5
湖　北	1315.1	2838.4	2040.2	1438.8	363.0
湖　南	1700.2	3710.2	3359.3	1832.4	590.2
广　东	1876.0	4618.9	2957.7	1555.1	742.7
广　西	1174.3	2598.6	2180.9	1202.2	360.7
海　南	1137.7	2677.1	2383.2	1385.6	432.7
重　庆	1886.4	3281.2	2647.9	1884.4	665.7
四　川	1585.0	3050.4	2252.8	1681.2	658.1
贵　州	1305.6	3161.1	2001.3	1237.5	455.3
云　南	1471.9	4092.4	2531.1	1706.5	544.1
西　藏	1818.9	3621.0	1015.1	1078.4	563.7
陕　西	1598.4	2850.2	2386.0	2087.0	554.8
甘　肃	1660.6	3081.0	2419.6	1608.0	636.2
青　海	1506.4	4075.8	2042.9	1753.0	580.5
宁　夏	1380.2	3672.5	2248.0	1624.5	632.0
新　疆	1476.7	3412.5	1777.2	1751.7	538.5

2-2-3-8 2020年分地区城镇居民现金消费支出构成

单位：%

地区	现金消费支出	一、食品烟酒支出	二、衣着支出	三、居住支出
全国	**100.0**	**35.8**	**7.6**	**10.3**
北京	100.0	33.1	7.3	12.9
天津	100.0	36.7	7.7	10.3
河北	100.0	33.3	9.0	9.4
山西	100.0	30.5	9.7	11.7
内蒙古	100.0	32.2	10.3	10.5
辽宁	100.0	34.8	8.3	9.9
吉林	100.0	32.3	9.5	10.2
黑龙江	100.0	33.8	9.2	11.6
上海	100.0	37.0	5.8	12.6
江苏	100.0	35.0	7.6	10.9
浙江	100.0	34.8	7.3	11.3
安徽	100.0	39.8	8.5	7.8
福建	100.0	41.1	6.3	11.5
江西	100.0	37.9	7.5	9.4
山东	100.0	31.9	8.9	7.7
河南	100.0	32.6	9.6	10.1
湖北	100.0	38.3	8.2	9.1
湖南	100.0	33.1	7.8	9.9
广东	100.0	39.2	4.7	12.5
广西	100.0	39.7	5.1	10.9
海南	100.0	45.2	4.7	8.5
重庆	100.0	37.3	8.6	7.8
四川	100.0	40.0	7.9	8.6
贵州	100.0	36.4	8.2	8.9
云南	100.0	34.0	7.3	6.3
西藏	100.0	39.9	10.7	11.9
陕西	100.0	31.7	8.5	11.3
甘肃	100.0	33.8	9.0	11.8
青海	100.0	31.6	8.4	12.8
宁夏	100.0	30.9	9.2	10.3
新疆	100.0	35.7	8.3	9.8

2-2-3-8 续表　　　　单位：%

地　　区	四、生活用品及服务支出	五、交通通信支　　出	六、教育文化娱乐支出	七、医疗保健支　　出	八、其他用品及服务支出
全　　国	**7.5**	**16.1**	**12.0**	**7.7**	**2.9**
北　　京	8.8	14.9	11.5	8.3	3.3
天　　津	7.4	16.6	10.4	7.8	3.2
河　　北	8.2	15.1	13.0	9.2	2.8
山　　西	6.7	15.7	12.5	10.3	2.9
内 蒙 古	7.2	18.1	10.2	8.6	2.8
辽　　宁	6.6	14.6	11.5	9.8	4.5
吉　　林	6.7	15.0	11.8	11.2	3.5
黑 龙 江	6.5	13.9	10.8	11.4	2.8
上　　海	7.2	15.4	13.1	5.4	3.6
江　　苏	7.8	17.2	11.8	6.6	3.1
浙　　江	7.4	17.9	12.3	5.7	3.2
安　　徽	7.4	14.7	12.5	7.0	2.3
福　　建	6.6	16.3	10.0	5.3	2.9
江　　西	6.8	15.8	12.5	7.6	2.4
山　　东	9.4	16.3	14.2	8.7	2.8
河　　南	8.3	14.1	12.7	9.0	3.5
湖　　北	7.3	15.8	11.3	8.0	2.0
湖　　南	7.5	16.3	14.8	8.1	2.6
广　　东	7.0	17.1	11.0	5.8	2.8
广　　西	6.9	15.3	12.8	7.1	2.1
海　　南	5.9	13.9	12.4	7.2	2.2
重　　庆	8.4	14.7	11.8	8.4	3.0
四　　川	7.5	14.4	10.6	7.9	3.1
贵　　州	7.4	18.0	11.4	7.1	2.6
云　　南	7.5	20.7	12.8	8.6	2.8
西　　藏	8.4	16.8	4.7	5.0	2.6
陕　　西	8.2	14.6	12.2	10.7	2.8
甘　　肃	8.0	14.9	11.7	7.8	3.1
青　　海	7.1	19.3	9.7	8.3	2.7
宁　　夏	7.2	19.1	11.7	8.4	3.3
新　　疆	7.6	17.6	9.2	9.0	2.8

2-2-3-9 2020年分地区城镇居民家庭主要食品消费量

单位：公斤/人

地区	粮食(原粮)	谷物	食用油	植物油	蔬菜	肉类	猪肉
全　国	**120.2**	**107.3**	**9.9**	**9.5**	**109.8**	**27.4**	**19.0**
北　京	105.2	93.1	7.3	7.2	124.0	27.7	15.1
天　津	101.9	91.4	9.0	8.9	119.6	24.5	14.2
河　北	157.7	140.9	9.4	9.2	124.1	25.2	15.0
山　西	130.9	113.5	8.0	7.9	104.6	17.6	10.9
内蒙古	141.1	125.2	8.0	7.8	109.3	32.9	16.6
辽　宁	129.6	112.1	10.0	9.9	125.0	27.4	16.7
吉　林	129.7	114.4	11.2	11.1	106.5	24.9	15.4
黑龙江	134.1	120.1	14.1	14.0	109.4	23.8	14.7
上　海	106.4	93.7	8.8	8.5	105.9	28.6	18.4
江　苏	109.9	97.7	9.4	9.1	106.7	27.1	19.4
浙　江	124.2	110.5	10.9	10.5	97.8	27.1	19.8
安　徽	126.5	110.8	8.5	8.0	107.5	26.8	19.4
福　建	98.4	89.6	9.0	8.6	85.5	25.6	19.3
江　西	130.9	117.7	15.6	15.2	110.4	33.8	27.3
山　东	110.2	98.2	7.4	7.3	105.6	20.9	13.5
河　南	136.6	122.4	8.7	8.7	107.8	19.6	12.0
湖　北	119.3	106.0	12.3	11.8	120.9	29.2	21.9
湖　南	124.0	113.0	12.0	10.3	110.9	31.2	25.0
广　东	108.9	99.6	9.1	8.8	113.7	34.4	25.8
广　西	103.3	95.1	8.3	7.9	96.9	27.4	21.7
海　南	91.5	85.6	8.8	8.4	100.5	23.0	17.4
重　庆	122.0	107.3	14.9	13.9	131.3	36.5	29.2
四　川	112.8	99.8	11.5	10.7	124.7	37.0	28.9
贵　州	108.2	95.2	9.0	7.8	80.5	27.7	23.5
云　南	112.1	98.5	7.9	6.7	99.8	26.5	19.6
西　藏	164.2	157.3	13.7	11.2	104.9	53.5	14.7
陕　西	126.5	110.3	10.3	10.1	101.0	18.1	11.4
甘　肃	135.0	121.4	9.1	9.0	107.2	21.3	12.6
青　海	94.5	88.0	8.8	8.7	66.8	23.2	8.3
宁　夏	93.0	84.9	7.6	7.6	96.9	17.3	6.4
新　疆	135.9	129.3	13.1	13.0	119.9	26.1	5.9

2-2-3-9 续表 单位：公斤/人

地　区	牛肉	羊肉	禽类	水产品	蛋类	奶类	干鲜瓜果类	食糖
全　国	**3.1**	**1.4**	**13.0**	**16.6**	**13.5**	**17.3**	**65.9**	**1.2**
北　京	4.1	3.1	8.1	9.7	16.8	32.4	83.5	1.2
天　津	3.3	2.9	7.2	17.3	21.6	18.2	86.4	1.1
河　北	2.6	2.3	8.4	9.9	21.2	23.7	91.5	1.2
山　西	1.3	1.8	4.8	4.3	16.9	22.8	76.2	0.9
内蒙古	4.8	7.2	8.2	7.6	15.3	31.4	80.7	1.1
辽　宁	4.0	1.8	8.1	18.6	17.9	23.4	83.0	1.2
吉　林	4.2	1.2	7.1	12.3	15.3	15.9	77.4	1.3
黑龙江	3.0	1.7	7.5	11.6	17.0	14.4	76.9	1.5
上　海	4.4	1.0	13.6	26.8	13.8	23.8	60.6	1.4
江　苏	2.6	0.9	13.7	21.4	13.2	17.6	49.0	1.0
浙　江	3.4	0.6	13.6	28.3	10.9	16.5	62.1	1.5
安　徽	3.0	1.1	15.8	16.2	14.2	13.4	61.5	0.9
福　建	2.8	0.7	13.3	27.7	10.7	13.9	49.5	1.3
江　西	3.7	0.5	13.3	17.9	9.7	15.4	55.8	1.0
山　东	1.5	1.2	8.5	19.1	20.6	22.5	91.7	0.7
河　南	2.2	1.7	9.6	6.6	19.9	19.3	72.4	1.1
湖　北	3.1	0.8	8.4	19.3	9.9	10.0	49.2	0.8
湖　南	3.0	0.7	14.9	17.3	9.6	10.6	67.6	1.1
广　东	3.7	0.7	28.1	30.1	10.2	11.7	53.5	1.5
广　西	3.0	0.7	29.0	16.5	8.2	9.0	50.4	1.3
海　南	3.0	1.0	27.6	31.1	6.2	7.0	37.5	0.9
重　庆	2.7	0.6	14.4	14.1	11.7	17.8	53.5	1.9
四　川	2.6	0.5	14.4	11.1	10.0	13.8	57.1	1.4
贵　州	1.8	0.3	8.8	4.4	6.0	9.5	46.0	0.8
云　南	3.0	0.3	10.0	6.5	5.7	10.9	54.6	1.3
西　藏	30.7	5.6	3.5	1.4	6.3	19.4	26.4	3.3
陕　西	2.0	1.5	5.0	4.7	12.2	20.3	67.9	0.9
甘　肃	2.7	2.3	6.9	5.0	12.0	27.6	86.1	1.5
青　海	9.7	3.7	4.7	3.1	6.9	22.9	38.7	1.1
宁　夏	4.8	4.6	7.4	4.1	8.9	18.1	81.4	1.2
新　疆	6.8	10.4	8.4	5.5	11.5	31.2	73.5	1.4

2-2-3-10 2020年分地区城镇居民年末主要耐用消费品拥有量

单位：平均每百户

地　区	家用汽车(辆)	摩托车(辆)	电动助力车(辆)	洗衣机(台)	电冰箱(柜)(台)	微波炉(台)	彩色电视机(台)
全　国	**44.9**	**18.2**	**62.0**	**99.7**	**103.1**	**56.5**	**123.0**
北　京	55.5	2.9	20.3	101.1	103.5	79.2	125.2
天　津	57.0	1.7	37.4	99.7	103.7	76.8	109.7
河　北	53.7	11.2	92.8	101.9	103.0	55.2	112.0
山　西	39.2	11.0	55.7	101.5	98.8	42.8	102.3
内蒙古	54.4	11.9	46.4	100.0	107.4	46.3	103.1
辽　宁	33.3	5.4	16.5	96.5	101.4	58.9	105.4
吉　林	36.4	8.4	11.3	98.2	100.5	49.9	101.2
黑龙江	26.4	5.5	11.3	97.5	101.1	35.6	100.1
上　海	39.9	2.3	65.6	96.9	101.8	87.4	177.7
江　苏	49.6	9.9	127.6	104.3	109.3	89.3	174.5
浙　江	55.6	7.2	83.7	96.5	105.2	60.8	176.2
安　徽	36.6	13.1	101.7	100.8	103.7	65.7	138.6
福　建	36.1	35.5	66.7	92.8	102.0	57.3	128.7
江　西	40.9	27.2	79.5	95.8	100.3	51.7	129.4
山　东	61.2	11.8	98.3	100.9	106.4	54.9	106.4
河　南	40.1	15.6	116.5	101.6	100.2	44.7	116.0
湖　北	37.9	32.1	44.2	99.3	104.9	47.0	120.9
湖　南	43.2	37.6	30.9	104.7	106.1	42.1	119.6
广　东	48.9	44.9	41.5	94.3	98.5	46.9	108.2
广　西	45.4	31.2	104.9	103.2	106.3	70.2	112.8
海　南	42.8	24.7	104.4	91.6	99.1	30.3	103.5
重　庆	36.3	14.1	13.7	99.2	103.5	63.7	129.5
四　川	36.6	16.8	34.0	101.6	103.5	50.2	124.5
贵　州	45.0	23.6	21.0	103.7	103.7	43.8	107.8
云　南	58.8	33.9	46.3	104.4	102.7	62.9	110.0
西　藏	51.4	10.4	23.1	100.0	105.5	41.5	126.8
陕　西	40.5	18.2	36.3	100.5	98.4	43.5	105.6
甘　肃	35.5	12.3	26.5	102.4	98.1	54.2	102.1
青　海	44.5	11.2	9.8	101.7	104.7	58.5	99.2
宁　夏	45.3	12.5	60.2	101.4	100.6	56.9	102.1
新　疆	41.1	7.0	35.4	100.7	109.5	41.1	101.3

2-2-3-10 续表 单位：平均每百户

地 区	空调（台）	热水器（台）	排油烟机（台）	移动电话（部）	计算机（台）	照相机（台）
全 国	**149.6**	**100.7**	**82.6**	**248.7**	**72.9**	**19.3**
北 京	193.4	100.4	94.3	232.2	96.4	46.8
天 津	165.7	98.9	94.5	236.4	73.1	21.8
河 北	134.7	97.2	83.3	239.4	62.5	15.8
山 西	50.6	85.8	82.0	239.4	64.1	15.4
内蒙古	22.2	85.1	83.2	231.6	64.1	18.3
辽 宁	58.4	89.4	88.0	208.1	59.0	22.0
吉 林	23.5	83.1	88.9	231.1	64.5	13.9
黑龙江	15.0	78.4	88.3	223.9	54.3	11.6
上 海	213.9	99.0	86.9	228.3	112.6	36.6
江 苏	227.6	112.8	87.3	254.2	78.0	18.6
浙 江	222.5	109.2	90.4	245.4	86.0	22.9
安 徽	188.0	106.6	82.1	252.7	65.7	15.5
福 建	194.1	117.2	71.2	258.8	80.3	16.2
江 西	158.2	103.7	79.2	257.5	68.6	14.4
山 东	151.3	102.9	90.9	236.8	79.4	28.0
河 南	183.7	97.5	77.6	254.1	64.7	12.5
湖 北	169.9	104.7	79.7	263.9	74.6	14.9
湖 南	182.8	105.9	80.7	274.8	73.5	17.3
广 东	213.9	105.3	75.9	264.6	88.6	21.4
广 西	177.0	109.5	71.4	276.2	79.4	19.2
海 南	170.1	99.8	64.3	280.5	65.8	11.9
重 庆	220.7	103.3	79.5	262.5	65.1	17.5
四 川	156.3	101.8	78.8	255.3	61.3	13.7
贵 州	38.4	100.0	62.2	287.7	58.7	9.5
云 南	10.3	103.0	79.4	260.0	67.2	19.3
西 藏	12.2	59.5	45.5	217.9	48.2	13.3
陕 西	123.3	90.9	75.1	240.3	59.5	17.8
甘 肃	17.4	90.1	87.8	249.4	65.0	18.2
青 海	1.1	79.9	83.3	239.1	52.6	13.3
宁 夏	22.0	100.7	91.4	256.2	69.6	14.1
新 疆	31.8	97.9	91.2	234.4	54.7	14.5

(四)2021年分地区城镇居民收支主要数据

2-2-4-1 2021年分地区城镇居民可支配收入

单位：元/人

地 区	可支配收入	一、工资性收入	二、经营净收入	三、财产净收入	四、转移净收入
全 国	**47411.9**	**28480.8**	**5381.9**	**5052.0**	**8497.3**
北 京	81517.5	49150.5	794.4	13868.6	17704.0
天 津	51485.7	32679.2	2638.4	5258.7	10909.6
河 北	39791.0	24540.4	3631.6	4021.7	7597.3
山 西	37433.1	21605.8	3464.8	2576.9	9785.6
内 蒙 古	44376.9	26573.6	8698.4	2631.2	6473.7
辽 宁	43050.8	24608.3	4254.3	2208.4	11979.9
吉 林	35645.8	22523.1	3468.4	1767.3	7887.0
黑 龙 江	33646.1	19024.9	2872.1	1350.3	10398.8
上 海	82428.9	51494.3	2023.8	11203.8	17707.0
江 苏	57743.5	33455.8	5815.0	7476.0	10996.7
浙 江	68486.8	38412.2	9670.9	9765.1	10638.6
安 徽	43008.7	25545.5	6639.8	3882.7	6940.6
福 建	51140.5	31762.1	6706.5	6989.9	5682.0
江 西	41684.4	25128.5	3985.1	4136.1	8434.7
山 东	47066.4	28019.1	7995.1	3921.2	7131.1
河 南	37094.8	21082.4	5367.4	3275.3	7369.6
湖 北	40277.8	22416.1	5350.1	3688.6	8823.0
湖 南	44866.1	24160.9	6878.0	4436.0	9391.2
广 东	54853.6	38605.8	5855.2	8020.1	2372.5
广 西	38529.9	20639.9	6848.0	4015.1	7026.9
海 南	40213.2	23777.1	5395.5	4470.1	6570.4
重 庆	43502.5	25396.3	4893.6	3105.7	10106.8
四 川	41443.8	23933.7	4798.8	3322.4	9388.9
贵 州	39211.2	22490.2	6754.6	3405.5	6561.0
云 南	40904.9	24187.2	4408.2	5130.8	7178.6
西 藏	46503.3	34549.9	1522.8	4247.6	6183.0
陕 西	40713.1	23244.6	3058.4	3239.5	11170.6
甘 肃	36187.3	24463.3	2700.2	2830.7	6193.0
青 海	37745.3	24732.4	3060.4	1651.1	8301.4
宁 夏	38290.7	25908.1	3660.0	1291.7	7430.9
新 疆	37642.4	23833.1	3900.0	1582.8	8326.5

2-2-4-2 2021年分地区城镇居民可支配收入构成

单位：%

地区	可支配收入	一、工资性收入	二、经营净收入	三、财产净收入	四、转移净收入
全国	**100.0**	**60.1**	**11.4**	**10.7**	**17.9**
北京	100.0	60.3	1.0	17.0	21.7
天津	100.0	63.5	5.1	10.2	21.2
河北	100.0	61.7	9.1	10.1	19.1
山西	100.0	57.7	9.3	6.9	26.1
内蒙古	100.0	59.9	19.6	5.9	14.6
辽宁	100.0	57.2	9.9	5.1	27.8
吉林	100.0	63.2	9.7	5.0	22.1
黑龙江	100.0	56.5	8.5	4.0	30.9
上海	100.0	62.5	2.5	13.6	21.5
江苏	100.0	57.9	10.1	12.9	19.0
浙江	100.0	56.1	14.1	14.3	15.5
安徽	100.0	59.4	15.4	9.0	16.1
福建	100.0	62.1	13.1	13.7	11.1
江西	100.0	60.3	9.6	9.9	20.2
山东	100.0	59.5	17.0	8.3	15.2
河南	100.0	56.8	14.5	8.8	19.9
湖北	100.0	55.7	13.3	9.2	21.9
湖南	100.0	53.9	15.3	9.9	20.9
广东	100.0	70.4	10.7	14.6	4.3
广西	100.0	53.6	17.8	10.4	18.2
海南	100.0	59.1	13.4	11.1	16.3
重庆	100.0	58.4	11.2	7.1	23.2
四川	100.0	57.7	11.6	8.0	22.7
贵州	100.0	57.4	17.2	8.7	16.7
云南	100.0	59.1	10.8	12.5	17.5
西藏	100.0	74.3	3.3	9.1	13.3
陕西	100.0	57.1	7.5	8.0	27.4
甘肃	100.0	67.6	7.5	7.8	17.1
青海	100.0	65.5	8.1	4.4	22.0
宁夏	100.0	67.7	9.6	3.4	19.4
新疆	100.0	63.3	10.4	4.2	22.1

2-2-4-3 2021年分地区城镇居民现金可支配收入

单位：元/人

地区	现金可支配收入	一、工资性收入	二、经营净收入	三、财产净收入	四、转移净收入
全国	**43596.4**	**28299.3**	**5630.6**	**1835.8**	**7830.7**
北京	67580.2	49087.0	880.4	2250.0	15362.8
天津	45797.4	32246.2	2865.2	1380.9	9305.1
河北	36946.4	24488.3	3814.1	1442.6	7201.4
山西	34808.2	21483.2	3296.0	952.8	9076.2
内蒙古	42156.6	26520.2	8648.6	1037.6	5950.2
辽宁	40841.4	24372.4	4465.7	536.0	11467.3
吉林	34171.3	22410.8	3862.7	539.9	7357.9
黑龙江	32353.7	18795.9	3396.3	290.8	9870.6
上海	70079.6	51160.0	2071.1	881.5	15967.0
江苏	51906.4	33243.2	6321.4	2083.0	10258.8
浙江	62826.5	38291.1	10172.9	4639.2	9723.3
安徽	39884.1	25363.4	6941.6	1203.7	6375.4
福建	44941.7	31281.8	6935.2	1608.0	5116.7
江西	38481.5	24996.1	3688.1	1952.2	7845.1
山东	43841.9	27891.6	8048.7	1300.4	6601.1
河南	34620.7	21004.8	5523.7	1160.3	6931.8
湖北	36965.8	22205.3	5610.6	972.5	8177.3
湖南	42627.0	23983.4	7036.5	2665.4	8941.7
广东	50341.3	38339.3	6265.6	3732.5	2003.9
广西	35998.4	20372.5	7064.7	2410.2	6151.0
海南	36019.6	23483.5	5572.4	1112.1	5851.6
重庆	41073.1	25240.4	5239.5	1191.8	9401.3
四川	39109.6	23765.9	4957.9	1626.1	8759.7
贵州	37465.3	22250.8	6997.3	2161.1	6056.1
云南	38057.2	24117.0	4522.5	2714.7	6703.0
西藏	44392.5	34518.2	1700.7	2190.5	5983.2
陕西	38407.2	23159.3	3267.8	1450.6	10529.6
甘肃	33613.0	24391.9	2893.2	599.0	5728.9
青海	36073.8	24615.5	3591.7	510.2	7356.4
宁夏	36800.3	25708.8	3953.1	400.4	6738.0
新疆	35861.5	23608.8	4645.4	370.8	7236.4

2-2-4-4　2021年分地区城镇居民现金可支配收入构成

单位：%

地　区	现金可支配收入	一、工资性收入	二、经营净收入	三、财产净收入	四、转移净收入
全　国	**100.0**	**64.9**	**12.9**	**4.2**	**18.0**
北　京	100.0	72.6	1.3	3.3	22.7
天　津	100.0	70.4	6.3	3.0	20.3
河　北	100.0	66.3	10.3	3.9	19.5
山　西	100.0	61.7	9.5	2.7	26.1
内蒙古	100.0	62.9	20.5	2.5	14.1
辽　宁	100.0	59.7	10.9	1.3	28.1
吉　林	100.0	65.6	11.3	1.6	21.5
黑龙江	100.0	58.1	10.5	0.9	30.5
上　海	100.0	73.0	3.0	1.3	22.8
江　苏	100.0	64.0	12.2	4.0	19.8
浙　江	100.0	60.9	16.2	7.4	15.5
安　徽	100.0	63.6	17.4	3.0	16.0
福　建	100.0	69.6	15.4	3.6	11.4
江　西	100.0	65.0	9.6	5.1	20.4
山　东	100.0	63.6	18.4	3.0	15.1
河　南	100.0	60.7	16.0	3.4	20.0
湖　北	100.0	60.1	15.2	2.6	22.1
湖　南	100.0	56.3	16.5	6.3	21.0
广　东	100.0	76.2	12.4	7.4	4.0
广　西	100.0	56.6	19.6	6.7	17.1
海　南	100.0	65.2	15.5	3.1	16.2
重　庆	100.0	61.5	12.8	2.9	22.9
四　川	100.0	60.8	12.7	4.2	22.4
贵　州	100.0	59.4	18.7	5.8	16.2
云　南	100.0	63.4	11.9	7.1	17.6
西　藏	100.0	77.8	3.8	4.9	13.5
陕　西	100.0	60.3	8.5	3.8	27.4
甘　肃	100.0	72.6	8.6	1.8	17.0
青　海	100.0	68.2	10.0	1.4	20.4
宁　夏	100.0	69.9	10.7	1.1	18.3
新　疆	100.0	65.8	13.0	1.0	20.2

2-2-4-5 2021年分地区城镇居民消费支出

单位：元/人

地区	消费支出	一、食品烟酒支出	二、衣着支出	三、居住支出
全国	**30307.2**	**8678.1**	**1842.8**	**7405.3**
北京	46775.7	9719.6	2235.5	18382.0
天津	36066.9	9708.4	2037.4	8315.0
河北	24192.4	6521.6	1695.0	6108.3
山西	21965.5	5528.5	1665.8	4921.5
内蒙古	27194.2	7325.9	2153.2	5642.6
辽宁	28438.4	8183.9	1993.8	5947.0
吉林	24420.9	6622.6	1783.4	4936.7
黑龙江	24422.1	7095.1	1780.3	4944.6
上海	51294.6	12877.6	2153.4	17369.5
江苏	36558.0	9590.4	2075.1	10321.4
浙江	42193.5	11283.4	2437.2	11306.6
安徽	26495.1	8468.6	1794.9	5822.9
福建	33942.0	10612.2	1740.9	10349.5
江西	24586.5	7722.7	1440.2	5469.8
山东	29314.3	7693.0	2096.9	6198.9
河南	23177.5	6438.3	1788.7	5302.5
湖北	28505.6	8513.1	1844.9	6241.9
湖南	28293.8	8129.8	1857.0	5795.6
广东	36621.1	11622.0	1519.9	9696.4
广西	22555.3	7089.0	995.6	4703.6
海南	27564.8	9593.8	993.3	6721.1
重庆	29849.6	9556.8	2214.7	5467.3
四川	26970.8	9246.5	1831.4	5158.2
贵州	25333.0	7765.3	1827.0	4489.6
云南	27440.7	8000.4	1576.0	5952.5
西藏	28159.2	9395.4	2625.6	6538.8
陕西	24783.7	6664.4	1738.9	5589.5
甘肃	25756.6	7542.5	1938.8	5732.0
青海	24512.5	7388.6	1792.2	4754.6
宁夏	25385.6	6689.8	1896.7	4610.0
新疆	25724.0	7752.8	1860.5	4772.1

2-2-4-5 续表 单位：元/人

地 区	四、生活用品及服务支出	五、交通通信支出	六、教育文化娱乐支出	七、医疗保健支出	八、其他用品及服务支出
全 国	**1819.6**	**3932.0**	**3322.0**	**2521.3**	**786.1**
北 京	2744.5	4357.8	3665.4	4609.8	1061.1
天 津	2105.4	4736.4	3783.7	4021.0	1359.7
河 北	1483.4	3144.3	2440.9	2205.3	593.6
山 西	1390.9	2537.5	2834.2	2497.2	589.7
内蒙古	1547.1	4063.0	3086.7	2617.7	758.1
辽 宁	1638.3	3432.9	3398.3	2904.8	939.4
吉 林	1377.4	3225.4	2969.5	2701.1	804.9
黑龙江	1293.1	3092.6	2714.9	2850.5	651.0
上 海	2328.2	5721.2	5090.0	4063.1	1691.6
江 苏	2176.4	4926.7	3563.5	2800.5	1104.0
浙 江	2417.9	6105.0	4537.2	2865.6	1240.5
安 徽	1671.2	3039.9	3170.2	1891.2	636.2
福 建	1793.6	3655.6	3119.7	1939.4	731.1
江 西	1445.8	2939.6	2943.6	2015.4	609.4
山 东	2319.2	4309.0	3665.8	2403.9	627.6
河 南	1621.5	2640.1	2761.2	2058.0	567.1
湖 北	1628.1	3562.7	3487.9	2541.1	686.0
湖 南	1830.0	3802.7	3859.5	2399.2	620.0
广 东	1874.8	5008.5	3872.8	2143.7	882.9
广 西	1371.1	3008.6	2811.5	2163.1	412.7
海 南	1316.0	3369.8	2961.0	2012.3	597.4
重 庆	2125.5	3795.8	3241.1	2661.9	786.5
四 川	1723.8	3529.8	2557.5	2281.1	642.5
贵 州	1590.5	3832.0	3270.8	1952.1	605.7
云 南	1534.5	4169.8	3005.9	2551.8	649.9
西 藏	2052.5	3651.3	1566.7	1565.8	763.1
陕 西	1701.4	2835.3	2880.0	2758.6	615.7
甘 肃	1648.5	3295.7	2692.2	2291.7	615.2
青 海	1546.3	3928.3	2099.4	2454.1	549.1
宁 夏	1568.6	4233.1	3075.7	2559.2	752.4
新 疆	1627.9	3864.7	2047.3	2850.2	948.6

2-2-4-6　2021年分地区城镇居民消费支出构成

单位：%

地区	消费支出	一、食品烟酒支出	二、衣着支出	三、居住支出
全国	**100.0**	**28.6**	**6.1**	**24.4**
北京	100.0	20.8	4.8	39.3
天津	100.0	26.9	5.6	23.1
河北	100.0	27.0	7.0	25.2
山西	100.0	25.2	7.6	22.4
内蒙古	100.0	26.9	7.9	20.7
辽宁	100.0	28.8	7.0	20.9
吉林	100.0	27.1	7.3	20.2
黑龙江	100.0	29.1	7.3	20.2
上海	100.0	25.1	4.2	33.9
江苏	100.0	26.2	5.7	28.2
浙江	100.0	26.7	5.8	26.8
安徽	100.0	32.0	6.8	22.0
福建	100.0	31.3	5.1	30.5
江西	100.0	31.4	5.9	22.2
山东	100.0	26.2	7.2	21.1
河南	100.0	27.8	7.7	22.9
湖北	100.0	29.9	6.5	21.9
湖南	100.0	28.7	6.6	20.5
广东	100.0	31.7	4.2	26.5
广西	100.0	31.4	4.4	20.9
海南	100.0	34.8	3.6	24.4
重庆	100.0	32.0	7.4	18.3
四川	100.0	34.3	6.8	19.1
贵州	100.0	30.7	7.2	17.7
云南	100.0	29.2	5.7	21.7
西藏	100.0	33.4	9.3	23.2
陕西	100.0	26.9	7.0	22.6
甘肃	100.0	29.3	7.5	22.3
青海	100.0	30.1	7.3	19.4
宁夏	100.0	26.4	7.5	18.2
新疆	100.0	30.1	7.2	18.6

2-2-4-6 续表　　单位：%

地　区	四、生活用品及服务支出	五、交通通信支　出	六、教育文化娱乐支出	七、医疗保健支　出	八、其他用品及服务支出
全　国	**6.0**	**13.0**	**11.0**	**8.3**	**2.6**
北　京	5.9	9.3	7.8	9.9	2.3
天　津	5.8	13.1	10.5	11.1	3.8
河　北	6.1	13.0	10.1	9.1	2.5
山　西	6.3	11.6	12.9	11.4	2.7
内蒙古	5.7	14.9	11.4	9.6	2.8
辽　宁	5.8	12.1	11.9	10.2	3.3
吉　林	5.6	13.2	12.2	11.1	3.3
黑龙江	5.3	12.7	11.1	11.7	2.7
上　海	4.5	11.2	9.9	7.9	3.3
江　苏	6.0	13.5	9.7	7.7	3.0
浙　江	5.7	14.5	10.8	6.8	2.9
安　徽	6.3	11.5	12.0	7.1	2.4
福　建	5.3	10.8	9.2	5.7	2.2
江　西	5.9	12.0	12.0	8.2	2.5
山　东	7.9	14.7	12.5	8.2	2.1
河　南	7.0	11.4	11.9	8.9	2.4
湖　北	5.7	12.5	12.2	8.9	2.4
湖　南	6.5	13.4	13.6	8.5	2.2
广　东	5.1	13.7	10.6	5.9	2.4
广　西	6.1	13.3	12.5	9.6	1.8
海　南	4.8	12.2	10.7	7.3	2.2
重　庆	7.1	12.7	10.9	8.9	2.6
四　川	6.4	13.1	9.5	8.5	2.4
贵　州	6.3	15.1	12.9	7.7	2.4
云　南	5.6	15.2	11.0	9.3	2.4
西　藏	7.3	13.0	5.6	5.6	2.7
陕　西	6.9	11.4	11.6	11.1	2.5
甘　肃	6.4	12.8	10.5	8.9	2.4
青　海	6.3	16.0	8.6	10.0	2.2
宁　夏	6.2	16.7	12.1	10.1	3.0
新　疆	6.3	15.0	8.0	11.1	3.7

2-2-4-7 2021年分地区城镇居民现金消费支出

单位：元/人

地 区	现金消费支出	一、食品烟酒支出	二、衣着支出	三、居住支出
全 国	**24380.4**	**8443.8**	**1841.8**	**2392.5**
北 京	29406.7	9663.9	2233.9	3425.8
天 津	28335.7	9333.4	2037.0	2599.0
河 北	19729.6	6446.1	1694.9	2114.8
山 西	18405.6	5373.2	1664.9	2212.8
内 蒙 古	23270.4	7234.9	2153.0	2338.2
辽 宁	24089.7	7966.2	1993.4	2416.1
吉 林	20987.4	6458.2	1783.2	2199.1
黑 龙 江	20972.0	6863.4	1779.8	2270.2
上 海	35788.1	12548.8	2153.0	3950.0
江 苏	27885.5	9338.0	2074.3	2665.2
浙 江	33259.3	11127.4	2436.7	3453.6
安 徽	21429.7	8236.7	1793.4	1571.5
福 建	25091.6	10181.6	1739.6	2550.8
江 西	20078.2	7470.6	1437.7	1816.6
山 东	24534.6	7537.2	2094.3	2106.6
河 南	19185.6	6354.7	1788.6	1836.4
湖 北	23199.0	8214.7	1843.9	1892.8
湖 南	24259.4	7748.1	1855.9	2604.2
广 东	29554.5	11360.7	1518.9	3280.3
广 西	18336.8	6561.8	994.8	1891.7
海 南	21564.9	9237.1	992.6	1826.0
重 庆	25430.1	9305.3	2213.4	2000.7
四 川	22788.8	8914.9	1830.9	1923.2
贵 州	21872.6	7385.3	1824.7	1900.6
云 南	22372.9	7780.2	1575.5	1578.1
西 藏	24455.5	9345.1	2625.1	3066.0
陕 西	20667.3	6538.3	1738.5	2264.4
甘 肃	21591.2	7427.3	1938.3	2142.4
青 海	20982.8	7238.9	1791.7	2342.4
宁 夏	22041.0	6470.6	1896.3	2165.8
新 疆	21650.1	7474.6	1859.5	2057.0

2-2-4-7 续表 单位：元/人

地区	四、生活用品及服务支出	五、交通通信支出	六、教育文化娱乐支出	七、医疗保健支出	八、其他用品及服务支出
全国	**1807.3**	**3925.1**	**3320.4**	**1880.6**	**768.9**
北京	2742.4	4356.6	3665.4	2265.0	1053.6
天津	2099.0	4708.6	3781.9	2555.4	1221.5
河北	1471.8	3143.6	2439.8	1835.5	583.1
山西	1377.0	2536.4	2833.9	1832.0	575.3
内蒙古	1543.7	4058.6	3086.5	2106.3	749.2
辽宁	1633.0	3427.4	3398.2	2325.3	930.2
吉林	1370.4	3223.0	2969.2	2191.0	793.4
黑龙江	1289.3	3088.0	2714.4	2323.2	643.7
上海	2324.1	5704.0	5088.8	2338.5	1680.8
江苏	2153.2	4920.0	3562.3	2086.1	1086.4
浙江	2411.8	6100.1	4532.6	1961.9	1235.3
安徽	1662.8	3021.8	3169.4	1348.4	625.6
福建	1786.9	3639.8	3115.1	1357.6	720.2
江西	1433.1	2927.5	2943.1	1447.0	602.5
山东	2289.5	4305.4	3659.3	1925.2	617.1
河南	1618.3	2638.6	2760.6	1624.7	563.8
湖北	1624.6	3546.4	3486.3	1911.5	678.9
湖南	1819.0	3786.3	3858.2	1977.1	610.6
广东	1859.6	5003.7	3871.8	1815.5	844.0
广西	1333.3	3004.2	2809.6	1348.4	392.9
海南	1313.1	3368.0	2960.7	1341.0	526.3
重庆	2116.2	3789.8	3240.7	1982.0	782.0
四川	1712.9	3524.5	2557.0	1690.3	635.1
贵州	1580.8	3822.4	3270.2	1489.2	599.5
云南	1531.3	4168.4	3005.8	2084.5	649.2
西藏	2003.3	3651.0	1566.4	1451.7	746.8
陕西	1676.0	2834.5	2879.3	2127.4	608.9
甘肃	1643.8	3292.8	2686.0	1848.5	612.1
青海	1545.4	3928.1	2098.5	1489.0	548.7
宁夏	1563.0	4227.3	3075.3	1891.4	751.3
新疆	1602.3	3861.0	2046.1	2007.3	742.2

2-2-4-8 2021年分地区城镇居民现金消费支出构成

单位：%

地区	现金消费支出	一、食品烟酒支出	二、衣着支出	三、居住支出
全国	**100.0**	**34.6**	**7.6**	**9.8**
北京	100.0	32.9	7.6	11.6
天津	100.0	32.9	7.2	9.2
河北	100.0	32.7	8.6	10.7
山西	100.0	29.2	9.0	12.0
内蒙古	100.0	31.1	9.3	10.0
辽宁	100.0	33.1	8.3	10.0
吉林	100.0	30.8	8.5	10.5
黑龙江	100.0	32.7	8.5	10.8
上海	100.0	35.1	6.0	11.0
江苏	100.0	33.5	7.4	9.6
浙江	100.0	33.5	7.3	10.4
安徽	100.0	38.4	8.4	7.3
福建	100.0	40.6	6.9	10.2
江西	100.0	37.2	7.2	9.0
山东	100.0	30.7	8.5	8.6
河南	100.0	33.1	9.3	9.6
湖北	100.0	35.4	7.9	8.2
湖南	100.0	31.9	7.7	10.7
广东	100.0	38.4	5.1	11.1
广西	100.0	35.8	5.4	10.3
海南	100.0	42.8	4.6	8.5
重庆	100.0	36.6	8.7	7.9
四川	100.0	39.1	8.0	8.4
贵州	100.0	33.8	8.3	8.7
云南	100.0	34.8	7.0	7.1
西藏	100.0	38.2	10.7	12.5
陕西	100.0	31.6	8.4	11.0
甘肃	100.0	34.4	9.0	9.9
青海	100.0	34.5	8.5	11.2
宁夏	100.0	29.4	8.6	9.8
新疆	100.0	34.5	8.6	9.5

2-2-4-8 续表 单位：%

地区	四、生活用品及服务支出	五、交通通信支出	六、教育文化娱乐支出	七、医疗保健支出	八、其他用品及服务支出
全国	**7.4**	**16.1**	**13.6**	**7.7**	**3.2**
北京	9.3	14.8	12.5	7.7	3.6
天津	7.4	16.6	13.3	9.0	4.3
河北	7.5	15.9	12.4	9.3	3.0
山西	7.5	13.8	15.4	10.0	3.1
内蒙古	6.6	17.4	13.3	9.1	3.2
辽宁	6.8	14.2	14.1	9.7	3.9
吉林	6.5	15.4	14.1	10.4	3.8
黑龙江	6.1	14.7	12.9	11.1	3.1
上海	6.5	15.9	14.2	6.5	4.7
江苏	7.7	17.6	12.8	7.5	3.9
浙江	7.3	18.3	13.6	5.9	3.7
安徽	7.8	14.1	14.8	6.3	2.9
福建	7.1	14.5	12.4	5.4	2.9
江西	7.1	14.6	14.7	7.2	3.0
山东	9.3	17.5	14.9	7.8	2.5
河南	8.4	13.8	14.4	8.5	2.9
湖北	7.0	15.3	15.0	8.2	2.9
湖南	7.5	15.6	15.9	8.1	2.5
广东	6.3	16.9	13.1	6.1	2.9
广西	7.3	16.4	15.3	7.4	2.1
海南	6.1	15.6	13.7	6.2	2.4
重庆	8.3	14.9	12.7	7.8	3.1
四川	7.5	15.5	11.2	7.4	2.8
贵州	7.2	17.5	15.0	6.8	2.7
云南	6.8	18.6	13.4	9.3	2.9
西藏	8.2	14.9	6.4	5.9	3.1
陕西	8.1	13.7	13.9	10.3	2.9
甘肃	7.6	15.3	12.4	8.6	2.8
青海	7.4	18.7	10.0	7.1	2.6
宁夏	7.1	19.2	14.0	8.6	3.4
新疆	7.4	17.8	9.5	9.3	3.4

2-2-4-9 2021年分地区城镇居民家庭主要食品消费量

单位：公斤/人

地区	粮食(原粮)	谷物	食用油	植物油	蔬菜	肉类	猪肉
全国	**124.8**	**112.0**	**10.1**	**9.6**	**112.0**	**34.4**	**25.1**
北京	106.0	93.8	6.6	6.5	119.8	31.5	17.8
天津	97.2	86.6	7.5	7.4	116.2	27.5	17.3
河北	159.4	143.1	9.3	9.2	131.1	31.6	21.0
山西	139.4	121.5	8.3	8.3	114.5	21.3	14.3
内蒙古	132.9	119.3	7.2	6.9	109.6	41.1	23.9
辽宁	145.2	128.2	10.5	10.4	129.8	38.7	25.9
吉林	142.2	128.3	11.3	11.2	113.0	32.0	22.3
黑龙江	134.8	121.1	13.6	13.5	117.1	33.4	22.7
上海	111.4	99.0	9.6	9.5	108.3	33.3	22.1
江苏	122.6	109.4	9.2	9.0	122.4	34.5	24.9
浙江	135.7	120.6	10.7	10.2	105.7	36.5	27.8
安徽	131.4	115.6	9.1	8.5	111.8	35.4	26.1
福建	103.7	94.8	9.8	9.3	88.6	34.1	26.4
江西	156.9	141.2	15.3	14.7	125.7	41.2	33.2
山东	117.5	106.8	7.4	7.4	101.2	29.0	20.5
河南	133.9	119.6	8.5	8.4	111.4	28.0	18.8
湖北	116.6	102.3	12.6	12.2	129.0	35.9	27.1
湖南	135.5	124.8	13.9	11.3	106.4	38.9	32.5
广东	94.5	87.0	9.3	8.9	94.2	36.6	28.0
广西	118.6	110.8	8.8	8.1	97.3	36.1	30.2
海南	98.8	93.0	9.5	9.0	110.4	36.0	28.9
重庆	138.0	122.3	16.6	15.2	146.6	48.9	39.2
四川	118.3	105.7	11.8	10.8	125.4	44.4	35.8
贵州	114.0	101.2	9.0	7.7	86.2	37.6	32.4
云南	121.4	106.1	8.6	7.2	106.7	34.2	26.2
西藏	134.0	128.7	11.5	10.9	85.3	52.7	12.6
陕西	134.4	118.0	10.5	10.4	106.4	22.5	15.7
甘肃	147.5	132.7	10.6	10.5	117.7	28.0	18.8
青海	104.8	97.9	9.8	9.5	74.4	29.3	13.1
宁夏	100.0	91.9	8.4	8.3	103.7	21.4	9.1
新疆	113.0	107.3	10.7	10.7	107.4	27.3	8.3

2-2-4-9 续表 单位：公斤/人

地　区			禽类	水产品	蛋类	奶类	干鲜瓜果类	食糖
	牛肉	羊肉						
全　国	**3.2**	**1.6**	**12.3**	**16.7**	**13.4**	**18.2**	**67.7**	**1.1**
北　京	4.3	3.3	7.7	10.4	15.9	31.8	78.1	1.1
天　津	2.9	2.9	6.8	17.6	19.9	18.6	84.6	1.0
河　北	2.3	2.2	8.7	10.0	21.1	22.6	92.2	1.3
山　西	1.1	1.9	4.5	3.9	17.5	23.2	80.2	0.9
内蒙古	4.8	7.7	7.2	7.4	13.9	28.4	78.8	1.0
辽　宁	4.8	2.0	8.3	21.0	18.6	25.1	90.8	1.1
吉　林	4.1	1.1	7.0	11.4	15.0	15.1	75.7	1.1
黑龙江	3.2	1.8	7.3	11.8	16.4	16.4	83.5	1.4
上　海	4.6	1.3	13.6	27.4	13.7	24.9	60.7	1.4
江　苏	2.9	1.1	14.3	23.2	14.0	16.6	56.7	1.1
浙　江	3.9	0.9	14.1	31.4	12.0	18.2	71.3	1.4
安　徽	3.6	1.3	15.2	16.3	13.2	15.8	60.7	0.8
福　建	3.1	0.9	12.7	28.3	11.1	15.8	52.3	1.1
江　西	3.8	0.7	13.7	19.9	10.4	15.7	65.3	1.1
山　东	1.5	1.4	8.9	14.1	20.6	19.9	83.3	0.7
河　南	2.5	1.9	10.1	7.3	20.0	20.6	79.2	0.9
湖　北	3.3	0.9	8.8	21.0	9.6	13.9	56.0	0.7
湖　南	2.8	0.8	14.3	16.3	9.6	11.3	67.2	1.0
广　东	3.3	0.8	21.9	28.7	8.5	15.0	48.6	1.1
广　西	2.7	0.8	25.3	15.4	6.6	9.5	50.3	1.1
海　南	3.8	1.4	25.9	34.9	6.1	7.9	40.6	0.8
重　庆	3.2	0.9	14.9	16.4	13.3	21.7	62.7	1.8
四　川	2.7	0.6	13.0	11.5	9.9	15.4	57.7	1.3
贵　州	1.9	0.4	8.6	4.8	5.6	10.9	53.6	0.8
云　南	3.3	0.4	9.9	6.8	6.1	12.0	56.6	1.4
西　藏	31.6	5.5	3.5	1.9	6.9	21.7	26.2	2.4
陕　西	1.9	1.4	5.1	4.7	12.7	19.8	68.6	0.8
甘　肃	2.7	2.6	6.6	4.9	13.1	29.5	89.9	1.5
青　海	10.3	4.1	4.8	2.8	7.3	22.4	40.0	1.0
宁　夏	5.1	5.3	7.9	4.0	9.0	19.5	85.7	1.3
新　疆	6.3	9.9	7.8	5.1	10.3	28.9	74.6	1.1

2-2-4-10 2021年分地区城镇居民年末主要耐用消费品拥有量

单位：平均每百户

地区	家用汽车（辆）	摩托车（辆）	电动助力车（辆）	洗衣机（台）	电冰箱(柜)（台）	微波炉（台）	彩色电视机（台）
全国	**50.1**	**18.2**	**68.8**	**100.5**	**104.2**	**55.4**	**120.3**
北京	59.5	4.1	21.7	100.8	103.0	79.0	122.4
天津	64.1	1.0	40.1	99.2	102.8	77.3	107.9
河北	57.4	11.2	109.4	103.8	103.7	51.3	110.8
山西	40.7	12.8	61.7	99.3	98.2	39.2	100.9
内蒙古	59.5	10.3	46.6	100.1	111.2	47.2	101.4
辽宁	40.1	5.0	18.9	96.9	99.9	59.8	101.5
吉林	40.5	8.2	13.2	97.6	98.9	46.4	97.2
黑龙江	33.2	5.1	12.4	97.4	100.4	34.1	97.4
上海	45.0	2.1	69.9	96.9	102.8	85.0	174.0
江苏	54.5	6.4	132.8	104.4	109.6	89.6	165.2
浙江	62.5	5.8	89.2	99.5	108.1	60.3	172.2
安徽	41.4	9.6	107.0	99.2	102.6	65.5	132.7
福建	40.1	31.9	74.6	97.2	105.2	57.6	120.8
江西	43.1	29.2	88.1	95.5	100.1	44.6	126.0
山东	63.1	13.6	117.5	100.8	104.6	47.0	104.8
河南	51.4	12.6	127.5	103.2	101.2	47.0	117.7
湖北	43.8	31.3	46.4	100.5	109.0	50.4	118.0
湖南	46.6	43.3	36.2	104.6	109.1	39.4	117.8
广东	58.7	45.1	54.0	98.6	103.3	46.1	106.9
广西	48.1	42.1	115.2	102.8	106.5	69.1	112.7
海南	47.4	23.8	123.6	93.9	102.1	25.5	102.2
重庆	39.0	16.8	13.7	100.9	103.4	69.6	124.6
四川	41.5	18.3	36.3	101.7	104.2	50.1	121.6
贵州	52.9	22.3	23.4	104.1	104.2	43.9	105.2
云南	64.2	34.5	49.3	104.8	104.6	63.9	111.1
西藏	46.3	11.0	23.9	99.7	104.9	40.5	124.3
陕西	42.6	17.5	41.3	100.0	99.8	43.2	105.7
甘肃	39.6	9.6	29.3	100.4	99.3	50.3	101.5
青海	45.2	13.1	12.1	101.0	105.3	57.1	99.7
宁夏	46.5	11.0	65.6	102.1	101.2	53.6	103.4
新疆	48.3	5.8	40.5	101.1	112.3	39.5	100.6

2-2-4-10 续表 单位：平均每百户

地区	空调（台）	热水器（台）	排油烟机（台）	移动电话（部）	计算机（台）	照相机（台）
全　国	**161.7**	**98.1**	**82.3**	**253.6**	**63.2**	**12.7**
北　京	204.8	99.8	96.3	236.8	90.6	36.5
天　津	178.5	97.7	95.5	237.6	65.9	15.0
河　北	147.2	89.0	79.6	247.4	53.1	9.7
山　西	50.4	82.4	77.3	243.3	46.0	7.1
内蒙古	25.0	84.7	83.9	234.4	54.5	10.8
辽　宁	73.0	89.6	88.1	213.4	45.8	12.7
吉　林	26.5	78.6	83.3	229.4	47.2	7.6
黑龙江	19.3	80.6	88.1	218.7	41.9	5.3
上　海	216.3	99.8	86.8	233.0	105.8	27.5
江　苏	237.6	102.8	86.3	254.0	64.8	13.9
浙　江	236.6	108.3	90.6	254.4	75.8	15.2
安　徽	199.3	101.2	81.2	257.0	58.2	10.9
福　建	218.9	117.1	73.7	261.9	76.2	12.0
江　西	161.0	102.4	74.3	263.4	56.3	6.7
山　东	157.1	99.6	84.8	244.2	63.3	14.8
河　南	209.0	98.0	81.9	263.8	62.1	9.5
湖　北	186.0	102.2	85.5	260.5	66.4	14.1
湖　南	191.1	104.1	77.8	278.3	56.6	9.2
广　东	244.3	105.8	77.5	274.8	80.2	14.8
广　西	183.2	105.8	66.4	285.9	63.6	9.0
海　南	189.1	100.3	67.8	293.4	61.0	7.1
重　庆	231.4	103.2	88.1	262.3	73.1	12.2
四　川	175.4	101.4	78.1	262.8	51.5	8.5
贵　州	48.0	100.6	73.3	298.8	51.9	8.0
云　南	10.5	92.6	80.4	273.3	69.2	16.7
西　藏	12.8	49.8	46.4	214.2	45.4	12.3
陕　西	132.2	84.7	75.8	244.2	49.5	11.8
甘　肃	16.0	82.2	84.7	246.3	57.9	13.2
青　海	1.8	79.3	78.8	238.9	40.4	8.9
宁　夏	23.4	100.0	91.8	249.2	57.5	7.7
新　疆	31.9	92.5	90.5	232.5	49.5	10.9

(五)2022年分地区城镇居民收支主要数据

2-2-5-1　2022年分地区城镇居民可支配收入

单位：元/人

地　区	可支配收入	一、工资性收入	二、经营净收入	三、财产净收入	四、转移净收入
全　国	**49282.9**	**29577.9**	**5584.5**	**5238.2**	**8882.4**
北　京	84023.1	51294.5	755.9	13791.4	18181.3
天　津	53003.2	34001.8	2385.2	4921.2	11695.0
河　北	41277.7	25389.8	3784.2	4180.3	7923.5
山　西	39532.0	22358.6	3863.3	3036.5	10273.7
内蒙古	46295.4	28090.5	8911.5	2606.7	6686.8
辽　宁	44002.6	25432.8	4145.8	2233.2	12190.9
吉　林	35470.9	21931.8	3514.4	1817.0	8207.8
黑龙江	35042.1	19895.0	2913.9	1408.1	10825.1
上　海	84034.0	51637.3	1448.6	11780.9	19167.2
江　苏	60178.1	34951.9	5971.3	7464.4	11790.5
浙　江	71267.9	39718.1	10233.4	10397.4	10919.0
安　徽	45133.2	26773.3	6986.6	4077.7	7295.5
福　建	53817.1	33490.6	7136.2	7322.7	5867.6
江　西	43696.5	26190.9	4122.2	4527.3	8856.2
山　东	49049.7	29139.1	8342.0	4070.5	7498.0
河　南	38483.7	21899.8	5549.9	3381.3	7652.8
湖　北	42625.8	23940.1	5531.7	3908.6	9245.4
湖　南	47301.2	25401.6	7214.7	4687.9	9997.0
广　东	56905.3	40017.6	6069.1	8304.6	2514.0
广　西	39703.0	21320.9	7221.8	4206.1	6954.1
海　南	40117.5	24344.6	4986.1	4207.3	6579.5
重　庆	45508.9	26555.6	5097.6	3264.9	10590.8
四　川	43233.3	25052.5	4999.0	3380.9	9800.8
贵　州	41085.7	23448.5	7231.8	3308.8	7096.6
云　南	42167.9	24993.3	4490.1	5415.5	7268.9
西　藏	48752.9	36769.6	1631.5	3843.2	6508.6
陕　西	42431.3	24219.2	3206.6	3348.5	11657.1
甘　肃	37572.4	25222.7	2738.6	2950.4	6660.7
青　海	38735.8	25046.5	2735.8	1556.4	9397.2
宁　夏	40193.7	27144.0	3999.2	1337.1	7713.3
新　疆	38410.2	23508.9	3774.4	1788.3	9338.6

2-2-5-2　2022年分地区城镇居民可支配收入构成

单位：%

地　区	可支配收入	一、工资性收入	二、经营净收入	三、财产净收入	四、转移净收入
全　国	**100.0**	**60.0**	**11.3**	**10.6**	**18.0**
北　京	100.0	61.0	0.9	16.4	21.6
天　津	100.0	64.2	4.5	9.3	22.1
河　北	100.0	61.5	9.2	10.1	19.2
山　西	100.0	56.6	9.8	7.7	26.0
内蒙古	100.0	60.7	19.2	5.6	14.4
辽　宁	100.0	57.8	9.4	5.1	27.7
吉　林	100.0	61.8	9.9	5.1	23.1
黑龙江	100.0	56.8	8.3	4.0	30.9
上　海	100.0	61.4	1.7	14.0	22.8
江　苏	100.0	58.1	9.9	12.4	19.6
浙　江	100.0	55.7	14.4	14.6	15.3
安　徽	100.0	59.3	15.5	9.0	16.2
福　建	100.0	62.2	13.3	13.6	10.9
江　西	100.0	59.9	9.4	10.4	20.3
山　东	100.0	59.4	17.0	8.3	15.3
河　南	100.0	56.9	14.4	8.8	19.9
湖　北	100.0	56.2	13.0	9.2	21.7
湖　南	100.0	53.7	15.3	9.9	21.1
广　东	100.0	70.3	10.7	14.6	4.4
广　西	100.0	53.7	18.2	10.6	17.5
海　南	100.0	60.7	12.4	10.5	16.4
重　庆	100.0	58.4	11.2	7.2	23.3
四　川	100.0	57.9	11.6	7.8	22.7
贵　州	100.0	57.1	17.6	8.1	17.3
云　南	100.0	59.3	10.6	12.8	17.2
西　藏	100.0	75.4	3.3	7.9	13.4
陕　西	100.0	57.1	7.6	7.9	27.5
甘　肃	100.0	67.1	7.3	7.9	17.7
青　海	100.0	64.7	7.1	4.0	24.3
宁　夏	100.0	67.5	9.9	3.3	19.2
新　疆	100.0	61.2	9.8	4.7	24.3

2-2-5-3 2022年分地区城镇居民现金可支配收入

单位：元/人

地区	现金可支配收入	一、工资性收入	二、经营净收入	三、财产净收入	四、转移净收入
全　国	**45354.2**	**29392.8**	**5784.2**	**1945.1**	**8232.2**
北　京	70433.7	51231.5	825.1	1876.3	16500.8
天　津	47492.3	33553.7	2582.8	1199.1	10156.7
河　北	38319.8	25334.0	3909.5	1509.9	7566.4
山　西	36925.6	22248.4	3583.4	1399.9	9693.9
内蒙古	44588.8	28026.9	9250.7	949.8	6361.4
辽　宁	42222.2	25218.8	4586.5	597.1	11819.8
吉　林	34209.8	21849.5	3953.7	581.7	7824.9
黑龙江	33732.3	19706.2	3374.5	324.3	10327.3
上　海	70753.7	51354.3	1549.4	772.6	17077.4
江　苏	54050.8	34753.8	6304.1	1943.3	11049.7
浙　江	65397.5	39590.0	10673.1	5074.2	10060.3
安　徽	41595.8	26576.6	6877.8	1315.8	6825.6
福　建	47749.4	33049.4	7313.4	2143.3	5243.2
江　西	40996.7	26037.1	4400.5	2296.0	8263.0
山　东	45734.0	28982.8	8353.3	1412.0	6986.0
河　南	36006.5	21838.1	5727.1	1273.7	7167.7
湖　北	39049.1	23716.2	5720.7	1053.8	8558.4
湖　南	44945.9	25240.2	7311.9	2876.9	9516.8
广　东	52096.3	39700.0	6442.4	3897.3	2056.5
广　西	36920.0	21027.8	7180.0	2549.5	6162.7
海　南	36140.4	24053.4	5033.2	948.9	6105.0
重　庆	42737.8	26375.2	5223.8	1253.8	9884.9
四　川	40767.6	24889.4	5097.3	1628.5	9152.5
贵　州	39329.9	23208.4	7480.7	2048.6	6592.3
云　南	39385.9	24925.5	4723.4	2968.9	6768.1
西　藏	46717.2	36747.0	1895.4	1695.8	6379.0
陕　西	40032.5	24128.7	3429.2	1515.0	10959.5
甘　肃	35029.0	25152.8	2892.9	627.9	6355.4
青　海	37012.6	24909.5	3185.1	366.6	8551.4
宁　夏	38735.1	26935.7	4337.7	383.5	7078.2
新　疆	35457.2	23233.6	3826.2	523.8	7873.5

2-2-5-4 2022年分地区城镇居民现金可支配收入构成

单位：%

地　区	现金可支配收入	一、工资性收入	二、经营净收入	三、财产净收入	四、转移净收入
全　国	**100.0**	**64.8**	**12.8**	**4.3**	**18.2**
北　京	100.0	72.7	1.2	2.7	23.4
天　津	100.0	70.7	5.4	2.5	21.4
河　北	100.0	66.1	10.2	3.9	19.7
山　西	100.0	60.3	9.7	3.8	26.3
内蒙古	100.0	62.9	20.7	2.1	14.3
辽　宁	100.0	59.7	10.9	1.4	28.0
吉　林	100.0	63.9	11.6	1.7	22.9
黑龙江	100.0	58.4	10.0	1.0	30.6
上　海	100.0	72.6	2.2	1.1	24.1
江　苏	100.0	64.3	11.7	3.6	20.4
浙　江	100.0	60.5	16.3	7.8	15.4
安　徽	100.0	63.9	16.5	3.2	16.4
福　建	100.0	69.2	15.3	4.5	11.0
江　西	100.0	63.5	10.7	5.6	20.2
山　东	100.0	63.4	18.3	3.1	15.3
河　南	100.0	60.7	15.9	3.5	19.9
湖　北	100.0	60.7	14.6	2.7	21.9
湖　南	100.0	56.2	16.3	6.4	21.2
广　东	100.0	76.2	12.4	7.5	3.9
广　西	100.0	57.0	19.4	6.9	16.7
海　南	100.0	66.6	13.9	2.6	16.9
重　庆	100.0	61.7	12.2	2.9	23.1
四　川	100.0	61.1	12.5	4.0	22.5
贵　州	100.0	59.0	19.0	5.2	16.8
云　南	100.0	63.3	12.0	7.5	17.2
西　藏	100.0	78.7	4.1	3.6	13.7
陕　西	100.0	60.3	8.6	3.8	27.4
甘　肃	100.0	71.8	8.3	1.8	18.1
青　海	100.0	67.3	8.6	1.0	23.1
宁　夏	100.0	69.5	11.2	1.0	18.3
新　疆	100.0	65.5	10.8	1.5	22.2

2-2-5-5　2022年分地区城镇居民消费支出

单位：元/人

地　区	消费支出	一、食品烟酒支出	二、衣着支出	三、居住支出
全　国	**30390.8**	**8958.3**	**1735.2**	**7643.5**
北　京	45616.9	9644.5	1977.4	18604.8
天　津	33823.6	9873.9	1759.8	8175.4
河　北	25071.3	7104.4	1641.0	6374.3
山　西	21922.6	6006.8	1555.2	4943.1
内蒙古	26666.8	7208.4	2003.6	6008.1
辽　宁	26652.2	8426.5	1781.2	5677.4
吉　林	21834.9	6406.0	1497.5	4829.3
黑龙江	24011.0	7240.6	1636.1	5099.6
上　海	48110.5	12880.3	1763.5	18298.7
江　苏	37795.7	9967.6	2022.4	10983.4
浙　江	44511.2	12105.6	2465.5	11890.1
安　徽	26832.4	8924.9	1762.3	6078.8
福　建	35692.1	11144.8	1768.6	10679.1
江　西	25975.5	8102.1	1440.9	5828.0
山　东	28555.2	7702.8	1987.6	6354.6
河　南	23539.3	6681.0	1637.2	5357.1
湖　北	29120.9	8783.6	1771.1	6586.0
湖　南	29580.1	8443.5	1894.6	6031.6
广　东	36936.2	12129.8	1381.4	9925.7
广　西	22438.1	7172.3	905.3	4760.4
海　南	26417.6	9656.8	914.4	6663.7
重　庆	30573.9	10100.9	2190.6	5841.8
四　川	27637.3	9358.5	1764.5	5557.5
贵　州	24229.9	7572.5	1673.4	4352.1
云　南	26239.7	8090.5	1469.2	6029.0
西　藏	28265.4	9109.2	2663.5	6171.5
陕　西	24765.8	6796.5	1554.5	5701.0
甘　肃	25207.0	7530.3	1759.4	6006.0
青　海	21700.2	7187.7	1532.3	4457.6
宁　夏	24213.4	6943.8	1720.3	4734.4
新　疆	24142.3	7811.4	1615.3	4438.0

2-2-5-5 续表 单位：元/人

地区	四、生活用品及服务支出	五、交通通信支出	六、教育文化娱乐支出	七、医疗保健支出	八、其他用品及服务支出
全　国	**1800.5**	**3908.8**	**3050.2**	**2480.7**	**813.7**
北　京	2322.5	4260.5	3271.5	4304.0	1231.7
天　津	1926.8	4164.4	2839.9	3811.6	1271.7
河　北	1625.1	3139.2	2211.9	2338.8	636.6
山　西	1354.8	2647.1	2371.3	2442.2	602.0
内蒙古	1561.3	4233.5	2534.4	2340.7	777.0
辽　宁	1539.0	3188.5	2712.3	2466.4	861.0
吉　林	1139.5	2776.8	2238.2	2377.5	570.1
黑龙江	1167.2	2884.7	2490.5	2798.9	693.4
上　海	2211.8	4611.9	3313.7	3719.3	1311.5
江　苏	2198.0	5281.1	3284.1	2839.1	1220.0
浙　江	2685.2	6791.1	4237.7	2864.5	1471.4
安　徽	1631.1	2910.0	2877.8	1933.6	713.9
福　建	1913.5	3949.1	3375.7	2064.3	797.0
江　西	1580.6	3319.3	2909.2	2185.7	609.7
山　东	2220.9	3966.8	3332.4	2339.6	650.3
河　南	1509.8	2916.8	2597.8	2220.1	619.6
湖　北	1628.2	3834.7	3265.3	2538.4	713.6
湖　南	1924.5	4069.3	4006.0	2562.0	648.6
广　东	1905.8	4888.5	3747.8	2019.2	937.8
广　西	1250.4	3032.7	2791.1	2097.0	428.8
海　南	1145.8	3375.1	2564.0	1615.0	482.8
重　庆	2030.3	3745.2	3139.9	2697.9	827.2
四　川	1806.4	3467.2	2638.5	2343.1	701.6
贵　州	1513.8	3786.1	2906.1	1876.2	549.8
云　南	1478.3	3258.3	2699.7	2610.2	604.7
西　藏	2164.2	4614.0	1411.8	1342.0	789.2
陕　西	1638.4	3031.0	2566.0	2832.4	646.1
甘　肃	1523.9	3334.8	2470.5	2005.1	577.1
青　海	1253.4	3028.0	1527.4	2156.1	557.8
宁　夏	1600.4	3330.4	2833.3	2481.2	569.5
新　疆	1407.9	3137.0	1947.6	2773.6	1011.5

2-2-5-6 2022年分地区城镇居民消费支出构成

单位：%

地区	消费支出	一、食品烟酒支出	二、衣着支出	三、居住支出
全国	**100.0**	**29.5**	**5.7**	**25.2**
北京	100.0	21.1	4.3	40.8
天津	100.0	29.2	5.2	24.2
河北	100.0	28.3	6.5	25.4
山西	100.0	27.4	7.1	22.5
内蒙古	100.0	27.0	7.5	22.5
辽宁	100.0	31.6	6.7	21.3
吉林	100.0	29.3	6.9	22.1
黑龙江	100.0	30.2	6.8	21.2
上海	100.0	26.8	3.7	38.0
江苏	100.0	26.4	5.4	29.1
浙江	100.0	27.2	5.5	26.7
安徽	100.0	33.3	6.6	22.7
福建	100.0	31.2	5.0	29.9
江西	100.0	31.2	5.5	22.4
山东	100.0	27.0	7.0	22.3
河南	100.0	28.4	7.0	22.8
湖北	100.0	30.2	6.1	22.6
湖南	100.0	28.5	6.4	20.4
广东	100.0	32.8	3.7	26.9
广西	100.0	32.0	4.0	21.2
海南	100.0	36.6	3.5	25.2
重庆	100.0	33.0	7.2	19.1
四川	100.0	33.9	6.4	20.1
贵州	100.0	31.3	6.9	18.0
云南	100.0	30.8	5.6	23.0
西藏	100.0	32.2	9.4	21.8
陕西	100.0	27.4	6.3	23.0
甘肃	100.0	29.9	7.0	23.8
青海	100.0	33.1	7.1	20.5
宁夏	100.0	28.7	7.1	19.6
新疆	100.0	32.4	6.7	18.4

2-2-5-6 续表 单位：%

地区	四、生活用品及服务支出	五、交通通信支出	六、教育文化娱乐支出	七、医疗保健支出	八、其他用品及服务支出
全国	**5.9**	**12.9**	**10.0**	**8.2**	**2.7**
北京	5.1	9.3	7.2	9.4	2.7
天津	5.7	12.3	8.4	11.3	3.8
河北	6.5	12.5	8.8	9.3	2.5
山西	6.2	12.1	10.8	11.1	2.7
内蒙古	5.9	15.9	9.5	8.8	2.9
辽宁	5.8	12.0	10.2	9.3	3.2
吉林	5.2	12.7	10.3	10.9	2.6
黑龙江	4.9	12.0	10.4	11.7	2.9
上海	4.6	9.6	6.9	7.7	2.7
江苏	5.8	14.0	8.7	7.5	3.2
浙江	6.0	15.3	9.5	6.4	3.3
安徽	6.1	10.8	10.7	7.2	2.7
福建	5.4	11.1	9.5	5.8	2.2
江西	6.1	12.8	11.2	8.4	2.3
山东	7.8	13.9	11.7	8.2	2.3
河南	6.4	12.4	11.0	9.4	2.6
湖北	5.6	13.2	11.2	8.7	2.5
湖南	6.5	13.8	13.5	8.7	2.2
广东	5.2	13.2	10.1	5.5	2.5
广西	5.6	13.5	12.4	9.3	1.9
海南	4.3	12.8	9.7	6.1	1.8
重庆	6.6	12.2	10.3	8.8	2.7
四川	6.5	12.5	9.5	8.5	2.5
贵州	6.2	15.6	12.0	7.7	2.3
云南	5.6	12.4	10.3	9.9	2.3
西藏	7.7	16.3	5.0	4.7	2.8
陕西	6.6	12.2	10.4	11.4	2.6
甘肃	6.0	13.2	9.8	8.0	2.3
青海	5.8	14.0	7.0	9.9	2.6
宁夏	6.6	13.8	11.7	10.2	2.4
新疆	5.8	13.0	8.1	11.5	4.2

2-2-5-7 2022年分地区城镇居民现金消费支出

单位：元/人

地区	现金消费支出	一、食品烟酒支出	二、衣着支出	三、居住支出
全国	**24375.3**	**8715.9**	**1734.4**	**2503.1**
北京	28349.5	9591.6	1977.2	3067.1
天津	26258.5	9478.8	1759.5	2574.3
河北	20528.9	7025.7	1640.8	2266.2
山西	18489.0	5857.5	1554.9	2205.3
内蒙古	22801.2	7116.2	2003.5	2568.6
辽宁	22558.4	8236.9	1781.0	2157.1
吉林	18542.2	6271.5	1497.0	2055.3
黑龙江	20578.0	7047.3	1636.0	2361.6
上海	31617.8	12277.1	1763.3	4179.3
江苏	28942.3	9727.0	2021.9	3117.1
浙江	35357.9	11937.6	2465.2	3748.5
安徽	21729.8	8671.4	1761.0	1696.6
福建	27030.1	10761.3	1767.9	3045.6
江西	21403.2	7839.2	1438.3	2106.8
山东	23725.4	7533.1	1986.5	2177.9
河南	19505.5	6611.5	1637.1	1873.5
湖北	23621.4	8483.0	1769.9	2051.0
湖南	25469.0	8091.0	1892.9	2753.1
广东	29588.9	11823.4	1380.3	3332.9
广西	18230.1	6624.3	904.9	1858.3
海南	20726.6	9281.9	913.9	1817.6
重庆	25982.0	9819.2	2189.5	2226.4
四川	23332.7	9040.9	1763.9	2201.5
贵州	20819.4	7231.9	1671.8	1734.7
云南	21100.4	7914.9	1469.2	1561.9
西藏	24495.9	9023.5	2663.5	2568.9
陕西	20585.3	6666.0	1554.1	2310.9
甘肃	21083.1	7411.0	1758.6	2299.3
青海	18211.6	7000.4	1532.3	1975.3
宁夏	20820.4	6719.2	1720.1	2211.7
新疆	19554.4	7467.5	1614.7	1631.2

2-2-5-7 续表 单位：元/人

地区	四、生活用品及服务支出	五、交通通信支出	六、教育文化娱乐支出	七、医疗保健支出	八、其他用品及服务支出
全国	**1789.3**	**3903.0**	**3049.3**	**1895.4**	**784.8**
北京	2320.7	4259.4	3270.7	2642.3	1220.4
天津	1923.1	4133.3	2838.7	2416.7	1134.1
河北	1617.7	3139.0	2211.9	2001.6	626.0
山西	1350.9	2646.5	2370.6	1909.2	594.0
内蒙古	1556.2	4232.1	2534.2	2044.2	746.3
辽宁	1530.6	3176.0	2712.2	2107.9	856.8
吉林	1122.7	2775.7	2238.2	2014.5	567.1
黑龙江	1164.6	2877.8	2490.3	2316.7	683.6
上海	2190.8	4602.5	3313.4	1987.3	1304.1
江苏	2190.0	5276.3	3283.9	2118.4	1207.7
浙江	2677.6	6784.0	4233.3	2045.9	1465.7
安徽	1625.4	2903.1	2876.4	1493.7	702.2
福建	1908.2	3932.8	3375.4	1448.6	790.4
江西	1575.0	3318.2	2909.0	1612.6	604.1
山东	2175.4	3961.2	3331.7	1926.7	632.7
河南	1507.0	2914.1	2597.7	1748.0	616.7
湖北	1625.5	3831.6	3264.6	1887.4	708.4
湖南	1914.1	4061.2	4005.0	2110.3	641.5
广东	1894.1	4881.6	3746.1	1717.4	813.0
广西	1223.9	3021.4	2790.1	1392.7	414.4
海南	1144.7	3370.7	2564.0	1155.5	478.4
重庆	2022.7	3737.5	3139.3	2030.9	816.4
四川	1796.3	3462.5	2638.3	1740.0	689.4
贵州	1500.1	3778.1	2905.6	1450.7	546.5
云南	1472.6	3257.8	2699.7	2120.6	603.6
西藏	2154.0	4612.3	1411.7	1274.1	787.8
陕西	1622.6	3030.4	2565.1	2216.0	620.2
甘肃	1522.1	3334.3	2466.6	1716.3	575.0
青海	1250.3	3027.2	1527.3	1342.1	556.6
宁夏	1587.6	3325.9	2833.2	1855.0	567.5
新疆	1400.0	3132.5	1946.8	1786.8	574.9

2-2-5-8 2022年分地区城镇居民现金消费支出构成

单位：%

地区	现金消费支出	一、食品烟酒支出	二、衣着支出	三、居住支出
全国	**100.0**	**35.8**	**7.1**	**10.3**
北京	100.0	33.8	7.0	10.8
天津	100.0	36.1	6.7	9.8
河北	100.0	34.2	8.0	11.0
山西	100.0	31.7	8.4	11.9
内蒙古	100.0	31.2	8.8	11.3
辽宁	100.0	36.5	7.9	9.6
吉林	100.0	33.8	8.1	11.1
黑龙江	100.0	34.2	8.0	11.5
上海	100.0	38.8	5.6	13.2
江苏	100.0	33.6	7.0	10.8
浙江	100.0	33.8	7.0	10.6
安徽	100.0	39.9	8.1	7.8
福建	100.0	39.8	6.5	11.3
江西	100.0	36.6	6.7	9.8
山东	100.0	31.8	8.4	9.2
河南	100.0	33.9	8.4	9.6
湖北	100.0	35.9	7.5	8.7
湖南	100.0	31.8	7.4	10.8
广东	100.0	40.0	4.7	11.3
广西	100.0	36.3	5.0	10.2
海南	100.0	44.8	4.4	8.8
重庆	100.0	37.8	8.4	8.6
四川	100.0	38.7	7.6	9.4
贵州	100.0	34.7	8.0	8.3
云南	100.0	37.5	7.0	7.4
西藏	100.0	36.8	10.9	10.5
陕西	100.0	32.4	7.5	11.2
甘肃	100.0	35.2	8.3	10.9
青海	100.0	38.4	8.4	10.8
宁夏	100.0	32.3	8.3	10.6
新疆	100.0	38.2	8.3	8.3

2-2-5-8 续表 单位：%

地区	四、生活用品及服务支出	五、交通通信支出	六、教育文化娱乐支出	七、医疗保健支出	八、其他用品及服务支出
全国	**7.3**	**16.0**	**12.5**	**7.8**	**3.2**
北京	8.2	15.0	11.5	9.3	4.3
天津	7.3	15.7	10.8	9.2	4.3
河北	7.9	15.3	10.8	9.8	3.0
山西	7.3	14.3	12.8	10.3	3.2
内蒙古	6.8	18.6	11.1	9.0	3.3
辽宁	6.8	14.1	12.0	9.3	3.8
吉林	6.1	15.0	12.1	10.9	3.1
黑龙江	5.7	14.0	12.1	11.3	3.3
上海	6.9	14.6	10.5	6.3	4.1
江苏	7.6	18.2	11.3	7.3	4.2
浙江	7.6	19.2	12.0	5.8	4.1
安徽	7.5	13.4	13.2	6.9	3.2
福建	7.1	14.5	12.5	5.4	2.9
江西	7.4	15.5	13.6	7.5	2.8
山东	9.2	16.7	14.0	8.1	2.7
河南	7.7	14.9	13.3	9.0	3.2
湖北	6.9	16.2	13.8	8.0	3.0
湖南	7.5	15.9	15.7	8.3	2.5
广东	6.4	16.5	12.7	5.8	2.7
广西	6.7	16.6	15.3	7.6	2.3
海南	5.5	16.3	12.4	5.6	2.3
重庆	7.8	14.4	12.1	7.8	3.1
四川	7.7	14.8	11.3	7.5	3.0
贵州	7.2	18.1	14.0	7.0	2.6
云南	7.0	15.4	12.8	10.1	2.9
西藏	8.8	18.8	5.8	5.2	3.2
陕西	7.9	14.7	12.5	10.8	3.0
甘肃	7.2	15.8	11.7	8.1	2.7
青海	6.9	16.6	8.4	7.4	3.1
宁夏	7.6	16.0	13.6	8.9	2.7
新疆	7.2	16.0	10.0	9.1	2.9

2-2-5-9 2022年分地区城镇居民家庭主要食品消费量

单位：公斤/人

地区	粮食(原粮)		食用油		蔬菜	肉类	
		谷物		植物油			猪肉
全　国	**116.2**	**103.6**	**9.4**	**9.0**	**110.9**	**35.2**	**26.0**
北　京	91.3	79.6	5.7	5.7	110.5	29.1	17.1
天　津	91.1	80.6	7.4	7.4	114.3	28.1	17.6
河　北	165.8	147.0	8.6	8.5	144.2	33.0	22.1
山　西	114.9	98.3	7.4	7.3	104.9	21.9	15.2
内蒙古	121.7	108.2	6.5	6.4	98.4	36.7	21.1
辽　宁	134.4	116.5	9.5	9.4	124.8	38.4	25.9
吉　林	122.4	108.9	11.2	11.1	101.0	29.7	20.8
黑龙江	120.1	107.0	13.2	13.2	105.0	31.4	21.2
上　海	97.2	86.4	7.9	7.8	99.5	32.6	22.4
江　苏	117.7	103.8	8.9	8.7	128.8	36.0	26.7
浙　江	127.3	112.4	10.2	9.8	102.7	38.1	29.4
安　徽	117.2	103.3	7.9	7.5	111.4	34.8	26.3
福　建	94.8	86.7	9.4	8.9	85.2	35.1	27.8
江　西	145.2	129.6	13.7	13.3	129.0	41.4	33.7
山　东	116.9	106.5	6.7	6.6	97.6	30.1	20.5
河　南	122.6	109.3	7.6	7.5	115.3	28.7	19.9
湖　北	98.4	84.4	11.4	11.1	122.3	34.4	26.3
湖　南	130.3	119.8	12.7	10.6	106.4	40.3	33.7
广　东	90.4	83.3	9.3	8.9	96.6	40.9	31.8
广　西	103.5	96.4	8.0	7.4	92.6	36.9	31.4
海　南	89.6	84.5	8.9	8.4	103.7	36.3	29.9
重　庆	133.0	117.0	15.8	14.7	153.4	55.0	45.5
四　川	106.2	94.3	11.3	10.5	125.2	43.9	36.1
贵　州	101.9	89.2	8.3	7.5	82.8	36.7	31.7
云　南	110.3	93.9	7.8	6.7	106.4	34.8	26.8
西　藏	152.5	149.0	9.5	9.1	102.5	51.1	14.3
陕　西	126.1	109.2	9.4	9.3	105.9	22.8	16.1
甘　肃	136.7	122.3	10.1	10.1	111.4	27.6	18.6
青　海	109.0	102.3	9.7	9.6	76.3	28.3	13.1
宁　夏	100.3	92.2	8.8	8.7	105.2	22.8	9.8
新　疆	115.6	110.6	11.7	11.7	104.2	28.2	8.5

2-2-5-9 续表　　单位：公斤/人

地　区	牛肉	羊肉	禽类	水产品	蛋类	奶类	鲜瓜果	食糖
全　国	**3.2**	**1.5**	**11.9**	**16.2**	**13.8**	**15.4**	**60.5**	**1.0**
北　京	4.0	2.8	7.0	9.7	16.1	23.3	64.1	0.9
天　津	3.1	3.0	6.7	17.7	20.3	15.9	75.7	0.9
河　北	2.3	2.2	8.9	10.3	23.0	19.7	83.3	1.3
山　西	1.2	1.7	4.3	4.0	17.1	20.3	65.4	0.9
内蒙古	4.8	6.6	6.9	7.5	14.7	25.0	67.3	0.9
辽　宁	4.9	1.9	7.6	20.5	19.8	20.0	78.8	1.0
吉　林	4.0	1.1	6.0	10.9	15.5	11.8	61.5	1.1
黑龙江	3.2	1.9	6.5	12.1	16.2	14.0	69.5	1.3
上　海	4.5	1.1	12.3	24.2	14.2	21.5	54.8	1.3
江　苏	2.8	1.1	14.4	23.9	14.8	15.4	54.0	1.1
浙　江	4.2	0.9	13.9	31.7	12.1	15.0	67.9	1.3
安　徽	3.5	1.2	14.8	15.1	13.3	13.2	59.1	0.8
福　建	3.1	0.9	12.0	27.1	10.9	13.3	44.9	1.1
江　西	3.8	0.7	13.4	19.8	10.6	12.6	59.7	1.1
山　东	1.4	1.3	7.8	16.0	21.8	16.0	71.2	0.6
河　南	2.4	1.9	9.5	6.9	20.3	16.5	74.2	0.8
湖　北	3.1	0.8	8.4	19.4	9.8	11.4	51.0	0.7
湖　南	3.0	0.7	13.7	16.8	9.9	10.0	61.3	1.0
广　东	3.8	0.8	22.3	24.3	8.8	10.9	43.5	0.9
广　西	2.5	0.7	22.5	14.2	6.5	7.3	43.6	1.1
海　南	3.4	1.1	24.7	30.9	6.3	6.2	35.3	0.8
重　庆	3.7	0.8	15.4	16.6	14.7	19.1	60.0	1.6
四　川	2.7	0.6	12.8	11.4	10.0	15.4	52.0	1.2
贵　州	1.9	0.4	8.7	4.9	6.1	11.3	46.7	0.8
云　南	3.1	0.3	9.6	7.0	6.1	10.6	51.2	1.3
西　藏	28.5	3.9	2.4	1.7	8.0	21.6	29.6	1.8
陕　西	1.9	1.3	4.9	5.0	13.6	18.4	66.0	0.8
甘　肃	2.6	2.8	6.2	4.9	13.3	24.7	72.9	1.2
青　海	9.7	3.9	4.8	3.2	9.2	22.6	36.5	1.1
宁　夏	5.5	5.7	8.0	4.3	10.2	19.2	74.3	1.4
新　疆	7.0	10.3	7.6	5.4	11.7	27.6	63.8	1.1

2-2-5-10 2022年分地区城镇居民年末主要耐用消费品拥有量

单位：平均每百户

地　区	家用汽车（辆）	摩托车（辆）	电动助力车（辆）	洗衣机（台）	电冰箱(柜)（台）	微波炉（台）	彩色电视机（台）
全　国	**51.4**	**17.9**	**70.5**	**100.6**	**104.4**	**56.0**	**120.6**
北　京	60.1	4.5	22.1	100.8	103.2	79.1	122.3
天　津	64.4	1.3	41.2	99.4	103.1	77.9	107.5
河　北	58.4	11.4	110.1	103.3	103.4	51.6	110.3
山　西	41.0	12.4	63.0	99.8	98.5	39.3	101.0
内蒙古	61.5	10.2	47.7	100.2	111.6	48.2	101.4
辽　宁	41.2	5.3	19.0	96.9	99.7	59.7	101.6
吉　林	42.7	8.3	13.4	98.0	99.8	47.2	98.1
黑龙江	34.1	4.8	12.1	97.8	100.8	34.8	97.9
上　海	45.4	2.2	70.6	97.3	103.3	85.7	174.2
江　苏	56.0	6.5	134.9	103.9	110.1	90.2	166.2
浙　江	64.4	6.5	90.2	99.3	107.5	62.0	171.0
安　徽	43.4	9.3	107.1	99.3	102.7	66.5	133.3
福　建	39.6	32.2	79.1	97.7	105.9	58.6	122.2
江　西	44.1	27.3	92.1	95.8	100.3	45.3	126.8
山　东	64.4	13.1	118.0	101.6	105.0	48.2	105.3
河　南	53.0	12.6	130.7	102.9	101.2	47.4	117.7
湖　北	46.1	31.0	48.7	100.9	109.9	50.5	118.3
湖　南	48.0	42.6	38.3	104.9	108.7	39.9	116.9
广　东	60.3	43.9	56.7	98.7	103.7	46.1	107.4
广　西	49.3	39.9	120.9	103.2	107.2	70.7	112.9
海　南	50.3	22.5	126.1	94.9	101.9	25.5	101.6
重　庆	40.2	15.7	13.5	100.9	103.1	70.3	125.5
四　川	42.7	17.5	37.6	101.6	103.5	51.2	122.4
贵　州	54.8	22.6	25.8	105.2	105.5	46.2	106.3
云　南	63.9	34.1	50.7	104.1	104.5	64.7	111.5
西　藏	50.4	10.6	23.3	99.0	104.4	41.1	123.6
陕　西	43.8	16.9	42.3	100.2	100.1	43.1	105.5
甘　肃	42.1	9.7	29.7	100.2	99.8	50.6	101.8
青　海	47.3	13.5	13.3	101.5	105.9	57.9	99.7
宁　夏	47.5	10.0	69.2	102.7	101.8	54.9	103.8
新　疆	49.2	4.7	39.6	100.8	112.1	39.1	100.8

2-2-5-10　续表　　　　单位：平均每百户

地　区	空调（台）	热水器（台）	排油烟机（台）	移动电话（部）	计算机（台）	照相机（台）
全　国	**163.5**	**98.2**	**83.2**	**254.0**	**63.4**	**12.9**
北　京	205.7	100.0	96.6	237.5	89.5	36.9
天　津	178.7	98.0	95.7	237.2	65.9	15.1
河　北	146.0	89.8	80.5	246.2	53.7	10.3
山　西	50.7	82.3	77.8	244.6	45.7	6.8
内蒙古	24.5	85.0	84.4	235.8	54.9	10.7
辽　宁	73.1	89.3	88.0	212.1	45.9	12.1
吉　林	27.8	79.4	83.9	229.8	47.0	7.5
黑龙江	20.7	81.4	89.1	218.0	42.0	5.5
上　海	216.0	100.4	87.2	232.5	105.0	27.5
江　苏	238.7	103.6	87.6	254.4	66.9	14.7
浙　江	236.4	108.6	91.1	252.8	75.8	15.7
安　徽	201.4	100.6	81.4	256.8	59.1	11.2
福　建	220.5	116.8	75.2	262.1	77.7	11.8
江　西	163.3	102.4	75.8	267.5	55.0	7.3
山　东	160.9	97.3	86.1	244.9	63.8	14.5
河　南	209.5	97.9	82.7	264.5	61.6	9.6
湖　北	188.6	102.9	86.8	261.9	67.0	14.0
湖　南	194.9	104.3	79.1	276.6	56.9	9.5
广　东	248.5	106.5	78.3	276.4	80.2	15.1
广　西	186.9	106.8	67.6	287.2	64.7	9.2
海　南	190.9	100.5	68.1	295.2	60.2	6.3
重　庆	232.7	103.5	88.2	263.6	71.8	11.7
四　川	179.8	100.0	79.3	259.9	50.4	8.7
贵　州	50.9	101.7	74.7	299.3	53.4	8.0
云　南	11.6	92.7	81.5	274.1	69.4	17.4
西　藏	13.3	50.3	47.9	214.3	46.0	12.4
陕　西	134.3	85.4	76.6	244.7	49.9	11.8
甘　肃	16.5	82.6	84.4	248.1	57.4	13.3
青　海	1.9	80.8	79.9	239.5	40.8	8.7
宁　夏	27.0	100.1	91.9	251.1	60.5	8.4
新　疆	35.0	95.2	91.4	236.6	48.3	10.7

三、农村居民数据

(一)2018年分地区农村居民收支主要数据

2-3-1-1　2018年分地区农村居民可支配收入

单位：元/人

地　　区	可支配收入	一、工资性收入	二、经营净收入	三、财产净收入	四、转移净收入
全　　国	**14617.0**	**5996.1**	**5358.4**	**342.1**	**2920.5**
北　　京	26490.3	19826.7	2021.7	1876.8	2765.0
天　　津	23065.2	13568.1	5334.6	921.6	3241.0
河　　北	14030.9	7454.1	4611.5	298.7	1666.5
山　　西	11750.0	5735.8	3075.2	192.9	2746.1
内 蒙 古	13802.6	2896.6	7180.7	520.4	3204.8
辽　　宁	14656.3	5644.8	6263.8	334.5	2413.2
吉　　林	13748.2	3521.5	7756.2	256.5	2213.9
黑 龙 江	13803.7	3009.1	7053.3	679.0	3062.2
上　　海	30374.7	19503.5	1753.2	1003.2	8114.8
江　　苏	20845.1	10221.6	6016.6	767.5	3839.3
浙　　江	27302.4	16898.4	6677.0	784.1	2942.9
安　　徽	13996.0	5058.0	5411.5	256.0	3270.5
福　　建	17821.2	8214.7	6705.6	322.5	2578.4
江　　西	14459.9	6121.0	5271.9	235.5	2831.6
山　　东	16297.0	6550.0	7193.6	429.0	2124.4
河　　南	13830.7	5335.6	4790.7	221.4	3483.0
湖　　北	14977.8	4886.8	6270.8	185.9	3634.2
湖　　南	14092.5	5769.3	4785.7	179.3	3358.2
广　　东	17167.7	8510.7	4432.7	448.9	3775.5
广　　西	12434.8	3691.4	5393.4	241.4	3108.6
海　　南	13988.9	5611.4	5806.1	253.7	2317.8
重　　庆	13781.2	4847.8	4812.9	334.8	3785.8
四　　川	13331.4	4311.0	5117.2	379.5	3523.7
贵　　州	9716.1	4276.2	3226.7	126.2	2086.9
云　　南	10767.9	3259.9	5599.0	187.2	1721.8
西　　藏	11449.8	3037.2	5888.9	427.2	2096.6
陕　　西	11212.8	4620.8	3508.0	196.6	2887.5
甘　　肃	8804.1	2534.7	3823.7	211.5	2234.1
青　　海	10393.3	3047.3	3904.6	463.1	2978.4
宁　　夏	11707.6	4547.8	4638.5	362.8	2158.5
新　　疆	11974.5	2945.2	6623.9	235.1	2170.3

2-3-1-2　2018年分地区农村居民可支配收入构成

单位：%

地　区	可支配收入	一、工资性收入	二、经营净收入	三、财产净收入	四、转移净收入
全　国	**100.0**	**41.0**	**36.7**	**2.3**	**20.0**
北　京	100.0	74.8	7.6	7.1	10.4
天　津	100.0	58.8	23.1	4.0	14.1
河　北	100.0	53.1	32.9	2.1	11.9
山　西	100.0	48.8	26.2	1.6	23.4
内蒙古	100.0	21.0	52.0	3.8	23.2
辽　宁	100.0	38.5	42.7	2.3	16.5
吉　林	100.0	25.6	56.4	1.9	16.1
黑龙江	100.0	21.8	51.1	4.9	22.2
上　海	100.0	64.2	5.8	3.3	26.7
江　苏	100.0	49.0	28.9	3.7	18.4
浙　江	100.0	61.9	24.5	2.9	10.8
安　徽	100.0	36.1	38.7	1.8	23.4
福　建	100.0	46.1	37.6	1.8	14.5
江　西	100.0	42.3	36.5	1.6	19.6
山　东	100.0	40.2	44.1	2.6	13.0
河　南	100.0	38.6	34.6	1.6	25.2
湖　北	100.0	32.6	41.9	1.2	24.3
湖　南	100.0	40.9	34.0	1.3	23.8
广　东	100.0	49.6	25.8	2.6	22.0
广　西	100.0	29.7	43.4	1.9	25.0
海　南	100.0	40.1	41.5	1.8	16.6
重　庆	100.0	35.2	34.9	2.4	27.5
四　川	100.0	32.3	38.4	2.8	26.4
贵　州	100.0	44.0	33.2	1.3	21.5
云　南	100.0	30.3	52.0	1.7	16.0
西　藏	100.0	26.5	51.4	3.7	18.3
陕　西	100.0	41.2	31.3	1.8	25.8
甘　肃	100.0	28.8	43.4	2.4	25.4
青　海	100.0	29.3	37.6	4.5	28.7
宁　夏	100.0	38.8	39.6	3.1	18.4
新　疆	100.0	24.6	55.3	2.0	18.1

2-3-1-3　2018年分地区农村居民现金可支配收入

单位：元/人

地　　区	现金可支配收入	一、工资性收入	二、经营净收入	三、财产净收入	四、转移净收入
全　　国	**13912.8**	**5961.3**	**4969.5**	**342.1**	**2639.9**
北　　京	25922.3	19787.3	2231.7	1876.8	2026.4
天　　津	22994.6	13441.0	5940.9	921.6	2691.1
河　　北	13924.7	7446.5	4723.4	298.7	1456.0
山　　西	11351.4	5715.8	2933.8	192.9	2508.9
内 蒙 古	13450.1	2892.9	7114.2	520.4	2922.6
辽　　宁	14581.4	5591.0	6453.4	334.5	2202.6
吉　　林	12204.0	3506.2	6428.2	256.5	2013.1
黑 龙 江	11149.5	3001.8	4640.1	679.0	2828.5
上　　海	29213.1	19303.8	1692.7	1003.2	7213.4
江　　苏	19985.2	10166.5	5549.9	767.5	3501.2
浙　　江	27068.5	16831.4	6789.6	784.1	2663.3
安　　徽	13595.2	5000.4	5263.2	256.0	3075.7
福　　建	17141.2	8146.4	6289.0	322.5	2383.4
江　　西	13892.3	6114.2	4856.5	235.5	2686.1
山　　东	16346.1	6522.3	7554.0	429.0	1840.9
河　　南	12988.6	5330.8	4214.4	221.4	3222.0
湖　　北	14221.6	4866.9	5941.4	185.9	3227.4
湖　　南	13258.1	5729.6	4263.4	179.3	3085.7
广　　东	16209.1	8358.5	4014.4	448.9	3387.3
广　　西	11534.1	3674.3	4953.7	241.4	2664.8
海　　南	13698.3	5583.2	5741.6	253.7	2119.8
重　　庆	12498.9	4831.0	3716.2	334.8	3616.8
四　　川	12126.0	4263.5	4316.9	379.5	3166.2
贵　　州	9212.5	4256.9	2940.1	126.2	1889.4
云　　南	10064.7	3252.7	5123.8	187.2	1501.0
西　　藏	10561.5	3036.2	5166.7	427.2	1931.4
陕　　西	10625.5	4597.9	3183.1	196.6	2647.8
甘　　肃	7967.8	2526.2	3315.3	211.5	1914.8
青　　海	10268.2	3042.2	4111.9	463.1	2651.0
宁　　夏	11637.4	4534.0	4918.7	362.8	1822.0
新　　疆	10737.3	2934.7	5681.1	235.1	1886.4

2-3-1-4　2018年分地区农村居民现金可支配收入构成

单位：%

地　区	现金可支配收入	一、工资性收入	二、经营净收入	三、财产净收入	四、转移净收入
全　国	**100.0**	**42.8**	**35.7**	**2.5**	**19.0**
北　京	100.0	76.3	8.6	7.2	7.8
天　津	100.0	58.5	25.8	4.0	11.7
河　北	100.0	53.5	33.9	2.1	10.5
山　西	100.0	50.4	25.8	1.7	22.1
内蒙古	100.0	21.5	52.9	3.9	21.7
辽　宁	100.0	38.3	44.3	2.3	15.1
吉　林	100.0	28.7	52.7	2.1	16.5
黑龙江	100.0	26.9	41.6	6.1	25.4
上　海	100.0	66.1	5.8	3.4	24.7
江　苏	100.0	50.9	27.8	3.8	17.5
浙　江	100.0	62.2	25.1	2.9	9.8
安　徽	100.0	36.8	38.7	1.9	22.6
福　建	100.0	47.5	36.7	1.9	13.9
江　西	100.0	44.0	35.0	1.7	19.3
山　东	100.0	39.9	46.2	2.6	11.3
河　南	100.0	41.0	32.4	1.7	24.8
湖　北	100.0	34.2	41.8	1.3	22.7
湖　南	100.0	43.2	32.2	1.4	23.3
广　东	100.0	51.6	24.8	2.8	20.9
广　西	100.0	31.9	42.9	2.1	23.1
海　南	100.0	40.8	41.9	1.9	15.5
重　庆	100.0	38.7	29.7	2.7	28.9
四　川	100.0	35.2	35.6	3.1	26.1
贵　州	100.0	46.2	31.9	1.4	20.5
云　南	100.0	32.3	50.9	1.9	14.9
西　藏	100.0	28.7	48.9	4.0	18.3
陕　西	100.0	43.3	30.0	1.9	24.9
甘　肃	100.0	31.7	41.6	2.7	24.0
青　海	100.0	29.6	40.0	4.5	25.8
宁　夏	100.0	39.0	42.3	3.1	15.7
新　疆	100.0	27.3	52.9	2.2	17.6

2-3-1-5 2018年分地区农村居民消费支出

单位：元/人

地区	消费支出	一、食品烟酒支出	二、衣着支出	三、居住支出
全　国	**12124.3**	**3645.6**	**647.7**	**2660.6**
北　京	20195.3	4802.4	1088.3	5950.9
天　津	16863.3	4983.7	991.5	3415.4
河　北	11382.8	3002.7	722.5	2542.3
山　西	9172.2	2539.8	626.4	2075.7
内蒙古	12661.5	3476.2	717.1	2337.8
辽　宁	11455.0	3063.0	656.2	2246.3
吉　林	10826.2	3010.2	628.4	1917.2
黑龙江	11416.8	3114.7	695.1	1916.5
上　海	19964.7	7429.8	1135.9	3953.8
江　苏	16567.0	4337.7	811.9	4130.2
浙　江	19706.8	5965.6	1017.6	4992.7
安　徽	12748.1	4208.3	635.0	3013.3
福　建	14942.8	5339.8	677.1	3649.1
江　西	10885.2	3403.0	526.1	3038.2
山　东	11270.1	3162.0	622.4	2214.3
河　南	10392.0	2778.3	736.1	2273.7
湖　北	13946.3	3928.2	783.1	2954.3
湖　南	12720.5	3713.9	624.1	2920.6
广　东	15411.3	5641.2	523.6	3355.8
广　西	10617.0	3194.8	326.7	2469.1
海　南	10955.8	4580.7	314.7	2160.4
重　庆	11976.8	4180.0	631.0	2273.5
四　川	12723.2	4551.7	716.4	2500.0
贵　州	9170.2	2593.3	502.1	2127.2
云　南	9122.9	2688.9	370.0	1883.7
西　藏	7452.1	2688.7	973.0	1175.1
陕　西	10070.8	2576.9	525.5	2431.2
甘　肃	9064.6	2694.5	557.9	1725.8
青　海	10352.4	3053.3	721.0	1790.1
宁　夏	10789.6	2949.9	752.2	1867.8
新　疆	9421.3	2824.0	798.7	1716.3

2-3-1-5 续表 单位：元/人

地 区	四、生活用品及服务支出	五、交通通信支出	六、教育文化娱乐支出	七、医疗保健支出	八、其他用品及服务支出
全 国	**720.5**	**1690.0**	**1301.6**	**1240.1**	**218.3**
北 京	1580.3	3077.7	1436.2	1991.9	267.5
天 津	1357.4	2595.2	1236.8	1974.9	308.5
河 北	773.9	1736.5	1170.9	1201.6	232.4
山 西	443.7	1106.9	1149.6	1065.2	165.0
内 蒙 古	578.9	2102.5	1736.5	1468.5	244.0
辽 宁	568.5	1820.1	1325.2	1529.1	246.5
吉 林	405.6	1770.5	1411.0	1450.9	232.4
黑 龙 江	490.8	1632.5	1419.4	1916.2	231.6
上 海	1137.2	2892.2	1173.3	1739.5	502.9
江 苏	939.3	2959.9	1547.3	1529.6	311.1
浙 江	1053.2	2952.9	1787.9	1626.9	310.0
安 徽	772.5	1556.1	1271.1	1036.7	255.2
福 建	764.8	1817.1	1359.4	1015.8	319.8
江 西	607.2	1214.7	1143.7	783.8	168.5
山 东	761.9	1873.0	1265.6	1205.0	166.0
河 南	697.5	1286.0	1226.8	1226.6	167.0
湖 北	852.2	1933.1	1551.4	1588.0	356.0
湖 南	756.8	1449.7	1678.6	1385.5	191.4
广 东	817.0	1930.4	1473.0	1366.7	303.6
广 西	604.1	1528.1	1246.9	1088.0	159.4
海 南	513.2	1105.3	1376.0	712.4	193.0
重 庆	784.8	1502.5	1345.2	1075.1	184.7
四 川	859.8	1578.3	934.2	1344.8	237.9
贵 州	569.2	1373.1	1161.2	703.2	140.9
云 南	558.9	1507.3	1153.1	845.6	115.5
西 藏	351.1	1396.6	409.0	314.9	143.7
陕 西	634.7	1222.5	1252.9	1241.8	185.3
甘 肃	513.9	1077.9	1201.9	1132.6	160.1
青 海	495.0	1765.2	944.6	1332.3	250.8
宁 夏	673.5	1818.7	1295.8	1248.6	183.1
新 疆	610.0	1301.1	1010.7	1017.5	142.8

2-3-1-6 2018年分地区农村居民消费支出构成

单位：%

地 区	消费支出	一、食品烟酒支出	二、衣着支出	三、居住支出
全 国	**100.0**	**30.1**	**5.3**	**21.9**
北 京	100.0	23.8	5.4	29.5
天 津	100.0	29.6	5.9	20.3
河 北	100.0	26.4	6.3	22.3
山 西	100.0	27.7	6.8	22.6
内蒙古	100.0	27.5	5.7	18.5
辽 宁	100.0	26.7	5.7	19.6
吉 林	100.0	27.8	5.8	17.7
黑龙江	100.0	27.3	6.1	16.8
上 海	100.0	37.2	5.7	19.8
江 苏	100.0	26.2	4.9	24.9
浙 江	100.0	30.3	5.2	25.3
安 徽	100.0	33.0	5.0	23.6
福 建	100.0	35.7	4.5	24.4
江 西	100.0	31.3	4.8	27.9
山 东	100.0	28.1	5.5	19.6
河 南	100.0	26.7	7.1	21.9
湖 北	100.0	28.2	5.6	21.2
湖 南	100.0	29.2	4.9	23.0
广 东	100.0	36.6	3.4	21.8
广 西	100.0	30.1	3.1	23.3
海 南	100.0	41.8	2.9	19.7
重 庆	100.0	34.9	5.3	19.0
四 川	100.0	35.8	5.6	19.6
贵 州	100.0	28.3	5.5	23.2
云 南	100.0	29.5	4.1	20.6
西 藏	100.0	36.1	13.1	15.8
陕 西	100.0	25.6	5.2	24.1
甘 肃	100.0	29.7	6.2	19.0
青 海	100.0	29.5	7.0	17.3
宁 夏	100.0	27.3	7.0	17.3
新 疆	100.0	30.0	8.5	18.2

2-3-1-6 续表 单位：%

地区	四、生活用品及服务支出	五、交通通信支出	六、教育文化娱乐支出	七、医疗保健支出	八、其他用品及服务支出
全国	**5.9**	**13.9**	**10.7**	**10.2**	**1.8**
北京	7.8	15.2	7.1	9.9	1.3
天津	8.0	15.4	7.3	11.7	1.8
河北	6.8	15.3	10.3	10.6	2.0
山西	4.8	12.1	12.5	11.6	1.8
内蒙古	4.6	16.6	13.7	11.6	1.9
辽宁	5.0	15.9	11.6	13.3	2.2
吉林	3.7	16.4	13.0	13.4	2.1
黑龙江	4.3	14.3	12.4	16.8	2.0
上海	5.7	14.5	5.9	8.7	2.5
江苏	5.7	17.9	9.3	9.2	1.9
浙江	5.3	15.0	9.1	8.3	1.6
安徽	6.1	12.2	10.0	8.1	2.0
福建	5.1	12.2	9.1	6.8	2.1
江西	5.6	11.2	10.5	7.2	1.5
山东	6.8	16.6	11.2	10.7	1.5
河南	6.7	12.4	11.8	11.8	1.6
湖北	6.1	13.9	11.1	11.4	2.6
湖南	5.9	11.4	13.2	10.9	1.5
广东	5.3	12.5	9.6	8.9	2.0
广西	5.7	14.4	11.7	10.2	1.5
海南	4.7	10.1	12.6	6.5	1.8
重庆	6.6	12.5	11.2	9.0	1.5
四川	6.8	12.4	7.3	10.6	1.9
贵州	6.2	15.0	12.7	7.7	1.5
云南	6.1	16.5	12.6	9.3	1.3
西藏	4.7	18.7	5.5	4.2	1.9
陕西	6.3	12.1	12.4	12.3	1.8
甘肃	5.7	11.9	13.3	12.5	1.8
青海	4.8	17.1	9.1	12.9	2.4
宁夏	6.2	16.9	12.0	11.6	1.7
新疆	6.5	13.8	10.7	10.8	1.5

2-3-1-7 2018年分地区农村居民现金消费支出

单位：元/人

地　区	现金消费支出	一、食品烟酒支出	二、衣着支出	三、居住支出
全　国	**9862.0**	**3226.3**	**647.2**	**1084.0**
北　京	15628.8	4710.1	1087.5	2128.6
天　津	14607.4	4838.7	991.1	1841.7
河　北	9873.7	2881.2	722.3	1363.4
山　西	7734.6	2305.2	625.9	1079.4
内蒙古	11010.3	3010.5	717.1	1411.2
辽　宁	9824.3	2775.8	656.0	1097.1
吉　林	9188.6	2671.0	628.3	815.8
黑龙江	10088.3	2952.2	695.0	983.1
上　海	16765.0	7086.8	1134.1	1979.6
江　苏	13703.2	4050.5	811.7	1894.6
浙　江	15423.5	5478.2	1017.5	1478.4
安　徽	10193.6	3941.1	634.3	918.9
福　建	11995.4	4828.3	676.7	1408.8
江　西	8235.5	3046.0	526.0	892.4
山　东	9711.4	3040.8	621.2	1063.7
河　南	8632.1	2688.4	736.0	850.6
湖　北	11300.6	3436.7	782.6	1200.0
湖　南	9992.5	3067.7	622.8	1108.4
广　东	12313.4	5051.3	523.0	1235.0
广　西	8201.0	2579.3	325.8	1021.3
海　南	9060.1	4263.6	314.6	763.7
重　庆	9467.7	3277.9	630.0	850.5
四　川	9848.0	3549.0	715.8	948.1
贵　州	7160.3	2006.9	501.9	872.3
云　南	6883.9	2010.9	369.8	534.7
西　藏	5708.4	2081.6	970.2	216.7
陕　西	8264.0	2357.3	525.0	1076.7
甘　肃	7516.0	2266.5	557.8	871.3
青　海	8858.1	2630.3	720.7	1039.2
宁　夏	9412.0	2660.9	751.8	1088.9
新　疆	7959.3	2296.3	796.4	1011.3

2-3-1-7 续表 单位：元/人

地区	四、生活用品及服务支出	五、交通通信支出	六、教育文化娱乐支出	七、医疗保健支出	八、其他用品及服务支出
全国	**709.0**	**1685.0**	**1300.5**	**997.4**	**212.7**
北京	1569.2	3077.3	1435.7	1357.5	262.9
天津	1114.3	2593.5	1236.7	1706.2	285.2
河北	770.2	1735.1	1170.9	998.7	231.9
山西	441.9	1106.8	1149.5	875.3	150.5
内蒙古	578.8	2102.5	1736.1	1210.1	244.0
辽宁	562.3	1819.2	1325.2	1344.4	244.2
吉林	403.1	1770.5	1411.0	1256.5	232.3
黑龙江	490.3	1632.5	1419.2	1685.6	230.3
上海	1117.9	2872.0	1172.9	909.4	492.4
江苏	931.7	2942.6	1547.2	1216.3	308.6
浙江	1044.4	2951.8	1787.6	1363.7	302.0
安徽	765.5	1527.8	1270.9	882.3	252.9
福建	755.6	1810.9	1359.4	837.2	318.6
江西	603.7	1214.7	1143.7	641.2	167.9
山东	734.9	1869.5	1265.5	954.9	160.9
河南	695.9	1285.9	1226.4	982.7	166.2
湖北	850.4	1928.1	1551.4	1211.1	340.4
湖南	753.9	1438.8	1678.2	1133.4	189.2
广东	803.4	1925.3	1469.8	1013.3	292.4
广西	555.0	1526.4	1246.3	802.0	145.1
海南	494.2	1105.3	1376.0	556.5	186.3
重庆	765.5	1501.9	1344.8	914.4	182.8
四川	836.3	1577.7	931.9	1058.7	230.6
贵州	563.2	1360.7	1161.1	557.3	136.8
云南	554.4	1507.2	1152.8	641.0	113.1
西藏	340.6	1396.3	409.0	150.5	143.4
陕西	625.0	1212.7	1251.8	1032.1	183.5
甘肃	510.4	1075.6	1191.3	884.4	158.8
青海	494.3	1765.2	944.0	1017.6	246.8
宁夏	658.9	1817.1	1295.5	970.6	168.2
新疆	603.6	1300.2	996.8	861.6	93.3

2-3-1-8　2018年分地区农村居民现金消费支出构成

单位：%

地　区	现金消费支出	一、食品烟酒支出	二、衣着支出	三、居住支出
全　国	**100.0**	**32.7**	**6.6**	**11.0**
北　京	100.0	30.1	7.0	13.6
天　津	100.0	33.1	6.8	12.6
河　北	100.0	29.2	7.3	13.8
山　西	100.0	29.8	8.1	14.0
内蒙古	100.0	27.3	6.5	12.8
辽　宁	100.0	28.3	6.7	11.2
吉　林	100.0	29.1	6.8	8.9
黑龙江	100.0	29.3	6.9	9.7
上　海	100.0	42.3	6.8	11.8
江　苏	100.0	29.6	5.9	13.8
浙　江	100.0	35.5	6.6	9.6
安　徽	100.0	38.7	6.2	9.0
福　建	100.0	40.3	5.6	11.7
江　西	100.0	37.0	6.4	10.8
山　东	100.0	31.3	6.4	11.0
河　南	100.0	31.1	8.5	9.9
湖　北	100.0	30.4	6.9	10.6
湖　南	100.0	30.7	6.2	11.1
广　东	100.0	41.0	4.2	10.0
广　西	100.0	31.5	4.0	12.5
海　南	100.0	47.1	3.5	8.4
重　庆	100.0	34.6	6.7	9.0
四　川	100.0	36.0	7.3	9.6
贵　州	100.0	28.0	7.0	12.2
云　南	100.0	29.2	5.4	7.8
西　藏	100.0	36.5	17.0	3.8
陕　西	100.0	28.5	6.4	13.0
甘　肃	100.0	30.2	7.4	11.6
青　海	100.0	29.7	8.1	11.7
宁　夏	100.0	28.3	8.0	11.6
新　疆	100.0	28.9	10.0	12.7

2-3-1-8 续表 单位：%

地 区	四、生活用品及服务支出	五、交通通信支出	六、教育文化娱乐支出	七、医疗保健支出	八、其他用品及服务支出
全 国	**7.2**	**17.1**	**13.2**	**10.1**	**2.2**
北 京	10.0	19.7	9.2	8.7	1.7
天 津	7.6	17.8	8.5	11.7	2.0
河 北	7.8	17.6	11.9	10.1	2.3
山 西	5.7	14.3	14.9	11.3	1.9
内蒙古	5.3	19.1	15.8	11.0	2.2
辽 宁	5.7	18.5	13.5	13.7	2.5
吉 林	4.4	19.3	15.4	13.7	2.5
黑龙江	4.9	16.2	14.1	16.7	2.3
上 海	6.7	17.1	7.0	5.4	2.9
江 苏	6.8	21.5	11.3	8.9	2.3
浙 江	6.8	19.1	11.6	8.8	2.0
安 徽	7.5	15.0	12.5	8.7	2.5
福 建	6.3	15.1	11.3	7.0	2.7
江 西	7.3	14.7	13.9	7.8	2.0
山 东	7.6	19.3	13.0	9.8	1.7
河 南	8.1	14.9	14.2	11.4	1.9
湖 北	7.5	17.1	13.7	10.7	3.0
湖 南	7.5	14.4	16.8	11.3	1.9
广 东	6.5	15.6	11.9	8.2	2.4
广 西	6.8	18.6	15.2	9.8	1.8
海 南	5.5	12.2	15.2	6.1	2.1
重 庆	8.1	15.9	14.2	9.7	1.9
四 川	8.5	16.0	9.5	10.8	2.3
贵 州	7.9	19.0	16.2	7.8	1.9
云 南	8.1	21.9	16.7	9.3	1.6
西 藏	6.0	24.5	7.2	2.6	2.5
陕 西	7.6	14.7	15.1	12.5	2.2
甘 肃	6.8	14.3	15.9	11.8	2.1
青 海	5.6	19.9	10.7	11.5	2.8
宁 夏	7.0	19.3	13.8	10.3	1.8
新 疆	7.6	16.3	12.5	10.8	1.2

2-3-1-9　2018年分地区农村居民家庭主要食品消费量

单位：公斤/人

地　　区	粮食(原粮)	谷物	食用油	植物油	蔬菜	肉类	猪肉
全　　国	**148.5**	**137.9**	**9.9**	**9.0**	**87.5**	**27.5**	**23.0**
北　　京	110.2	98.8	9.5	9.3	106.6	27.7	19.1
天　　津	159.7	148.4	12.2	11.9	108.7	25.8	18.2
河　　北	138.6	128.5	7.7	7.4	83.7	19.0	14.2
山　　西	163.4	144.9	8.0	7.7	73.1	12.4	9.9
内 蒙 古	181.4	168.1	6.6	6.3	82.2	33.4	23.8
辽　　宁	145.6	131.7	10.4	10.1	91.7	24.6	21.0
吉　　林	152.4	137.6	10.9	10.7	86.6	25.1	22.0
黑 龙 江	160.8	146.8	14.0	13.9	80.0	23.5	19.7
上　　海	148.5	137.2	10.4	9.8	99.9	39.2	30.8
江　　苏	141.4	126.8	10.4	10.1	86.9	25.0	19.5
浙　　江	158.9	143.8	12.5	11.7	92.8	30.0	25.4
安　　徽	159.7	146.0	10.2	9.1	94.0	26.8	21.7
福　　建	164.1	154.4	9.9	7.7	98.1	34.8	30.9
江　　西	147.6	140.1	12.8	12.1	87.1	26.7	23.5
山　　东	130.2	120.5	7.7	7.6	80.9	20.4	14.6
河　　南	124.8	115.9	7.9	7.9	71.4	15.7	11.7
湖　　北	136.1	125.3	12.3	11.9	113.8	26.8	23.4
湖　　南	165.5	156.7	11.9	8.8	86.6	32.3	29.5
广　　东	141.0	133.4	11.3	10.4	105.0	41.6	36.1
广　　西	154.0	148.4	8.4	6.6	78.8	33.6	31.0
海　　南	108.8	105.0	8.6	6.4	80.8	31.7	28.7
重　　庆	187.5	170.1	14.1	10.7	144.8	44.0	41.4
四　　川	178.6	166.5	12.0	10.4	113.5	45.2	41.2
贵　　州	118.1	107.2	5.6	4.0	72.4	30.6	29.3
云　　南	132.2	124.3	6.2	4.3	75.1	33.1	30.9
西　　藏	209.5	205.1	14.5	8.0	27.1	20.8	4.7
陕　　西	143.9	132.6	10.8	10.6	68.0	13.0	10.6
甘　　肃	161.6	149.1	8.2	8.0	63.4	17.3	13.4
青　　海	135.5	130.4	9.8	9.2	43.2	28.4	9.5
宁　　夏	138.3	131.3	8.2	8.0	81.6	15.0	6.6
新　　疆	169.9	168.6	13.4	13.2	78.5	22.3	1.4

2-3-1-9 续表 单位：公斤/人

地区	牛肉	羊肉	禽类	水产品	蛋类	奶类	干鲜瓜果类	食糖
全国	**1.1**	**1.0**	**8.0**	**7.8**	**8.4**	**6.9**	**39.9**	**1.3**
北京	2.2	3.1	5.3	7.0	14.4	16.0	66.0	1.2
天津	1.0	2.2	4.7	13.9	15.3	11.0	77.3	1.7
河北	0.5	0.7	3.9	4.2	11.8	7.5	55.0	1.1
山西	0.2	0.7	1.7	1.3	10.1	11.0	40.7	1.1
内蒙古	1.8	6.0	4.9	3.8	7.2	12.5	40.2	1.4
辽宁	0.9	0.6	3.1	6.8	8.7	5.2	34.9	1.0
吉林	0.9	0.3	4.9	5.5	9.2	5.0	37.7	1.3
黑龙江	0.8	0.5	5.1	6.3	8.6	4.9	51.6	1.8
上海	1.9	1.0	14.8	24.8	12.6	12.8	57.5	1.8
江苏	1.4	0.7	8.5	13.5	9.2	11.0	31.9	1.1
浙江	1.6	0.6	9.4	18.5	8.0	9.5	40.4	1.8
安徽	1.5	0.8	11.6	10.9	10.8	9.2	46.9	1.1
福建	1.1	0.5	12.8	20.7	8.4	7.5	39.5	2.1
江西	1.2	0.2	7.1	9.5	6.0	5.9	29.2	1.0
山东	0.5	0.6	5.5	7.2	14.6	10.7	60.6	0.9
河南	0.7	0.6	5.2	2.7	11.3	7.0	46.2	1.2
湖北	1.0	0.4	4.7	13.1	6.6	4.2	34.0	0.7
湖南	1.1	0.5	10.7	9.3	7.7	3.3	47.5	1.3
广东	1.4	0.4	23.9	19.8	7.0	4.0	27.0	1.9
广西	1.0	0.5	17.5	7.3	4.6	2.6	29.1	1.0
海南	1.3	0.6	18.0	24.1	3.9	1.7	16.7	0.9
重庆	0.4	0.4	7.9	7.8	10.2	7.8	33.5	3.5
四川	1.0	0.4	9.5	5.4	8.4	8.3	30.7	2.1
贵州	0.6	0.2	3.2	1.3	2.5	2.0	24.1	0.8
云南	1.2	0.4	6.4	2.3	3.9	2.2	18.3	1.0
西藏	11.7	4.1	0.4	0.0	2.0	12.0	3.6	4.6
陕西	0.3	1.0	1.7	0.8	5.4	6.9	26.9	0.9
甘肃	0.6	2.1	4.0	1.0	5.9	6.3	73.2	1.9
青海	10.2	8.2	2.5	0.6	2.2	12.5	15.1	1.9
宁夏	4.4	3.5	7.7	1.4	4.6	8.5	72.0	1.6
新疆	3.8	16.5	3.4	0.7	3.5	11.1	41.1	1.1

2-3-1-10 2018年分地区农村居民年末主要耐用消费品拥有量

单位：平均每百户

地　区	家用汽车(辆)	摩托车(辆)	电动助力车(辆)	洗衣机(台)	电冰箱(柜)(台)	微波炉(台)	彩色电视机(台)
全　国	**22.3**	**57.4**	**64.9**	**88.5**	**95.9**	**17.7**	**116.6**
北　京	49.8	9.4	73.7	100.0	111.2	63.7	135.6
天　津	42.5	17.7	112.9	100.8	104.2	31.9	121.1
河　北	37.6	48.8	103.7	99.4	98.6	18.5	115.2
山　西	17.0	44.6	57.9	85.3	75.1	6.0	102.4
内蒙古	26.6	60.8	50.7	93.3	103.0	6.7	105.7
辽　宁	18.3	58.3	49.3	89.2	99.0	12.4	108.8
吉　林	23.3	59.5	19.9	91.6	95.4	7.7	104.3
黑龙江	13.9	45.9	23.7	89.6	94.2	5.8	102.8
上　海	28.1	6.5	128.5	82.6	101.1	74.8	162.1
江　苏	23.3	27.2	133.0	96.9	110.4	62.5	149.9
浙　江	28.8	22.2	94.2	84.2	105.6	34.2	175.7
安　徽	22.8	35.0	111.5	86.2	101.1	25.7	129.1
福　建	15.1	76.2	42.1	84.1	101.5	30.2	133.7
江　西	20.1	67.2	66.5	61.3	94.0	12.8	125.6
山　东	31.5	45.9	118.1	95.4	99.5	17.3	107.2
河　南	22.3	44.2	114.7	97.3	94.0	11.4	113.2
湖　北	21.6	82.2	39.8	84.5	102.1	12.7	121.0
湖　南	12.5	78.4	17.4	86.5	99.7	8.9	113.4
广　东	22.7	116.7	35.8	84.7	92.9	27.0	116.5
广　西	15.5	91.3	54.1	73.1	94.6	20.9	104.0
海　南	9.8	93.1	66.3	43.1	76.8	12.5	102.4
重　庆	13.2	38.5	16.5	82.2	100.6	17.7	114.4
四　川	17.8	49.0	30.7	90.1	95.8	10.4	112.8
贵　州	19.6	53.1	13.1	93.6	86.4	6.4	100.0
云　南	25.3	76.4	18.5	83.2	79.7	11.5	102.6
西　藏	32.1	90.9	19.5	77.0	71.7	2.7	104.9
陕　西	17.4	58.2	43.4	89.7	81.7	7.1	104.7
甘　肃	20.9	60.0	48.8	96.9	84.4	7.3	111.6
青　海	36.9	74.5	14.0	91.9	95.7	9.8	94.2
宁　夏	32.0	63.7	68.2	102.8	97.7	10.8	108.6
新　疆	19.4	60.3	77.0	94.9	101.8	7.6	101.0

2-3-1-10 续表 单位：平均每百户

地区	空调(台)	热水器(台)	排油烟机(台)	移动电话(部)	计算机(台)	照相机(台)
全国	**65.2**	**68.7**	**26.0**	**257.0**	**26.9**	**2.5**
北京	173.1	108.6	80.2	247.8	65.6	12.5
天津	121.6	92.4	59.1	233.4	35.9	3.7
河北	81.0	65.3	27.7	244.5	37.5	4.0
山西	18.7	27.0	14.2	212.0	26.6	0.9
内蒙古	2.7	23.2	15.5	236.8	21.2	1.4
辽宁	8.3	26.9	24.3	216.6	25.6	2.2
吉林	0.9	11.7	11.9	245.9	28.7	1.1
黑龙江	0.5	7.8	11.2	221.6	20.6	0.8
上海	142.0	85.4	48.8	196.7	37.1	7.1
江苏	142.8	95.7	38.6	244.3	34.5	4.2
浙江	139.6	95.4	66.5	244.5	45.5	5.8
安徽	108.9	91.4	30.8	265.6	25.6	2.9
福建	78.4	97.2	43.3	249.5	31.9	3.0
江西	62.6	76.1	28.0	272.6	23.6	1.6
山东	83.3	86.1	40.2	229.1	37.7	3.6
河南	94.3	70.1	16.6	262.7	29.2	1.3
湖北	86.2	84.7	30.4	268.1	31.9	2.6
湖南	65.8	73.7	28.3	285.6	27.4	2.2
广东	113.5	94.0	49.1	290.4	35.3	4.9
广西	37.4	73.9	11.4	294.4	20.0	0.9
海南	56.1	65.2	9.6	276.3	10.0	1.0
重庆	65.5	69.7	18.0	264.0	17.8	2.3
四川	49.4	69.3	14.5	255.3	17.0	2.4
贵州	5.0	52.8	7.7	287.5	11.1	0.8
云南	1.7	71.3	8.6	278.8	10.0	1.5
西藏	0.5	8.4	0.7	250.4	3.4	1.4
陕西	41.0	51.0	11.7	258.9	14.9	1.0
甘肃	1.9	35.3	13.3	300.8	21.2	1.8
青海	0.6	33.5	17.8	279.7	14.5	2.1
宁夏	2.2	98.6	21.9	288.0	23.2	1.7
新疆	3.0	44.1	14.1	202.7	13.6	0.9

(二)2019年分地区农村居民收支主要数据

2-3-2-1 2019年分地区农村居民可支配收入

单位：元/人

地区	可支配收入	一、工资性收入	二、经营净收入	三、财产净收入	四、转移净收入
全　国	**16020.7**	**6583.5**	**5762.2**	**377.3**	**3297.8**
北　京	28928.4	21376.0	2262.2	2127.4	3162.8
天　津	24804.1	14750.5	4984.6	1033.8	4035.3
河　北	15373.1	8120.0	5099.1	323.0	1831.0
山　西	12902.4	6098.1	3396.0	210.3	3197.9
内蒙古	15282.8	3173.8	8067.1	522.9	3519.1
辽　宁	16108.3	6223.6	7012.7	284.5	2587.5
吉　林	14936.0	3933.2	8264.3	307.2	2431.4
黑龙江	14982.1	3329.7	7196.1	758.7	3697.6
上　海	33195.2	20019.8	2355.8	1295.4	9524.2
江　苏	22675.4	11076.7	6291.5	825.0	4482.2
浙　江	29875.8	18479.6	7296.5	851.8	3248.0
安　徽	15416.0	5462.5	5952.6	283.0	3717.9
福　建	19568.4	8949.3	7178.6	344.6	3095.8
江　西	15796.3	6699.2	5701.2	257.4	3138.5
山　东	17775.5	7165.2	7799.3	456.4	2354.5
河　南	15163.7	5866.6	5076.8	231.3	3989.0
湖　北	16390.9	5352.9	6807.7	210.7	4019.6
湖　南	15394.8	6224.0	5268.3	208.8	3693.6
广　东	18818.4	9698.7	4446.9	541.0	4131.7
广　西	13675.7	4258.5	5619.1	340.3	3457.8
海　南	15113.1	6316.6	5865.4	282.8	2648.4
重　庆	15133.3	5316.7	5209.5	367.4	4239.6
四　川	14670.1	4662.1	5641.1	456.5	3910.5
贵　州	10756.3	4774.1	3427.5	121.0	2433.7
云　南	11902.4	3600.6	6214.2	188.5	1899.0
西　藏	12951.0	3907.0	6364.5	436.5	2243.1
陕　西	12325.7	5024.6	3791.5	214.4	3295.1
甘　肃	9628.9	2769.2	4322.0	129.5	2408.3
青　海	11499.4	3617.3	4296.7	409.9	3175.5
宁　夏	12858.4	4962.7	4976.1	388.1	2531.6
新　疆	13121.7	3409.2	6762.4	259.8	2690.3

2-3-2-2 2019年分地区农村居民可支配收入构成

单位：%

地　区	可支配收入	一、工资性收入	二、经营净收入	三、财产净收入	四、转移净收入
全　国	**100.0**	**41.1**	**36.0**	**2.4**	**20.6**
北　京	100.0	73.9	7.8	7.4	10.9
天　津	100.0	59.5	20.1	4.2	16.3
河　北	100.0	52.8	33.2	2.1	11.9
山　西	100.0	47.3	26.3	1.6	24.8
内蒙古	100.0	20.8	52.8	3.4	23.0
辽　宁	100.0	38.6	43.5	1.8	16.1
吉　林	100.0	26.3	55.3	2.1	16.3
黑龙江	100.0	22.2	48.0	5.1	24.7
上　海	100.0	60.3	7.1	3.9	28.7
江　苏	100.0	48.8	27.7	3.6	19.8
浙　江	100.0	61.9	24.4	2.9	10.9
安　徽	100.0	35.4	38.6	1.8	24.1
福　建	100.0	45.7	36.7	1.8	15.8
江　西	100.0	42.4	36.1	1.6	19.9
山　东	100.0	40.3	43.9	2.6	13.2
河　南	100.0	38.7	33.5	1.5	26.3
湖　北	100.0	32.7	41.5	1.3	24.5
湖　南	100.0	40.4	34.2	1.4	24.0
广　东	100.0	51.5	23.6	2.9	22.0
广　西	100.0	31.1	41.1	2.5	25.3
海　南	100.0	41.8	38.8	1.9	17.5
重　庆	100.0	35.1	34.4	2.4	28.0
四　川	100.0	31.8	38.5	3.1	26.7
贵　州	100.0	44.4	31.9	1.1	22.6
云　南	100.0	30.3	52.2	1.6	16.0
西　藏	100.0	30.2	49.1	3.4	17.3
陕　西	100.0	40.8	30.8	1.7	26.7
甘　肃	100.0	28.8	44.9	1.3	25.0
青　海	100.0	31.5	37.4	3.6	27.6
宁　夏	100.0	38.6	38.7	3.0	19.7
新　疆	100.0	26.0	51.5	2.0	20.5

2-3-2-3 2019年分地区农村居民现金可支配收入

单位：元/人

地区	现金可支配收入	一、工资性收入	二、经营净收入	三、财产净收入	四、转移净收入
全国	**15279.8**	**6540.2**	**5382.2**	**377.3**	**2980.2**
北京	28435.9	21338.4	2433.3	2127.4	2536.8
天津	23769.5	14521.8	5387.1	1033.8	2826.9
河北	15229.7	8106.0	5168.0	323.0	1632.6
山西	12558.8	6064.1	3342.2	210.3	2942.3
内蒙古	15687.5	3169.7	8696.4	522.9	3298.6
辽宁	15911.3	6164.6	7087.0	284.5	2375.2
吉林	13210.8	3928.4	6753.6	307.2	2221.6
黑龙江	14146.7	3317.2	6621.6	758.7	3449.1
上海	31192.9	19771.5	2407.8	1295.4	7718.2
江苏	21861.3	11003.4	5895.3	825.0	4137.5
浙江	29423.3	18406.0	7304.1	851.8	2861.4
安徽	14576.2	5400.0	5408.1	283.0	3485.1
福建	18980.5	8859.1	6919.0	344.6	2857.9
江西	15835.1	6687.5	5960.4	257.4	2929.8
山东	17686.1	7134.6	8070.1	456.4	2025.0
河南	14404.9	5860.1	4588.5	231.3	3725.0
湖北	15493.4	5328.8	6371.0	210.7	3582.9
湖南	14309.5	6177.8	4570.7	208.8	3352.3
广东	17833.4	9549.3	4063.8	541.0	3679.4
广西	12449.1	4207.0	4904.3	340.3	2997.4
海南	14621.0	6288.6	5692.6	282.8	2357.0
重庆	13572.4	5293.5	3862.9	367.4	4048.6
四川	13384.0	4589.4	4803.9	456.5	3534.3
贵州	10096.3	4746.9	3070.4	121.0	2158.0
云南	10645.7	3587.6	5232.7	188.5	1636.8
西藏	12755.6	3906.8	6491.3	436.5	1921.0
陕西	11566.4	5003.3	3344.7	214.4	3003.9
甘肃	9128.6	2762.1	4095.6	129.5	2141.5
青海	10927.2	3600.7	4140.3	409.9	2776.2
宁夏	12644.2	4942.3	5199.9	388.1	2113.9
新疆	11628.0	3384.2	5620.6	259.8	2363.4

2-3-2-4 2019年分地区农村居民现金可支配收入构成

单位: %

地 区	现金可支配收入	一、工资性收入	二、经营净收入	三、财产净收入	四、转移净收入
全 国	**100.0**	**42.8**	**35.2**	**2.5**	**19.5**
北 京	100.0	75.0	8.6	7.5	8.9
天 津	100.0	61.1	22.7	4.3	11.9
河 北	100.0	53.2	33.9	2.1	10.7
山 西	100.0	48.3	26.6	1.7	23.4
内 蒙 古	100.0	20.2	55.4	3.3	21.0
辽 宁	100.0	38.7	44.5	1.8	14.9
吉 林	100.0	29.7	51.1	2.3	16.8
黑 龙 江	100.0	23.4	46.8	5.4	24.4
上 海	100.0	63.4	7.7	4.2	24.7
江 苏	100.0	50.3	27.0	3.8	18.9
浙 江	100.0	62.6	24.8	2.9	9.7
安 徽	100.0	37.0	37.1	1.9	23.9
福 建	100.0	46.7	36.5	1.8	15.1
江 西	100.0	42.2	37.6	1.6	18.5
山 东	100.0	40.3	45.6	2.6	11.4
河 南	100.0	40.7	31.9	1.6	25.9
湖 北	100.0	34.4	41.1	1.4	23.1
湖 南	100.0	43.2	31.9	1.5	23.4
广 东	100.0	53.5	22.8	3.0	20.6
广 西	100.0	33.8	39.4	2.7	24.1
海 南	100.0	43.0	38.9	1.9	16.1
重 庆	100.0	39.0	28.5	2.7	29.8
四 川	100.0	34.3	35.9	3.4	26.4
贵 州	100.0	47.0	30.4	1.2	21.4
云 南	100.0	33.7	49.2	1.8	15.4
西 藏	100.0	30.6	50.9	3.4	15.1
陕 西	100.0	43.3	28.9	1.9	26.0
甘 肃	100.0	30.3	44.9	1.4	23.5
青 海	100.0	33.0	37.9	3.8	25.4
宁 夏	100.0	39.1	41.1	3.1	16.7
新 疆	100.0	29.1	48.3	2.2	20.3

2-3-2-5　2019年分地区农村居民消费支出

单位：元/人

地　区	消费支出	一、食品烟酒支出	二、衣着支出	三、居住支出
全　国	**13327.7**	**3998.2**	**713.3**	**2871.3**
北　京	21881.0	5541.6	1200.2	6298.2
天　津	17843.3	5499.3	1074.4	3366.6
河　北	12372.0	3298.0	793.0	2689.0
山　西	9728.4	2751.4	697.4	2171.5
内蒙古	13816.0	3768.5	731.1	2598.4
辽　宁	12030.2	3194.1	710.0	2385.5
吉　林	11456.6	3224.5	694.5	1833.7
黑龙江	12494.9	3349.7	834.2	1921.6
上　海	22448.9	8174.6	1292.2	4566.8
江　苏	17715.9	4647.4	880.9	4261.3
浙　江	21351.7	6528.6	1133.9	5338.5
安　徽	14545.8	4755.8	842.9	3311.5
福　建	16281.4	5784.0	774.5	3798.9
江　西	12496.7	3801.2	577.7	3410.0
山　东	12308.9	3423.1	671.4	2421.3
河　南	11546.0	3030.2	819.2	2478.8
湖　北	15328.0	4163.7	825.7	3277.9
湖　南	13968.8	4024.9	674.9	3152.9
广　东	16949.4	6289.3	552.0	3707.4
广　西	12045.0	3723.6	372.8	2668.9
海　南	12417.5	5179.7	361.8	2389.8
重　庆	13112.1	4574.6	691.6	2501.2
四　川	14055.6	4878.6	760.4	2747.5
贵　州	10221.7	2767.2	552.8	2229.3
云　南	10260.2	3264.8	396.2	2053.1
西　藏	8417.9	3004.1	1090.3	1257.9
陕　西	10934.7	2832.1	592.1	2528.6
甘　肃	9694.0	2827.0	551.9	1866.9
青　海	11343.1	3372.6	783.4	1965.1
宁　夏	11464.6	3144.6	745.0	1985.2
新　疆	10318.4	2988.8	813.6	2158.7

2-3-2-5 续表 单位：元/人

地区	四、生活用品及服务支出	五、交通通信支出	六、教育文化娱乐支出	七、医疗保健支出	八、其他用品及服务支出
全国	**763.9**	**1836.8**	**1481.8**	**1420.8**	**241.5**
北京	1230.2	3384.5	1587.1	2246.9	392.3
天津	1509.7	2532.1	1321.8	2104.3	435.2
河北	795.7	1826.6	1367.0	1334.0	268.7
山西	500.6	1057.0	1207.7	1169.1	173.8
内蒙古	545.7	2354.4	1795.7	1748.8	273.4
辽宁	592.7	1770.3	1423.5	1657.1	297.1
吉林	438.1	1700.7	1551.7	1736.9	276.4
黑龙江	501.4	1908.6	1778.7	1925.2	275.4
上海	1320.4	3008.8	1401.9	2104.0	580.2
江苏	1079.8	3112.9	1668.4	1675.2	390.1
浙江	1016.4	2965.4	2225.6	1776.6	366.7
安徽	846.3	1709.4	1470.7	1323.5	285.9
福建	809.1	1903.4	1615.0	1210.4	386.1
江西	743.4	1425.3	1394.7	964.4	180.0
山东	837.8	1999.0	1428.7	1343.4	184.2
河南	738.9	1369.0	1459.3	1461.8	188.8
湖北	839.6	2228.8	1807.6	1921.8	262.8
湖南	787.7	1642.9	1851.0	1614.5	220.1
广东	817.9	2139.8	1602.7	1520.7	319.8
广西	680.0	1715.6	1498.1	1231.2	154.8
海南	555.5	1305.5	1519.1	918.4	187.7
重庆	851.7	1585.6	1422.8	1262.3	222.3
四川	917.3	1808.0	1065.1	1620.8	258.0
贵州	576.9	1712.2	1335.8	878.3	169.2
云南	574.1	1663.0	1254.1	936.3	118.6
西藏	514.6	1427.6	479.8	355.9	287.7
陕西	655.0	1360.3	1387.0	1382.6	197.0
甘肃	577.6	1195.5	1330.5	1183.0	161.5
青海	541.0	1886.3	1033.2	1485.8	275.8
宁夏	696.3	1784.4	1378.8	1448.3	281.9
新疆	685.5	1320.6	1143.8	1060.5	147.0

2-3-2-6　2019年分地区农村居民消费支出构成

单位：%

地　区	消费支出	一、食品烟酒支出	二、衣着支出	三、居住支出
全　国	**100.0**	**30.0**	**5.4**	**21.5**
北　京	100.0	25.3	5.5	28.8
天　津	100.0	30.8	6.0	18.9
河　北	100.0	26.7	6.4	21.7
山　西	100.0	28.3	7.2	22.3
内蒙古	100.0	27.3	5.3	18.8
辽　宁	100.0	26.6	5.9	19.8
吉　林	100.0	28.1	6.1	16.0
黑龙江	100.0	26.8	6.7	15.4
上　海	100.0	36.4	5.8	20.3
江　苏	100.0	26.2	5.0	24.1
浙　江	100.0	30.6	5.3	25.0
安　徽	100.0	32.7	5.8	22.8
福　建	100.0	35.5	4.8	23.3
江　西	100.0	30.4	4.6	27.3
山　东	100.0	27.8	5.5	19.7
河　南	100.0	26.2	7.1	21.5
湖　北	100.0	27.2	5.4	21.4
湖　南	100.0	28.8	4.8	22.6
广　东	100.0	37.1	3.3	21.9
广　西	100.0	30.9	3.1	22.2
海　南	100.0	41.7	2.9	19.2
重　庆	100.0	34.9	5.3	19.1
四　川	100.0	34.7	5.4	19.5
贵　州	100.0	27.1	5.4	21.8
云　南	100.0	31.8	3.9	20.0
西　藏	100.0	35.7	13.0	14.9
陕　西	100.0	25.9	5.4	23.1
甘　肃	100.0	29.2	5.7	19.3
青　海	100.0	29.7	6.9	17.3
宁　夏	100.0	27.4	6.5	17.3
新　疆	100.0	29.0	7.9	20.9

2-3-2-6 续表 单位：%

地区	四、生活用品及服务支出	五、交通通信支出	六、教育文化娱乐支出	七、医疗保健支出	八、其他用品及服务支出
全国	**5.7**	**13.8**	**11.1**	**10.7**	**1.8**
北京	5.6	15.5	7.3	10.3	1.8
天津	8.5	14.2	7.4	11.8	2.4
河北	6.4	14.8	11.0	10.8	2.2
山西	5.1	10.9	12.4	12.0	1.8
内蒙古	4.0	17.0	13.0	12.7	2.0
辽宁	4.9	14.7	11.8	13.8	2.5
吉林	3.8	14.8	13.5	15.2	2.4
黑龙江	4.0	15.3	14.2	15.4	2.2
上海	5.9	13.4	6.2	9.4	2.6
江苏	6.1	17.6	9.4	9.5	2.2
浙江	4.8	13.9	10.4	8.3	1.7
安徽	5.8	11.8	10.1	9.1	2.0
福建	5.0	11.7	9.9	7.4	2.4
江西	5.9	11.4	11.2	7.7	1.4
山东	6.8	16.2	11.6	10.9	1.5
河南	6.4	11.9	12.6	12.7	1.6
湖北	5.5	14.5	11.8	12.5	1.7
湖南	5.6	11.8	13.3	11.6	1.6
广东	4.8	12.6	9.5	9.0	1.9
广西	5.6	14.2	12.4	10.2	1.3
海南	4.5	10.5	12.2	7.4	1.5
重庆	6.5	12.1	10.9	9.6	1.7
四川	6.5	12.9	7.6	11.5	1.8
贵州	5.6	16.8	13.1	8.6	1.7
云南	5.6	16.2	12.2	9.1	1.2
西藏	6.1	17.0	5.7	4.2	3.4
陕西	6.0	12.4	12.7	12.6	1.8
甘肃	6.0	12.3	13.7	12.2	1.7
青海	4.8	16.6	9.1	13.1	2.4
宁夏	6.1	15.6	12.0	12.6	2.5
新疆	6.6	12.8	11.1	10.3	1.4

2-3-2-7　2019年分地区农村居民现金消费支出

单位：元/人

地　　区	现金消费支出	一、食品烟酒支出	二、衣着支出	三、居住支出
全　　国	**10854.5**	**3538.2**	**712.9**	**1163.8**
北　　京	17263.9	5460.6	1200.1	2365.8
天　　津	14876.1	5284.1	1073.5	1615.1
河　　北	10755.3	3140.5	792.7	1429.1
山　　西	8204.8	2499.6	696.9	1114.7
内 蒙 古	11958.7	3123.9	731.1	1603.9
辽　　宁	10269.6	2904.8	709.4	1131.3
吉　　林	9825.0	2861.3	694.4	773.9
黑 龙 江	11040.3	3102.2	834.2	961.5
上　　海	17841.2	7789.9	1291.3	2180.4
江　　苏	14672.1	4298.6	880.8	1919.1
浙　　江	16780.3	6041.5	1133.3	1642.0
安　　徽	11716.0	4454.9	842.4	1025.9
福　　建	13132.8	5199.9	773.7	1476.1
江　　西	9611.0	3421.0	577.4	1127.2
山　　东	10575.3	3305.7	670.9	1138.6
河　　南	9628.4	2920.5	819.2	933.4
湖　　北	12431.5	3580.6	824.4	1398.8
湖　　南	10999.6	3347.4	674.1	1199.8
广　　东	13512.8	5765.5	551.6	1224.0
广　　西	9297.1	2964.4	372.5	1080.8
海　　南	10171.7	4717.5	361.8	847.1
重　　庆	10270.2	3543.8	691.3	882.0
四　　川	11033.0	3862.0	760.0	1091.4
贵　　州	8153.1	2283.3	552.3	894.6
云　　南	7518.2	2279.4	396.0	536.6
西　　藏	6741.2	2580.8	1090.1	327.3
陕　　西	9006.6	2572.7	592.0	1130.3
甘　　肃	8083.1	2429.0	551.7	890.2
青　　海	9687.6	2894.5	783.3	1150.9
宁　　夏	9944.2	2832.0	744.9	1142.6
新　　疆	8721.2	2470.9	811.8	1325.1

2-3-2-7 续表 单位：元/人

地 区	四、生活用品及服务支出	五、交通通信支出	六、教育文化娱乐支出	七、医疗保健支出	八、其他用品及服务支出
全 国	**748.9**	**1835.5**	**1481.3**	**1137.9**	**236.0**
北 京	1223.8	3383.8	1587.1	1657.4	385.3
天 津	955.8	2518.5	1321.6	1720.3	387.3
河 北	792.9	1824.3	1367.0	1141.1	267.7
山 西	485.9	1056.6	1207.7	974.7	168.7
内蒙古	544.9	2354.4	1795.7	1531.6	273.3
辽 宁	588.1	1763.8	1423.5	1452.4	296.2
吉 林	435.3	1700.7	1551.6	1531.6	276.1
黑龙江	501.3	1908.4	1778.7	1679.5	274.4
上 海	1316.6	3008.8	1400.8	283.4	570.1
江 苏	1071.4	3108.5	1668.3	1341.3	384.1
浙 江	1006.7	2964.6	2225.5	1406.5	360.2
安 徽	837.8	1705.8	1469.8	1095.0	284.5
福 建	806.1	1903.1	1614.4	973.5	386.0
江 西	736.4	1424.7	1394.5	750.5	179.3
山 东	798.7	1997.6	1426.5	1055.4	181.9
河 南	733.3	1369.0	1459.3	1206.0	187.8
湖 北	838.9	2228.4	1807.5	1497.5	255.3
湖 南	779.6	1641.5	1850.8	1288.9	217.5
广 东	808.3	2139.0	1601.6	1106.6	316.3
广 西	605.3	1713.1	1497.4	920.4	143.1
海 南	553.9	1305.5	1519.0	680.9	185.9
重 庆	841.6	1585.3	1422.7	1084.4	219.1
四 川	899.0	1807.3	1064.6	1301.0	247.8
贵 州	570.3	1710.8	1335.6	643.4	162.8
云 南	567.8	1663.0	1254.0	703.8	117.6
西 藏	513.1	1427.6	478.6	212.3	111.5
陕 西	639.4	1358.7	1385.4	1138.0	190.1
甘 肃	574.0	1195.3	1328.8	956.1	158.0
青 海	540.0	1886.2	1033.2	1129.4	270.2
宁 夏	693.1	1784.1	1378.8	1102.3	266.4
新 疆	677.6	1317.8	1138.6	871.3	108.2

2-3-2-8　2019年分地区农村居民现金消费支出构成

单位：%

地　区	现金消费支出	一、食品烟酒支出	二、衣着支出	三、居住支出
全　国	**100.0**	**32.6**	**6.6**	**10.7**
北　京	100.0	31.6	7.0	13.7
天　津	100.0	35.5	7.2	10.9
河　北	100.0	29.2	7.4	13.3
山　西	100.0	30.5	8.5	13.6
内蒙古	100.0	26.1	6.1	13.4
辽　宁	100.0	28.3	6.9	11.0
吉　林	100.0	29.1	7.1	7.9
黑龙江	100.0	28.1	7.6	8.7
上　海	100.0	43.7	7.2	12.2
江　苏	100.0	29.3	6.0	13.1
浙　江	100.0	36.0	6.8	9.8
安　徽	100.0	38.0	7.2	8.8
福　建	100.0	39.6	5.9	11.2
江　西	100.0	35.6	6.0	11.7
山　东	100.0	31.3	6.3	10.8
河　南	100.0	30.3	8.5	9.7
湖　北	100.0	28.8	6.6	11.3
湖　南	100.0	30.4	6.1	10.9
广　东	100.0	42.7	4.1	9.1
广　西	100.0	31.9	4.0	11.6
海　南	100.0	46.4	3.6	8.3
重　庆	100.0	34.5	6.7	8.6
四　川	100.0	35.0	6.9	9.9
贵　州	100.0	28.0	6.8	11.0
云　南	100.0	30.3	5.3	7.1
西　藏	100.0	38.3	16.2	4.9
陕　西	100.0	28.6	6.6	12.6
甘　肃	100.0	30.0	6.8	11.0
青　海	100.0	29.9	8.1	11.9
宁　夏	100.0	28.5	7.5	11.5
新　疆	100.0	28.3	9.3	15.2

2-3-2-8 续表　　单位：%

地　区	四、生活用品及服务支出	五、交通通信支　出	六、教育文化娱乐支出	七、医疗保健支　出	八、其他用品及服务支出
全　国	**6.9**	**16.9**	**13.6**	**10.5**	**2.2**
北　京	7.1	19.6	9.2	9.6	2.2
天　津	6.4	16.9	8.9	11.6	2.6
河　北	7.4	17.0	12.7	10.6	2.5
山　西	5.9	12.9	14.7	11.9	2.1
内蒙古	4.6	19.7	15.0	12.8	2.3
辽　宁	5.7	17.2	13.9	14.1	2.9
吉　林	4.4	17.3	15.8	15.6	2.8
黑龙江	4.5	17.3	16.1	15.2	2.5
上　海	7.4	16.9	7.9	1.6	3.2
江　苏	7.3	21.2	11.4	9.1	2.6
浙　江	6.0	17.7	13.3	8.4	2.1
安　徽	7.2	14.6	12.5	9.3	2.4
福　建	6.1	14.5	12.3	7.4	2.9
江　西	7.7	14.8	14.5	7.8	1.9
山　东	7.6	18.9	13.5	10.0	1.7
河　南	7.6	14.2	15.2	12.5	2.0
湖　北	6.7	17.9	14.5	12.0	2.1
湖　南	7.1	14.9	16.8	11.7	2.0
广　东	6.0	15.8	11.9	8.2	2.3
广　西	6.5	18.4	16.1	9.9	1.5
海　南	5.4	12.8	14.9	6.7	1.8
重　庆	8.2	15.4	13.9	10.6	2.1
四　川	8.1	16.4	9.6	11.8	2.2
贵　州	7.0	21.0	16.4	7.9	2.0
云　南	7.6	22.1	16.7	9.4	1.6
西　藏	7.6	21.2	7.1	3.1	1.7
陕　西	7.1	15.1	15.4	12.6	2.1
甘　肃	7.1	14.8	16.4	11.8	2.0
青　海	5.6	19.5	10.7	11.7	2.8
宁　夏	7.0	17.9	13.9	11.1	2.7
新　疆	7.8	15.1	13.1	10.0	1.2

2-3-2-9　2019年分地区农村居民家庭主要食品消费量

单位：公斤/人

地　区	粮食(原粮)	谷物	食用油	植物油	蔬菜	肉类	猪肉
全　国	**154.8**	**142.6**	**9.8**	**9.0**	**89.5**	**24.7**	**20.2**
北　京	107.2	95.0	8.1	7.9	108.9	25.4	16.7
天　津	148.2	135.2	11.6	11.4	103.5	23.2	16.1
河　北	157.6	144.4	7.4	7.1	83.3	16.8	12.2
山　西	164.6	145.1	7.8	7.6	83.2	12.0	9.4
内蒙古	217.9	199.3	5.9	5.4	86.2	32.5	23.1
辽　宁	149.7	134.9	10.2	10.0	92.2	22.8	19.2
吉　林	168.3	149.7	10.9	10.6	85.5	21.9	18.4
黑龙江	173.7	156.6	14.4	14.3	88.7	19.1	15.6
上　海	151.0	139.0	11.2	10.7	98.1	35.5	27.2
江　苏	143.3	127.5	10.6	10.4	93.2	21.5	16.0
浙　江	162.1	146.7	12.2	11.6	95.3	28.1	23.2
安　徽	169.2	153.2	9.4	8.4	99.3	24.9	19.8
福　建	162.1	151.2	9.9	8.4	92.2	27.5	23.6
江　西	148.4	138.9	12.5	12.0	85.4	24.5	21.4
山　东	134.2	123.4	8.0	8.0	82.5	19.1	13.8
河　南	137.1	126.0	7.7	7.6	76.3	14.8	10.9
湖　北	147.0	135.4	14.1	13.6	118.6	24.3	20.9
湖　南	178.0	168.6	11.6	9.2	88.3	28.0	25.2
广　东	149.4	139.9	10.4	9.6	106.8	37.1	31.1
广　西	165.7	158.9	8.7	7.2	79.0	27.5	24.8
海　南	123.7	110.1	8.7	7.3	91.5	22.6	19.5
重　庆	186.8	170.9	15.2	12.1	142.6	38.8	36.1
四　川	171.6	158.1	11.4	10.1	115.2	38.3	34.6
贵　州	118.7	107.4	6.0	4.6	71.8	28.2	27.0
云　南	141.0	131.5	6.0	4.0	74.4	33.9	31.6
西　藏	189.8	186.8	12.4	7.8	36.1	17.3	2.9
陕　西	146.6	133.3	11.3	10.9	70.4	12.2	9.6
甘　肃	171.3	158.6	8.0	7.9	60.4	17.7	14.1
青　海	122.6	116.6	10.0	9.1	44.8	24.0	8.5
宁　夏	128.3	121.5	8.3	8.2	80.9	15.5	5.9
新　疆	141.8	140.3	13.0	12.8	75.3	20.4	1.3

2-3-2-9 续表 单位：公斤/人

地区			禽类	水产品	蛋类	奶类	干鲜瓜果类	食糖
	牛肉	羊肉						
全国	**1.2**	**1.0**	**10.0**	**9.6**	**9.6**	**7.3**	**43.3**	**1.4**
北京	2.3	2.7	5.8	8.7	15.2	14.6	75.3	1.2
天津	1.0	1.8	5.1	15.0	17.1	10.2	86.8	1.6
河北	0.5	0.8	4.3	4.8	14.3	8.4	63.6	1.3
山西	0.2	0.6	2.0	1.6	12.2	11.7	44.9	1.2
内蒙古	2.1	5.6	6.1	4.9	9.1	15.2	48.7	1.6
辽宁	1.0	0.5	3.7	7.7	9.6	5.7	39.1	1.1
吉林	1.1	0.4	5.3	7.1	9.8	5.7	44.2	1.5
黑龙江	0.8	0.5	6.0	7.5	10.5	4.6	54.6	1.9
上海	2.5	0.9	16.3	29.7	12.9	13.8	54.0	1.8
江苏	1.5	0.6	10.8	15.2	10.9	10.6	33.8	1.1
浙江	1.8	0.6	10.8	21.2	9.1	10.4	42.8	1.9
安徽	1.6	0.7	14.5	13.8	12.1	9.7	56.9	1.1
福建	1.3	0.5	15.2	23.0	9.2	8.1	38.8	2.2
江西	1.5	0.2	9.3	12.8	7.1	6.1	34.7	1.0
山东	0.5	0.7	6.2	8.1	16.8	10.7	65.9	0.8
河南	0.8	0.5	5.7	3.3	13.0	8.0	52.8	1.4
湖北	1.2	0.3	6.0	14.9	7.4	4.3	32.9	0.7
湖南	1.3	0.4	13.7	11.7	9.2	3.7	50.3	1.3
广东	2.1	0.4	30.5	26.6	7.7	4.5	32.5	1.9
广西	1.1	0.4	24.9	10.6	5.7	2.3	30.8	1.1
海南	1.6	0.6	25.6	30.3	4.2	2.0	20.2	1.0
重庆	0.7	0.4	10.3	9.3	10.1	7.8	35.5	3.7
四川	1.0	0.3	12.5	7.4	8.8	8.5	34.9	2.1
贵州	0.5	0.2	4.0	1.8	2.8	2.0	27.0	0.7
云南	1.1	0.4	7.5	3.0	4.2	2.6	22.7	1.1
西藏	11.1	3.2	0.4	0.0	1.7	8.4	4.7	5.6
陕西	0.4	1.0	2.1	1.2	7.0	7.7	30.0	1.1
甘肃	0.6	2.0	5.2	1.3	5.7	5.9	37.5	2.0
青海	8.9	6.2	2.7	0.7	2.6	14.6	18.1	2.0
宁夏	5.4	3.7	8.4	1.5	4.7	8.7	72.8	1.6
新疆	4.1	14.0	3.8	0.7	4.4	10.8	44.0	2.3

2-3-2-10 2019年分地区农村居民年末主要耐用消费品拥有量

单位：平均每百户

地区	家用汽车（辆）	摩托车（辆）	电动助力车（辆）	洗衣机（台）	电冰箱(柜)（台）	微波炉（台）	彩色电视机（台）
全国	**24.7**	**55.1**	**70.1**	**91.6**	**98.6**	**18.9**	**117.6**
北京	49.6	8.5	82.8	102.3	111.8	65.7	136.4
天津	44.5	16.0	121.8	102.3	106.5	32.7	120.4
河北	38.5	39.9	112.3	100.3	97.2	16.8	112.1
山西	15.9	39.8	60.0	88.2	77.8	6.2	103.4
内蒙古	27.4	57.5	55.4	94.6	106.0	6.5	106.6
辽宁	20.4	55.9	53.1	90.1	100.3	12.9	108.7
吉林	25.0	57.2	23.1	92.2	96.6	8.5	104.7
黑龙江	18.3	41.7	26.6	92.5	97.5	6.2	102.4
上海	32.3	6.6	129.6	85.9	103.7	77.2	170.0
江苏	23.8	22.6	144.9	97.9	109.4	65.9	149.9
浙江	28.9	19.6	102.7	87.9	107.7	37.4	176.3
安徽	24.7	30.5	117.2	89.7	103.5	26.2	133.6
福建	16.7	78.7	51.8	89.6	104.0	35.5	136.0
江西	22.4	63.8	70.2	66.5	97.3	15.5	127.5
山东	39.4	43.2	124.3	96.0	101.5	18.6	107.7
河南	24.3	39.6	121.2	98.5	96.2	13.7	114.4
湖北	23.2	83.2	40.3	86.5	104.9	13.2	121.3
湖南	14.6	78.5	21.0	89.8	102.7	9.3	115.0
广东	26.0	116.6	40.5	90.0	97.0	29.1	116.5
广西	19.8	92.3	63.1	82.3	100.3	26.7	107.9
海南	10.3	82.9	91.1	50.8	84.7	9.4	104.0
重庆	16.2	36.7	19.3	87.8	105.4	18.9	117.3
四川	20.6	49.1	33.9	94.9	101.0	11.6	115.6
贵州	22.8	54.3	17.7	96.8	91.9	6.5	102.5
云南	26.7	78.9	20.8	88.2	86.1	11.6	102.6
西藏	32.3	92.3	21.5	78.8	77.8	2.8	111.2
陕西	18.5	55.5	46.7	92.9	84.5	7.2	105.0
甘肃	21.6	63.8	39.7	93.3	84.0	5.7	109.2
青海	47.0	68.2	17.4	96.1	103.8	13.8	100.5
宁夏	32.2	56.0	71.8	104.7	100.8	16.3	108.8
新疆	22.8	48.4	97.1	98.5	107.6	6.9	105.0

2-3-2-10　续表　　　　　　　　　　　　　　　　　　　单位：平均每百户

地　区	空调（台）	热水器（台）	排油烟机（台）	移动电话（部）	计算机（台）	照相机（台）
全　国	**71.3**	**71.7**	**29.0**	**261.2**	**27.5**	**2.3**
北　京	185.2	108.2	85.2	249.2	65.4	12.1
天　津	131.2	91.0	65.9	232.4	35.2	2.6
河　北	83.0	67.6	31.7	246.4	39.1	2.0
山　西	21.2	29.4	17.0	216.6	26.0	1.0
内蒙古	3.0	23.0	16.9	238.5	20.2	1.3
辽　宁	13.9	30.6	25.1	220.9	25.5	2.2
吉　林	1.3	13.0	13.6	247.4	27.4	1.2
黑龙江	0.9	9.4	10.6	236.1	20.3	0.8
上　海	155.6	89.9	54.8	203.5	40.0	8.5
江　苏	148.7	94.3	39.9	244.7	31.9	3.4
浙　江	145.4	97.5	68.4	249.6	46.1	5.1
安　徽	118.3	90.6	34.3	271.7	25.3	2.4
福　建	91.6	103.8	47.9	261.5	33.8	3.0
江　西	69.0	82.6	35.8	274.1	25.5	1.9
山　东	92.8	84.8	44.2	231.4	41.7	3.4
河　南	103.1	72.4	20.1	269.7	30.1	1.6
湖　北	88.1	87.2	32.2	270.8	33.6	2.6
湖　南	71.8	77.9	32.1	286.0	27.2	2.2
广　东	129.6	98.0	52.1	286.3	38.4	4.4
广　西	50.5	83.7	15.8	289.5	21.5	0.9
海　南	74.8	73.1	13.1	290.7	12.8	0.6
重　庆	76.5	75.4	22.1	269.3	20.1	2.8
四　川	59.3	76.1	17.4	260.5	17.7	2.7
贵　州	6.0	61.9	10.6	298.7	13.5	0.8
云　南	1.6	77.3	10.4	289.8	8.8	1.0
西　藏	0.6	8.8	1.4	258.0	4.6	1.0
陕　西	41.5	49.5	12.0	260.6	15.2	1.1
甘　肃	2.3	34.5	10.0	302.5	17.9	1.8
青　海	0.7	38.3	22.1	288.9	15.6	2.0
宁　夏	1.8	100.8	28.1	295.5	26.1	1.2
新　疆	3.4	64.0	28.7	226.1	9.7	0.9

(三)2020年分地区农村居民收支主要数据

2-3-3-1 2020年分地区农村居民可支配收入

单位：元/人

地区	可支配收入	一、工资性收入	二、经营净收入	三、财产净收入	四、转移净收入
全国	**17131.5**	**6973.9**	**6077.4**	**418.8**	**3661.3**
北京	30125.7	21173.8	1612.6	3103.3	4235.9
天津	25690.6	14384.5	5568.4	1450.9	4286.7
河北	16467.0	8598.4	5517.2	351.6	1999.8
山西	13878.0	6347.2	3613.6	204.8	3712.4
内蒙古	16566.9	3352.9	8827.7	498.2	3888.1
辽宁	17450.3	6511.3	7874.7	296.9	2767.5
吉林	16067.0	4018.8	9141.1	364.5	2542.6
黑龙江	16168.4	3152.2	8452.5	847.7	3716.1
上海	34911.3	21067.2	1944.0	1206.9	10693.2
江苏	24198.5	11789.0	6444.5	895.1	5069.8
浙江	31930.5	19509.7	7600.6	949.2	3871.0
安徽	16620.2	5838.6	6222.6	334.3	4224.7
福建	20880.3	9411.0	7509.8	392.9	3566.6
江西	16980.8	7301.2	5866.0	279.1	3534.6
山东	18753.2	7590.9	8094.8	485.2	2582.3
河南	16107.9	6153.4	5174.9	237.7	4541.9
湖北	16305.9	5271.6	6745.4	214.4	4074.5
湖南	16584.6	6569.6	5804.0	231.7	3979.3
广东	20143.4	10613.5	4584.9	616.1	4328.9
广西	14814.9	4638.2	5867.7	352.2	3956.8
海南	16278.8	6752.8	6124.4	306.8	3094.9
重庆	16361.4	5740.5	5565.7	406.1	4649.1
四川	15929.1	4977.8	6152.0	510.2	4289.1
贵州	11642.3	4822.4	3444.6	188.5	3186.9
云南	12841.9	3975.0	6522.6	197.6	2146.8
西藏	14598.4	4778.3	6912.1	609.9	2298.1
陕西	13316.5	5387.8	4150.0	228.6	3550.0
甘肃	10344.3	2985.9	4650.5	135.3	2572.6
青海	12342.5	4005.7	4884.9	414.2	3037.7
宁夏	13889.4	5150.0	5549.4	393.5	2796.5
新疆	14056.1	4024.0	6371.7	299.5	3360.9

2-3-3-2　2020年分地区农村居民可支配收入构成

单位：%

地　区	可支配收入	一、工资性收入	二、经营净收入	三、财产净收入	四、转移净收入
全　国	**100.0**	**40.7**	**35.5**	**2.4**	**21.4**
北　京	100.0	70.3	5.4	10.3	14.1
天　津	100.0	56.0	21.7	5.6	16.7
河　北	100.0	52.2	33.5	2.1	12.1
山　西	100.0	45.7	26.0	1.5	26.8
内蒙古	100.0	20.2	53.3	3.0	23.5
辽　宁	100.0	37.3	45.1	1.7	15.9
吉　林	100.0	25.0	56.9	2.3	15.8
黑龙江	100.0	19.5	52.3	5.2	23.0
上　海	100.0	60.3	5.6	3.5	30.6
江　苏	100.0	48.7	26.6	3.7	21.0
浙　江	100.0	61.1	23.8	3.0	12.1
安　徽	100.0	35.1	37.4	2.0	25.4
福　建	100.0	45.1	36.0	1.9	17.1
江　西	100.0	43.0	34.5	1.6	20.8
山　东	100.0	40.5	43.2	2.6	13.8
河　南	100.0	38.2	32.1	1.5	28.2
湖　北	100.0	32.3	41.4	1.3	25.0
湖　南	100.0	39.6	35.0	1.4	24.0
广　东	100.0	52.7	22.8	3.1	21.5
广　西	100.0	31.3	39.6	2.4	26.7
海　南	100.0	41.5	37.6	1.9	19.0
重　庆	100.0	35.1	34.0	2.5	28.4
四　川	100.0	31.2	38.6	3.2	26.9
贵　州	100.0	41.4	29.6	1.6	27.4
云　南	100.0	31.0	50.8	1.5	16.7
西　藏	100.0	32.7	47.3	4.2	15.7
陕　西	100.0	40.5	31.2	1.7	26.7
甘　肃	100.0	28.9	45.0	1.3	24.9
青　海	100.0	32.5	39.6	3.4	24.6
宁　夏	100.0	37.1	40.0	2.8	20.1
新　疆	100.0	28.6	45.3	2.1	23.9

2-3-3-3 2020年分地区农村居民现金可支配收入

单位：元/人

地 区	现金可支配收入	一、工资性收入	二、经营净收入	三、财产净收入	四、转移净收入
全 国	**16394.5**	**6926.6**	**5720.3**	**418.8**	**3328.9**
北 京	29525.5	21120.1	1756.0	3103.3	3546.0
天 津	25038.0	14188.3	5977.5	1450.9	3421.3
河 北	16358.9	8583.0	5683.0	351.6	1741.2
山 西	13337.4	6293.5	3463.8	204.8	3375.3
内蒙古	17116.3	3343.2	9573.1	498.2	3701.8
辽 宁	17321.7	6470.5	7991.8	296.9	2562.5
吉 林	15365.6	4011.8	8645.2	364.5	2344.0
黑龙江	16668.5	3124.7	9195.6	847.7	3500.6
上 海	33788.4	20712.1	1934.1	1206.9	9935.3
江 苏	23648.6	11730.6	6385.3	895.1	4637.6
浙 江	31727.2	19449.4	7821.2	949.2	3507.4
安 徽	14955.8	5775.5	4782.5	334.3	4063.4
福 建	20179.1	9303.4	7219.3	392.9	3263.5
江 西	16672.8	7290.0	5755.7	279.1	3348.0
山 东	18358.5	7557.1	8095.9	485.2	2220.3
河 南	15550.0	6141.0	4902.4	237.7	4269.0
湖 北	15377.5	5233.3	6304.8	214.4	3625.0
湖 南	14638.8	6511.9	4308.1	231.7	3587.1
广 东	19312.9	10462.6	4335.4	616.1	3898.7
广 西	13625.3	4577.8	5255.6	352.2	3439.7
海 南	15680.7	6679.8	5967.2	306.8	2727.0
重 庆	15018.5	5715.7	4495.3	406.1	4401.4
四 川	14377.9	4905.1	5061.6	510.2	3901.0
贵 州	10791.9	4787.1	2939.1	188.5	2877.2
云 南	12034.8	3955.3	6025.4	197.6	1856.5
西 藏	13217.3	4775.2	5781.5	609.9	2050.6
陕 西	12693.0	5365.8	3859.6	228.6	3238.9
甘 肃	9913.8	2980.0	4483.0	135.3	2315.4
青 海	12107.1	3952.4	5118.2	414.2	2622.2
宁 夏	13589.7	5112.9	5705.1	393.5	2378.2
新 疆	13135.6	4002.4	5961.9	299.5	2871.8

2-3-3-4　2020年分地区农村居民现金可支配收入构成

单位：%

地　区	现金可支配收入	一、工资性收入	二、经营净收入	三、财产净收入	四、转移净收入
全　国	**100.0**	**42.2**	**34.9**	**2.6**	**20.3**
北　京	100.0	71.5	5.9	10.5	12.0
天　津	100.0	56.7	23.9	5.8	13.7
河　北	100.0	52.5	34.7	2.1	10.6
山　西	100.0	47.2	26.0	1.5	25.3
内蒙古	100.0	19.5	55.9	2.9	21.6
辽　宁	100.0	37.4	46.1	1.7	14.8
吉　林	100.0	26.1	56.3	2.4	15.3
黑龙江	100.0	18.7	55.2	5.1	21.0
上　海	100.0	61.3	5.7	3.6	29.4
江　苏	100.0	49.6	27.0	3.8	19.6
浙　江	100.0	61.3	24.7	3.0	11.1
安　徽	100.0	38.6	32.0	2.2	27.2
福　建	100.0	46.1	35.8	1.9	16.2
江　西	100.0	43.7	34.5	1.7	20.1
山　东	100.0	41.2	44.1	2.6	12.1
河　南	100.0	39.5	31.5	1.5	27.5
湖　北	100.0	34.0	41.0	1.4	23.6
湖　南	100.0	44.5	29.4	1.6	24.5
广　东	100.0	54.2	22.4	3.2	20.2
广　西	100.0	33.6	38.6	2.6	25.2
海　南	100.0	42.6	38.1	2.0	17.4
重　庆	100.0	38.1	29.9	2.7	29.3
四　川	100.0	34.1	35.2	3.5	27.1
贵　州	100.0	44.4	27.2	1.7	26.7
云　南	100.0	32.9	50.1	1.6	15.4
西　藏	100.0	36.1	43.7	4.6	15.5
陕　西	100.0	42.3	30.4	1.8	25.5
甘　肃	100.0	30.1	45.2	1.4	23.4
青　海	100.0	32.6	42.3	3.4	21.7
宁　夏	100.0	37.6	42.0	2.9	17.5
新　疆	100.0	30.5	45.4	2.3	21.9

2-3-3-5　2020年分地区农村居民消费支出

单位：元/人

地　区	消费支出	一、食品烟酒支出	二、衣着支出	三、居住支出
全　国	**13713.4**	**4479.4**	**712.8**	**2962.4**
北　京	20912.7	5968.1	1035.6	6453.1
天　津	16844.1	5621.7	1002.2	3527.9
河　北	12644.2	3686.8	810.6	2711.1
山　西	10290.1	3247.6	720.9	2286.6
内蒙古	13593.7	4164.3	727.1	2632.6
辽　宁	12311.2	3660.3	698.6	2412.5
吉　林	11863.6	3730.5	716.4	1992.7
黑龙江	12360.0	4243.7	858.6	2046.8
上　海	22095.5	8647.8	1077.5	4439.3
江　苏	17021.7	5216.3	823.0	3785.6
浙　江	21555.4	6952.1	1043.1	5719.9
安　徽	15023.5	5145.8	867.5	3390.5
福　建	16338.9	6273.9	754.5	3943.0
江　西	13579.4	4557.1	602.6	3553.8
山　东	12660.4	3721.9	689.0	2434.7
河　南	12201.1	3396.7	873.1	2770.1
湖　北	14472.5	4304.5	780.4	3197.6
湖　南	14974.0	4635.9	674.4	3367.0
广　东	17132.3	6991.8	506.9	3829.2
广　西	12431.1	4296.9	354.2	2659.2
海　南	13169.3	5766.2	362.1	2529.2
重　庆	14139.5	5183.1	736.3	2630.9
四　川	14952.6	5478.1	753.3	2866.4
贵　州	10817.6	3214.3	595.7	2337.3
云　南	11069.5	3797.1	451.7	2115.4
西　藏	8917.1	3369.0	708.0	1908.6
陕　西	11375.7	3182.6	609.6	2715.4
甘　肃	9922.9	3065.4	608.1	1905.8
青　海	12134.2	3664.7	823.0	2154.9
宁　夏	11724.3	3331.1	656.0	2197.5
新　疆	10778.2	3473.3	713.3	2255.4

2-3-3-5　续表　　　　单位：元/人

地　区	四、生活用品及服务支出	五、交通通信支　出	六、教育文化娱乐支出	七、医疗保健支　出	八、其他用品及服务支出
全　国	**767.5**	**1840.6**	**1308.7**	**1417.5**	**224.4**
北　京	1120.6	2924.4	1142.7	1972.8	295.4
天　津	1026.1	2504.3	931.6	1858.2	372.1
河　北	782.9	1892.8	1154.6	1380.1	225.3
山　西	526.0	1145.0	967.4	1182.8	213.8
内蒙古	583.5	2152.1	1436.5	1667.0	230.8
辽　宁	529.6	1946.4	1109.1	1718.7	236.1
吉　林	488.9	1899.2	1177.4	1568.5	289.8
黑龙江	548.6	1680.9	1197.7	1562.9	220.8
上　海	1325.2	3495.5	1003.1	1655.3	451.8
江　苏	957.7	2786.9	1448.4	1712.2	291.6
浙　江	1225.5	2937.5	1776.3	1546.2	354.9
安　徽	855.0	1663.7	1422.0	1457.4	221.7
福　建	874.0	1688.3	1232.0	1270.9	302.1
江　西	686.6	1402.6	1477.6	1136.7	162.4
山　东	817.9	2112.0	1290.8	1413.4	180.7
河　南	783.2	1501.8	1285.6	1379.1	211.4
湖　北	790.9	2175.3	1382.3	1558.5	283.0
湖　南	853.0	1730.5	1783.8	1706.6	222.6
广　东	803.2	1958.1	1275.5	1517.9	249.8
广　西	667.0	1681.8	1408.2	1227.8	136.1
海　南	573.8	1412.4	1244.9	1077.3	203.5
重　庆	919.1	1591.5	1290.3	1560.1	228.3
四　川	905.4	1935.0	1106.5	1650.3	257.6
贵　州	603.9	1543.2	1377.8	959.4	185.9
云　南	569.9	1691.7	1324.2	980.6	138.8
西　藏	474.6	1386.2	380.1	402.5	288.2
陕　西	688.1	1460.9	1057.4	1490.7	170.9
甘　肃	588.8	1234.4	1211.4	1140.4	168.6
青　海	628.5	2146.7	989.2	1416.0	311.2
宁　夏	626.4	2022.4	1179.6	1478.0	233.3
新　疆	612.6	1344.2	1230.4	955.0	193.9

2-3-3-6　2020年分地区农村居民消费支出构成

单位：%

地区	消费支出	一、食品烟酒支出	二、衣着支出	三、居住支出
全国	**100.0**	**32.7**	**5.2**	**21.6**
北京	100.0	28.5	5.0	30.9
天津	100.0	33.4	6.0	20.9
河北	100.0	29.2	6.4	21.4
山西	100.0	31.6	7.0	22.2
内蒙古	100.0	30.6	5.3	19.4
辽宁	100.0	29.7	5.7	19.6
吉林	100.0	31.4	6.0	16.8
黑龙江	100.0	34.3	6.9	16.6
上海	100.0	39.1	4.9	20.1
江苏	100.0	30.6	4.8	22.2
浙江	100.0	32.3	4.8	26.5
安徽	100.0	34.3	5.8	22.6
福建	100.0	38.4	4.6	24.1
江西	100.0	33.6	4.4	26.2
山东	100.0	29.4	5.4	19.2
河南	100.0	27.8	7.2	22.7
湖北	100.0	29.7	5.4	22.1
湖南	100.0	31.0	4.5	22.5
广东	100.0	40.8	3.0	22.4
广西	100.0	34.6	2.8	21.4
海南	100.0	43.8	2.7	19.2
重庆	100.0	36.7	5.2	18.6
四川	100.0	36.6	5.0	19.2
贵州	100.0	29.7	5.5	21.6
云南	100.0	34.3	4.1	19.1
西藏	100.0	37.8	7.9	21.4
陕西	100.0	28.0	5.4	23.9
甘肃	100.0	30.9	6.1	19.2
青海	100.0	30.2	6.8	17.8
宁夏	100.0	28.4	5.6	18.7
新疆	100.0	32.2	6.6	20.9

2-3-3-6 续表

单位：%

地区	四、生活用品及服务支出	五、交通通信支出	六、教育文化娱乐支出	七、医疗保健支出	八、其他用品及服务支出
全国	**5.6**	**13.4**	**9.5**	**10.3**	**1.6**
北京	5.4	14.0	5.5	9.4	1.4
天津	6.1	14.9	5.5	11.0	2.2
河北	6.2	15.0	9.1	10.9	1.8
山西	5.1	11.1	9.4	11.5	2.1
内蒙古	4.3	15.8	10.6	12.3	1.7
辽宁	4.3	15.8	9.0	14.0	1.9
吉林	4.1	16.0	9.9	13.2	2.4
黑龙江	4.4	13.6	9.7	12.6	1.8
上海	6.0	15.8	4.5	7.5	2.0
江苏	5.6	16.4	8.5	10.1	1.7
浙江	5.7	13.6	8.2	7.2	1.6
安徽	5.7	11.1	9.5	9.7	1.5
福建	5.3	10.3	7.5	7.8	1.8
江西	5.1	10.3	10.9	8.4	1.2
山东	6.5	16.7	10.2	11.2	1.4
河南	6.4	12.3	10.5	11.3	1.7
湖北	5.5	15.0	9.6	10.8	2.0
湖南	5.7	11.6	11.9	11.4	1.5
广东	4.7	11.4	7.4	8.9	1.5
广西	5.4	13.5	11.3	9.9	1.1
海南	4.4	10.7	9.5	8.2	1.5
重庆	6.5	11.3	9.1	11.0	1.6
四川	6.1	12.9	7.4	11.0	1.7
贵州	5.6	14.3	12.7	8.9	1.7
云南	5.1	15.3	12.0	8.9	1.3
西藏	5.3	15.5	4.3	4.5	3.2
陕西	6.0	12.8	9.3	13.1	1.5
甘肃	5.9	12.4	12.2	11.5	1.7
青海	5.2	17.7	8.2	11.7	2.6
宁夏	5.3	17.2	10.1	12.6	2.0
新疆	5.7	12.5	11.4	8.9	1.8

2-3-3-7　2020年分地区农村居民现金消费支出

单位：元/人

地　区	现金消费支出	一、食品烟酒支出	二、衣着支出	三、居住支出
全　国	**11097.2**	**3945.5**	**712.5**	**1195.3**
北　京	16015.7	5889.4	1035.1	2303.2
天　津	14224.9	5434.1	1002.0	1672.4
河　北	10997.6	3531.6	810.5	1468.1
山　西	8604.2	2940.7	720.1	1196.3
内蒙古	11536.2	3360.6	727.1	1530.3
辽　宁	10493.1	3371.6	698.4	1087.3
吉　林	9954.0	3133.5	716.4	875.0
黑龙江	10831.6	3868.6	858.4	1107.0
上　海	18590.2	8199.1	1075.9	2145.1
江　苏	13893.0	4892.4	822.8	1414.1
浙　江	16992.2	6455.2	1043.1	2015.4
安　徽	12225.8	4844.8	867.3	1058.8
福　建	12918.8	5641.4	754.2	1459.7
江　西	10442.7	4053.7	602.4	1106.0
山　东	10852.8	3577.0	688.7	1133.4
河　南	10128.4	3266.0	872.9	1099.7
湖　北	11407.0	3622.0	780.1	1263.4
湖　南	11708.3	3747.6	673.9	1377.0
广　东	13540.5	6430.8	506.6	1212.3
广　西	9591.4	3364.7	353.4	1192.3
海　南	10706.1	5170.0	361.7	921.6
重　庆	11099.6	4013.8	735.8	1007.8
四　川	11733.4	4339.5	753.0	1146.3
贵　州	8383.8	2550.3	595.4	849.4
云　南	8215.7	2839.8	451.5	505.1
西　藏	5777.3	2024.2	706.4	348.1
陕　西	9428.8	2902.1	609.4	1337.9
甘　肃	8177.0	2517.8	607.7	932.5
青　海	10331.2	3126.7	822.9	1257.7
宁　夏	10140.1	2991.0	655.5	1307.2
新　疆	8832.9	2877.8	711.7	1247.6

2-3-3-7 续表 单位：元/人

地　区	四、生活用品及服务支出	五、交通通信支出	六、教育文化娱乐支出	七、医疗保健支出	八、其他用品及服务支出
全　国	**752.9**	**1839.3**	**1308.4**	**1125.4**	**217.9**
北　京	1116.4	2924.4	1142.7	1372.3	232.3
天　津	970.8	2496.3	929.9	1446.0	273.3
河　北	770.2	1892.8	1154.6	1145.2	224.6
山　西	483.3	1145.0	967.3	961.3	190.3
内 蒙 古	574.1	2152.1	1436.5	1524.9	230.7
辽　宁	526.0	1946.0	1109.0	1520.2	234.6
吉　林	487.7	1899.2	1177.4	1375.0	289.8
黑 龙 江	547.9	1680.7	1197.7	1351.1	220.2
上　海	1317.2	3478.7	1002.8	929.3	442.1
江　苏	949.8	2786.4	1448.4	1289.6	289.4
浙　江	1210.1	2937.4	1773.8	1208.8	348.5
安　徽	842.1	1660.8	1419.2	1313.9	219.0
福　建	873.0	1688.3	1231.7	969.8	300.7
江　西	682.2	1402.5	1477.4	956.7	161.9
山　东	767.2	2111.6	1290.8	1093.9	190.3
河　南	775.5	1501.6	1285.6	1116.2	210.9
湖　北	789.5	2173.3	1381.9	1119.6	277.3
湖　南	844.3	1721.5	1783.8	1340.0	220.1
广　东	797.1	1956.7	1275.5	1114.9	246.5
广　西	606.6	1680.6	1407.8	856.5	129.5
海　南	569.0	1411.4	1244.8	824.9	202.7
重　庆	908.3	1591.2	1290.2	1325.5	226.9
四　川	893.5	1934.8	1106.3	1312.9	247.2
贵　州	592.0	1540.1	1377.7	704.9	174.2
云　南	562.5	1691.6	1324.2	702.6	138.3
西　藏	466.4	1386.1	380.1	340.0	126.0
陕　西	679.9	1460.3	1057.0	1214.5	167.8
甘　肃	585.4	1234.4	1209.9	924.6	164.8
青　海	621.7	2146.7	989.2	1060.8	305.5
宁　夏	623.6	2021.4	1179.5	1134.8	227.1
新　疆	594.3	1342.9	1229.9	742.9	85.6

2-3-3-8　2020年分地区农村居民现金消费支出构成

单位：%

地区	现金消费支出	一、食品烟酒支出	二、衣着支出	三、居住支出
全国	**100.0**	**35.6**	**6.4**	**10.8**
北京	100.0	36.8	6.5	14.4
天津	100.0	38.2	7.0	11.8
河北	100.0	32.1	7.4	13.3
山西	100.0	34.2	8.4	13.9
内蒙古	100.0	29.1	6.3	13.3
辽宁	100.0	32.1	6.7	10.4
吉林	100.0	31.5	7.2	8.8
黑龙江	100.0	35.7	7.9	10.2
上海	100.0	44.1	5.8	11.5
江苏	100.0	35.2	5.9	10.2
浙江	100.0	38.0	6.1	11.9
安徽	100.0	39.6	7.1	8.7
福建	100.0	43.7	5.8	11.3
江西	100.0	38.8	5.8	10.6
山东	100.0	33.0	6.3	10.4
河南	100.0	32.2	8.6	10.9
湖北	100.0	31.8	6.8	11.1
湖南	100.0	32.0	5.8	11.8
广东	100.0	47.5	3.7	9.0
广西	100.0	35.1	3.7	12.4
海南	100.0	48.3	3.4	8.6
重庆	100.0	36.2	6.6	9.1
四川	100.0	37.0	6.4	9.8
贵州	100.0	30.4	7.1	10.1
云南	100.0	34.6	5.5	6.1
西藏	100.0	35.0	12.2	6.0
陕西	100.0	30.8	6.5	14.2
甘肃	100.0	30.8	7.4	11.4
青海	100.0	30.3	8.0	12.2
宁夏	100.0	29.5	6.5	12.9
新疆	100.0	32.6	8.1	14.1

2-3-3-8 续表　　单位：%

地　区	四、生活用品及服务支出	五、交通通信支　出	六、教育文化娱乐支出	七、医疗保健支　出	八、其他用品及服务支出
全　国	**6.8**	**16.6**	**11.8**	**10.1**	**2.0**
北　京	7.0	18.3	7.1	8.6	1.5
天　津	6.8	17.5	6.5	10.2	1.9
河　北	7.0	17.2	10.5	10.4	2.0
山　西	5.6	13.3	11.2	11.2	2.2
内蒙古	5.0	18.7	12.5	13.2	2.0
辽　宁	5.0	18.5	10.6	14.5	2.2
吉　林	4.9	19.1	11.8	13.8	2.9
黑龙江	5.1	15.5	11.1	12.5	2.0
上　海	7.1	18.7	5.4	5.0	2.4
江　苏	6.8	20.1	10.4	9.3	2.1
浙　江	7.1	17.3	10.4	7.1	2.1
安　徽	6.9	13.6	11.6	10.7	1.8
福　建	6.8	13.1	9.5	7.5	2.3
江　西	6.5	13.4	14.1	9.2	1.6
山　东	7.1	19.5	11.9	10.1	1.8
河　南	7.7	14.8	12.7	11.0	2.1
湖　北	6.9	19.1	12.1	9.8	2.4
湖　南	7.2	14.7	15.2	11.4	1.9
广　东	5.9	14.5	9.4	8.2	1.8
广　西	6.3	17.5	14.7	8.9	1.4
海　南	5.3	13.2	11.6	7.7	1.9
重　庆	8.2	14.3	11.6	11.9	2.0
四　川	7.6	16.5	9.4	11.2	2.1
贵　州	7.1	18.4	16.4	8.4	2.1
云　南	6.8	20.6	16.1	8.6	1.7
西　藏	8.1	24.0	6.6	5.9	2.2
陕　西	7.2	15.5	11.2	12.9	1.8
甘　肃	7.2	15.1	14.8	11.3	2.0
青　海	6.0	20.8	9.6	10.3	3.0
宁　夏	6.2	19.9	11.6	11.2	2.2
新　疆	6.7	15.2	13.9	8.4	1.0

2-3-3-9 2020年分地区农村居民家庭主要食品消费量

单位：公斤/人

地区	粮食（原粮）		食用油		蔬菜	肉类	
		谷物		植物油			猪肉
全国	**168.4**	**155.0**	**11.0**	**10.2**	**95.8**	**21.4**	**17.1**
北京	120.1	106.9	8.9	8.7	114.1	25.1	16.5
天津	155.0	141.8	12.8	12.7	105.5	20.5	13.7
河北	166.1	151.3	8.1	7.9	91.8	15.8	10.8
山西	192.8	170.1	9.4	9.3	92.3	11.3	8.4
内蒙古	221.6	202.2	7.2	6.7	88.2	30.5	20.8
辽宁	178.5	162.2	11.3	11.1	101.5	20.5	16.1
吉林	192.7	173.8	11.2	11.0	104.5	15.1	12.7
黑龙江	213.6	192.6	19.1	19.0	106.1	20.0	15.3
上海	154.9	142.3	12.7	12.4	99.8	32.9	24.7
江苏	146.1	129.8	11.8	11.5	100.1	20.7	15.5
浙江	163.5	147.9	12.7	12.0	95.1	24.8	20.2
安徽	170.4	154.3	9.5	8.6	102.0	21.4	16.8
福建	167.1	156.2	10.6	9.4	96.3	22.8	19.3
江西	178.2	166.3	15.7	15.2	100.3	25.4	22.3
山东	142.0	131.1	8.2	8.2	83.3	15.6	10.9
河南	163.4	150.4	9.1	9.0	82.0	12.7	8.8
湖北	150.7	136.3	14.6	14.2	134.5	19.9	16.1
湖南	191.6	181.5	13.0	10.9	97.8	23.0	20.2
广东	172.0	160.9	11.8	11.1	111.5	31.9	26.3
广西	175.1	167.7	9.7	8.4	83.5	21.8	19.8
海南	128.3	123.5	10.2	9.1	98.1	18.9	16.0
重庆	192.9	174.7	15.9	12.7	128.8	33.5	30.9
四川	177.7	164.2	11.9	10.4	115.1	30.4	27.2
贵州	127.1	114.7	7.5	5.9	78.5	22.6	21.5
云南	159.0	146.9	7.1	5.1	82.8	30.4	28.5
西藏	204.5	201.8	15.9	10.2	37.5	21.9	3.8
陕西	159.8	145.2	12.8	12.5	77.8	12.1	9.5
甘肃	176.7	162.0	10.0	9.9	64.1	14.8	11.4
青海	130.2	124.2	8.9	8.1	49.9	24.5	7.9
宁夏	142.5	135.2	9.5	9.4	79.2	15.1	5.1
新疆	173.9	171.9	14.2	14.1	94.1	21.7	1.1

2-3-3-9 续表 单位：公斤/人

地区	牛肉	羊肉	禽类	水产品	蛋类	奶类	干鲜瓜果类	食糖
全国	**1.3**	**1.0**	**12.4**	**10.3**	**11.8**	**7.4**	**43.8**	**1.4**
北京	2.1	3.0	6.8	8.4	17.6	15.1	71.7	1.4
天津	0.9	1.8	6.3	14.7	20.9	10.4	83.3	1.6
河北	0.7	0.8	5.9	5.2	16.1	8.9	66.1	1.4
山西	0.2	0.7	3.2	1.7	15.5	12.0	47.3	1.4
内蒙古	2.5	5.1	7.8	4.7	12.8	14.7	47.1	1.7
辽宁	1.3	0.6	4.9	8.2	14.1	6.1	42.6	1.2
吉林	0.9	0.2	7.0	7.6	12.2	6.1	47.1	1.6
黑龙江	1.3	0.8	9.3	8.5	15.6	5.3	60.6	2.2
上海	2.7	0.8	17.9	29.8	14.4	16.8	57.0	1.7
江苏	1.4	0.6	12.2	15.8	13.1	11.0	34.8	1.3
浙江	2.0	0.5	11.8	21.2	9.8	11.3	43.8	1.9
安徽	1.6	0.7	15.5	13.1	14.2	9.1	50.2	1.0
福建	1.0	0.5	19.5	24.2	10.7	8.3	37.6	2.1
江西	1.6	0.2	12.4	13.3	9.3	6.8	37.2	1.1
山东	0.5	0.8	7.9	11.2	19.5	11.1	67.3	0.7
河南	0.8	0.6	7.8	4.0	18.0	8.4	54.2	1.3
湖北	1.6	0.5	6.8	16.5	9.5	4.8	33.7	0.9
湖南	1.4	0.4	16.8	11.8	11.1	4.1	46.0	1.2
广东	2.1	0.4	38.0	29.9	9.1	4.7	33.8	1.9
广西	0.9	0.3	32.2	10.9	7.1	2.6	29.6	1.1
海南	1.6	0.5	34.0	30.3	4.9	2.3	20.9	1.0
重庆	0.7	0.4	12.3	10.0	12.0	8.0	35.3	3.8
四川	1.3	0.3	14.7	7.5	9.9	6.6	35.5	1.9
贵州	0.4	0.1	5.1	2.0	3.9	2.0	25.6	0.8
云南	0.8	0.4	9.3	3.6	5.2	2.8	26.2	1.4
西藏	12.5	5.5	0.4	0.0	1.0	4.5	5.5	4.3
陕西	0.4	1.1	2.9	1.2	8.2	8.6	30.9	1.1
甘肃	0.9	1.5	5.8	1.1	7.3	6.9	40.3	1.9
青海	10.3	5.8	2.7	0.8	3.5	10.5	19.3	2.0
宁夏	5.1	4.3	9.7	1.5	5.5	7.9	63.8	1.8
新疆	4.0	14.8	5.5	0.9	5.9	7.6	45.3	1.3

2-3-3-10　2020年分地区农村居民年末主要耐用消费品拥有量

单位：平均每百户

地　区	家用汽车(辆)	摩托车(辆)	电动助力车(辆)	洗衣机(台)	电冰箱(柜)(台)	微波炉(台)	彩色电视机(台)
全　国	**26.4**	**53.6**	**73.1**	**92.6**	**100.1**	**19.7**	**117.8**
北　京	51.8	7.7	81.8	103.0	113.4	66.4	136.5
天　津	46.3	14.9	122.7	102.0	106.1	32.5	120.0
河　北	40.8	43.0	118.9	105.9	103.7	17.5	112.8
山　西	16.3	38.6	59.0	87.1	78.3	6.3	103.7
内蒙古	30.1	51.7	62.9	95.0	106.0	7.0	106.7
辽　宁	21.7	54.5	53.8	90.7	100.5	12.5	108.3
吉　林	26.8	52.3	26.8	92.4	97.5	8.6	104.9
黑龙江	21.6	39.9	29.8	93.8	99.7	5.8	103.1
上　海	35.3	5.6	132.4	84.8	102.5	74.2	160.9
江　苏	24.7	23.6	148.6	99.5	111.3	69.2	152.8
浙　江	33.0	20.3	103.0	87.8	109.2	37.4	175.9
安　徽	26.1	28.1	120.2	90.7	104.4	27.2	134.8
福　建	18.5	75.2	53.1	89.7	104.6	36.8	134.4
江　西	22.5	62.9	73.9	68.0	97.9	15.2	125.5
山　东	40.0	38.4	126.8	96.7	101.0	17.7	107.6
河　南	26.6	38.6	124.1	99.1	97.1	14.4	115.0
湖　北	24.7	82.7	43.6	86.9	106.7	13.1	121.9
湖　南	21.0	77.4	22.3	90.6	104.6	9.9	115.9
广　东	27.7	115.5	42.4	90.3	97.5	29.5	115.9
广　西	20.0	89.4	69.5	84.8	101.4	32.4	107.3
海　南	10.5	79.9	96.2	52.1	85.2	8.9	102.7
重　庆	17.7	35.8	20.3	90.4	104.7	17.6	117.0
四　川	22.3	46.8	36.7	96.0	102.5	12.2	116.4
贵　州	23.4	52.8	20.5	98.0	93.6	6.5	102.0
云　南	29.9	80.0	22.7	88.9	88.9	14.7	102.5
西　藏	35.2	90.3	23.4	78.2	82.4	4.4	113.3
陕　西	20.3	53.0	53.1	92.8	87.2	8.1	106.1
甘　肃	21.3	56.4	44.9	96.5	84.5	7.0	109.5
青　海	50.7	68.2	21.3	99.7	107.7	19.4	103.0
宁　夏	33.5	55.1	77.6	105.8	102.1	16.7	111.0
新　疆	22.7	43.5	110.4	101.9	112.1	7.2	105.2

2-3-3-10 续表 单位：平均每百户

地区	空调（台）	热水器（台）	排油烟机（台）	移动电话（部）	计算机（台）	照相机（台）
全国	**73.8**	**76.2**	**30.9**	**260.9**	**28.3**	**2.2**
北京	186.3	110.3	86.0	251.1	66.6	12.1
天津	132.9	95.5	67.0	232.6	35.9	2.3
河北	88.7	71.0	34.1	250.9	36.1	2.5
山西	20.6	29.3	17.4	211.9	25.5	1.1
内蒙古	3.5	29.6	20.2	236.3	21.8	1.5
辽宁	14.1	31.5	25.9	219.6	26.3	2.1
吉林	1.6	14.1	14.4	245.7	27.4	1.2
黑龙江	1.0	11.4	11.7	236.8	22.0	1.0
上海	151.5	91.6	53.1	207.0	40.6	7.3
江苏	151.2	97.5	44.1	248.6	33.2	3.1
浙江	149.0	99.1	69.5	253.1	48.2	4.9
安徽	122.8	95.2	37.0	272.7	26.5	2.4
福建	95.2	106.6	50.0	253.6	35.9	3.1
江西	72.2	88.0	36.0	269.2	27.6	2.2
山东	95.0	90.1	45.1	231.0	42.0	3.2
河南	107.5	77.6	24.1	271.0	31.7	1.6
湖北	93.8	91.4	34.4	274.9	34.3	2.6
湖南	72.4	81.9	32.3	288.4	27.7	1.9
广东	132.7	101.7	53.6	277.8	39.7	3.6
广西	55.5	88.1	17.4	283.4	20.8	0.7
海南	78.7	77.8	12.3	283.8	12.7	0.6
重庆	78.2	82.9	22.6	268.3	21.8	2.2
四川	64.2	83.1	19.4	259.2	18.5	2.5
贵州	5.7	67.9	11.2	299.8	13.4	0.7
云南	1.3	84.4	14.3	290.0	10.8	1.1
西藏	0.7	11.9	1.2	262.8	5.3	1.1
陕西	49.2	56.8	14.8	259.9	16.7	0.9
甘肃	1.9	37.6	12.1	302.3	20.0	1.2
青海	0.9	42.6	25.6	291.9	16.9	2.1
宁夏	2.0	104.0	33.0	292.9	27.7	1.2
新疆	4.5	82.1	31.5	236.5	12.2	1.1

(四)2021年分地区农村居民收支主要数据

2-3-4-1　2021年分地区农村居民可支配收入

单位：元/人

地　区	可支配收入	一、工资性收入	二、经营净收入	三、财产净收入	四、转移净收入
全　国	**18930.9**	**7958.1**	**6566.2**	**469.4**	**3937.2**
北　京	33302.7	23433.8	1873.9	3442.9	4552.2
天　津	27954.5	15749.2	6161.8	1279.7	4763.9
河　北	18178.9	9496.7	6016.5	390.5	2275.2
山　西	15308.3	6859.6	3958.8	216.0	4273.9
内蒙古	18336.8	3602.7	9980.1	473.5	4280.6
辽　宁	19216.6	7108.5	8667.4	397.2	3043.6
吉　林	17641.7	4301.8	10161.3	387.9	2790.7
黑龙江	17889.3	3322.3	9353.5	1109.4	4104.0
上　海	38520.7	24971.9	2413.1	1276.4	9859.3
江　苏	26790.8	13109.2	7022.4	949.5	5709.7
浙　江	35247.4	21433.8	8527.2	1081.5	4204.9
安　徽	18371.7	6372.7	6795.3	391.7	4812.0
福　建	23228.9	10516.2	8586.3	466.5	3659.9
江　西	18684.2	8279.7	6043.3	336.4	4024.7
山　东	20793.9	10430.1	7066.3	499.3	2798.2
河　南	17533.3	6695.0	5605.2	252.6	4980.5
湖　北	18259.0	5948.6	7552.9	253.9	4503.7
湖　南	18295.2	7165.0	6530.2	261.5	4338.5
广　东	22306.0	12765.0	5438.8	795.3	3306.8
广　西	16362.9	5536.1	6391.2	385.1	4050.5
海　南	18076.3	7546.4	7071.9	258.7	3199.3
重　庆	18099.6	6386.4	6109.8	446.3	5157.0
四　川	17575.3	5513.8	6651.4	586.6	4823.5
贵　州	12856.1	5330.8	3912.0	124.5	3488.8
云　南	14197.3	4697.3	6875.6	211.2	2413.1
西　藏	16932.3	6086.4	7370.8	768.0	2707.1
陕　西	14744.8	6103.5	4433.1	248.1	3960.0
甘　肃	11432.8	3337.0	5124.5	149.6	2821.7
青　海	13604.2	4796.5	5304.2	375.7	3127.8
宁　夏	15336.6	5688.7	6137.4	352.5	3158.1
新　疆	15575.3	4710.2	7285.0	353.3	3226.8

2-3-4-2　2021年分地区农村居民可支配收入构成

单位：%

地　　区	可支配收入	一、工资性收入	二、经营净收入	三、财产净收入	四、转移净收入
全　　国	**100.0**	**42.0**	**34.7**	**2.5**	**20.8**
北　　京	100.0	70.4	5.6	10.3	13.7
天　　津	100.0	56.3	22.0	4.6	17.0
河　　北	100.0	52.2	33.1	2.1	12.5
山　　西	100.0	44.8	25.9	1.4	27.9
内 蒙 古	100.0	19.6	54.4	2.6	23.3
辽　　宁	100.0	37.0	45.1	2.1	15.8
吉　　林	100.0	24.4	57.6	2.2	15.8
黑 龙 江	100.0	18.6	52.3	6.2	22.9
上　　海	100.0	64.8	6.3	3.3	25.6
江　　苏	100.0	48.9	26.2	3.5	21.3
浙　　江	100.0	60.8	24.2	3.1	11.9
安　　徽	100.0	34.7	37.0	2.1	26.2
福　　建	100.0	45.3	37.0	2.0	15.8
江　　西	100.0	44.3	32.3	1.8	21.5
山　　东	100.0	50.2	34.0	2.4	13.5
河　　南	100.0	38.2	32.0	1.4	28.4
湖　　北	100.0	32.6	41.4	1.4	24.7
湖　　南	100.0	39.2	35.7	1.4	23.7
广　　东	100.0	57.2	24.4	3.6	14.8
广　　西	100.0	33.8	39.1	2.4	24.8
海　　南	100.0	41.7	39.1	1.4	17.7
重　　庆	100.0	35.3	33.8	2.5	28.5
四　　川	100.0	31.4	37.8	3.3	27.4
贵　　州	100.0	41.5	30.4	1.0	27.1
云　　南	100.0	33.1	48.4	1.5	17.0
西　　藏	100.0	35.9	43.5	4.5	16.0
陕　　西	100.0	41.4	30.1	1.7	26.9
甘　　肃	100.0	29.2	44.8	1.3	24.7
青　　海	100.0	35.3	39.0	2.8	23.0
宁　　夏	100.0	37.1	40.0	2.3	20.6
新　　疆	100.0	30.2	46.8	2.3	20.7

2-3-4-3 2021年分地区农村居民现金可支配收入

单位：元/人

地 区	现金可支配收入	一、工资性收入	二、经营净收入	三、财产净收入	四、转移净收入
全 国	**17596.4**	**7881.7**	**5709.1**	**469.4**	**3536.2**
北 京	32478.5	23395.9	2010.3	3442.9	3629.4
天 津	26721.7	15449.7	6342.1	1279.7	3650.2
河 北	17142.7	9449.9	5359.4	390.5	1942.9
山 西	13793.6	6809.8	2893.7	216.0	3874.1
内蒙古	13320.8	3588.2	5274.0	473.5	3985.1
辽 宁	19083.8	7029.7	8859.3	397.2	2797.6
吉 林	10954.5	4291.0	3855.0	387.9	2420.7
黑龙江	16143.3	3281.7	7963.0	1109.4	3789.2
上 海	37079.9	24399.7	2233.8	1276.4	9170.0
江 苏	25415.8	12985.1	6277.7	949.5	5203.5
浙 江	35031.3	21346.7	8810.2	1081.5	3792.9
安 徽	15988.4	6289.0	4812.8	391.7	4494.9
福 建	21382.9	10364.0	7295.4	466.5	3257.1
江 西	17480.6	8229.4	5167.1	336.4	3747.7
山 东	19994.5	10377.9	6685.3	499.3	2431.9
河 南	16728.4	6679.2	5121.7	252.6	4674.9
湖 北	17070.0	5883.0	6902.4	253.9	4030.7
湖 南	16834.8	7070.9	5597.0	261.5	3905.5
广 东	21405.8	12548.7	5070.9	795.3	2991.0
广 西	14808.7	5419.4	5636.4	385.1	3367.8
海 南	17159.4	7391.3	6899.0	258.7	2610.4
重 庆	16290.4	6352.0	4616.6	446.3	4875.4
四 川	15871.3	5407.9	5563.8	586.6	4313.0
贵 州	11302.5	5254.8	2845.1	124.5	3078.1
云 南	12804.9	4661.2	5830.2	211.2	2102.2
西 藏	14632.0	6084.0	5307.1	768.0	2472.9
陕 西	13994.0	6079.5	4069.7	248.1	3596.7
甘 肃	10991.3	3329.3	5033.7	149.6	2478.7
青 海	12689.9	4691.2	4910.7	375.7	2712.3
宁 夏	14882.5	5636.3	6212.6	352.5	2681.1
新 疆	14488.2	4663.8	7087.2	353.3	2383.9

2-3-4-4　2021年分地区农村居民现金可支配收入构成

单位：　%

地　区	现金可支配收入	一、工资性收入	二、经营净收入	三、财产净收入	四、转移净收入
全　国	**100.0**	**44.8**	**32.4**	**2.7**	**20.1**
北　京	100.0	72.0	6.2	10.6	11.2
天　津	100.0	57.8	23.7	4.8	13.7
河　北	100.0	55.1	31.3	2.3	11.3
山　西	100.0	49.4	21.0	1.6	28.1
内蒙古	100.0	26.9	39.6	3.6	29.9
辽　宁	100.0	36.8	46.4	2.1	14.7
吉　林	100.0	39.2	35.2	3.5	22.1
黑龙江	100.0	20.3	49.3	6.9	23.5
上　海	100.0	65.8	6.0	3.4	24.7
江　苏	100.0	51.1	24.7	3.7	20.5
浙　江	100.0	60.9	25.1	3.1	10.8
安　徽	100.0	39.3	30.1	2.4	28.1
福　建	100.0	48.5	34.1	2.2	15.2
江　西	100.0	47.1	29.6	1.9	21.4
山　东	100.0	51.9	33.4	2.5	12.2
河　南	100.0	39.9	30.6	1.5	27.9
湖　北	100.0	34.5	40.4	1.5	23.6
湖　南	100.0	42.0	33.2	1.6	23.2
广　东	100.0	58.6	23.7	3.7	14.0
广　西	100.0	36.6	38.1	2.6	22.7
海　南	100.0	43.1	40.2	1.5	15.2
重　庆	100.0	39.0	28.3	2.7	29.9
四　川	100.0	34.1	35.1	3.7	27.2
贵　州	100.0	46.5	25.2	1.1	27.2
云　南	100.0	36.4	45.5	1.6	16.4
西　藏	100.0	41.6	36.3	5.2	16.9
陕　西	100.0	43.4	29.1	1.8	25.7
甘　肃	100.0	30.3	45.8	1.4	22.6
青　海	100.0	37.0	38.7	3.0	21.4
宁　夏	100.0	37.9	41.7	2.4	18.0
新　疆	100.0	32.2	48.9	2.4	16.5

2-3-4-5 2021年分地区农村居民消费支出

单位：元/人

地　区	消费支出			
		一、食品烟酒支出	二、衣着支出	三、居住支出
全　国	**15915.6**	**5200.2**	**859.5**	**3314.7**
北　京	23574.0	6663.5	1265.7	7020.2
天　津	19285.5	6385.0	1073.1	3677.6
河　北	15390.7	4703.4	1023.8	2812.2
山　西	11410.1	3525.1	807.2	2554.2
内蒙古	15691.4	4721.2	854.4	2827.6
辽　宁	14605.9	4376.4	895.3	2844.6
吉　林	13411.0	4055.0	784.2	2125.8
黑龙江	15225.0	5119.9	1017.6	2267.7
上　海	27204.8	10153.4	1489.5	5075.1
江　苏	21130.1	6781.3	1195.2	4618.0
浙　江	25415.2	7872.9	1265.3	7166.1
安　徽	17163.3	5769.3	1053.7	3465.3
福　建	19290.4	6765.0	917.9	4894.0
江　西	15663.1	5221.8	691.4	3915.0
山　东	14298.7	4231.6	786.8	2692.8
河　南	14073.2	4142.7	1059.1	2876.3
湖　北	17646.9	5630.5	958.5	3328.7
湖　南	16950.7	5254.1	767.9	3764.4
广　东	20011.8	7867.4	721.4	4722.4
广　西	14165.3	4715.5	459.7	2814.4
海　南	15487.3	6447.6	431.8	2879.5
重　庆	16095.7	5884.4	888.5	2908.6
四　川	16444.0	5969.5	835.2	2990.8
贵　州	12557.0	3934.3	675.5	2709.2
云　南	12386.3	4431.2	495.2	2450.0
西　藏	10576.6	3996.5	799.4	2538.1
陕　西	13158.0	3814.6	724.8	3049.5
甘　肃	11206.1	3467.1	674.1	2180.4
青　海	13300.2	4248.1	907.2	2357.3
宁　夏	13535.7	3941.9	733.0	2583.7
新　疆	12821.4	3911.7	830.6	2532.8

2-3-4-5　续表 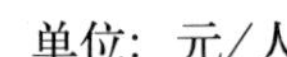

单位：元/人

地　　区	四、生活用品及服务支出	五、交通通信支　　出	六、教育文化娱乐支出	七、医疗保健支　　出	八、其他用品及服务支出
全　　国	**900.5**	**2131.8**	**1645.5**	**1579.6**	**283.8**
北　　京	1377.0	3387.9	1316.7	2211.9	331.0
天　　津	1144.7	2719.5	1386.3	2427.2	472.0
河　　北	930.0	2336.1	1540.6	1745.5	299.1
山　　西	590.8	1322.5	1120.5	1254.6	235.1
内 蒙 古	704.2	2605.8	1709.7	1950.7	317.9
辽　　宁	645.1	2234.7	1630.3	1644.9	334.6
吉　　林	573.6	1923.4	1697.7	1922.9	328.3
黑 龙 江	680.0	2287.6	1595.5	1938.8	318.0
上　　海	1529.3	4773.7	1298.3	2216.4	669.1
江　　苏	1376.6	3141.3	1815.0	1781.9	420.7
浙　　江	1370.3	3346.0	2203.6	1751.8	439.2
安　　徽	1003.1	1899.1	1978.5	1672.1	322.2
福　　建	938.6	2232.2	1661.7	1484.3	396.6
江　　西	814.6	1699.4	1776.9	1347.4	196.5
山　　东	925.3	2428.0	1498.7	1505.8	229.8
河　　南	874.7	1619.6	1711.2	1542.1	247.4
湖　　北	927.0	2685.8	2032.3	1836.5	247.7
湖　　南	965.5	1921.0	2212.1	1827.5	238.2
广　　东	1014.2	2222.9	1789.4	1342.2	331.8
广　　西	784.4	2002.9	1820.6	1392.5	175.3
海　　南	675.8	1738.2	1789.0	1264.9	260.5
重　　庆	965.4	1842.0	1565.8	1781.8	259.3
四　　川	1074.7	2135.2	1272.6	1877.3	288.8
贵　　州	737.0	1833.1	1498.7	940.8	228.4
云　　南	607.5	1835.2	1346.4	1059.2	161.7
西　　藏	575.5	1529.9	471.0	489.8	176.4
陕　　西	772.9	1657.0	1235.1	1702.3	201.9
甘　　肃	630.9	1401.9	1292.7	1362.2	197.0
青　　海	674.0	2255.1	1136.0	1400.7	321.9
宁　　夏	760.9	2344.5	1302.1	1603.2	266.5
新　　疆	715.5	1657.6	1316.8	1210.6	645.8

2-3-4-6 2021年分地区农村居民消费支出构成

单位： %

地 区	消费支出	一、食品烟酒支出	二、衣着支出	三、居住支出
全 国	**100.0**	**32.7**	**5.4**	**20.8**
北 京	100.0	28.3	5.4	29.8
天 津	100.0	33.1	5.6	19.1
河 北	100.0	30.6	6.7	18.3
山 西	100.0	30.9	7.1	22.4
内蒙古	100.0	30.1	5.4	18.0
辽 宁	100.0	30.0	6.1	19.5
吉 林	100.0	30.2	5.8	15.9
黑龙江	100.0	33.6	6.7	14.9
上 海	100.0	37.3	5.5	18.7
江 苏	100.0	32.1	5.7	21.9
浙 江	100.0	31.0	5.0	28.2
安 徽	100.0	33.6	6.1	20.2
福 建	100.0	35.1	4.8	25.4
江 西	100.0	33.3	4.4	25.0
山 东	100.0	29.6	5.5	18.8
河 南	100.0	29.4	7.5	20.4
湖 北	100.0	31.9	5.4	18.9
湖 南	100.0	31.0	4.5	22.2
广 东	100.0	39.3	3.6	23.6
广 西	100.0	33.3	3.2	19.9
海 南	100.0	41.6	2.8	18.6
重 庆	100.0	36.6	5.5	18.1
四 川	100.0	36.3	5.1	18.2
贵 州	100.0	31.3	5.4	21.6
云 南	100.0	35.8	4.0	19.8
西 藏	100.0	37.8	7.6	24.0
陕 西	100.0	29.0	5.5	23.2
甘 肃	100.0	30.9	6.0	19.5
青 海	100.0	31.9	6.8	17.7
宁 夏	100.0	29.1	5.4	19.1
新 疆	100.0	30.5	6.5	19.8

2-3-4-6 续表 单位：%

地　区	四、生活用品及服务支出	五、交通通信支　出	六、教育文化娱乐支出	七、医疗保健支　出	八、其他用品及服务支出
全　国	**5.7**	**13.4**	**10.3**	**9.9**	**1.8**
北　京	5.8	14.4	5.6	9.4	1.4
天　津	5.9	14.1	7.2	12.6	2.4
河　北	6.0	15.2	10.0	11.3	1.9
山　西	5.2	11.6	9.8	11.0	2.1
内蒙古	4.5	16.6	10.9	12.4	2.0
辽　宁	4.4	15.3	11.2	11.3	2.3
吉　林	4.3	14.3	12.7	14.3	2.4
黑龙江	4.5	15.0	10.5	12.7	2.1
上　海	5.6	17.5	4.8	8.1	2.5
江　苏	6.5	14.9	8.6	8.4	2.0
浙　江	5.4	13.2	8.7	6.9	1.7
安　徽	5.8	11.1	11.5	9.7	1.9
福　建	4.9	11.6	8.6	7.7	2.1
江　西	5.2	10.9	11.3	8.6	1.3
山　东	6.5	17.0	10.5	10.5	1.6
河　南	6.2	11.5	12.2	11.0	1.8
湖　北	5.3	15.2	11.5	10.4	1.4
湖　南	5.7	11.3	13.1	10.8	1.4
广　东	5.1	11.1	8.9	6.7	1.7
广　西	5.5	14.1	12.9	9.8	1.2
海　南	4.4	11.2	11.6	8.2	1.7
重　庆	6.0	11.4	9.7	11.1	1.6
四　川	6.5	13.0	7.7	11.4	1.8
贵　州	5.9	14.6	11.9	7.5	1.8
云　南	4.9	14.8	10.9	8.6	1.3
西　藏	5.4	14.5	4.5	4.6	1.7
陕　西	5.9	12.6	9.4	12.9	1.5
甘　肃	5.6	12.5	11.5	12.2	1.8
青　海	5.1	17.0	8.5	10.5	2.4
宁　夏	5.6	17.3	9.6	11.8	2.0
新　疆	5.6	12.9	10.3	9.4	5.0

2-3-4-7 2021年分地区农村居民现金消费支出

单位：元/人

地 区	现金消费支出	一、食品烟酒支出	二、衣着支出	三、居住支出
全 国	**12857.6**	**4594.1**	**859.0**	**1250.0**
北 京	17914.9	6593.9	1265.3	2330.5
天 津	16068.2	6084.9	1072.0	1891.5
河 北	13364.8	4495.7	1023.7	1313.3
山 西	9556.2	3264.4	806.6	1320.2
内蒙古	13484.1	3853.9	854.4	1742.5
辽 宁	12538.5	3970.7	895.0	1428.0
吉 林	11579.7	3634.5	784.2	1083.9
黑龙江	13451.1	4715.8	1017.6	1212.5
上 海	22650.9	9296.9	1488.3	2048.8
江 苏	17014.8	6371.3	1195.1	1420.3
浙 江	19319.3	7392.7	1263.0	1969.2
安 徽	14059.0	5386.7	1053.6	1063.6
福 建	14753.3	6099.7	917.7	1448.3
江 西	11992.0	4594.5	691.1	1158.7
山 东	12357.2	4059.8	784.9	1285.3
河 南	11862.2	4014.5	1059.0	1098.6
湖 北	14447.0	4966.2	958.0	1268.2
湖 南	13225.7	4363.3	767.5	1358.9
广 东	15772.0	7223.2	720.5	1422.4
广 西	10734.4	3700.0	459.6	1029.7
海 南	12421.2	5786.2	431.5	1023.4
重 庆	12761.5	4540.3	888.4	1225.3
四 川	13095.5	4843.7	834.8	1238.3
贵 州	9437.8	2904.6	675.3	967.3
云 南	8820.0	3063.3	495.1	550.2
西 藏	6420.2	2084.3	798.3	495.8
陕 西	10736.1	3464.3	724.7	1328.8
甘 肃	9083.8	2884.8	674.0	937.2
青 海	11268.1	3517.3	907.0	1429.2
宁 夏	11831.2	3574.8	731.3	1643.3
新 疆	10152.4	3123.1	830.1	1447.5

2-3-4-7 续表

单位：元/人

地区	四、生活用品及服务支出	五、交通通信支出	六、教育文化娱乐支出	七、医疗保健支出	八、其他用品及服务支出
全国	**887.3**	**2129.0**	**1645.0**	**1223.7**	**269.6**
北京	1370.6	3386.3	1316.6	1349.7	301.8
天津	1139.8	2687.6	1386.3	1425.4	380.8
河北	924.0	2335.8	1540.6	1452.8	278.9
山西	572.5	1322.1	1120.3	921.8	228.4
内蒙古	703.3	2605.5	1709.7	1700.8	314.0
辽宁	643.3	2233.8	1630.3	1403.8	333.6
吉林	570.1	1923.4	1697.7	1558.5	327.4
黑龙江	679.0	2286.3	1595.5	1627.5	316.9
上海	1519.1	4769.3	1297.2	1570.8	660.5
江苏	1342.8	3140.7	1814.3	1314.0	416.4
浙江	1362.0	3342.6	2202.1	1352.6	435.1
安徽	993.6	1877.6	1978.4	1384.7	320.7
福建	933.5	2227.3	1660.7	1071.7	394.4
江西	809.6	1699.0	1776.9	1066.4	195.9
山东	889.6	2427.3	1498.6	1183.8	227.8
河南	871.6	1619.6	1711.1	1243.8	244.1
湖北	924.7	2675.7	2031.9	1376.6	245.7
湖南	949.9	1915.0	2212.1	1423.7	235.3
广东	1005.5	2222.3	1789.1	1058.3	330.8
广西	733.4	2002.8	1819.7	829.5	159.9
海南	665.0	1738.2	1788.8	769.7	218.5
重庆	959.0	1841.8	1565.5	1483.8	257.4
四川	1064.8	2132.5	1271.4	1435.5	274.5
贵州	731.2	1831.7	1498.6	613.1	216.0
云南	603.7	1835.2	1346.3	764.9	161.3
西藏	449.8	1528.9	470.4	426.8	165.9
陕西	748.8	1656.2	1234.6	1378.9	199.7
甘肃	630.1	1401.8	1286.6	1075.2	194.1
青海	673.2	2255.1	1135.8	1034.3	316.2
宁夏	758.9	2338.6	1301.4	1242.2	240.6
新疆	691.7	1654.6	1314.9	865.2	225.4

2-3-4-8 2021年分地区农村居民现金消费支出构成

单位：%

地区	现金消费支出	一、食品烟酒支出	二、衣着支出	三、居住支出
全　国	**100.0**	**35.7**	**6.7**	**9.7**
北　京	100.0	36.8	7.1	13.0
天　津	100.0	37.9	6.7	11.8
河　北	100.0	33.6	7.7	9.8
山　西	100.0	34.2	8.4	13.8
内蒙古	100.0	28.6	6.3	12.9
辽　宁	100.0	31.7	7.1	11.4
吉　林	100.0	31.4	6.8	9.4
黑龙江	100.0	35.1	7.6	9.0
上　海	100.0	41.0	6.6	9.0
江　苏	100.0	37.4	7.0	8.3
浙　江	100.0	38.3	6.5	10.2
安　徽	100.0	38.3	7.5	7.6
福　建	100.0	41.3	6.2	9.8
江　西	100.0	38.3	5.8	9.7
山　东	100.0	32.9	6.4	10.4
河　南	100.0	33.8	8.9	9.3
湖　北	100.0	34.4	6.6	8.8
湖　南	100.0	33.0	5.8	10.3
广　东	100.0	45.8	4.6	9.0
广　西	100.0	34.5	4.3	9.6
海　南	100.0	46.6	3.5	8.2
重　庆	100.0	35.6	7.0	9.6
四　川	100.0	37.0	6.4	9.5
贵　州	100.0	30.8	7.2	10.2
云　南	100.0	34.7	5.6	6.2
西　藏	100.0	32.5	12.4	7.7
陕　西	100.0	32.3	6.8	12.4
甘　肃	100.0	31.8	7.4	10.3
青　海	100.0	31.2	8.0	12.7
宁　夏	100.0	30.2	6.2	13.9
新　疆	100.0	30.8	8.2	14.3

2-3-4-8 续表 单位：%

地　　区	四、生活用品及服务支出	五、交通通信支　　出	六、教育文化娱乐支出	七、医疗保健支　　出	八、其他用品及服务支出
全　　国	**6.9**	**16.6**	**12.8**	**9.5**	**2.1**
北　　京	7.7	18.9	7.3	7.5	1.7
天　　津	7.1	16.7	8.6	8.9	2.4
河　　北	6.9	17.5	11.5	10.9	2.1
山　　西	6.0	13.8	11.7	9.6	2.4
内 蒙 古	5.2	19.3	12.7	12.6	2.3
辽　　宁	5.1	17.8	13.0	11.2	2.7
吉　　林	4.9	16.6	14.7	13.5	2.8
黑 龙 江	5.0	17.0	11.9	12.1	2.4
上　　海	6.7	21.1	5.7	6.9	2.9
江　　苏	7.9	18.5	10.7	7.7	2.4
浙　　江	7.0	17.3	11.4	7.0	2.3
安　　徽	7.1	13.4	14.1	9.8	2.3
福　　建	6.3	15.1	11.3	7.3	2.7
江　　西	6.8	14.2	14.8	8.9	1.6
山　　东	7.2	19.6	12.1	9.6	1.8
河　　南	7.3	13.7	14.4	10.5	2.1
湖　　北	6.4	18.5	14.1	9.5	1.7
湖　　南	7.2	14.5	16.7	10.8	1.8
广　　东	6.4	14.1	11.3	6.7	2.1
广　　西	6.8	18.7	17.0	7.7	1.5
海　　南	5.4	14.0	14.4	6.2	1.8
重　　庆	7.5	14.4	12.3	11.6	2.0
四　　川	8.1	16.3	9.7	11.0	2.1
贵　　州	7.7	19.4	15.9	6.5	2.3
云　　南	6.8	20.8	15.3	8.7	1.8
西　　藏	7.0	23.8	7.3	6.6	2.6
陕　　西	7.0	15.4	11.5	12.8	1.9
甘　　肃	6.9	15.4	14.2	11.8	2.1
青　　海	6.0	20.0	10.1	9.2	2.8
宁　　夏	6.4	19.8	11.0	10.5	2.0
新　　疆	6.8	16.3	13.0	8.5	2.2

2-3-4-9　2021年分地区农村居民家庭主要食品消费量

单位：公斤/人

地区	粮食（原粮）	谷物	食用油	植物油	蔬菜	肉类	猪肉
全国	**170.8**	**156.9**	**11.7**	**10.8**	**107.0**	**30.9**	**25.4**
北京	135.0	121.7	9.1	9.0	114.3	33.5	22.5
天津	155.8	141.6	13.3	13.1	116.7	27.1	19.2
河北	189.3	171.5	10.0	9.7	115.7	25.7	18.9
山西	173.6	149.3	9.6	9.5	100.5	14.6	10.7
内蒙古	198.3	180.0	8.4	7.7	98.2	42.9	31.3
辽宁	193.6	177.6	11.9	11.4	124.6	33.1	27.2
吉林	174.0	156.4	13.7	13.1	104.6	28.3	23.6
黑龙江	219.6	199.3	20.3	20.1	127.3	33.1	26.9
上海	168.6	156.0	12.9	12.7	127.7	41.4	32.1
江苏	157.3	140.7	11.8	11.5	119.8	32.8	25.3
浙江	185.5	165.4	13.8	12.8	118.5	38.7	32.7
安徽	172.5	156.2	10.9	9.8	113.5	27.6	21.8
福建	171.4	161.9	12.0	10.1	104.3	34.2	29.8
江西	193.1	177.8	15.8	15.1	121.8	33.9	29.3
山东	155.4	144.2	9.4	9.3	93.9	26.6	20.4
河南	158.3	144.6	8.8	8.6	95.8	23.2	17.7
湖北	159.2	143.8	16.1	15.6	140.3	33.7	29.5
湖南	189.3	179.3	14.2	10.9	102.4	34.8	31.5
广东	150.9	142.3	12.7	11.8	106.2	39.9	33.4
广西	171.3	164.6	10.4	8.6	96.0	33.2	30.5
海南	133.9	129.3	10.8	9.1	103.7	31.4	27.8
重庆	198.2	179.9	15.7	13.2	148.6	43.5	40.3
四川	174.4	160.6	12.6	10.9	121.2	40.4	36.7
贵州	146.5	132.4	8.0	6.6	90.8	26.4	25.1
云南	155.7	142.9	7.2	5.0	89.5	36.8	34.2
西藏	171.1	168.1	14.4	2.7	39.9	29.3	3.9
陕西	175.2	159.2	14.0	13.8	94.8	16.2	13.2
甘肃	178.6	165.1	10.6	10.5	74.9	18.9	15.3
青海	140.7	134.1	9.9	9.0	57.1	29.5	12.8
宁夏	146.5	139.6	10.7	10.6	90.5	18.4	6.6
新疆	149.1	147.4	13.8	13.7	86.4	24.2	2.1

2-3-4-9　续表　　　　单位：公斤/人

地　区	牛肉	羊肉	禽类	水产品	蛋类	奶类	干鲜瓜果类	食糖
全　国	**1.5**	**1.2**	**12.4**	**10.9**	**13.0**	**9.3**	**52.4**	**1.5**
北　京	2.5	3.7	7.1	8.0	17.8	17.4	71.5	1.2
天　津	1.2	2.0	6.4	15.8	20.2	10.6	90.3	1.5
河　北	0.7	1.1	7.4	6.7	19.3	12.3	80.3	1.7
山　西	0.4	1.0	3.4	1.8	16.6	14.4	58.1	1.4
内蒙古	3.1	6.1	7.6	4.7	13.5	16.8	50.2	1.8
辽　宁	1.8	0.7	5.8	9.2	15.2	7.9	54.5	1.3
吉　林	1.4	0.5	7.4	8.0	13.6	6.4	55.7	1.9
黑龙江	1.5	1.2	10.4	9.2	17.0	6.7	73.7	2.8
上　海	2.7	1.1	18.8	32.2	16.3	16.3	60.0	1.9
江　苏	2.0	1.0	13.3	19.8	14.5	12.0	46.4	1.3
浙　江	2.7	0.8	14.8	28.5	13.2	14.3	62.3	2.5
安　徽	1.6	0.9	15.8	13.9	14.5	10.8	53.6	1.0
福　建	1.3	0.6	18.7	24.2	11.7	9.5	42.5	2.4
江　西	2.1	0.3	13.7	16.8	12.1	8.8	50.1	1.3
山　东	0.7	0.8	9.7	9.0	22.3	13.3	77.1	0.9
河　南	1.3	0.8	8.9	4.6	20.1	12.0	67.4	1.3
湖　北	1.6	0.5	8.1	17.5	9.7	6.8	40.2	0.9
湖　南	1.5	0.5	16.4	12.8	12.3	6.3	56.2	1.3
广　东	2.2	0.5	30.6	24.8	8.1	8.0	36.2	1.3
广　西	1.0	0.4	26.8	10.6	6.2	3.5	33.7	1.1
海　南	1.9	0.7	31.3	32.0	5.3	2.9	23.9	0.7
重　庆	0.9	0.4	14.2	12.3	15.5	10.6	42.2	3.1
四　川	1.2	0.4	13.3	8.5	10.1	7.8	41.7	2.0
贵　州	0.4	0.1	5.7	2.6	4.2	3.1	33.3	1.0
云　南	0.9	0.4	10.4	4.0	6.0	3.6	31.2	1.3
西　藏	18.2	6.9	0.4	0.0	1.1	4.7	6.2	3.9
陕　西	0.5	1.0	3.1	1.5	9.9	10.6	40.9	1.0
甘　肃	0.8	1.2	6.3	1.3	8.4	8.3	44.4	2.0
青　海	10.0	6.1	3.0	0.7	3.9	11.4	21.8	1.9
宁　夏	6.5	4.6	10.8	1.4	5.9	10.3	74.5	1.9
新　疆	4.6	16.5	5.4	0.8	6.7	9.0	49.4	1.4

2-3-4-10　2021年分地区农村居民年末主要耐用消费品拥有量

单位：平均每百户

地　区	家用汽车(辆)	摩托车(辆)	电动助力车(辆)	洗衣机(台)	电冰箱(柜)(台)	微波炉(台)	彩色电视机(台)
全　国	**30.2**	**49.9**	**80.7**	**96.1**	**103.5**	**22.2**	**116.3**
北　京	56.3	9.4	86.8	108.0	118.3	73.5	135.5
天　津	44.7	11.8	145.8	104.6	113.5	37.7	120.2
河　北	43.8	32.5	117.8	100.7	101.3	21.1	110.8
山　西	22.5	36.2	64.6	93.4	88.2	8.5	99.1
内蒙古	28.9	50.1	69.4	97.1	107.8	7.3	104.8
辽　宁	30.8	50.6	65.7	94.9	103.4	16.6	104.2
吉　林	28.9	44.5	27.0	93.7	97.2	6.6	99.2
黑龙江	25.9	40.5	36.5	95.4	102.6	5.3	100.4
上　海	40.6	7.1	137.0	90.0	103.5	75.5	157.2
江　苏	33.3	15.1	153.5	103.7	116.1	77.3	150.9
浙　江	35.5	13.9	114.5	94.4	118.7	42.1	180.4
安　徽	29.5	24.3	123.8	93.5	106.1	30.4	133.8
福　建	20.1	79.0	65.9	97.9	108.7	39.6	137.3
江　西	26.4	57.4	80.6	76.8	97.4	15.3	125.7
山　东	38.2	31.6	136.5	97.7	102.9	20.0	104.9
河　南	35.5	32.4	134.6	101.2	100.8	19.0	113.9
湖　北	27.1	78.1	49.6	93.3	110.1	16.7	116.4
湖　南	26.0	78.9	28.1	96.8	108.4	12.7	112.8
广　东	41.2	110.9	56.4	96.6	102.9	34.3	112.0
广　西	23.4	88.2	84.4	90.4	103.6	36.7	107.4
海　南	10.5	75.2	130.3	62.3	95.0	6.2	100.3
重　庆	20.7	37.8	22.4	96.8	107.0	19.7	115.9
四　川	18.1	48.3	43.6	97.5	107.0	13.7	117.1
贵　州	23.5	58.7	22.1	98.5	99.0	5.9	98.4
云　南	31.4	82.8	25.6	93.7	94.1	12.8	105.4
西　藏	34.1	88.6	24.4	87.1	86.0	5.3	114.3
陕　西	22.3	48.3	59.9	96.1	93.1	9.1	106.2
甘　肃	27.9	51.2	53.1	97.9	87.5	7.5	109.6
青　海	55.2	66.0	25.8	100.7	111.1	18.0	103.0
宁　夏	35.9	53.1	89.8	103.8	103.0	18.8	108.0
新　疆	28.6	35.3	117.6	101.9	113.0	10.1	104.0

2-3-4-10 续表　　　　单位：平均每百户

地　区	空调（台）	热水器（台）	排油烟机（台）	移动电话（部）	计算机（台）	照相机（台）
全　国	**89.0**	**77.9**	**36.6**	**266.6**	**24.6**	**1.7**
北　京	224.6	105.7	95.0	267.6	62.0	12.1
天　津	157.8	88.0	76.3	246.5	34.5	1.1
河　北	97.7	64.8	42.9	246.1	34.3	2.0
山　西	29.4	36.8	25.6	236.6	20.4	0.8
内蒙古	4.8	32.0	20.9	238.2	19.8	1.5
辽　宁	26.4	37.4	32.9	231.5	23.0	1.5
吉　林	2.9	14.4	13.6	243.7	19.9	1.0
黑龙江	1.7	11.6	14.7	229.6	16.3	0.6
上　海	163.3	89.0	57.4	208.2	31.1	4.4
江　苏	178.2	95.5	53.1	250.3	29.8	2.7
浙　江	181.7	103.7	76.0	251.9	36.8	4.4
安　徽	137.5	93.4	41.0	278.9	23.5	2.5
福　建	124.2	109.8	52.3	267.2	28.6	1.4
江　西	89.9	90.9	41.5	276.4	24.9	1.1
山　东	107.7	92.7	51.4	239.1	31.7	1.5
河　南	130.1	83.3	34.1	280.6	26.8	1.6
湖　北	102.4	90.6	44.4	275.3	29.3	2.0
湖　南	91.7	89.8	42.1	292.9	26.3	1.3
广　东	173.1	101.6	58.8	293.9	36.0	2.6
广　西	76.8	91.8	22.9	285.4	21.9	0.4
海　南	101.3	82.5	14.8	296.0	11.8	0.3
重　庆	91.8	86.4	25.3	260.8	24.2	1.3
四　川	78.2	86.9	21.2	266.0	15.5	1.7
贵　州	5.9	77.6	13.8	312.8	11.0	0.2
云　南	2.1	78.9	14.2	301.3	9.9	0.8
西　藏	0.8	8.9	1.4	266.5	8.8	0.5
陕　西	63.0	60.3	22.4	266.1	16.9	1.3
甘　肃	3.3	38.1	17.3	303.4	21.0	1.6
青　海	1.1	44.8	28.5	296.6	18.9	1.9
宁　夏	2.6	104.4	33.7	287.1	22.0	1.2
新　疆	6.3	77.0	34.5	241.3	11.8	0.7

(五)2022年分地区农村居民收支主要数据

2-3-5-1　2022年分地区农村居民可支配收入

单位：元/人

地　区	可支配收入	一、工资性收入	二、经营净收入	三、财产净收入	四、转移净收入
全　国	**20132.8**	**8449.2**	**6971.5**	**509.0**	**4203.1**
北　京	34753.8	24928.1	1849.6	3555.8	4420.3
天　津	29017.8	16278.3	6679.4	1146.1	4914.0
河　北	19364.2	10107.8	6402.7	416.5	2437.1
山　西	16322.7	7272.4	4267.5	231.6	4551.2
内蒙古	19640.9	3794.6	10718.3	500.5	4627.6
辽　宁	19908.0	7441.8	8830.8	423.4	3211.9
吉　林	18134.5	3984.6	11058.2	459.8	2631.9
黑龙江	18577.4	3416.8	9698.4	1310.1	4152.0
上　海	39729.4	24644.2	2211.9	1372.1	11501.2
江　苏	28486.5	13977.0	7353.2	974.4	6182.0
浙　江	37565.0	22687.3	9148.5	1176.9	4552.3
安　徽	19574.9	6861.2	7227.7	427.9	5058.1
福　建	24986.6	11360.9	9128.2	518.9	3978.7
江　西	19936.0	8884.2	6322.2	377.0	4352.6
山　东	22109.9	11045.9	7505.2	532.0	3026.8
河　南	18697.3	7025.4	6033.1	262.0	5376.8
湖　北	19709.5	6417.6	8130.0	282.3	4879.6
湖　南	19546.3	7631.3	6961.3	283.4	4670.3
广　东	23597.8	13560.2	5759.3	868.8	3409.5
广　西	17432.7	5921.9	6982.3	429.7	4098.8
海　南	19117.4	7764.8	7722.4	328.8	3301.4
重　庆	19312.7	6921.0	6234.7	476.3	5680.7
四　川	18672.4	5843.9	7044.7	627.7	5156.1
贵　州	13706.7	5584.7	4218.7	116.6	3786.7
云　南	15146.9	4928.4	7379.1	229.5	2609.9
西　藏	18209.5	6366.0	7730.2	797.7	3315.6
陕　西	15704.3	6497.3	4702.2	258.8	4246.0
甘　肃	12165.2	3498.1	5435.4	160.9	3070.8
青　海	14456.2	4751.4	5585.9	380.2	3738.8
宁　夏	16430.3	6079.3	6656.3	369.4	3325.3
新　疆	16549.9	5398.9	7116.9	526.3	3507.9

2-3-5-2　2022年分地区农村居民可支配收入构成

单位：%

地　区	可支配收入	一、工资性收入	二、经营净收入	三、财产净收入	四、转移净收入
全　国	**100.0**	**42.0**	**34.6**	**2.5**	**20.9**
北　京	100.0	71.7	5.3	10.2	12.7
天　津	100.0	56.1	23.0	3.9	16.9
河　北	100.0	52.2	33.1	2.2	12.6
山　西	100.0	44.6	26.1	1.4	27.9
内蒙古	100.0	19.3	54.6	2.5	23.6
辽　宁	100.0	37.4	44.4	2.1	16.1
吉　林	100.0	22.0	61.0	2.5	14.5
黑龙江	100.0	18.4	52.2	7.1	22.3
上　海	100.0	62.0	5.6	3.5	28.9
江　苏	100.0	49.1	25.8	3.4	21.7
浙　江	100.0	60.4	24.4	3.1	12.1
安　徽	100.0	35.1	36.9	2.2	25.8
福　建	100.0	45.5	36.5	2.1	15.9
江　西	100.0	44.6	31.7	1.9	21.8
山　东	100.0	50.0	33.9	2.4	13.7
河　南	100.0	37.6	32.3	1.4	28.8
湖　北	100.0	32.6	41.2	1.4	24.8
湖　南	100.0	39.0	35.6	1.4	23.9
广　东	100.0	57.5	24.4	3.7	14.4
广　西	100.0	34.0	40.1	2.5	23.5
海　南	100.0	40.6	40.4	1.7	17.3
重　庆	100.0	35.8	32.3	2.5	29.4
四　川	100.0	31.3	37.7	3.4	27.6
贵　州	100.0	40.7	30.8	0.9	27.6
云　南	100.0	32.5	48.7	1.5	17.2
西　藏	100.0	35.0	42.5	4.4	18.2
陕　西	100.0	41.4	29.9	1.6	27.0
甘　肃	100.0	28.8	44.7	1.3	25.2
青　海	100.0	32.9	38.6	2.6	25.9
宁　夏	100.0	37.0	40.5	2.2	20.2
新　疆	100.0	32.6	43.0	3.2	21.2

2-3-5-3 2022年分地区农村居民现金可支配收入

单位：元/人

地区	现金可支配收入	一、工资性收入	二、经营净收入	三、财产净收入	四、转移净收入
全国	**19084.3**	**8367.8**	**6397.0**	**509.0**	**3810.5**
北京	34218.9	24886.1	1989.2	3555.8	3787.8
天津	29078.0	15965.8	7736.6	1146.1	4229.4
河北	18701.6	10063.6	6037.7	416.5	2183.8
山西	15191.3	7217.2	3545.5	231.6	4197.0
内蒙古	17547.7	3779.9	8837.4	500.5	4429.9
辽宁	19559.7	7370.2	8812.9	423.4	2953.3
吉林	14741.3	3978.7	7872.3	459.8	2430.6
黑龙江	16886.3	3389.3	8384.5	1310.1	3802.5
上海	37618.6	24100.3	2082.7	1372.1	10063.5
江苏	27603.2	13849.7	7053.1	974.4	5726.0
浙江	36938.9	22588.4	9091.4	1176.9	4082.2
安徽	18211.8	6763.8	6286.4	427.9	4733.6
福建	23383.9	11213.7	8110.3	518.9	3541.1
江西	18862.3	8830.0	5597.2	377.0	4058.1
山东	22392.1	10981.2	8192.7	532.0	2686.2
河南	17793.4	7009.5	5433.1	262.0	5088.9
湖北	18338.1	6311.5	7380.3	282.3	4363.9
湖南	17998.9	7560.3	5943.6	283.4	4211.6
广东	22787.0	13313.1	5493.8	868.8	3111.2
广西	15879.9	5800.9	6202.1	429.7	3447.2
海南	18198.6	7624.2	7481.3	328.8	2764.2
重庆	17405.3	6867.9	4685.8	476.3	5375.3
四川	17114.2	5742.4	6080.2	627.7	4664.0
贵州	12482.8	5516.9	3496.0	116.3	3353.7
云南	14078.5	4881.6	6708.8	229.5	2258.6
西藏	15963.1	6362.5	5660.4	797.7	3142.5
陕西	15069.2	6467.9	4530.5	258.8	3812.0
甘肃	11679.2	3481.3	5217.1	160.9	2820.0
青海	13510.3	4644.6	5260.0	380.2	3225.5
宁夏	15645.9	5985.7	6456.2	369.4	2834.5
新疆	15770.5	5340.2	7280.7	526.3	2623.3

2-3-5-4　2022年分地区农村居民现金可支配收入构成

单位：%

地　区	现金可支配收入	一、工资性收入	二、经营净收入	三、财产净收入	四、转移净收入
全　国	**100.0**	**43.8**	**33.5**	**2.7**	**20.0**
北　京	100.0	72.7	5.8	10.4	11.1
天　津	100.0	54.9	26.6	3.9	14.5
河　北	100.0	53.8	32.3	2.2	11.7
山　西	100.0	47.5	23.3	1.5	27.6
内蒙古	100.0	21.5	50.4	2.9	25.2
辽　宁	100.0	37.7	45.1	2.2	15.1
吉　林	100.0	27.0	53.4	3.1	16.5
黑龙江	100.0	20.1	49.7	7.8	22.5
上　海	100.0	64.1	5.5	3.6	26.8
江　苏	100.0	50.2	25.6	3.5	20.7
浙　江	100.0	61.2	24.6	3.2	11.1
安　徽	100.0	37.1	34.5	2.3	26.0
福　建	100.0	48.0	34.7	2.2	15.1
江　西	100.0	46.8	29.7	2.0	21.5
山　东	100.0	49.0	36.6	2.4	12.0
河　南	100.0	39.4	30.5	1.5	28.6
湖　北	100.0	34.4	40.2	1.5	23.8
湖　南	100.0	42.0	33.0	1.6	23.4
广　东	100.0	58.4	24.1	3.8	13.7
广　西	100.0	36.5	39.1	2.7	21.7
海　南	100.0	41.9	41.1	1.8	15.2
重　庆	100.0	39.5	26.9	2.7	30.9
四　川	100.0	33.6	35.5	3.7	27.3
贵　州	100.0	44.2	28.0	0.9	26.9
云　南	100.0	34.7	47.7	1.6	16.0
西　藏	100.0	39.9	35.5	5.0	19.7
陕　西	100.0	42.9	30.1	1.7	25.3
甘　肃	100.0	29.8	44.7	1.4	24.1
青　海	100.0	34.4	38.9	2.8	23.9
宁　夏	100.0	38.3	41.3	2.4	18.1
新　疆	100.0	33.9	46.2	3.3	16.6

2-3-5-5　2022年分地区农村居民消费支出

单位：元/人

地　区	消费支出	一、食品烟酒支出	二、衣着支出	三、居住支出
全　国	**16632.1**	**5485.4**	**864.0**	**3502.5**
北　京	23745.4	6503.2	1108.0	7910.2
天　津	18934.2	6533.8	989.1	3962.8
河　北	16270.6	5258.7	1030.5	3082.8
山　西	12090.9	3880.5	778.4	2741.1
内 蒙 古	15443.6	4795.9	829.3	2997.6
辽　宁	14326.1	4509.7	855.8	2707.9
吉　林	12729.2	4234.1	714.2	2070.8
黑 龙 江	15161.8	5081.8	954.4	2320.2
上　海	27430.3	10604.0	1295.5	6029.8
江　苏	22596.9	7421.1	1246.6	5114.5
浙　江	27483.4	8496.9	1336.4	7794.7
安　徽	17980.4	6353.9	1042.2	3698.6
福　建	20466.5	7060.5	962.6	5175.9
江　西	16984.4	5666.9	737.4	4204.3
山　东	14686.7	4337.3	811.3	2736.5
河　南	14823.9	4339.9	1032.0	3017.1
湖　北	18991.0	5800.8	1021.8	3752.5
湖　南	18077.7	5520.7	789.5	3953.5
广　东	20800.0	8393.1	694.0	4782.7
广　西	14657.7	4703.9	443.7	3111.8
海　南	15145.5	6507.4	423.1	2954.7
重　庆	16727.1	6106.1	879.5	3023.0
四　川	17199.0	6188.8	888.1	3218.1
贵　州	13172.5	4118.0	695.7	2703.8
云　南	13308.6	4589.2	529.7	2626.5
西　藏	11138.9	4458.4	784.2	2228.5
陕　西	14094.2	4188.2	722.8	3148.6
甘　肃	11494.2	3681.6	654.5	2296.9
青　海	12515.8	4470.5	869.5	2100.3
宁　夏	12825.3	4028.0	689.6	2373.4
新　疆	12169.1	3869.8	788.2	2252.3

2-3-5-5 续表 单位：元/人

地　区	四、生活用品及服务支出	五、交通通信支　出	六、教育文化娱乐支出	七、医疗保健支　出	八、其他用品及服务支出
全　国	**933.8**	**2230.3**	**1683.1**	**1632.5**	**300.5**
北　京	1359.5	3281.9	1306.9	1900.3	375.5
天　津	1106.1	2521.6	1089.6	2286.1	445.3
河　北	971.3	2469.1	1480.2	1662.1	316.0
山　西	636.0	1371.9	1110.7	1324.4	247.9
内 蒙 古	698.2	2240.7	1446.8	2140.3	294.7
辽　宁	658.1	2175.5	1468.5	1631.8	318.8
吉　林	519.6	1881.3	1335.9	1661.6	311.8
黑 龙 江	629.4	2229.5	1539.8	2125.3	281.3
上　海	1372.3	3783.0	1169.5	2690.1	486.2
江　苏	1448.9	3148.5	1731.0	1994.1	492.4
浙　江	1539.9	3816.3	2121.2	1847.3	530.8
安　徽	1060.3	2030.7	1926.1	1554.1	314.6
福　建	1033.5	2322.9	1843.8	1634.2	433.0
江　西	888.3	1854.6	1936.4	1491.0	205.5
山　东	925.0	2534.8	1535.9	1577.6	228.4
河　南	917.9	1835.3	1792.4	1641.5	247.8
湖　北	1057.7	2886.5	2153.5	1975.6	342.6
湖　南	1016.7	2115.0	2424.8	2004.8	252.9
广　东	992.5	2471.2	1881.0	1219.6	365.9
广　西	717.9	1903.8	2041.2	1539.0	196.5
海　南	583.0	1837.8	1568.3	1060.1	211.1
重　庆	1035.6	1970.1	1663.1	1773.4	276.3
四　川	1139.3	2174.4	1400.5	1878.0	311.8
贵　州	802.0	1929.6	1693.5	993.0	236.9
云　南	644.0	2013.1	1508.2	1217.6	180.2
西　藏	680.9	1716.6	555.4	490.5	224.3
陕　西	806.2	1782.7	1340.1	1894.7	210.9
甘　肃	593.2	1535.6	1235.9	1307.8	188.6
青　海	632.7	1991.4	798.8	1353.9	298.6
宁　夏	747.1	1958.9	1255.5	1552.6	220.1
新　疆	639.8	1634.4	1076.4	1222.6	685.6

2-3-5-6　2022年分地区农村居民消费支出构成

单位：%

地　区	消费支出	一、食品烟酒支出	二、衣着支出	三、居住支出
全　国	**100.0**	**33.0**	**5.2**	**21.1**
北　京	100.0	27.4	4.7	33.3
天　津	100.0	34.5	5.2	20.9
河　北	100.0	32.3	6.3	18.9
山　西	100.0	32.1	6.4	22.7
内蒙古	100.0	31.1	5.4	19.4
辽　宁	100.0	31.5	6.0	18.9
吉　林	100.0	33.3	5.6	16.3
黑龙江	100.0	33.5	6.3	15.3
上　海	100.0	38.7	4.7	22.0
江　苏	100.0	32.8	5.5	22.6
浙　江	100.0	30.9	4.9	28.4
安　徽	100.0	35.3	5.8	20.6
福　建	100.0	34.5	4.7	25.3
江　西	100.0	33.4	4.3	24.8
山　东	100.0	29.5	5.5	18.6
河　南	100.0	29.3	7.0	20.4
湖　北	100.0	30.5	5.4	19.8
湖　南	100.0	30.5	4.4	21.9
广　东	100.0	40.4	3.3	23.0
广　西	100.0	32.1	3.0	21.2
海　南	100.0	43.0	2.8	19.5
重　庆	100.0	36.5	5.3	18.1
四　川	100.0	36.0	5.2	18.7
贵　州	100.0	31.3	5.3	20.5
云　南	100.0	34.5	4.0	19.7
西　藏	100.0	40.0	7.0	20.0
陕　西	100.0	29.7	5.1	22.3
甘　肃	100.0	32.0	5.7	20.0
青　海	100.0	35.7	6.9	16.8
宁　夏	100.0	31.4	5.4	18.5
新　疆	100.0	31.8	6.5	18.5

2-3-5-6 续表

单位：%

地区	四、生活用品及服务支出	五、交通通信支出	六、教育文化娱乐支出	七、医疗保健支出	八、其他用品及服务支出
全国	**5.6**	**13.4**	**10.1**	**9.8**	**1.8**
北京	5.7	13.8	5.5	8.0	1.6
天津	5.8	13.3	5.8	12.1	2.4
河北	6.0	15.2	9.1	10.2	1.9
山西	5.3	11.3	9.2	11.0	2.1
内蒙古	4.5	14.5	9.4	13.9	1.9
辽宁	4.6	15.2	10.3	11.4	2.2
吉林	4.1	14.8	10.5	13.1	2.4
黑龙江	4.2	14.7	10.2	14.0	1.9
上海	5.0	13.8	4.3	9.8	1.8
江苏	6.4	13.9	7.7	8.8	2.2
浙江	5.6	13.9	7.7	6.7	1.9
安徽	5.9	11.3	10.7	8.6	1.7
福建	5.0	11.3	9.0	8.0	2.1
江西	5.2	10.9	11.4	8.8	1.2
山东	6.3	17.3	10.5	10.7	1.6
河南	6.2	12.4	12.1	11.1	1.7
湖北	5.6	15.2	11.3	10.4	1.8
湖南	5.6	11.7	13.4	11.1	1.4
广东	4.8	11.9	9.0	5.9	1.8
广西	4.9	13.0	13.9	10.5	1.3
海南	3.8	12.1	10.4	7.0	1.4
重庆	6.2	11.8	9.9	10.6	1.7
四川	6.6	12.6	8.1	10.9	1.8
贵州	6.1	14.6	12.9	7.5	1.8
云南	4.8	15.1	11.3	9.1	1.4
西藏	6.1	15.4	5.0	4.4	2.0
陕西	5.7	12.6	9.5	13.4	1.5
甘肃	5.2	13.4	10.8	11.4	1.6
青海	5.1	15.9	6.4	10.8	2.4
宁夏	5.8	15.3	9.8	12.1	1.7
新疆	5.3	13.4	8.8	10.0	5.6

2-3-5-7　2022年分地区农村居民现金消费支出

单位：元/人

地　区	现金消费支出	一、食品烟酒支出	二、衣着支出	三、居住支出
全　国	**13580.6**	**4911.7**	**863.7**	**1400.5**
北　京	17853.7	6432.6	1107.9	2698.5
天　津	16190.0	6251.2	988.6	2203.4
河　北	14266.0	5076.2	1030.4	1511.1
山　西	10217.4	3621.3	777.7	1442.2
内蒙古	13270.2	3998.9	829.3	1812.7
辽　宁	12301.7	4108.6	855.7	1345.3
吉　林	11055.9	3748.3	714.1	1084.1
黑龙江	13464.2	4732.3	954.4	1311.0
上　海	22079.3	9597.1	1295.2	2858.0
江　苏	18550.1	7032.0	1245.7	1907.2
浙　江	21109.7	8035.6	1335.4	2347.7
安　徽	14816.5	5962.0	1042.0	1243.8
福　建	16021.5	6419.2	962.3	1863.2
江　西	13360.1	5093.6	737.0	1505.0
山　东	12799.0	4189.3	810.8	1328.5
河　南	12544.0	4219.9	1031.9	1140.4
湖　北	15609.7	5124.8	1021.5	1559.1
湖　南	14318.9	4696.4	789.2	1466.7
广　东	16517.0	7716.2	693.9	1459.8
广　西	11198.3	3655.7	443.3	1270.0
海　南	12129.6	5842.2	422.9	1031.0
重　庆	13383.2	4860.9	878.2	1230.9
四　川	13859.1	5096.2	887.8	1411.1
贵　州	10286.1	3300.4	695.4	1014.9
云　南	9928.5	3469.2	529.6	706.7
西　藏	7325.0	2393.8	782.6	640.7
陕　西	11627.7	3855.2	722.7	1404.1
甘　肃	9560.8	3121.4	654.4	1130.5
青　海	10227.0	3632.6	869.5	1119.2
宁　夏	10989.7	3560.2	689.6	1400.2
新　疆	9696.8	3183.1	787.9	1328.3

2-3-5-7 续表　　单位：元/人

地　区	四、生活用品及服务支出	五、交通通信支　出	六、教育文化娱乐支出	七、医疗保健支　出	八、其他用品及服务支出
全　国	**923.6**	**2228.8**	**1682.7**	**1284.1**	**285.5**
北　京	1354.6	3279.1	1306.9	1301.4	372.8
天　津	1097.9	2496.0	1089.6	1696.8	366.4
河　北	962.7	2469.0	1480.2	1430.2	306.2
山　西	632.5	1371.6	1110.3	1022.2	239.6
内蒙古	697.4	2240.6	1446.8	1959.0	285.6
辽　宁	655.6	2174.4	1468.5	1376.7	317.0
吉　林	516.9	1881.3	1335.8	1464.4	310.9
黑龙江	629.3	2227.9	1539.8	1789.5	279.9
上　海	1354.7	3775.3	1169.5	1552.6	476.9
江　苏	1435.7	3147.6	1730.4	1563.0	488.3
浙　江	1528.1	3812.6	2118.4	1404.9	527.0
安　徽	1055.8	2023.6	1926.0	1252.0	311.4
福　建	1029.2	2318.1	1843.8	1155.1	430.8
江　西	884.3	1854.0	1934.0	1148.0	204.2
山　东	898.1	2534.1	1535.9	1277.2	225.1
河　南	917.2	1835.3	1792.4	1361.3	245.6
湖　北	1053.9	2884.8	2153.4	1470.7	341.5
湖　南	1004.3	2113.5	2424.3	1577.2	247.3
广　东	983.1	2469.8	1880.2	952.7	361.3
广　西	693.2	1903.7	2040.9	1006.1	185.5
海　南	575.5	1837.7	1568.3	642.8	209.2
重　庆	1029.9	1970.0	1663.1	1475.1	275.2
四　川	1123.5	2169.8	1400.4	1475.7	294.6
贵　州	778.0	1928.9	1693.5	644.3	230.8
云　南	637.4	2013.0	1508.2	884.8	179.7
西　藏	607.4	1716.6	554.9	421.7	207.1
陕　西	794.9	1782.3	1339.9	1539.0	189.8
甘　肃	591.9	1535.6	1234.4	1104.8	187.8
青　海	628.7	1990.6	798.8	906.7	280.8
宁　夏	739.2	1958.7	1255.2	1166.5	220.0
新　疆	625.1	1634.2	1076.4	843.9	218.0

2-3-5-8　2022年分地区农村居民现金消费支出构成

单位：%

地区	现金消费支出	一、食品烟酒支出	二、衣着支出	三、居住支出
全国	**100.0**	**36.2**	**6.4**	**10.3**
北京	100.0	36.0	6.2	15.1
天津	100.0	38.6	6.1	13.6
河北	100.0	35.6	7.2	10.6
山西	100.0	35.4	7.6	14.1
内蒙古	100.0	30.1	6.2	13.7
辽宁	100.0	33.4	7.0	10.9
吉林	100.0	33.9	6.5	9.8
黑龙江	100.0	35.1	7.1	9.7
上海	100.0	43.5	5.9	12.9
江苏	100.0	37.9	6.7	10.3
浙江	100.0	38.1	6.3	11.1
安徽	100.0	40.2	7.0	8.4
福建	100.0	40.1	6.0	11.6
江西	100.0	38.1	5.5	11.3
山东	100.0	32.7	6.3	10.4
河南	100.0	33.6	8.2	9.1
湖北	100.0	32.8	6.5	10.0
湖南	100.0	32.8	5.5	10.2
广东	100.0	46.7	4.2	8.8
广西	100.0	32.6	4.0	11.3
海南	100.0	48.2	3.5	8.5
重庆	100.0	36.3	6.6	9.2
四川	100.0	36.8	6.4	10.2
贵州	100.0	32.1	6.8	9.9
云南	100.0	34.9	5.3	7.1
西藏	100.0	32.7	10.7	8.7
陕西	100.0	33.2	6.2	12.1
甘肃	100.0	32.6	6.8	11.8
青海	100.0	35.5	8.5	10.9
宁夏	100.0	32.4	6.3	12.7
新疆	100.0	32.8	8.1	13.7

2-3-5-8 续表 单位：%

地 区	四、生活用品及服务支出	五、交通通信支 出	六、教育文化娱乐支出	七、医疗保健支 出	八、其他用品及服务支出
全 国	**6.8**	**16.4**	**12.4**	**9.5**	**2.1**
北 京	7.6	18.4	7.3	7.3	2.1
天 津	6.8	15.4	6.7	10.5	2.3
河 北	6.7	17.3	10.4	10.0	2.1
山 西	6.2	13.4	10.9	10.0	2.3
内蒙古	5.3	16.9	10.9	14.8	2.2
辽 宁	5.3	17.7	11.9	11.2	2.6
吉 林	4.7	17.0	12.1	13.2	2.8
黑龙江	4.7	16.5	11.4	13.3	2.1
上 海	6.1	17.1	5.3	7.0	2.2
江 苏	7.7	17.0	9.3	8.4	2.6
浙 江	7.2	18.1	10.0	6.7	2.5
安 徽	7.1	13.7	13.0	8.5	2.1
福 建	6.4	14.5	11.5	7.2	2.7
江 西	6.6	13.9	14.5	8.6	1.5
山 东	7.0	19.8	12.0	10.0	1.8
河 南	7.3	14.6	14.3	10.9	2.0
湖 北	6.8	18.5	13.8	9.4	2.2
湖 南	7.0	14.8	16.9	11.0	1.7
广 东	6.0	15.0	11.4	5.8	2.2
广 西	6.2	17.0	18.2	9.0	1.7
海 南	4.7	15.2	12.9	5.3	1.7
重 庆	7.7	14.7	12.4	11.0	2.1
四 川	8.1	15.7	10.1	10.6	2.1
贵 州	7.6	18.8	16.5	6.3	2.2
云 南	6.4	20.3	15.2	8.9	1.8
西 藏	8.3	23.4	7.6	5.8	2.8
陕 西	6.8	15.3	11.5	13.2	1.6
甘 肃	6.2	16.1	12.9	11.6	2.0
青 海	6.1	19.5	7.8	8.9	2.7
宁 夏	6.7	17.8	11.4	10.6	2.0
新 疆	6.4	16.9	11.1	8.7	2.2

2-3-5-9　2022年分地区农村居民家庭主要食品消费量

单位：公斤/人

地　区	粮食(原粮)		食用油		蔬菜	肉类	
		谷物		植物油			猪肉
全　国	**164.6**	**150.8**	**10.8**	**10.0**	**104.6**	**33.7**	**28.1**
北　京	114.5	101.6	8.1	8.0	106.0	30.4	20.6
天　津	151.5	138.6	12.4	12.3	109.9	29.5	21.8
河　北	198.6	179.1	9.1	8.9	130.9	28.3	21.1
山　西	156.5	135.9	8.5	8.4	90.6	17.5	13.8
内蒙古	202.6	184.0	7.7	7.2	83.6	42.1	30.8
辽　宁	179.8	161.8	10.6	10.3	107.8	36.4	30.8
吉　林	179.5	161.7	12.7	12.5	98.5	30.6	26.1
黑龙江	188.7	169.4	18.1	17.9	112.8	31.4	25.7
上　海	146.4	135.0	10.0	9.9	114.9	39.0	31.3
江　苏	161.1	142.3	11.6	11.3	133.0	35.8	28.0
浙　江	186.4	165.9	11.8	11.1	120.4	42.5	36.5
安　徽	163.1	148.3	9.3	8.6	113.5	32.1	26.4
福　建	165.0	155.6	11.1	9.3	98.7	37.8	33.4
江　西	178.2	162.1	13.5	13.0	120.3	37.4	32.7
山　东	151.3	140.3	8.1	8.0	85.0	27.6	21.6
河　南	150.5	137.8	7.7	7.6	94.4	24.7	19.4
湖　北	142.7	128.1	15.9	15.4	128.1	31.9	27.7
湖　南	190.4	180.0	12.9	10.4	103.2	37.9	34.2
广　东	144.8	136.4	11.9	11.1	112.0	47.3	40.1
广　西	161.9	155.6	9.3	7.7	93.6	36.9	34.4
海　南	124.0	119.9	9.7	8.0	100.1	34.4	31.0
重　庆	200.1	181.4	15.1	12.8	137.3	49.6	46.3
四　川	161.1	148.4	11.4	10.0	118.2	43.8	40.4
贵　州	135.8	122.9	8.0	6.7	79.6	31.7	30.0
云　南	155.5	141.8	7.6	5.2	90.4	41.2	38.5
西　藏	185.0	182.0	19.8	9.7	41.2	32.9	3.9
陕　西	174.0	157.4	13.9	13.7	91.1	18.7	15.5
甘　肃	164.8	152.5	10.2	10.1	67.3	20.8	16.9
青　海	132.6	126.2	9.9	8.6	58.6	31.3	13.0
宁　夏	138.0	131.4	10.9	10.9	86.3	20.4	7.2
新　疆	144.1	142.7	13.3	13.1	80.2	25.3	1.7

2-3-5-9 续表 单位：公斤/人

地　区	牛肉	羊肉	禽类	水产品	蛋类	奶类	鲜瓜果	食糖
全　国	**1.6**	**1.3**	**11.4**	**10.7**	**13.1**	**8.4**	**46.7**	**1.5**
北　京	2.5	3.3	6.1	7.7	17.7	13.9	55.2	1.0
天　津	1.1	2.4	5.5	14.8	19.7	8.8	72.5	1.5
河　北	0.7	1.1	7.1	7.2	21.0	11.6	70.7	1.8
山　西	0.4	0.8	3.1	1.9	15.7	13.6	47.2	1.4
内蒙古	2.7	6.5	6.8	5.3	13.4	14.6	42.8	1.8
辽　宁	1.6	0.7	5.1	9.9	16.3	6.7	48.0	1.3
吉　林	1.5	0.5	6.1	8.1	13.1	5.5	43.9	1.8
黑龙江	1.6	1.2	7.5	9.8	15.6	5.7	58.7	2.7
上　海	2.5	0.9	16.1	27.8	15.5	12.3	52.7	1.8
江　苏	1.9	1.0	13.7	21.1	15.9	12.3	46.8	1.5
浙　江	2.8	0.8	13.6	27.9	13.0	12.2	58.2	2.2
安　徽	1.9	0.9	15.1	12.9	14.3	9.6	52.0	1.0
福　建	1.4	0.6	16.2	23.5	11.4	8.2	36.2	2.3
江　西	2.3	0.4	13.3	16.4	11.5	7.8	46.4	1.2
山　东	0.7	1.0	8.6	8.1	23.1	11.3	65.3	0.8
河　南	1.1	0.9	8.0	4.5	19.9	9.9	61.7	1.3
湖　北	1.5	0.6	7.6	15.8	10.0	6.0	36.0	1.0
湖　南	1.7	0.5	14.8	12.2	11.5	5.9	49.9	1.3
广　东	2.6	0.5	29.2	24.7	8.6	5.4	34.4	1.3
广　西	1.0	0.3	23.2	10.1	6.0	3.0	30.3	1.0
海　南	1.7	0.6	28.4	28.9	4.1	2.2	19.1	0.7
重　庆	1.0	0.5	13.0	12.4	14.7	10.2	41.7	3.1
四　川	1.1	0.4	12.4	8.3	9.6	8.5	37.4	1.9
贵　州	0.6	0.3	5.5	2.5	4.4	3.2	29.2	0.9
云　南	1.0	0.4	10.4	4.4	6.2	3.4	32.9	1.6
西　藏	20.9	7.6	0.5	0.0	1.5	5.1	5.6	4.2
陕　西	0.5	1.1	3.0	1.6	10.8	10.4	37.4	1.2
甘　肃	0.8	1.8	5.2	1.2	7.9	6.9	35.1	1.9
青　海	10.2	7.4	2.8	0.9	4.5	12.0	17.9	2.0
宁　夏	6.6	6.1	9.7	1.4	6.1	9.4	60.7	1.9
新　疆	5.2	17.1	4.6	0.9	6.4	7.7	39.9	1.4

2-3-5-10　2022年分地区农村居民年末主要耐用消费品拥有量

单位：平均每百户

地　区	家用汽车(辆)	摩托车(辆)	电动助力车(辆)	洗衣机(台)	电冰箱(柜)(台)	微波炉(台)	彩色电视机(台)
全　国	**32.4**	**49.0**	**82.5**	**96.8**	**103.9**	**22.8**	**116.5**
北　京	56.8	9.8	87.2	108.3	118.1	72.5	135.7
天　津	48.2	9.7	147.8	105.4	115.0	40.5	119.7
河　北	45.1	31.3	118.5	100.7	101.6	21.3	110.7
山　西	23.5	35.8	67.0	93.8	88.9	8.4	99.3
内蒙古	31.1	47.3	70.4	96.5	107.3	7.1	104.3
辽　宁	31.6	49.6	66.1	94.3	101.6	17.2	103.4
吉　林	30.2	43.3	28.6	94.2	97.5	6.7	99.6
黑龙江	26.1	38.0	37.2	96.4	102.7	5.4	100.6
上　海	43.4	7.0	135.1	89.8	104.2	76.9	156.6
江　苏	34.7	14.4	156.7	103.9	115.8	77.7	150.8
浙　江	38.1	13.5	117.0	93.9	117.1	44.0	181.5
安　徽	32.2	24.2	122.6	94.2	105.5	31.5	133.1
福　建	19.5	78.9	66.1	98.7	108.0	39.4	136.5
江　西	30.6	56.6	81.0	80.3	97.5	16.7	125.8
山　东	40.4	31.2	137.0	98.4	103.0	20.9	104.6
河　南	38.7	31.6	137.0	101.3	101.0	19.1	114.2
湖　北	30.2	77.3	52.9	94.7	111.3	17.0	116.5
湖　南	29.0	78.4	29.6	97.6	108.7	13.4	113.4
广　东	43.2	109.4	60.2	97.2	103.3	34.8	112.6
广　西	24.9	85.0	89.3	92.1	104.1	38.6	107.2
海　南	12.9	70.7	139.0	64.7	95.3	6.2	100.3
重　庆	21.2	35.6	22.5	97.2	108.8	20.1	110.4
四　川	21.8	49.3	45.1	99.4	108.5	14.2	118.5
贵　州	26.2	57.9	26.6	100.0	101.8	6.8	100.0
云　南	35.5	82.7	26.2	94.9	95.6	13.0	105.0
西　藏	37.6	86.4	27.7	91.0	87.7	5.1	113.8
陕　西	23.0	46.9	61.8	96.3	93.7	9.7	107.7
甘　肃	31.5	51.7	52.6	98.1	88.8	7.9	109.5
青　海	59.0	67.6	27.6	101.9	113.5	18.2	103.4
宁　夏	35.4	50.2	95.0	104.2	103.5	18.7	107.2
新　疆	30.5	30.0	121.0	102.3	112.5	9.6	104.6

2-3-5-10　续表　　单位：平均每百户

地　　区	空调（台）	热水器（台）	排油烟机（台）	移动电话（部）	计算机（台）	照相机（台）
全　　国	**92.2**	**78.1**	**38.5**	**266.9**	**25.0**	**1.7**
北　　京	225.2	105.7	96.4	267.6	61.5	12.6
天　　津	164.4	89.5	78.5	251.5	35.2	1.2
河　　北	99.5	66.3	44.0	246.0	34.8	2.2
山　　西	29.5	36.7	26.1	235.7	20.6	0.7
内 蒙 古	5.1	33.4	21.7	237.9	19.2	1.2
辽　　宁	27.5	37.5	33.5	228.0	21.8	1.3
吉　　林	3.0	14.6	13.9	244.1	20.1	0.9
黑 龙 江	2.0	12.0	15.0	228.6	16.4	0.6
上　　海	164.9	88.7	58.7	207.8	29.2	4.3
江　　苏	178.1	95.7	54.5	249.4	30.7	2.5
浙　　江	184.3	102.9	76.8	249.9	37.1	4.4
安　　徽	140.6	92.5	45.3	277.7	25.1	2.6
福　　建	123.1	110.1	53.1	264.7	28.7	1.6
江　　西	97.9	91.5	46.5	281.3	24.0	1.2
山　　东	112.1	86.2	55.5	235.2	33.2	1.9
河　　南	134.2	83.7	36.8	282.3	26.9	1.5
湖　　北	106.0	92.0	46.8	275.9	30.0	2.0
湖　　南	95.4	91.4	43.1	293.3	25.7	1.4
广　　东	177.8	103.2	59.7	296.3	36.1	3.1
广　　西	83.5	93.9	25.0	286.7	22.2	0.5
海　　南	105.2	85.4	15.7	298.5	12.5	0.4
重　　庆	98.6	86.9	27.2	259.8	26.1	1.5
四　　川	87.5	87.4	24.1	267.1	15.5	1.7
贵　　州	6.8	81.3	15.6	319.8	12.1	0.2
云　　南	2.3	77.7	14.8	304.7	10.3	1.0
西　　藏	0.8	10.1	2.4	269.3	8.4	0.6
陕　　西	64.6	61.0	23.0	265.6	17.8	1.3
甘　　肃	4.1	39.9	19.4	306.0	21.5	1.6
青　　海	1.1	42.8	26.3	296.9	19.4	1.8
宁　　夏	2.7	104.8	33.6	288.6	22.4	1.2
新　　疆	6.3	79.2	35.3	246.7	11.0	0.8

3

住户调查其他数据

一、脱贫县农村住户监测调查主要数据

3-1-1 2022年脱贫县农村居民收入及消费结构

指标名称	水平(元)	构成(%)	名义增长(%)
一、人均可支配收入	**15111**	**100.0**	**7.5**
1.工资性收入	5511	36.5	7.4
2.经营净收入	5118	33.9	6.8
(1)一产净收入	3586	23.7	6.3
#农业	2491	16.5	4.9
牧业	827	5.5	10.7
(2)二三产净收入	1531	10.1	8.2
3.财产净收入	227	1.5	12.2
4.转移净收入	4256	28.2	8.3
二、人均消费支出	**12851**	**100.0**	**4.4**
1.食品烟酒	4324	33.6	2.8
2.衣着	709	5.5	1.8
3.居住	2571	20.0	4.8
4.生活用品及服务	732	5.7	5.0
5.交通通信	1578	12.3	9.9
6.教育文化娱乐	1472	11.5	4.5
7.医疗保健	1244	9.7	3.0
8.其他用品及服务	222	1.7	7.8

3-1-2　2022年脱贫县农村居民可支配收入及增长情况

地　区	人均可支配收入(元)	名义增长(%)
合　计	**15111**	**7.5**
河　北	15425	8.1
山　西	12724	9.1
内蒙古	16223	7.9
吉　林	13667	5.9
黑龙江	14393	6.8
安　徽	17781	7.2
江　西	15741	8.9
河　南	16880	7.2
湖　北	16188	9.2
湖　南	14714	8.7
广　西	15796	7.7
海　南	16935	8.0
重　庆	17875	7.2
四　川	15949	7.0
贵　州	13569	6.8
云　南	14027	7.7
西　藏	18209	7.5
陕　西	14838	6.7
甘　肃	11190	7.0
青　海	14456	6.3
宁　夏	14151	8.5
新　疆	15417	6.5

3-1-3 2022年脱贫县农村居民消费支出及增长情况

地　区	人均消费支出(元)	名义增长(%)
合　计	**12851**	**4.4**
河　北	13433	4.8
山　西	10391	3.5
内蒙古	13988	0.7
吉　林	11477	-2.4
黑龙江	12441	6.1
安　徽	16082	4.1
江　西	14291	8.5
河　南	12550	6.0
湖　北	15736	7.0
湖　南	14295	7.2
广　西	11994	-1.2
海　南	13897	4.2
重　庆	15295	3.1
四　川	14110	5.6
贵　州	12014	4.3
云　南	11741	7.1
西　藏	11139	5.3
陕　西	11905	1.7
甘　肃	10033	1.1
青　海	12516	-5.9
宁　夏	11409	-1.3
新　疆	10439	-3.6

二、农民工监测调查主要数据

3-2-1 2008-2022年农民工规模

年 份	全国农民工规模（万人）	1.本地农民工	2.外出农民工	比上年增长（%）	1.本地农民工	2.外出农民工
2008	22542	8501	14041	—	—	—
2009	22978	8445	14533	1.9	-0.7	3.5
2010	24223	8888	15335	5.4	5.2	5.5
2011	25278	9415	15863	4.4	5.9	3.4
2012	26261	9925	16336	3.9	5.4	3.0
2013	26894	10284	16610	2.4	3.6	1.7
2014	27395	10574	16821	1.9	2.8	1.3
2015	27747	10863	16884	1.3	2.7	0.4
2016	28171	11237	16934	1.5	3.4	0.3
2017	28652	11467	17185	1.7	2.0	1.5
2018	28836	11570	17266	0.6	0.9	0.5
2019	29077	11652	17425	0.8	0.7	0.9
2020	28560	11601	16959	-1.8	-0.4	-2.7
2021	29251	12079	17172	2.4	4.1	1.3
2022	29562	12372	17190	1.1	2.4	0.1

3-2-2 2014-2022年农民工收入

年 份	全国农民工月均收入（元/人）	1.本地农民工	2.外出农民工	比上年增长（%）	1.本地农民工	2.外出农民工
2014	2864	2606	3108	9.8	—	—
2015	3072	2781	3359	7.2	6.7	8.1
2016	3275	2985	3572	6.6	7.3	6.3
2017	3485	3173	3805	6.4	6.3	6.5
2018	3721	3340	4107	6.8	5.3	7.9
2019	3962	3500	4427	6.5	4.8	7.8
2020	4072	3606	4549	2.8	3.0	2.7
2021	4432	3878	5013	8.8	7.5	10.2
2022	4615	4026	5240	4.1	3.8	4.5

三、全国及分地区农村住户固定资产投资情况

(一)农村住户固定资产投资和结构

3-3-1-1 2018-2022年全国农村住户固定资产投资情况

单位：亿元

指　　标	2018年	2019年	2020年	2021年	2022年
农村住户固定资产投资完成额	**10039.2**	**9396.2**	**8363.3**	**8337.1**	**7417.3**
一、按投资构成分					
1.建筑工程	7632.1	7065.7	6041.9	5569.4	5282.7
#水利	54.5	51.5	59.3	53.8	66.3
住宅	6645.4	5991.9	4778.8	4451.7	4200.1
2.安装工程	7.9	7.7	7.1	5.9	4.2
3.设备工器具购置	1622.0	1567.5	1327.2	1660.4	1467.1
#生产设备	1608.3	1536.5	1322.5	1658.5	1463.6
4.其他	777.3	755.3	987.0	1101.4	663.3
二、按投资方向分					
#农林牧渔业	2254.1	2286.9	2577.6	2652.8	2434.8
采矿业	1.6	1.7	1.3	0.9	
制造业	127.3	135.6	118.1	134.7	105.6
电力、热力、燃气及水的生产和供应业	14.8	16.6	6.4	14.8	13.8
建筑业	68.8	106.8	62.6	176.1	144.7
批发和零售业	309.5	262.4	119.7	351.6	214.1
交通运输、仓储和邮政业	324.1	289.3	507.1	281.8	228.5
住宿和餐饮业	119.4	71.7	35.3	68.1	37.1
房地产业	6681.4	6031.2	4839.8	4542.1	4120.8
租赁和商务服务业	34.8	53.1	8.5	16.3	16.4
居民服务、修理和其他服务业	79.8	77.4	76.0	73.1	89.0

3-3-1-2　2018年分地区农村住户固定资产投资结构情况

单位：亿元

地　区	投资额	建筑工程	#住宅	设备工器具购置	#生产设备
全　国	**10039.2**	**7632.1**	**6645.4**	**1622.0**	**1608.3**
北　京	63.2	61.2	60.1	1.7	1.7
天　津	17.6	9.9	7.0	5.6	5.6
河　北	362.3	274.7	238.6	39.9	39.9
山　西	257.7	148.2	138.9	96.3	96.3
内蒙古	166.0	63.8	43.0	61.4	61.4
辽　宁	205.8	131.1	87.6	50.6	50.6
吉　林	151.7	46.8	30.9	73.2	73.2
黑龙江	217.8	53.5	32.0	148.3	148.3
上　海	6.5	6.3	6.1	0.2	0.2
江　苏	258.0	156.8	137.7	55.3	55.3
浙　江	863.6	796.3	749.8	41.9	41.9
安　徽	554.9	439.2	408.8	84.9	84.9
福　建	301.1	242.0	231.3	17.9	17.9
江　西	308.6	260.0	200.9	41.8	41.8
山　东	958.6	682.9	440.7	264.8	256.4
河　南	629.2	542.4	466.0	52.2	52.2
湖　北	501.8	406.4	377.9	39.3	39.3
湖　南	705.7	568.8	524.3	107.9	107.9
广　东	368.3	310.8	304.8	19.5	19.5
广　西	596.2	454.9	423.4	83.3	83.3
海　南	97.4	91.4	80.7	2.4	2.4
重　庆	95.5	67.8	54.9	11.1	11.1
四　川	678.8	584.7	493.7	56.0	56.0
贵　州	280.5	187.0	179.1	60.3	60.3
云　南	469.6	422.2	388.6	27.7	27.7
西　藏					
陕　西	358.3	277.7	224.9	56.5	56.5
甘　肃	132.3	87.8	71.4	37.7	32.4
青　海	54.4	45.5	42.8	4.4	4.4
宁　夏	89.6	54.9	54.1	33.3	33.3
新　疆	288.2	157.3	145.3	46.7	46.7

3-3-1-3 2019年分地区农村住户固定资产投资结构情况

单位：亿元

地区	投资额	建筑工程	#住宅	设备工器具购置	#生产设备
全国	**9396.2**	**7065.7**	**5991.9**	**1567.5**	**1536.5**
北京	76.8	73.5	72.6	2.0	2.0
天津	18.0	8.7	5.1	8.1	8.1
河北	316.8	231.2	205.3	52.3	52.3
山西	178.9	97.2	86.8	70.8	70.8
内蒙古	154.2	68.7	44.0	45.8	48.8
辽宁	221.0	112.9	53.9	58.3	58.3
吉林	114.1	24.6	18.6	45.4	45.4
黑龙江	221.2	44.7	31.7	135.8	135.8
上海	6.9	6.4	6.2	0.5	0.5
江苏	236.5	149.2	128.5	45.3	45.3
浙江	665.0	576.5	544.4	37.9	37.9
安徽	501.6	406.5	369.5	59.8	59.8
福建	248.1	218.8	209.5	19.9	19.9
江西	345.9	285.1	274.1	54.0	54.0
山东	943.8	671.1	426.4	261.4	251.7
河南	580.1	463.4	415.3	73.7	73.7
湖北	433.8	367.1	270.5	59.1	59.1
湖南	638.9	537.3	491.6	80.6	80.6
广东	423.4	407.2	389.6	12.2	12.2
广西	619.4	437.6	409.6	103.2	103.2
海南	117.0	110.2	97.3	4.3	4.3
重庆	90.5	58.1	43.6	16.6	16.6
四川	630.5	555.7	478.4	35.0	35.0
贵州	215.5	135.7	124.1	42.3	42.3
云南	479.9	401.7	367.5	29.8	30.2
西藏					
陕西	355.1	292.6	147.7	47.6	47.6
甘肃	136.6	90.0	73.0	39.4	14.8
青海	73.5	56.5	52.5	10.6	10.6
宁夏	65.3	29.8	20.3	17.9	17.9
新疆	288.0	147.6	134.3	97.8	97.8

3-3-1-4　2020年分地区农村住户固定资产投资结构情况

单位：亿元

地　区	投资额	建筑工程	#住宅	设备工器具购置	#生产设备
全　国	**8363.3**	**6041.9**	**4778.8**	**1327.2**	**1322.5**
北　京	82.6	82.3	77.2	0.2	0.2
天　津	14.9	7.8	3.4	4.9	4.9
河　北	267.2	181.7	153.1	48.2	48.2
山　西	122.4	80.8	52.3	36.9	36.9
内蒙古	144.3	37.5	16.2	60.1	60.1
辽　宁	208.6	92.7	26.3	52.8	52.8
吉　林	119.8	15.1	11.4	54.6	54.6
黑龙江	216.9	40.4	26.1	124.4	124.4
上　海	6.3	6.3	6.3		
江　苏	181.4	133.9	108.9	20.1	20.1
浙　江	665.3	612.1	446.7	31.3	31.3
安　徽	398.8	296.5	245.0	59.5	59.5
福　建	206.6	183.4	172.4	19.5	19.5
江　西	342.4	296.8	294.5	44.5	44.5
山　东	863.6	614.8	374.0	238.4	230.8
河　南	510.8	399.5	353.1	54.9	54.9
湖　北	274.9	184.3	149.1	53.0	53.0
湖　南	590.4	485.2	443.7	84.6	84.6
广　东	379.8	379.8	346.0	0.0	0.0
广　西	585.6	431.1	368.5	77.5	77.5
海　南	98.9	92.7	80.9	1.1	1.1
重　庆	81.1	51.4	43.6	15.4	15.4
四　川	616.6	447.0	340.2	60.8	60.8
贵　州	239.3	145.9	127.0	20.6	20.6
云　南	436.3	286.5	239.5	42.2	42.2
西　藏					
陕　西	267.0	224.1	94.5	42.7	42.7
甘　肃	116.9	75.1	51.6	31.5	31.5
青　海	45.1	28.7	25.1	3.1	3.1
宁　夏	81.6	36.9	23.9	16.3	19.3
新　疆	197.9	91.7	78.4	28.1	28.1

3-3-1-5 2021年分地区农村住户固定资产投资结构情况

单位：亿元

地区	投资额	建筑工程	#住宅	设备工器具购置	#生产设备
全国	**8337.1**	**5569.4**	**4451.7**	**1660.4**	**1658.5**
北京	133.0	128.4	123.3	4.5	4.5
天津	15.3	6.1	4.5	6.5	6.5
河北	277.3	173.2	161.1	62.6	62.6
山西	131.2	90.4	55.6	35.3	35.3
内蒙古	146.8	37.3	21.4	63.7	63.7
辽宁	230.3	96.1	24.9	70.4	70.4
吉林	140.5	21.3	5.8	84.5	84.5
黑龙江	262.1	18.4	8.8	191.8	191.8
上海	9.0	8.7	8.6	0.0	0.0
江苏	184.8	60.4	33.1	119.2	119.2
浙江	600.1	539.3	471.0	24.2	24.2
安徽	411.8	311.8	245.0	96.3	96.3
福建	221.7	174.4	159.7	22.8	22.8
江西	344.6	270.8	266.3	72.2	72.2
山东	602.8	424.8	234.5	169.8	167.8
河南	461.7	333.7	293.3	53.8	53.8
湖北	276.5	227.9	208.2	35.5	35.5
湖南	636.6	513.1	460.1	99.7	99.7
广东	384.7	353.6	313.1	27.3	27.3
广西	645.9	422.1	376.1	90.5	90.5
海南	49.4	47.4	46.3	1.5	1.5
重庆	87.8	56.3	48.1	16.1	16.1
四川	633.5	499.7	383.6	57.3	57.3
贵州	211.2	109.1	97.2	34.2	34.2
云南	560.4	277.0	219.8	28.4	28.4
西藏					
陕西	237.9	200.9	71.7	36.8	36.8
甘肃	125.2	81.2	54.7	34.4	34.4
青海	37.3	22.5	15.5	7.2	7.2
宁夏	92.8	34.3	21.4	35.1	35.1
新疆	184.8	29.1	19.1	78.7	78.7

3-3-1-6　2022年分地区农村住户固定资产投资结构情况

单位：亿元

地　区	投资额	建筑工程	#住宅	设备工器具购置	#生产设备
全　国	**7417.3**	**5282.7**	**4200.1**	**1467.1**	**1463.6**
北　京	97.8	97.0	95.8	0.8	0.8
天　津	10.2	6.2	4.8	3.2	3.2
河　北	230.9	184.3	170.0	25.1	25.1
山　西	102.7	82.6	80.0	17.2	18.2
内蒙古	129.5	48.2	20.4	53.1	53.1
辽　宁	214.3	88.8	21.9	65.3	65.3
吉　林	116.7	15.8	5.5	77.2	77.2
黑龙江	203.1	20.6	6.7	148.0	148.0
上　海	8.4	8.3	8.0	0.0	0.0
江　苏	173.4	58.0	30.6	107.5	107.5
浙　江	665.3	612.1	446.7	31.3	31.3
安　徽	380.5	302.1	260.8	57.4	57.4
福　建	181.8	146.3	137.4	29.1	29.1
江　西	270.2	200.0	199.9	69.6	69.6
山　东	430.4	302.1	193.9	122.4	122.0
河　南	408.3	320.9	290.1	53.8	53.8
湖　北	366.0	245.5	223.4	78.9	78.9
湖　南	549.2	457.0	387.2	74.1	72.0
广　东	312.8	298.0	283.8	11.8	11.8
广　西	587.7	387.5	305.3	99.9	99.9
海　南	65.4	62.3	56.7	2.2	2.2
重　庆	82.6	53.9	45.6	15.1	15.1
四　川	553.3	449.0	356.1	87.4	87.4
贵　州	133.4	53.3	43.5	33.4	33.4
云　南	590.8	436.0	346.7	73.3	73.3
西　藏					
陕　西	233.2	196.9	70.7	36.0	36.0
甘　肃	104.8	68.3	55.7	26.0	24.0
青　海	39.5	28.9	24.8	6.9	6.9
宁　夏	63.3	22.9	16.5	20.5	20.5
新　疆	111.7	29.8	11.8	40.6	40.6

(二)农村住户固定资产投资和投向

3-3-2-1 2018-2022年分地区农村住户固定资产投资完成额

单位：亿元

地 区	2018年	2019年	2020年	2021年	2022年
全 国	**10039.2**	**9396.2**	**8363.3**	**8337.1**	**7417.3**
北 京	63.2	76.8	82.6	133.0	97.8
天 津	17.6	18.0	14.9	15.3	10.2
河 北	362.3	316.8	267.2	277.3	230.9
山 西	257.7	178.9	122.4	131.2	102.7
内蒙古	166.0	154.2	144.3	146.8	129.5
辽 宁	205.8	221.0	208.6	230.3	214.3
吉 林	151.7	114.1	119.8	140.5	116.7
黑龙江	217.8	221.2	216.9	262.1	203.1
上 海	6.5	6.9	6.3	9.0	8.4
江 苏	258.0	236.5	181.4	184.8	173.4
浙 江	863.6	665.0	665.3	600.1	665.3
安 徽	554.9	501.6	398.8	411.8	380.5
福 建	301.1	248.1	206.6	221.7	181.8
江 西	308.6	345.9	342.4	344.6	270.2
山 东	958.6	943.8	863.6	602.8	430.4
河 南	629.2	580.1	510.8	461.7	408.3
湖 北	501.8	433.8	274.9	276.5	366.0
湖 南	705.7	638.9	590.4	636.6	549.2
广 东	368.3	423.4	379.8	384.7	312.8
广 西	596.2	619.4	585.6	645.9	587.7
海 南	97.4	117.0	98.9	49.4	65.4
重 庆	95.5	90.5	81.1	87.8	82.6
四 川	678.8	630.5	616.6	633.5	553.3
贵 州	280.5	215.5	239.3	211.2	133.4
云 南	469.6	479.9	436.3	560.4	590.8
西 藏					
陕 西	358.3	355.1	267.0	237.9	233.2
甘 肃	132.3	136.6	116.9	125.2	104.8
青 海	54.4	73.5	45.1	37.3	39.5
宁 夏	89.6	65.3	81.6	92.8	63.3
新 疆	288.2	288.0	197.9	184.8	111.7

3-3-2-2 2018年分地区农村住户固定资产投资投向情况

单位：亿元

地区	投资额	农林牧渔业	制造业	建筑业	交通运输、仓储和邮政业	房地产业	居民服务、修理和其他服务业
全国	**10039.2**	**2254.1**	**127.3**	**68.8**	**324.1**	**6681.4**	**79.8**
北京	63.2	1.0			0.2	60.1	0.7
天津	17.6	3.7	1.4		2.7	7.0	1.1
河北	362.3	70.6	1.0	1.1	31.7	238.6	1.6
山西	257.7	70.2	0.3	0.8	29.8	138.9	3.3
内蒙古	166.0	118.2				43.0	1.1
辽宁	205.8	101.4			5.5	87.6	0.1
吉林	151.7	115.4			3.7	30.9	0.1
黑龙江	217.8	175.0		1.1	2.2	32.0	0.3
上海	6.5	0.4	0.1			6.1	
江苏	258.0	73.4	10.7		8.5	137.7	5.9
浙江	863.6	56.7	25.5		17.3	749.8	0.7
安徽	554.9	98.7	2.9	2.4	7.1	408.8	6.9
福建	301.1	23.3	5.4	3.7	30.9	231.3	0.4
江西	308.6	63.4		2.5	6.6	232.9	0.4
山东	958.6	306.9	45.2	1.8		475.9	10.1
河南	629.2	113.9	3.2	7.6	14.1	466.0	9.5
湖北	501.8	65.7	6.0	0.7	36.5	377.9	6.4
湖南	705.7	89.6	11.2	10.2		524.3	4.4
广东	368.3	16.0	1.4	6.8		304.8	0.2
广西	596.2	128.6	2.1	0.8	25.2	423.4	12.3
海南	97.4	13.2	0.1		2.4	80.7	0.0
重庆	95.5	20.6	0.6	1.5	11.9	54.9	0.1
四川	678.8	150.6	0.1	2.0	25.9	493.7	0.0
贵州	280.5	30.2		16.1		179.1	2.2
云南	469.6	97.4	7.8	5.5	19.4	334.7	0.4
西藏							
陕西	358.3	79.9	2.4		21.5	224.9	1.5
甘肃	132.3	20.6		3.9		91.8	6.9
青海	54.4	5.4		0.1		45.1	0.4
宁夏	89.6	13.6	0.0		20.8	54.1	0.1
新疆	288.2	130.3		0.3		145.3	2.7

3-3-2-3　2019年分地区农村住户固定资产投资投向情况

单位：亿元

地　　区	投资额	农林牧渔业	制造业	建筑业	交通运输、仓储和邮政业	房地产业	居民服务、修理和其他服务业
全　　国	**9396.2**	**2286.9**	**135.6**	**106.8**	**289.3**	**6031.2**	**77.4**
北　　京	76.8	0.9			2.0	72.6	0.2
天　　津	18.0	6.9		1.2	3.1	5.1	0.3
河　　北	316.8	44.9	16.9	0.0	30.7	205.3	7.5
山　　西	178.9	54.0	0.3	0.7	20.9	86.8	3.2
内 蒙 古	154.2	105.3		0.6		44.0	1.5
辽　　宁	221.0	142.3	0.4	3.1	9.6	53.9	0.1
吉　　林	114.1	92.7				18.6	
黑 龙 江	221.2	136.7	0.1	0.8	11.1	31.7	0.4
上　　海	6.9	0.2			0.5	6.2	
江　　苏	236.5	68.5	10.8		7.5	128.5	5.2
浙　　江	665.0	36.1	33.3	11.2	10.2	545.3	5.9
安　　徽	501.6	78.2	1.5	25.1	17.8	369.9	1.1
福　　建	248.1	26.5	4.3	0.3	6.9	209.5	0.4
江　　西	345.9	67.4		1.8	5.9	269.1	0.4
山　　东	943.8	291.5	44.9	1.8		467.3	11.2
河　　南	580.1	83.4	4.1	5.7	55.4	415.3	3.5
湖　　北	433.8	137.7		9.8	9.3	270.5	0.0
湖　　南	638.9	73.1	10.2	10.4		475.7	5.4
广　　东	423.4	25.3		4.0		389.6	1.0
广　　西	619.4	156.1	2.3	1.0	31.6	408.8	14.9
海　　南	117.0	16.0	0.0		0.7	97.9	1.0
重　　庆	90.5	24.5	0.6	1.8	10.1	45.0	0.1
四　　川	630.5	133.2	0.7	3.1	6.1	478.4	0.6
贵　　州	215.5	28.8	2.2	5.1		124.1	0.5
云　　南	479.9	74.7	0.1	2.5	16.0	367.5	5.1
西　　藏							
陕　　西	355.1	164.5	1.0	5.5	21.2	147.7	0.6
甘　　肃	136.6	30.8	1.4	3.7	8.2	88.0	3.9
青　　海	73.5	8.3		7.2		54.4	0.0
宁　　夏	65.3	38.6	0.4		4.4	20.3	0.9
新　　疆	288.0	140.0		0.3		134.3	2.7

3-3-2-4　2020年分地区农村住户固定资产投资投向情况

单位：亿元

地　区	投资额	农林牧渔业	制造业	建筑业	交通运输、仓储和邮政业	房地产业	居民服务、修理和其他服务业
全　国	**8363.3**	**2577.6**	**118.1**	**62.6**	**507.1**	**4839.8**	**76.0**
北　京	82.6	5.1			0.0	77.2	0.1
天　津	14.9	5.7		1.4	2.8	3.4	0.1
河　北	267.2	55.3	4.9	0.4	44.8	153.1	0.8
山　西	122.4	48.0	0.1	0.4	11.6	52.3	2.1
内蒙古	144.3	126.1			1.5	16.2	0.1
辽　宁	208.6	156.0	0.4	2.5	12.2	26.3	0.1
吉　林	119.8	100.7			5.8	11.4	
黑龙江	216.9	178.9			9.8	26.1	0.1
上　海	6.3					6.3	
江　苏	181.4	59.3	4.9	0.1	0.1	108.9	2.1
浙　江	665.3	175.4	20.1	6.5	9.7	446.9	2.4
安　徽	398.8	47.8	26.9	18.4	49.6	245.0	8.9
福　建	206.6	20.9		0.0	0.8	172.4	5.1
江　西	342.4	41.3		0.2	5.2	294.5	0.4
山　东	863.6	286.9	44.9	1.8	107.4	395.8	10.8
河　南	510.8	114.3	3.0	2.8	17.5	353.1	4.3
湖　北	274.9	109.9		0.4	7.6	149.1	0.0
湖　南	590.4	78.3	8.4	9.3	24.4	443.7	3.6
广　东	379.8	33.8			0.0	346.0	0.0
广　西	585.6	145.3	1.5	1.4	35.0	385.1	12.4
海　南	98.9	12.4			3.7	80.9	
重　庆	81.1	21.4	0.5	1.5	7.2	43.6	0.1
四　川	616.6	169.6	0.3	10.7	81.8	340.2	1.3
贵　州	239.3	52.4	1.6	1.2	17.9	127.0	20.3
云　南	436.3	166.9	0.1	2.4	19.5	239.5	0.0
西　藏							
陕　西	267.0	165.3	0.3		2.4	94.5	0.5
甘　肃	116.9	34.9		0.4	4.6	71.6	0.0
青　海	45.1	11.0	0.3	0.0	5.1	27.3	0.1
宁　夏	81.6	42.6		0.4	13.3	23.9	0.0
新　疆	197.9	111.8		0.2	5.8	78.4	0.3

3-3-2-5 2021年分地区农村住户固定资产投资投向情况

单位：亿元

地区	投资额	农林牧渔业	制造业	建筑业	交通运输、仓储和邮政业	房地产业	居民服务、修理和其他服务业
全国	**8337.1**	**2652.8**	**134.7**	**176.1**	**281.8**	**4542.1**	**73.1**
北京	133.0	4.9	0.7	0.0	0.1	123.3	1.3
天津	15.3	3.9	0.0		5.2	4.5	0.1
河北	277.3	48.6	1.0	5.8	51.1	161.3	0.1
山西	131.2	53.1	0.1	0.2	12.4	55.6	2.3
内蒙古	146.8	134.1				11.0	0.2
辽宁	230.3	175.0	0.5	3.6	17.4	24.9	0.1
吉林	140.5	132.2	0.0		0.8	5.8	0.0
黑龙江	262.1	244.4	0.1	1.0	5.6	8.8	0.4
上海	9.0	0.1			0.3	8.6	0.0
江苏	184.8	58.6	4.1	80.7	0.0	33.1	0.6
浙江	600.1	66.7	12.5	3.4	12.6	471.0	1.4
安徽	411.8	111.4	31.6	3.0	1.3	245.0	2.9
福建	221.7	32.2	7.1	8.2	9.9	160.4	0.8
江西	344.6	48.0		6.0	17.2	266.3	0.4
山东	602.8	173.8	43.4	1.8		260.0	10.6
河南	461.7	106.2	1.3	13.0	20.2	302.5	5.9
湖北	276.5	56.1		6.2	2.9	208.2	0.7
湖南	636.6	95.9	9.4	10.0		460.1	4.6
广东	384.7	65.6	0.0	0.1		313.1	0.7
广西	645.9	181.6	1.4	1.6	16.6	404.0	35.0
海南	49.4	3.1				46.3	
重庆	87.8	22.4	0.5	1.8	8.5	48.2	0.1
四川	633.5	174.1	1.7	3.6	12.6	386.9	1.1
贵州	211.2	62.5	0.1	4.7		97.4	0.4
云南	560.4	226.1	18.9	7.4	62.2	228.4	2.7
西藏							
陕西	237.9	149.1	0.2	4.4	2.1	71.7	0.4
甘肃	125.2	38.3		0.5	5.3	75.7	0.0
青海	37.3	9.1	0.0	1.0		19.6	0.1
宁夏	92.8	49.0		0.0	17.6	21.4	
新疆	184.8	126.7		7.8		19.2	0.3

3-3-2-6 2022年分地区农村住户固定资产投资投向情况

单位：亿元

地区	投资额	农林牧渔业	制造业	建筑业	交通运输、仓储和邮政业	房地产业	居民服务、修理和其他服务业
全国	**7417.3**	**2434.8**	**105.6**	**144.7**	**228.5**	**4120.8**	**89.0**
北京	97.8	0.9		0.0	0.2	95.8	0.5
天津	10.2	1.5	0.1	0.5	2.4	4.8	0.0
河北	230.9	33.1	6.1	2.0	5.8	171.2	1.3
山西	102.7	37.9	0.1	0.8	18.4	37.1	2.8
内蒙古	129.5	117.9				9.4	0.2
辽宁	214.3	164.0	0.5	3.3	16.4	21.9	0.1
吉林	116.7	107.1			3.4	5.5	0.6
黑龙江	203.1	190.6	0.2			6.7	
上海	8.4	0.2				8.1	
江苏	173.4	52.7		81.7		30.6	
浙江	665.3	175.4	20.1	6.5	9.7	446.9	2.4
安徽	380.5	90.0	8.4	0.9	2.8	260.9	0.7
福建	181.8	35.0	2.4	0.5	2.5	137.4	
江西	270.2	52.1		0.9	12.6	199.9	0.3
山东	430.4	120.2	28.9	1.2		183.9	10.5
河南	408.3	82.2	1.3	8.3	2.5	290.5	3.2
湖北	366.0	134.0		4.8	0.2	223.4	0.0
湖南	549.2	101.4	6.8	7.0		387.2	3.6
广东	312.8	25.0		3.3		283.8	0.1
广西	587.7	184.7	2.0	0.4	15.5	320.3	58.8
海南	65.4	6.5			2.2	56.7	0.0
重庆	82.6	20.4	0.5	1.7	7.5	46.3	0.1
四川	553.3	161.6	2.7	1.1	54.9	329.3	0.1
贵州	133.4	44.1	0.0	7.7	30.9	43.5	
云南	590.8	179.0	25.2	1.9	13.8	346.7	3.1
西藏							
陕西	233.2	145.0	0.2	4.6	2.1	70.7	0.4
甘肃	104.8	51.3		0.2	2.8	45.7	0.1
青海	39.5	3.9		0.0		28.3	
宁夏	63.3	27.4		1.7	16.7	16.5	
新疆	111.7	89.6	0.0	3.7	5.3	11.8	0.0

(三)农村住户固定资产投资和建房

3-3-3-1 1985-2022年全国农村住户固定资产投资和建房情况

年份	投资总额(亿元)	#竣工房屋投资	#住宅	房屋施工面积(万平方米)	房屋竣工面积(万平方米)	#住宅	竣工房屋造价(元/平方米)	#住宅
1985	478.4	350.1	313.2		78973.0	69542.0	44.0	45.0
1990	876.5	777.1	649.8	76819.0	71136.0	67812.0	109.0	96.0
1995	2007.9	1709.4	1349.9	78192.0	73522.0	66230.0	233.0	204.0
1996	2544.0	2250.9	1766.4	96115.0	87277.0	79531.0	258.0	222.0
1997	2691.2	2405.8	1890.7	89309.0	85888.0	77287.0	280.0	245.0
1998	2681.5	2402.2	1907.2	89099.0	83864.0	77031.0	286.0	248.0
1999	2779.6	1908.2	1799.1	89050.0	83244.0	76758.0	229.2	234.4
2000	2904.3	1969.3	1846.8	88231.8	81270.2	75515.3	242.3	244.6
2001	2976.6	1908.2	1775.0	81048.2	74517.5	68799.3	256.1	258.0
2002	3123.2	1956.5	1858.1	80345.0	75125.7	69841.0	260.4	266.0
2003	3201.0	2053.2	1926.9	81123.7	75683.6	69741.1	271.3	276.3
2004	3362.7	2031.0	1933.4	71112.1	65801.5	62303.5	308.7	310.3
2005	3940.6	2190.6	2083.1	73109.2	66604.2	62292.4	328.9	334.4
2006	4436.2	2620.1	2490.2	76189.4	69237.9	64563.7	378.4	385.7
2007	5123.3	3228.3	3022.0	86665.6	78321.2	72676.4	412.2	415.8
2008	5951.8	3748.5	3547.1	91911.4	84407.0	78585.7	444.1	451.4
2009	7434.5	5029.9	4743.3	116099.4	105683.0	95570.5	475.9	496.3
2010	7886.0	5247.0	4931.7	106679.8	94114.8	87947.1	557.5	560.8
2011	9089.1	5983.7	5636.0	118455.2	103053.2	94939.1	580.6	593.6
2012	9840.6	6395.3	6051.6	105516.6	94187.8	87775.9	679.0	689.4
2013	10546.7	7249.6	6735.9	109242.0	92661.7	85953.0	782.4	783.7
2014	10755.8	7387.5	6843.0	103672.9	90287.4	83769.6	818.2	816.9
2015	10409.8	7157.1	6709.6	98376.7	85316.8	79380.2	838.9	845.2
2016	9964.9	6812.6	6331.3	92039.7	79649.1	73051.4	855.3	866.7
2017	9554.4	6446.3	5899.3	84395.0	72727.0	66870.0	886.4	882.2
2018	10039.2	6369.0	5885.0	79898.2	67861.3	62189.8	938.5	946.3
2019	9396.2	5732.2	5256.3	69488.9	60049.9	55571.7	954.6	945.9
2020	8363.3	4667.9	4244.5	58072.3	48839.9	43392.5	955.8	978.2
2021	8337.1	4365.2	3900.0	48768.0	41407.0	37248.0	1054.2	1047.0
2022	7417.3	4083.9	3748.5	44478.0	38775.0	35071.0	1053.2	1068.8

3-3-3-2　2018年分地区农村住户固定资产投资和建房情况

地　区	投资总额（亿元）	#竣工房屋投　资	#住 宅	房屋施工面　积（万平方米）	房屋竣工面　积（万平方米）	#住 宅	竣工房屋造　价（元/平方米）	#住 宅
全　国	**10039.2**	**6369.0**	**5885.0**	**79898.2**	**67861.3**	**62189.8**	**938.5**	**946.3**
北　京	63.2	54.5	53.7	491.0	446.6	426.2	1220.0	1260.0
天　津	17.6	4.3	4.2	54.1	46.2	42.2	932.8	985.4
河　北	362.3	264.1	239.8	2810.8	2232.2	1937.2	1183.0	1238.1
山　西	257.7	142.8	136.6	1916.8	1861.1	1701.4	767.0	803.0
内蒙古	166.0	63.4	41.5	541.9	643.3	472.8	985.5	878.2
辽　宁	205.8	101.5	86.0	1121.6	1085.3	736.6	935.3	1168.1
吉　林	151.7	31.6	30.9	367.0	367.0	367.0	861.2	842.9
黑龙江	217.8	35.9	31.8	532.8	513.7	362.9	698.4	877.3
上　海	6.5	5.0	4.8	51.3	35.4	34.4	1410.2	1389.2
江　苏	258.0	133.0	125.2	1600.0	1414.0	1309.0	940.5	956.8
浙　江	863.6	551.7	542.3	4884.6	3252.1	3180.9	1696.5	1704.9
安　徽	554.9	338.0	324.7	4677.6	3561.7	3367.2	948.9	964.2
福　建	301.1	187.2	180.6	2393.6	1669.1	1609.9	1121.3	1121.6
江　西	308.6	232.8	214.0	3253.7	2438.0	2326.0	954.9	920.2
山　东	958.6	535.7	405.8	10592.9	9973.9	8232.9	537.1	492.9
河　南	629.2	463.1	428.6	5824.0	5351.0	5017.0	865.5	854.4
湖　北	501.8	369.6	354.0	4404.8	3512.5	3337.2	1052.1	1060.9
湖　南	705.7	465.3	447.7	3978.6	3246.9	3062.4	1433.2	1462.0
广　东	368.3	232.2	227.2	2410.2	1548.2	1498.2	1500.0	1516.8
广　西	596.2	372.6	364.2	6684.8	6142.4	5915.1	606.6	615.7
海　南	97.4	89.8	84.5	856.2	693.7	662.5	1294.4	1275.3
重　庆	95.5	54.3	49.6	758.7	618.6	553.8	877.9	895.0
四　川	678.8	461.6	419.7	5830.7	4810.3	4339.1	959.6	967.3
贵　州	280.5	173.5	170.8	1979.0	1859.0	1830.0	933.6	933.1
云　南	469.6	484.5	422.5	5341.0	4346.3	4065.3	1114.7	1039.4
西　藏								
陕　西	358.3	222.3	214.3	2277.1	2101.6	1998.2	1058.0	1072.6
甘　肃	132.3	78.1	71.4	1377.0	1292.0	1163.0	604.6	613.6
青　海	54.4	44.5	42.2	499.3	492.1	452.2	903.8	932.3
宁　夏	89.6	29.4	28.1	458.0	458.0	450.0	641.7	624.3
新　疆	288.2	146.8	138.1	1929.0	1849.1	1739.4	794.0	794.0

3-3-3-3 2019年分地区农村住户固定资产投资和建房情况

地区	投资总额（亿元）	#竣工房屋投资	#住宅	房屋施工面积（万平方米）	房屋竣工面积（万平方米）	#住宅	竣工房屋造价（元/平方米）	#住宅
全国	**9396.2**	**5732.2**	**5256.3**	**69488.9**	**60049.9**	**55571.7**	**954.6**	**945.9**
北京	76.8	69.2	69.0	572.5	477.2	476.1	1451.0	1450.1
天津	18.0	8.7	3.8	54.7	52.1	29.8	1678.8	1263.4
河北	316.8	204.0	176.5	1826.3	1565.3	1486.7	1303.1	1187.4
山西	178.9	92.8	87.8	1247.9	1226.0	1210.8	756.7	725.0
内蒙古	154.2	43.5	41.7	530.9	489.1	458.2	889.1	910.9
辽宁	221.0	67.6	54.3	740.1	737.7	516.4	916.6	1051.3
吉林	114.1	15.8	15.8	190.8	161.5	161.5	980.5	980.5
黑龙江	221.2	34.5	31.6	455.4	461.9	362.3	747.1	872.7
上海	6.9	4.9	4.7	47.4	33.3	32.8	1479.3	1423.9
江苏	236.5	126.4	117.6	1580.0	1395.7	1222.0	905.4	961.9
浙江	665.0	410.8	396.8	3328.2	2062.5	1983.0	1991.8	2001.1
安徽	501.6	338.7	281.3	4209.8	3426.9	3268.6	988.4	860.5
福建	248.1	179.6	178.2	2112.9	1569.0	1556.7	1145.0	1144.6
江西	345.9	249.7	237.2	3281.7	2854.3	2738.9	874.9	865.9
山东	943.8	503.4	379.9	10342.9	9381.5	7826.2	536.6	485.4
河南	580.1	401.1	376.7	5281.6	4784.9	4553.4	838.2	827.3
湖北	433.8	308.4	256.8	2686.1	3240.9	3005.1	951.5	854.5
湖南	638.9	472.3	452.6	3719.5	3160.0	3008.9	1494.6	1504.2
广东	423.4	268.1	262.2	2876.5	1601.5	1555.5	1674.4	1685.4
广西	619.4	365.2	355.8	6423.5	6020.1	5778.8	606.6	615.7
海南	117.0	87.1	84.5	855.1	652.0	631.9	1335.7	1336.8
重庆	90.5	43.6	43.5	615.1	541.3	528.6	804.8	823.0
四川	630.5	463.0	425.3	4756.4	4138.0	3832.8	1118.9	1109.6
贵州	215.5	123.8	118.4	1461.0	1351.0	1307.0	916.3	906.3
云南	479.9	417.2	399.0	4758.8	3677.7	3388.4	1134.3	1177.7
西藏								
陕西	355.1	148.3	141.6	1520.3	1414.5	1353.3	1048.4	1046.4
甘肃	136.6	82.3	72.8	1276.0	1101.0	998.0	747.2	729.9
青海	73.5	42.8	40.9	520.2	427.0	385.8	1001.9	1059.0
宁夏	65.3	23.2	20.0	270.0	196.0	148.0	1186.1	1353.4
新疆	288.0	136.2	130.0	1947.2	1850.3	1766.3	736.0	736.0

3-3-3-4 2020年分地区农村住户固定资产投资和建房情况

地区	投资总额（亿元）	#竣工房屋投资	#住宅	房屋施工面积（万平方米）	房屋竣工面积（万平方米）	#住宅	竣工房屋造价（元/平方米）	#住宅
全国	**8363.3**	**4667.9**	**4244.5**	**58072.3**	**48839.9**	**43392.5**	**955.8**	**978.2**
北京	82.6	67.2	66.2	629.6	537.5	529.9	1250.2	1250.0
天津	14.9	6.4	3.3	43.8	33.0	23.6	1945.2	1408.1
河北	267.2	141.6	135.9	1223.0	1020.6	960.8	1387.5	1414.6
山西	122.4	45.4	41.5	918.0	742.0	635.0	612.3	654.1
内蒙古	144.3	22.1	16.8	274.6	251.3	139.5	879.1	1206.5
辽宁	208.6	47.3	26.1	558.2	543.1	261.2	870.8	998.7
吉林	119.8	10.3	10.3	124.0	104.9	104.9	980.5	980.5
黑龙江	216.9	26.7	25.1	326.6	367.0	261.0	726.4	963.4
上海	6.3	4.1	4.1	38.5	28.3	28.0	1454.7	1468.7
江苏	181.4	112.8	97.0	1348.1	1024.7	999.7	1101.1	969.9
浙江	665.3	365.8	341.8	3061.9	2146.3	1973.2	1704.3	1732.4
安徽	398.8	220.7	202.5	4044.3	2398.2	2210.5	920.3	916.1
福建	206.6	148.0	147.2	1802.7	1276.5	1268.6	1159.5	1160.1
江西	342.4	224.6	224.6	2440.6	2080.1	2080.1	1079.7	1079.7
山东	863.6	435.3	327.2	9323.1	8120.6	6852.6	536.0	477.4
河南	510.8	343.1	327.9	4295.0	3975.0	3810.0	863.2	860.7
湖北	274.9	155.6	137.8	1427.3	1255.7	1155.2	1238.9	1192.9
湖南	590.4	400.4	369.7	3629.2	3086.5	2930.9	1297.4	1261.5
广东	379.8	256.8	246.9	3199.5	1764.5	1629.5	1455.5	1515.2
广西	585.6	383.7	381.4	6106.0	5747.4	5680.2	667.7	671.5
海南	98.9	58.3	56.0	631.5	395.6	379.0	1474.2	1478.6
重庆	81.1	41.0	37.8	572.3	455.1	403.4	901.2	936.0
四川	616.6	350.6	300.1	3495.9	3008.6	2538.2	1165.4	1182.4
贵州	239.3	108.6	100.3	1178.4	1072.5	1014.7	1013.0	988.0
云南	436.3	394.6	350.8	4267.6	4513.3	3013.4	874.2	1164.3
西藏								
陕西	267.0	97.6	91.7	1077.5	1006.3	939.1	969.8	976.5
甘肃	116.9	72.8	66.1	734.2	711.8	602.3	1022.7	1097.1
青海	45.1	27.2	25.0	274.0	271.7	242.6	1000.8	1031.3
宁夏	81.6	25.6	19.2	261.6	261.0	169.0	980.2	1139.2
新疆	197.9	73.7	64.0	765.5	640.9	556.7	1149.4	1149.4

3-3-3-5　2021年分地区农村住户固定资产投资和建房情况

地　区	投资总额（亿元）	#竣工房屋投　资	#住　宅	房屋施工面　积（万平方米）	房屋竣工面　积（万平方米）	#住　宅	竣工房屋造　价（元/平方米）	#住　宅
全　国	**8337.1**	**4365.2**	**3900.0**	**48768.4**	**41407.0**	**37248.0**	**1054.2**	**1047.0**
北　京	133.0	110.9	110.2	954.5	846.4	840.9	1311.2	1310.4
天　津	15.3	4.9	4.4	43.1	40.6	37.1	1201.4	1187.2
河　北	277.3	150.6	145.6	1245.9	1058.5	1037.0	1422.5	1403.8
山　西	131.2	53.9	50.6	939.0	837.0	764.0	644.1	662.5
内蒙古	146.8	25.0	20.8	271.3	261.3	185.3	958.4	1122.7
辽　宁	230.3	45.2	22.7	461.6	432.2	189.7	1045.4	1196.5
吉　林	140.5	13.2	12.6	173.4	158.3	120.5	835.4	1051.8
黑龙江	262.1	10.0	7.7	118.3	116.9	69.2	854.9	1121.6
上　海	9.0	5.7	5.7	66.7	38.4	37.5	1511.8	1537.9
江　苏	184.8	27.3	23.6	400.4	253.4	240.8	1080.5	980.1
浙　江	600.1	392.4	270.3	3146.3	2288.4	1925.0	1715.0	1404.3
安　徽	411.8	164.8	154.6	2414.1	1812.7	1712.0	909.0	903.2
福　建	221.7	122.7	121.5	1412.3	1676.9	1667.8	731.6	728.4
江　西	344.6	189.5	181.9	2139.1	1845.7	1802.8	1026.7	1008.7
山　东	602.8	312.0	255.2	5710.1	5047.1	4473.5	618.3	570.5
河　南	461.7	274.3	262.8	3651.0	3181.0	3025.0	862.3	868.6
湖　北	276.5	212.3	197.3	1711.6	1576.2	1468.7	1347.4	1343.2
湖　南	636.6	410.5	388.9	3557.6	2722.8	2428.9	1507.6	1601.0
广　东	384.7	215.5	201.0	2333.6	1401.7	1254.9	1536.9	1601.6
广　西	645.9	403.5	393.4	6030.2	5556.2	5306.6	726.3	741.3
海　南	49.4	33.4	31.1	338.9	212.2	207.9	1577.3	1493.6
重　庆	87.8	46.9	43.7	609.2	516.4	471.5	909.5	926.0
四　川	633.5	424.5	375.0	3761.4	2658.5	2331.0	1596.4	1608.6
贵　州	211.2	31.3	31.3	655.6	517.4	515.2	606.2	608.6
云　南	560.4	490.5	413.2	4561.7	4350.4	3454.1	1127.6	1196.1
西　藏								
陕　西	237.9	64.0	60.9	797.4	743.3	716.9	861.6	849.3
甘　肃	125.2	71.0	67.2	649.1	663.4	547.6	1071.5	1225.8
青　海	37.3	18.2	14.3	175.0	165.8	112.6	1095.6	1264.0
宁　夏	92.8	17.1	13.8	196.0	194.0	110.0	880.6	1256.8
新　疆	184.8	23.7	18.7	244.0	234.0	194.0	1012.5	964.8

3-3-3-6 2022年分地区农村住户固定资产投资和建房情况

地区	投资总额（亿元）	#竣工房屋投资	#住宅	房屋施工面积（万平方米）	房屋竣工面积（万平方米）	#住宅	竣工房屋造价（元/平方米）	#住宅
全国	**7417.3**	**4083.9**	**3748.5**	**44478.0**	**38775.0**	**35071.0**	**1053.2**	**1068.8**
北京	97.8	85.3	84.3	766.0	692.0	687.0	1232.7	1227.6
天津	10.2	5.4	4.6	33.0	29.0	26.0	1850.4	1758.2
河北	230.9	189.8	181.8	1205.0	1180.0	1065.0	1608.1	1707.2
山西	102.7	45.6	42.8	836.0	2021.0	1959.0	225.7	218.5
内蒙古	129.5	17.4	13.5	273.0	259.0	140.0	670.4	966.5
辽宁	214.3	43.4	22.5	394.0	387.0	175.0	1122.6	1284.3
吉林	116.7	3.3	3.2	43.0	40.0	30.0	827.5	1054.7
黑龙江	203.1	6.9	5.2	79.0	77.0	32.0	897.1	1623.5
上海	8.4	5.8	5.7	47.0	31.0	30.0	1879.3	1889.1
江苏	173.4	25.3	24.6	264.0	179.0	164.0	1416.0	1501.5
浙江	665.3	365.8	341.8	3062.0	2146.0	1973.0	1704.5	1732.5
安徽	380.5	256.6	233.7	4907.0	4080.0	3948.0	629.0	592.0
福建	181.8	98.0	96.5	1084.0	817.0	801.0	1199.9	1204.4
江西	270.2	159.6	151.4	2063.0	1767.0	1746.0	903.2	867.4
山东	430.4	216.6	198.8	3957.0	3321.0	3060.0	652.1	649.7
河南	408.3	284.9	278.7	2970.0	2746.0	2665.0	1037.6	1045.7
湖北	366.0	228.5	212.7	1548.0	1451.0	1388.0	1574.6	1532.7
湖南	549.2	376.3	339.7	2917.0	2857.0	2057.0	1317.0	1651.3
广东	312.8	205.7	198.6	1844.0	1140.0	1116.0	1804.4	1779.8
广西	587.7	286.5	281.0	4497.0	4146.0	3967.0	691.0	708.3
海南	65.4	43.2	41.5	456.0	282.0	274.0	1531.2	1516.0
重庆	82.6	45.4	41.6	580.0	488.0	435.0	930.5	955.6
四川	553.3	336.3	298.7	2778.0	2381.0	2131.0	1412.4	1401.6
贵州	133.4	48.1	46.3	552.0	491.0	464.0	979.4	998.9
云南	590.8	511.4	428.6	5333.0	3897.0	3166.0	1312.4	1353.8
西藏								
陕西	233.2	62.9	59.4	747.0	705.0	585.0	891.6	1016.0
甘肃	104.8	78.2	68.4	725.0	685.0	639.0	1142.3	1069.7
青海	39.5	26.6	23.1	220.0	211.0	174.0	1258.8	1325.5
宁夏	63.3	10.3	8.9	125.0	123.0	72.0	839.1	1238.1
新疆	111.7	14.7	10.9	171.0	146.0	102.0	1010.1	1064.7

附　录

住户收支与生活状况调查简介

住户收支与生活状况调查是由国家统计局负责组织实施的一项重要民生调查，调查数据是测量分析收入分配、居民福祉和共同富裕状况的基础，调查结果是各级政府制定各项民生政策的重要依据。住户收支与生活状况调查过去一直按照城镇和农村分别组织实施，城镇统计居民可支配收入，农村统计农民纯收入。从 2012 年四季度起，国家统计局对分别进行的城乡住户调查实施了一体化改革，统一了城乡居民收入指标名称、分类和统计标准，建立了城乡统一的全国住户收支与生活状况调查。

一、调查目的

为全面、准确、及时了解全国和各地区城乡居民收入、消费及其他生活状况，客观监测居民收入分配格局和不同收入层次居民的生活质量，更好地满足研究制定城乡统筹政策和民生政策的需要，为国民经济核算和居民消费价格指数权重制定提供基础数据，依照《中华人民共和国统计法》规定，开展全国住户收支与生活状况调查（以下简称住户调查）。

二、调查对象

住户调查的调查对象为我国境内的住户，既包括以家庭形式居住的住户，也包括以集体形式居住的住户。无论户口性质和户口登记地，所有居民均以户为单位，在常住地参加调查。

三、调查组织

住户调查以省为总体进行抽样。国家统计局统一领导住户调查，负责制定调查方案，组织调查实施，监督调查过程，审核、处理、汇总调查数据，发布全国和分省城乡居民收入、消费和生活状况数据。国家统计局各调查总队按照本方案规定，负责组织本省住户调查工作。

四、调查内容

住户调查主要收集城乡居民的收入和消费情况，同时收集反映居民就业、社会保障参与、住房状况、家庭经营和生产投资以及收入分配影响因素的调查内容。

五、样本抽选

住户调查以省为总体，采用分层、多阶段、与人口规模大小成比例的概率抽样方法，随机抽选调查住宅，确定调查户。全国共抽选出近 2000 个县(市、区)的 1.6 万个调查小区，对抽中小区中的 180 多万户进行全面摸底调查，在此基础上随机等距抽选出约 16 万住户参加调查。在 95% 的置信度下，全国居民人均可支配收入和人均消费支出的抽样误差小于 1%。

六、数据采集与处理

住户调查主要采用调查户记日记账的方式采集居民收支数据，同时辅之以统一的调查问卷，收集与收入支出有关的其他调查内容。现场调查工作由国家统计局派驻各地的调查队组织完成。由市县级调查机构使用统一的方法和数据处理程序对原始调查资料进行编码、审核、录入，然后将分户基础数据直接传输至国家统计局进行统一汇总计算。国家统计局以数据库形式保存所有调查户信息、记账资料、问卷调查资料等基础数据和汇总计算结果。

七、数据发布

住户调查结果数据按年度和季度发布。全国和分省数据由国家统计局发布。

八、数据质量控制

住户调查实行全过程质量控制。国家统计局建立全过程质量控制制度，规范方案设计，科学抽选样本，认真组织培训，严格流程管理，加强监督检查。定期随机抽取部分调查户进行电话回访，检查核实各地上报的数据。同时，也采用现场抽查等多种质量控制办法。

脱贫县农村住户监测调查简介

一、调查目的

为全面、准确、及时反映脱贫县农村居民收支状况、变化趋势和帮扶成效，客观衡量居民生活改善情况，掌握脱贫县的宏观经济背景和社会发展状况，为科学制定巩固拓展脱贫攻坚成果、接续推进乡村振兴相关政策提供参考依据，国家统计局根据《中共中央 国务院关于实现巩固拓展脱贫攻坚成果同乡村振兴有效衔接的意见》精神，开展脱贫县农村住户监测调查。

二、调查范围和对象

调查范围为脱贫县的农村地区。开展调查的省(自治区、直辖市)有 22 个，分别是河北、山西、内蒙古、吉林、黑龙江、安徽、江西、河南、湖北、湖南、广西、海南、重庆、四川、贵州、云南、西藏、陕西、甘肃、青海、宁夏、新疆。

调查对象为调查范围内的县以及抽中行政村、农村住户及住户成员。

三、调查内容

脱贫县农村住户监测调查内容主要包括居民现金和实物收支情况、住户成员及劳动力从业情况、居民家庭住房和耐用消费品拥有情况、家庭经营和生产投资情况、社区基本情况、县（市）社会经济基本情况等。

四、调查方法

国家统计局在脱贫县建立抽样调查网点。调查样本的抽选以省为总体，综合采用分层、多阶段、与人口规模大小成比例（PPS）和随机等距抽样相结合的方法抽选村级单位、确定调查小区、抽选样本住户。调查采用日记账和问卷调查相结合的方式采集基础数据。

农民工监测调查简介

为准确反映全国农民工规模、流向、分布等情况，国家统计局2008年建立农民工监测调查制度，在农民工输出地开展监测调查。调查范围是全国31个省（自治区、直辖市）的村委会范围，在1587个调查县（区）抽选了8480个村和23.8万名农村劳动力作为调查样本。采用入户访问调查的形式，按季度进行调查。

农民工市民化进程动态监测调查简介

为准确反映在新型城镇化建设中农民工在城镇就业生活、居住状况和社会融合等基本情况，国家统计局2015年建立农民工市民化进程动态监测调查制度（简称农民工市民化调查）。调查范围是全国31个省（自治区、直辖市）的城镇地域，随机抽取了4万户进城农民工样本，由调查员使用手持电子采集终端（PAD），直接入户面访的形式采集数据。

农村住户固定资产投资调查简介

一、调查目的

为了全面了解农村住户固定资产的投资状况，准确反映农户固定资产的总量、分布与结构，为各级政府制定农村政策提供基础数据，依照《中华人民共和国统计法》规定，开展农村住户固定资产投资抽样调查。

二、调查对象和范围

调查对象是居住在村委会的住户。本调查与住户收支与生活状况调查共享调查网点，调查范围是住户收支与生活状况调查所覆盖的样本村及其调查户。

三、固定资产价值统计标准

根据农村住户固定资产投资的现实情况，本方案中的房屋建筑物、机器设备、工器具等固定资产价值统计标准为1000元以上，使用年限为2年及以上。

四、调查内容

调查内容包括：农户期内新增固定资产原值、农户固定资产投资完成情况、农户建房情况，以及农户固定资产投资的资金来源、投资构成及投资方向等。

五、调查方法

调查人员到调查村直接访问，并从住户收支与生活状况调查中取得调查户的基础数据。其中，农户投资从住户收支调查资料中取得，农户建房投资在住户收支调查小区所在的村调查所有建房户情况。

六、调查组织方式

与分省住户收支与生活状况调查相同，国家统计局统一领导本调查，负责制定调查方案，组织调查实施，监督调查过程等。国家统计局各调查总队及其他各级统计调查部门按照调查方案规定，负责具体组织实施现场调查。

七、数据发布

农村住户固定资产投资抽样调查结果数据按年度发布。全国和分省数据由国家统计局发布。

八、数据质量控制

农村住户固定资产投资抽样调查实行全过程质量控制。国家统计局规范方案设计，科学抽选样本，认真组织培训，严格流程管理，加强监督检查。同时，各级调查统计部门加强调查基础工作，加强对调查过程的各个环节监督、检查和验收，及时、独立上报数据。

住户调查主要指标解释

一、住户收支与生活状况调查主要指标解释

（一）居民可支配收入

居民可支配收入指居民可用于最终消费支出和储蓄的总和，即居民可用于自由支配的收入。既包括现金收入，也包括实物收入。按照收入的来源，可支配收入包含四项，分别为：工资性收入、经营净收入、财产净收入和转移净收入。

工资性收入 指就业人员通过各种途径得到的全部劳动报酬和各种福利，包括受雇于单位或个人、从事各种自由职业、兼职和零星劳动得到的全部劳动报酬和福利。

经营净收入 指住户或住户成员从事生产经营活动所获得的净收入，是全部经营收入中扣除经营费用、生产性固定资产折旧和生产税之后得到的净收入。计算公式具体为：

经营净收入=经营收入－经营费用－生产性固定资产折旧－生产税

财产净收入 指住户或住户成员将其所拥有的金融资产、住房等非金融资产和自然资源交由其他机构单位、住户或个人支配而获得的回报并扣除相关的费用之后得到的净收入。财产净收入包括利息净收入、红利收入、储蓄性保险净收益、转让承包土地经营权租金净收入、出租房屋净收入、出租其他资产净收入和自有住房折算净租金等。财产净收入不包括转让资产所有权的溢价所得。

转移净收入 计算公式为：

转移净收入=转移性收入－转移性支出

转移性收入 指国家、单位、社会团体对住户的各种经常性转移支付和住户之间的经常性收入转移。包括养老金或退休金、社会救济和补助、政策性生产补贴、政策性生活补贴、经常性捐赠和赔偿、报销医疗费、住户之间的赡养收入，以及本住户非常住成员寄回带回的收入等。转移性收入不包括住户之间的实物馈赠。

转移性支出 指居民家庭对国家、单位、住户或个人的经常性或义务性转移支付。包括缴纳的税款、各项社会保障支出、赡养支出、经常性捐赠和赔偿支出以及其他经常转移支出等。

（二）居民消费支出

居民消费支出是指居民用于满足家庭日常生活消费需要的全部支出，既包括现金消费支出，也包括实物消费支出。消费支出可划分为食品烟酒、衣着、居住、生活用品及服务、交通通信、教育文化娱乐、医疗保健以及其他用品及服务八大类。

食品烟酒 指用于各种食品和烟草、酒类的支出。

衣着 指与居民穿着有关的支出，包括服装、服装材料、鞋类、其他衣类及配件、衣着相关加工服务的支出。

居住 指与居住有关的支出，包括房租、水、电、燃料、物业管理等方面的支出，也包括自有住房折算租金。

生活用品及服务 指家庭及个人的各类生活品及家庭服务。包括家具及室内装饰品、家用器具、家用纺织品、家庭日用杂品、个人用品和家庭服务。

交通通信 指用于交通和通信工具及相关的各种服务费、维修费和车辆保险等支出。

教育文化娱乐 指用于教育、文化和娱乐方面的支出。

医疗保健 指用于医疗和保健的药品、用品和服务的总费用。包括医疗器具及药品，以及医疗服务。

其他用品及服务 指无法直接归入上述各类支出的其他用品与服务支出。

服务性消费 指住户用于各种生活服务的消费支出，包括餐饮服务、衣着鞋类加工服务、居住服务、家庭服务、交通通信服务、教育文化娱乐服

务、医疗服务和其他服务等。

（三）分组等指标

收入五等份分组　指将所有调查户按人均可支配收入水平由低到高排队，按20%、20%、20%、20%、20%的比例依次分成为：低收入组、中间偏下收入组、中间收入组、中间偏上收入组、高收入组五组。

四大经济区域分组　东部地区：包括北京、天津、河北、上海、江苏、浙江、福建、山东、广东、海南10个省（市）。中部地区：包括山西、安徽、江西、河南、湖北、湖南6个省。西部地区：包括内蒙古、广西、重庆、四川、贵州、云南、西藏、陕西、甘肃、青海、宁夏、新疆12个省（区、市）。东北地区：包括辽宁、吉林、黑龙江3个省。

基尼系数　指在全部居民收入中，用于进行不平均分配的那部分收入占总收入的比例。基尼系数最大为“1”，最小为“0”。前者表示居民之间的收入分配绝对不平均，即100%的收入被一个单位的人全部占有；而后者则表示居民之间的收入分配绝对平均，即人与人之间收入完全平等，没有任何差异。通常这两种情况在实际生活中不会出现。因此，基尼系数的实际数值只能介于0~1之间。本书中，基尼系数使用住户收支与生活状况调查的全部样本人均可支配收入的分户数据计算。

中位数　人均可支配收入中位数，指将所有调查户按人均可支配收入水平从低到高顺序排列，处于最中间位置户的人均可支配收入。

二、农民工调查主要指标解释

农民工　指户籍仍在农村，年内在本地从事非农产业或外出从业6个月及以上的劳动者。

本地农民工　指在户籍所在乡镇地域以内从业的农民工。

外出农民工　指在户籍所在乡镇地域外从业的农民工。

进城农民工　指年末居住在城镇地域内的农民工。城镇地域为根据国家统计局《统计上划分城乡的规定》划分的区域，与计算人口城镇化率的地域范围相一致。